구약성경에는 리워야단이라는 거대한 괴물이 등장한다. 바다에 소용돌이를 일으켜서 항해하는 배를 전복시키는 괴물이다. 지금 이 시대를 향해 기후 변화라는 거대한 괴물이 다가오고 있다. 이 존재는 알고 보면 하나님의 창조 질서를 무시한 인간의 탐욕과 교만이 낳은 괴물이다. 모든 것을 삼켜버릴 수 있는 이 괴물을 잠재우는 방법은 오직 지구가 하나님의 사랑의 선물임을 깨닫고 자연을 보듬으며 살아가는 생태적 삶으로 전환하는 것뿐이다. 『기후 위기 시대의 도전과 교회의 응답』에는 이 시대를 살피는 예언자들의 목소리가 담겨 있다. 그리스도인들이 이 목소리를 경청함으로써 하나님의 창조 질서를 보전하는 사명에 동참하길 기대한다.

김기석 | 성공회대학교 총장

나는 생태 신학을 가르치면서 발전을 거듭해온 신학적 반성과 재해석을 소개함으로써 창조세계에 대한 새로운 시각을 심어주고자 노력했고, 때로는 생태 파괴 현실의 긴급성을 호소하거나 일상의 행동을 실천하는 방법을 통해 조용한 변화를 도모하기도 했다. 하지만 그리스도인들의 의식을 바꾸고 신앙적인 실천을 이끌어내기는 어려웠다. 이제 너무 늦은 것이 아닌지 허탈감을 느끼며 지쳐 있을 때쯤 코로나로 인해 돌이킬 수 없는 지구의 아픔을 대면하게 되었다. 그렇게 인류의 고통을 통해 공존해야 하는 지구 행성의 아픔을 대면할 수 있게 되어 고난의 시간을 감사히 여기기로 했다. 인류가 마주한 위기 앞에서 그리스도인이 사명으로 받은 "지금 여기"에서의 책임을 일깨워주기 위해 『기후 위기 시대의 도전과 교회의 응답』이 출간되었다. 이 책을 읽으면서 인간의 눈으로는 멈추고 중지된 시간에도 하나님께서는 신음하는 지구와 사람들을 품에 감싸안은 채 여전히 따스한 사랑으로 돌보고 계신다는 믿음을 갖게 되었다.

김은혜 | 장로회신학대학교 기독교와 문화 교수

요즘 "탄소 중립"이란 말을 종종 듣는다. 이 책을 읽으면서 그것이 무엇을 뜻하는지, 왜 필요한지, 그것을 달성하기 위해 우리가 어떤 행동을 해야 하는지에 관해 곱씹어볼 수 있었다. 우리가 처해 있는 긴박한 현실에 대한 진술하고 진지한 진단을 접하면서 심각한 위기감이 들어 두근거리는 마음을 쉬이 잠재울 수 없었다. 그러면서 동시에 지적·정신적·영적 무지와 실천적 게으름을 자책하며 과연 해결책이 있는지도 묻게 되었다. 이제는 다 잘 될 거라는 낙관적 위안에만 속아서는 안 된다. 근본적으로 인식을 전환하고 작지만 소중한 행동의 변화를 만들어내야 한다. 더군다나 그리스도인이라면 창조주 하나님과 미래 세대 앞에서 부끄럽지 않도록 생태적 책임감을 짊어져야 할 때다. 이 책이 던지는 경고와 대안을 생각하면서 철저한 회개와 기도를 가슴 깊이 새긴다. 미래를 염려하는 그리스도인을 위한 필독서라 생각하며 진심으로 일독을 추천한다.

박영식 | 서울신학대학교 부교수, 『창조의 신학』 저자

생태계가 파괴되어 더 이상 생명체가 존재하기 어려운 상황에 처했다. 우리는 이 상황을 어떻게 인식해야 할까? 여전히 산업 문명이 장밋빛 희망을 줄 수 있다고 믿어야 하는가? 그렇지 않다면 위기를 극복하는 대안은 무엇인가? 우주와 인간의 존재를 하나님의 창조 섭리로 받아들이는 그리스도인들은 현 상황을 어떻게 인식하고 무엇을 실천해야 하는가? 이 책은 물질주의와 탐욕이 불러온 기후 위기 가운데 이 세상을 사는 그리스도인들이 어떤 세계관과 역사 인식을 가져야 하는지에 관한 성찰을 담은 첫 성과물이다. 그리스도인들이 이 책을 통해 자본주의 이후의 사회에 펼쳐질 새로운 지평을 바라보면서 하나님 나라가 우리에게 임하는 변화를 만들어가길 기대한다.

임종한 | 인하대학교 의과대학 학장, 희년과 상생 사회적경제네트워크 이사장

탄소 중립 사회를 만들기 위해 교회는 "성장주의"라는 이데올로기를 가장 먼저 반성해야 한다. 탄소 중립에 가장 소극적인 공동체는 이 이데올로기에 사로잡힌 국가와 기업이기 때문이다. 교회는 지구의 생태 환경을 창조 질서로 회복시키기 위한 예언자적 역할을 감당해야 하며 이를 위해 생태 신학적 회개를 온 세계에 촉구해야 한다. 특히 교회 공동체는 종말론적 생태 완성을 꿈꾸며 새 하늘과 새 땅을 이루려는 소망을 선포하는 종말론적 에코 공동체여야 한다. 이 책은 이를 위한 하나님의 부르심을 각성시키는 귀한 예언적 메시지로 가득 차 있다.

이문식 | 광교산울교회 담임 목사

기후 위기는 지구촌에 거하는 모든 생명의 위기다. 지구의 미래가 암울할 것이라는 전망이 넘쳐나고 문명은 큰 도전 앞에 서 있다. 분명 위기의 시대다. 이럴 때일수록 자연과 환경 및 생태적인 삶에 대한 성경적 가르침과 그것을 기반으로 한 기독교적인 안목이 절실해진다. 온 피조물의 구원을 갈망하는 기독교는 이 위기 극복의 과제에 앞장서야 할 것이다. 『기후 위기 시대의 도전과 교회의 응답』은 그리스도인으로서 기후 위기와 지구 생태에 관한 현실을 어떻게 바라봐야 하는지, 그에 따라 어떤 신앙과 신학을 갖고 어떻게 녹색 교회와 목회의 과제를 추구해야 하는지를 이야기한다. 그런 연구와 고민의 결과를 접하면서 독자들이 기후 위기의 현실을 더욱 깊이 성찰하고 하나님 나라와 미래에 관한 희망을 발견하기를 기대한다.

전철 | 한신대학교 신학대학원 원장, 한신대학교 종교와 과학 센터 센터장

인류는 엄청난 물질 문명을 성취한 이 시점에 이르러서야 우리가 그런 삶을 지속할 수 없다는 사실을 깨닫게 되었다. 유한한 지구가 인간의 무한한 욕망을 더는 감당할 수 없기 때문이다. 인간은 자연의 일부이므로 자연을 해치는 문명은 결국 인간을 해친다.

이미 전 세계 80억 명에게 필요한 양 이상으로 식량과 생필품이 생산되고 있지만, 많은 사람이 결핍에 시달리고 있다. 결국 그런 결핍은 우리가 서로 돌보고 아끼며 나누지 않고 있다는 것을 의미할 뿐이다. 식량이 넘쳐나도 누군가는 굶어 죽어가고 있는 상황에서, 기후 위기로 인해 식량이 조금이라도 부족해지는 일이 생긴다면 파국이 닥칠 것이다. 기후 위기로 인한 물질적인 피해가 닥치기도 전에 정의롭지 못한 우리 공동체는 스스로 파멸에 빠지게 될 것이다. 이처럼 우리의 삶을 바꾸지 않으면 생존 자체가 위험해진다. 하나님과 재물을 함께 섬길 수는 없다. 그렇기 때문에 희망은 맘몬이 지배하는 세상을 긍정하지 않고 그곳을 부수고 나가는 데서 열릴 것이다. 최악의 상황에서 최선의 길이 열리게 된다. 다행스럽게도 행동에 나서기엔 늦지 않았다. 하지만 망설이기에는 너무 늦었다.

성경에 묘사되는 멸망 예언은 하나님께서 세상을 정말로 멸하시겠다는 선포가 아니라 사람들의 회심을 촉구하심으로써 자신과의 관계를 회복하라며 건네시는 구원의 손길이다. 기후 위기로 인해 인류 파멸이 전망되는 상황에서 이 책의 저자들은 그리스도인이 왜, 어떻게 회심해야 하는지, 그리스도인으로서 무엇을 해야 하는지를 알려준다. 이 책을 읽다 보면 결국 우리가 혼자가 아닌 큰 하나가 되어 함께 대응할 때 위기에 맞설 수 있음을 깨닫게 된다. 인류의 위기 앞에 선 그리스도인 모두가 이 책을 읽고 함께 행동에 나서길 바란다.

조천호 | 경희사이버대학교 특임 교수, 전 국립기상과학원장

개론과 각론이 조화된 책은 드물다. 이론과 실제가 균형을 맞춘 책은 더욱 드물다. 그러나 『기후 위기 시대의 도전과 교회의 응답』은 이런 어려움을 보기 좋게 넘어섰다. 이 책은 기후 위기, 지구 생태, 탄소 중립의 기초 개념을 살펴보면서 그 개념과 연관되는 신학적 이론을 재검토하는 작업을 소개하고, 생태 목회와 녹색교회를 실행하면서 경험한 이야기와 노하우 그리고 이런 시대에 그리스도인이 견지해야 할 신앙과 비전에 대해서도 폭넓게 다룬다. 이 분야의 최고 전문가들이 연구하고 실천해본 내용을 바탕으로 기후/생태 위기 앞에서 그리스도인이 어떤 예언자적 역할을 수행해야 할지를 명료하게 제시하는 이 책은 소중한 지성의 나침반이 되어줄 수 있을 것이다.

조효제 | 성공회대학교 교수, 『탄소 사회의 종말』 저자

기후 위기 시대의 도전과 교회의 응답

기후 위기 시대의
도전과
교회의 응답

책임 편집 · 고재백 유미호 조영호

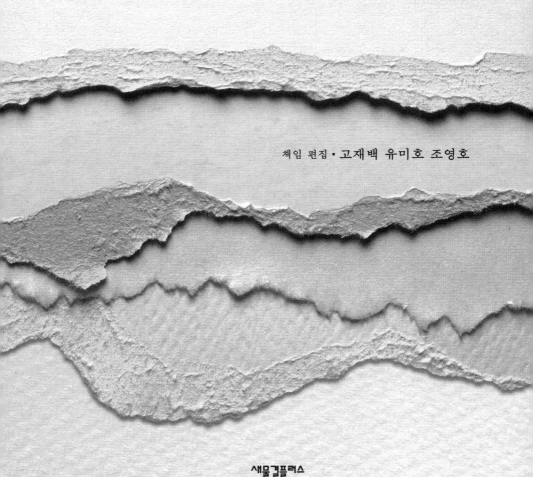

새물결플러스

목차

3부 · 녹색교회와 생명 목회 그리고 환경 교육

4부 · 녹색 비전을 향한 신앙고백과 기도

『기후 위기 시대의 도전과 교회의 응답』 출간에 부쳐

1. 기후 위기 시대의 도전 앞에 선 인류와 기독교

기후 위기가 지구 생태계와 생명체를 위협하고 있다. 지구와 생명체의 탄식과 신음이 곳곳에서 들려온다. 최근 들어 자주 발생하는 혹한, 폭염, 태풍, 홍수, 산불, 질병과 같은 현상들이 지구와 인류를 향해 경고음을 높여가고 있다.

이 종말론적인 위기의 시대에 대체 우리는 무엇을 할 수 있는가? 그저 체념한 채로 앉아 곧 닥쳐올 생명의 멸종과 지구의 종말을 기다려야 하는가? 아니면 힘을 내어 무엇이라도 해야 하는가? 더욱이 지구의 정원사로서 부름을 받은 그리스도인은 무슨 일을 어떻게 해야 하는가? 오랫동안 여러 연구자들이 이 주제를 놓고 고민하고 있으며, 많은 실천가들이 곳곳에서 헌신을 다하고 있다.

이런 연구와 활동에 힘입어 프로젝트를 기획하게 되었고, 드디어 1년 만에 그 결실을 상재하게 되었다. 이음사회문화연구원은 2020

년 초에 시작된 코로나19 확산의 영향과 세계적인 기후 위기 논의에 주목하면서 "기후 위기 시대의 기독교와 교회의 역할"을 고민하였다. 그 과정에서 우리 시대의 한국교회가 주축이 되어 할 수 있는 활동과 그 실천 방향을 모색하는 것을 목표로 삼고 프로젝트 "기후 위기 시대의 기독교"를 기획했다. 우리 사회의 시대정신이 이 프로젝트를 앞에서 이끌었고 많은 분이 뒤에서 응원하며 힘을 보태주었다.

2. 프로젝트: 기후 위기 시대의 기독교

이 프로젝트에 많은 분의 마음과 뜻과 정성이 모이기까지 하나님의 인도하시는 손길이 있었음을 고백하게 된다. 이음사회문화연구원은 비블로스성경인문학연구소와 공동으로 2020년 하반기에 "생태 위기와 기독교"를 주제로 연구 작업을 진행했고, 그 결과물을 이듬해 봄에 『생태 위기와 기독교』(2021)를 통해 공개했다. 같은 시기에 상임 연구위원인 조영호 교수가 『기후 위기와 기독교』(2021)를 출간하였다. 이런 작업들을 바탕으로 삼아 "프로젝트: 기후 위기 시대의 기독교"가 본격 기획되었다. 프로젝트를 기획하는 과정에서 (주)에이치투 그룹에 공동 작업을 제안했는데, 마침 같은 주제로 연구하며 글을 작성하고 계시던 허고광 회장님이 선뜻 제안을 수락하시고 재정 지원을 약속해주셨다. (주)천일 식품의 천석규 대표 이사께서도 프로젝트를 적극 응원하며 후원에 참여해주셨다. 그리고 오래전부터 기독교 환경 운동에 헌신해오신 기독교환경교육센터 살림의 유미호 센터장도 이 프로젝트에 합류하게 되었다. 유 센터장의 도움으로 복음주의 교계에서 생명 신학과 생명 목회 활동을 펼쳐온 한국교회생명신학포럼이 본 프로젝트와 연대하게 되었다. 이처럼 원근 각처의 연구자와 활동가들이 프로젝트에 참여해서 기꺼이 자신의 연구 결과와 활동의 경험 및 그리스도인으로서 신앙고백을 글로 정리해주셨다. 저자들은 오래전부터 우리 세대의 시대정신을 간파하고 고민하면서 사회에 필요한 일을 실행해오신 각계의 전문가들로서, 프로젝트를 위해 시간과 노력을 아끼지 않으셨다. 신학과 교단의 넓은 스펙트럼을 포괄하는 노장청 세대가 이 프로젝트를 통해 생각을 공유하며 협력해왔다는 점이 자랑스럽다.

"프로젝트: 기후 위기 시대의 기독교"는 크게 세 갈래의 활동을 기획하고 있다. 하나는 연구와 그 결과물을 대중화하는 일이다. 기후 위기는 기독교에 신학적·신앙적 질문을 제기하면서 그에 상응하는 교회상과 신앙관을 갖출 것을 요청하고 있다. 우리는 이 질문에 대한 신학과 신앙의 답을 찾아 이 시대에 적합한 교회상과 신앙관을 정립하는 연구를 진행하고 그 결과를 대중화하고자 한다. 다른 하나는 아카데미 교육 활동이다. 기후 위기는 우리에게 의식과 생활 양식의 변화를 촉구하고 있다. 많은 사람이 지구 생태계의 위험과 위기를 해소할 수 있는 방법에 관심을 기울이고 각자 삶의 방식을 전환하겠다는 결단을 내리는 것은 매우 시급한 과제다. 이에 우리는 연구 성과를 바탕으로 전문가와 실천가가 중심이 되어 진행하는 아카데미 강의를 지속적으로 개최할 예정이다. 마지막으로 교회와 지역 사회를 중심으로 기후 위기를 해소하고 생태계를 살리기를 위한 구체적인 실천 행위를 펼칠 예정이다. 이 모든 활동을 통해 한국교회가 탈탄소 녹색교회로 탈바꿈하여 지역 사회와 연대할 수 있도록 돕고, 궁극적으로는 우리 사회가 생태적이고 사회적인 위기를 극복하고 타개하는 데 기여하고자 한다.

3. 기후 위기 시대의 기독교 신학과 신앙

이 책의 앞부분에서는 우선 지구 생태계가 처한 위기 상황을 분석한 다음, 어떻게 하면 이에 대처할 기독교 신학과 신앙을 이론적·실천적으로 정립할 수 있는지를 놓고 연구한 결과를 소개한다.

김정욱 교수는 총론에서 기후 위기 극복을 위한 지속 가능한 발전과 에너지 정책에 대해 설명한 후 교회의 역할을 논한다. 지구의 평균 기온이 1.5도 이상 상승하는 것을 막기 위해서는 "탄소 중립"을 구현해야 하며, 이 목표를 달성하려면 새로운 삶의 방법이 필요하다. 이를 구현하기 위한 구체적인 방법은 환경적으로 타당하고 지속 가능한 발전을 추구하는 것인데, 구체적으로 지역 사회의 구조와 정주 구조를 개조함으로써 시민들의 삶을 바꾸어야 한다. 여기에 교회의 자리가 있다. 교회는 생태적인 가치관에 기초한 순환형 지역 사회를 만들어가는 과정에서 새로운 가치관을 제시하고 실천하는 일에 앞장서야 한다.

1부는 기후 위기와 지구 생태를 이해하는 데 필요한 기초적인 내용을 다룬다. 우선 윤순진 교수는 기후 위기의 형태로 우리에게 다가온 기후 체계의 변화가 인류에게 위험인 동시에 기회임을 말한다. 각 국가가 탄소 중립을 목표로 삼고 탈탄소 전환 과정을 밟아나가다 보면 문명의 대전환에 버금가는 사회 변화를 경험할 것이다. 우리나라도 정부, 기업, 시민이 하나가 되어 변화의 필요를 공감하고 정책과 제도를 개편해야 한다. 특히 "정의로운 전환, 공정 전환"(just transition)을 위한 구체적인 방안을 만들어 시행해야 하고 시민이자 소비자인 개인도 여기에 발맞춰 탄소 중립을 위한 "기후 시민"이 되기 위한 준비를 해야 한다.

기후 위기와 가치 전환에 관한 내용을 연구한 김신영 박사에 따르면 환경 문제를 제대로 인식하기 위해서는 과학에 대한 이해를 기초로 한 정확한 환경 문해력이 필요하다. 또한 기후 변화는 경제·정치·과학의 문제일 뿐만 아니라 도덕적이고 정신적인 문제로서 우리 삶 전체를 관통하는 하이퍼 객체다. 따라서 가치를 논하지 않고서는 이 문제를 제대로 이해할 수 없기 때문에 "정의"를 대표 가치로 삼고 기후 변화를 이야기해야 한다.

2부는 기후 위기 시대의 신학과 신앙에 대해 다룬다. 이정배 교수는 기후 붕괴가 욕망을 추동하는 자본주의 체제에 대한 교정을 요청한다고 지적하면서 이에 대한 대안으로 "탈성장"을 제시한다. 탈성장은 공유지와 공유 경제의 회복을 의미하며 이는 구체적으로 "공생"과 "공빈"의 길을 통해 이뤄질 수 있다. 또한 "탈성장"은 삶의 양식의 전환, 자연과의 공존, 돌봄 가치에 대한 정당한 평가 그리고 사회적 연대를 의미한다. 이를 위해 교회는 탈성장, 탈성직, 탈성별의 가치 아래서 사람과 자연의 돌봄을 우선적 가치로 여기고 이에 맞춰 자신의 존재 방식을 바꿔야 한다. 존재가 변화되어야 합당한 실천의 변화로 이어질 수 있기 때문이다.

박일준 교수는 행위자-네트워크 이론을 근거로 우리가 인간 중심주의와 생명-유기체 중심주의를 극복하고 비유기체적인 존재들을 동등한 존재로 포용할 수 있어야 한다고 주장한다. 이를 물(物)의 신학이라 하는데, 인간과 비인간 존재들은 물(物)의 얽힘 안에 존재하며 그 안에서 상호적 내적-작용을 통한 응답-능력으로 함께 살아간다. 그는 이 전제하에 신학이란 처음부터 "없는 것들"과의 연대를 꿈꾸며 비존재를 "존재"로 다시 부르는 작업이라고 정의한다.

박성철 박사는 한국교회가 기후 위기를 가속화하고 심화시키는 데 일조를 했다고 분석하면서, 이 문제를 해결하기 위해서는 공적 차원의 윤리 체계를 정립해야 한다고 말한다. 기독교적인 가치에 근거한 기후 위기의 해결안을 제시하려면 우리는 인간의 총체적 구원에 대한 이해를 바탕으로 새로운 인식 체계와 윤리 체계를 구성해야 한다. 저자는 이를 위해 "공적 신앙"의 가능성과 "녹색교회"의 사명을 함께 논의해야 한다고 밝힌다.

조영호 교수는 기후 위기가 인간의 문제이자 윤리적인 문제라고 정의한다. 그는 기후 위기가 초래하는 윤리적인 문제가 구체적으로 지속 가능성, 기후 정의, 간세대적 정의의 문제로 드러난다고 주장하면서, 여기에 맞서기 위한 기독교의 윤리적 가치로 책임, 생명, 관계와 친교를 꼽는다. 그런 다음 결론적으로 기독교적 기후 윤리의 원칙을 세 가지로 요약하면서 글을 맺는다.

4. 기후 위기 시대의 녹색교회와 생명 신앙 활동 및 신앙고백

3부에서는 "녹색교회와 생명목회 그리고 환경교육"이라는 주제 아래 기후 위기 시대에 위기에 처한 지구와 함께하는 그리스도인의 삶과 신앙은 어떤 모습이어야 하는지를 논하고 실제로 이를 실천하는 교회와 마을 공동체의 이야기를 들려준다.

정원범 교수는 교회가 기후와 생태 위기 극복을 위한 생태적 가치를 가지고 그 책임을 다하는 생태 목회를 펼쳐야 한다고 말한다. 그에 따르면 우리는 이를 구현하기 위해 신학적 과제와 목회적 과제를 균형 있게 달성해야 한다. 우선 신학적 과제에는 삼위일체론의 회복, 생태학적 창조론의 회복, 생태학적 회심, 통전적 구원론의 회복, 통전적 생명 선교론의 회복이 포함된다. 그리고 이런 관점과 사상을 근간으로 삼은 채 녹색교회 형성, 성경적 생태 의식 고취, 생태 영성 추구, 생태 예배의 회복, 생태적 삶의 실천, 마을 목회 추구와 같은 구체적인 목회 과제를 실천해야 한다.

백영기 목사는 현재 그 어느 때보다도 생태적인 회심과 초록 영성이 절실하다고 강조하면서, 쌍샘 자연 교회에서 시도하고 있는 "생명목회와 녹색교회"에 관한 이야기를 풀어놓는다. 쌍샘 자연 교회는 수와 크기에 제한받지 않고, 무명의 삶으로 나(자신)를 넘어서며, 생명을 향한 끝없는 목마름을 갖는 목회를 한다는 지향점을 두고 "생명, 영성목회", "생태, 자연 목회", "삶, 관계의 목회"를 실천하고자 한다. 그리고 각 목회는 영성, 자연, 문화라는 3개 위원회를 중심으로 전개된다. 각 위원회는 교회 안에 머물지 않고 마을과 소통하면서 다양한 사역을 하고 있는데, 모두 예수 그리스도를 구심점으로 하는 하나의 신앙 공동체로서 삶의 신앙, 삶의 선교, 삶의 은총을 이루는 것을 목표로 삼는다.

유미호 센터장은 태초에 참 아름다웠던 그 순간에 하나님의 창조의 부르심이 있었음을 상기시킬 수 있는, 모두를 위한 기독교 생태 환경 교육을 제안한다. "모두를 위한" 교육이란 두려움에 빠지거나 책임을 전가하면서 적당히 위기를 모면할 만큼의 일들만 실천하는 것에 머물지 않고, 지구에 있는 모든 생명의 필요를 알아채고 그것을 채울 수 있도록 하는 교육이다. 그 예시로 하나님의 말씀과 자연을 깊이 묵상하되 신앙의 절기를 활용하여 "탄소 금식"을 하는 것과 같은 실천 방안이나 "플라스틱 감축 40일의 약속"과 같은 생활 영성 훈련을 소개한다. 이와 함께 마을 교회로서 일상에서 이웃과 함께할 수 있는 여러 영역의 교육 실천 프로젝트도 제시한다. 그러면서 저자는 이 모든 교육에 앞서 자신과 교회를 생태적인 책임을 묻는 저울 위에 올려 놓고 자가 진단을 실시한 후 "탄소 제로 녹색교회"를 선언하는 것의 중요성을 강조한다. 이런 과정이 있어야 우리 그리스도인들이 단계적으로 "영성-교육-실천"으로 이어지는 창조세계 안의 돌봄 여정을 제대로 이해할 수 있기 때문이다.

김오성 목사는 "생태 공명과 생태 영성 훈련"에 대해 이야기한다. 그는 우리가 생태계의 창조와 파괴, 아름다움과 고통, 탄생과 죽음 등으로 대별되는 모든 과정에 민감하게 반응하지 못한 결과로 현재의 위기를 맞았다고 진단하면서 생태 공명을 위한 다양한 생태 영성 훈련의 방법과 그 실제를 제시한다. 동시에 우리의 숨이 하나님의 숨과 연결되어 있음을 깊이 알아차리게 하는 "숨을 통한 생태 영성 훈련"을 비롯하여 전통 영성 훈련 방식을 활용한 "생태계 안에서의 말씀 묵상", "주기도문을 생태적으로 확장하기", "생태 의식 성찰"과 같은 구체적인 훈련법을 안내한다.

이박행 목사는 전인 치유와 생명 목회 현장에 관한 이야기를 들려준다. 그는 바람 한 자락, 햇빛 한 줄기가 평화롭기만 한 천봉산 자락에서 암 환우들과 함께 치유 센터를 시작했다. 그곳에서 실행하고 있는 전인 치유 사역은 참된 생명의 가치를 깨닫도록 돕는 영성 회복을 최우선 순위에 둔다. 그런 회복을 가능케 하기 위해 창조 질서에 순응하는 생활 방식을 체득시켜 자연 치유 면역력을 강화하며, 다양한 문화 예술 활동을 통해 전인격적인 치유를 도모하고, 양방·한방을 포괄한 보완 통합 의료의 적절한 도움을 받을 수 있도록 프로그램을 구성하였다. 그는 이와 더불어 상호 순환을 통해 하나님 나라의 생명력을 충만케 해온 생태 마을의 경험과 교회 생태계 복원을 위한 사역 및 한국교회생명신학포럼을 통해 펼쳐온 실천 현장의 기록을 공유한다.

4부는 기후 위기 시대를 사는 그리스도인들의 비전과 신앙고백 및 기도를 다룬다. 한기채 목사와 송준인 목사는 기후 위기 시대에 한국교회와 그리스도인이 감당해야 할 적극적인 역할이 있다고 오랫동안 알리면서 그에 합당한 구체적 실천이 필요하다고 호소해온 대표적인 목회자들이다. 한기채 목사는 현 코로나19 팬데믹을 우리에게 종말을 준비하라는 경고의 음성으로 인식해야 한다고 지적하면서, 창조-생태주의적 신앙고백에 있어 근원적 틀을 제공하는 창조 이야기를 통해 가치를 전환할 필요가 있다고 주장한다. 그의 신앙고백을 읽다 보면 지금과 같은 전 지구적 위기 상황일수록 하나님의 가치가 우주 중심적이고 생명체 중심적이라는 것을 기억하면서, 자연 만물과 함께 우리가 누릴 구원을 위한 지혜를 모아야 할 필요를 느끼게 된다.

송준인 목사는 그리스도인들을 향해 탄식하는 창조세계 속에서 좌절하기보다는 총체적 구원의 모습에 집중함으로써 먹고 입는 일상에서 "다른" 삶을 살아내야 한다고 권면한다. 그러면서 새 하늘과 새 땅을 완성해야 할 사명을 부여받은 환경 청지기로서 구체적인 행동을 결단하는 기도를 함께 올려드리자고 말한다. 한국교회의 그리스도인들이 기후 위기에 관한 여러 고민을 담은 글들을 읽은 후 마지막 두 글을 틈틈이 묵상하면서 녹색교회와 생명 목회 및 생태 영성을 향해 정진하는 데 영적인 힘을 얻을 수 있기를 바란다.

5. 감사와 소망을 담아 이 책을 한국교회에 바침

한국교회와 그리스도인들이 기후 위기가 주는 두려움 앞에서 좌절하지 않고 탄소 중립, 녹색교회, 생명 목회라는 새 비전을 품은 채 삶과 신앙의 영역에서 우선 각자 할 수 있는 일을 실천할 수 있기를 원한다. 이런 생태 신앙은 각 교인과 교회 공동체가 그간 붙들어온 가치관과 생활 방식을 성찰하고 고백하는 것에서부터 시작되어야 할 것이다. 이로부터 새 신학이 정립되고 그것이 모든 그리스도인의 신앙적 결단과 실천으로 이어지기를 기대한다. "프로젝트: 기후 위기 시대의 기독교"가 세상에 내놓은 첫 성과물인 이 책이 그런 여정의 길을 밝히는 작은 길잡이가 될 수 있기를 소망한다.

이 책이 나오기까지 많은 분의 응원과 협력 및 헌신이 있었다. 특별히 (주)에이치투 그룹이 공동 주관 단체로 참여하지 않았다면 이 프로젝트가 시작되기 어려웠을 것이며 (주)천일 식품의 후원으로 프로젝트가 순조롭게 진행될 수 있었다. 이에 허고광 회장님과 천석규 대표 이사님께 깊은 감사를 드린다. 특별히 출판계의 어려운 상황에도 불구하고 한국교회의 시대적 과제를 해결하려는 노력을 응원하는 마음으로 선뜻 출간을 허락해주신 새물결플러스&아카데미의 김요한 대표님과 책이 나오기까지 힘써주신 직원 여러분께 진심으로 감사드린다.

많은 그리스도인이 녹색교회와 생태 영성을 든든한 뿌리로 삼아 삶과 신앙의 방향을 전환하고 하나님의 창조 질서를 회복하는 일에 이 책이 조금이라도 기여할 수 있기를 기도한다.

2022년 1월 23일
고재백 국민대학교 교양 대학 조교수
유미호 기독교환경교육센터 살림 센터장
조영호 안양대학교 신학과 겸임 교수

총론: 기후 위기 시대의 기독교

김정욱

I. 들어가는 글

코로나19로 인해 전 세계가 뒤흔들리고 있다. 이 코로나19는 기후 변화의 결과이며, 그 기후 변화를 일으킨 주요 원인은 인간의 활동이다. 지난 반세기 동안 생태계 안에 깊숙이 잠자고 있던 질병들이 에이즈, 사스, 메르스, 구제역, 조류 독감과 같은 형태로 가축과 사람에게 전염을 일으키기 시작하면서 세상에 모습을 드러냈다. 이렇게 소위 인수 공통 감염병에 속하는 질병 80여 가지가 등장했는데, 이는 인류가 예전에 알지 못하던 질병들이다. 지구상에는 800만 종의 바이러스와 600만 종에 달하는 곰팡이가 존재하고 있어서, 앞으로 나타날 수 있는 질병의 종류는 무궁무진하다. 질병은 둘째치고 향후 인류가 직면하게 될지도 모르는 기후 재난을 이대로 방치한다면 전 인류가 멸망할 수도 있다. 이는 신명기에 기록된 말씀을 떠올리게 한다. "네가 만일 네 하나님 여호와의 말씀을 순종하지 아니하면, 이 율법 책에 기록

하지 아니한 모든 질병과 모든 재앙을 네가 멸망하기까지 여호와께서 네게 내리실 것이니"(신 28:15, 61).

지구의 평균 기온은 지난 40년간 계속 상승하고 있다. 2011-2020년의 평균 기온은 1850-1900년의 평균 기온에 비해 1.09도 (0.95-1.20도) 올랐다. 이 기간 동안 우리나라 전체 평균 기온은 1.8도가 상승했으며 수도권의 평균 기온은 2.8도가 올랐다. 이로 인해 지구 생태계가 겪고 있는 변화는 참으로 놀라울 정도다. 우리는 기록적인 홍수, 가뭄, 태풍, 사막화, 환경 오염, 질병 창궐, 생물의 멸종과 같은 현상을 목격하고 있다. 지금과 같은 생활 방식을 유지한다면 21세기 말까지 기온이 4도 이상 더 오를 것으로 예측되는데, 그 지점에 달하면 더 이상 기후 변화를 통제할 수 없게 되고 그 결과 인간을 비롯한 생물 대부분이 지구에서 생존하기 어려울 것이다. 이는 결코 하나님이 보시기에 좋게 창조되었던 땅의 모습이 아니다. 앞으로 인류는 이 땅의 창조 질서에 맞추어 조화롭게 생존할 수 있는 방향을 모색해야 한다. 이 글에서는 그런 인식과 그리스도인의 시각을 기반으로 지구의 기후 위기를 진단하고 창조 질서를 회복하기 위한 대안과 교회의 역할을 생각해보고자 한다.

II. 지구 기후 변화

최근 들어 폭우, 홍수, 가뭄, 태풍과 같은 기후 재난으로 인한 피해가 점점 더 심해지고 있다. 우리나라 국민들도 홍수, 태풍, 폭염과 한파를 연이어 경험하면서 기후 변화 대책에 큰 관심을 갖게 되었다. 2020년에는 장마가 54일간 지속되면서 1973년 이후 가장 오래 지속된 장마로 기록되었는데, 당시 중부 지방은 역대 최고의 강수량(851.7mm)을 기록했고 4대강 유역에도 막대한 홍수 피해가 발생했다. 최근 중국과 일본에서는 하루에 1,000mm, 한 시간에 200mm의 비가 내리는 경우도 있는데, 이런 홍수가 우리나라에 닥치는 것도 시간문제일 뿐이다. 또한 2021년에는 최고 온도가 33도를 웃도는 폭염 일수가 31.2일로 역대 최고치를 기록하였고, 10월에 들어서도 30도가 넘는 한여름 날씨가 계속되었다. 2021년 캐나다가 50도, 북극권이 40도에 이른 것을 보면, 우리나라의 기온이 50도에 이르는 것도 머지않은 일로 보인다. 이와 더불어 1950년 이후 세계가 겪고 있는 기후 재난이 10배 이상 늘었고 이로 인한 경제적인 피해가 20배 이상 증가했다.

이런 기후 변화를 계속 내버려 둔다면 인류에게 큰 재앙이 될 것이다. 특히 극지방에서 큰 폭의 기온 상승이 일어나면 빙하가 사라짐과 동시에 시베리아 동토에 대량 저장된 온실가스인 메탄이 녹아서 분출되면서 지구의 기후가 걷잡을 수 없이 변하게 된다. 그러면 더 이상 통제가 불가능한 상황이 될 가능성이 크다. 그렇게 되면 지구 생물의 95%가 멸종할 수도 있다는 주장이 나온다.

2015년 12월 12일에 채택된 파리 기후 협정(Paris Climate Agreement)은 이에 근거하여 지구 생태계의 파멸을 막기 위한 두 가지 중요한 원칙을 세웠다. 첫째, 기후 변화를 통제하기 위해서는 지구의 평균 기온이 산업화 이전보다 2도 이상 올라서는 안 된다. 협정안에서는 이에 맞춰 1.5도 상승을 목표로 세웠다. 둘째, 더 이상의 기후 변화를 막기 위해서는 인류의 산업 활동으로 인한 온실가스 배출량과 지구의 온실가스 흡수량 사이의 균형을 맞추어야 한다. 이는 교토 협약이 2012년에 종료된 이후 그동안 이해관계가 달라 타협점을 찾지 못하던 195개국이 드디어 조율을 마치고 채택한 합의안의 내용이다.

그러나 최근 혹한, 폭염, 태풍, 홍수, 산불, 질병 등이 빈번히 발생함에 따라 기후 변화에 대한 경각심이 더욱 커진 상황에서, 새로 설정한 기온 상승 목표치가 과연 인류가 살기에 적합한 온도인가에 대한 우려가 제기되었다. 그래서 2018년 10월 6일 우리나라에서 열린 IPCC 회의에서는 「지구 온난화 1.5도」(Global Warming of 1.5°C)라는 특별 보고서가 채택되었다. 지구 온도가 2도 상승하면 북극의 빙하가 회복 불가능할 정도로 손상되고, 해양 생물의 1/4이 서식지로 삼고 있는 산호초가 거의 전멸하며, 물 부족으로 고통 받는 인구가 30억 명 이상으로 늘고, 기후 난민이 수억 명 발생할 것이라는 예측이 나온 후 인류가 이를 감당할 수 없다는 인식이 널리 공유되면서 이 보고서가 채택된 것이다. 보고서에 따르면 지구 온도 상승폭을 1.5도 이하로 유지하기 위해서는 2050년까지 인간의 산업 활동으로 인한 온실가스 배출량이 완전히 0이 되어야 하고, 2도 이하로 유지하기 위해서는

2075년까지 온실가스 배출량을 0으로 만들어야 한다고 지적한다. 참고로 온실가스는 모두 탄소 당량으로 계산하기 때문에 온실가스 배출이 0이 되는 상태를 "탄소 중립"이라고 일컫는다.

이에 EU를 선두로 이미 140여 국가가 호응하여 2050년까지 탄소 중립을 실현하겠다고 선언했는데, 우리나라도 거기 동참하기로 하면서 세계에서 14번째로 UN에 계획을 제출하고 계획을 구체적으로 실행하기 위해 대통령 직속 기구인 "탄소 중립 위원회"를 만들었다. 미국은 조지 W. 부시와 트럼프 정부 때 잇따라 기후 변화를 부정하면서 기후 변화 협약(UNFCCC, United Nations Framework Convention on Climate Change)에서 탈퇴했었는데 바이든 정부가 들어서면서 다시 협약에 가입하고 2050년 탄소 중립을 선언하였다. 세계 최대 온실가스 배출국인 중국은 2060년까지 탄소 중립을 달성하겠다고 발표했다.

그러나 이 협약의 목표를 달성하기 위해서는 넘어야 할 고비가 많다. 첫째, 매장된 화석 연료의 상당량을 쓰지 않고 남겨두어야 한다.[1] 그러나 화석 연료를 기반으로 하는 에너지 산업체들은 눈앞에 보이는 이익을 포기하기 어렵기 때문에 대부분 기후 변화 자체를 인정하지 않으려고 한다. 둘째, 이번 협약이 성공한 이유는 각 나라에 의무적으로 온실가스 감축량을 할당하지 않고 자율적으로 감축 계획을 제시하도록

---

[1]   1.5도를 달성하기 위해서는 남아 있는 석탄 자원의 89%, 석유의 58%, 가스의 59%를 남겨두어야 하고, 2도를 달성하기 위해서는 석탄의 80%, 석유의 33%, 가스의 50%를 남겨두어야 한다는 논문이 최근에 발표되었다(D. Wesley, et al, "Unextractable fossil fuels in a 1.5°C world", *Nature* 597 [2021]).

했기 때문이다. 그러나 과연 모든 나라가 기후 변화를 막을 수 있을 정도로 온실가스를 줄이는 데 따르는 경제적인 희생을 감내할 것인가 하는 의문이 남는다. 셋째, 선진국들은 앞장서서 배출량을 줄일 뿐만 아니라 개도국 지원을 위한 재정적인 부담을 감당해야 하는데, 과연 이들이 기후 변화를 막을 만큼의 비용을 부담할 용의가 있는지도 문제가 된다. 현재까지 기후 변화 협약에 제출된 2030년까지의 온실가스 감축 계획에 맞춘다면 온실가스는 계속 늘어나기만 하고 기후 변화를 전혀 막을 수 없는 형편이다. 그래서 모든 나라는 강화된 감축 계획을 제출하도록 요구받고 있다. 우리나라도 2030년까지 2018년 대비 26.4% 줄이려던 계획을 40% 줄이는 것으로 상향하여 강화된 감축 계획을 다시 제출하였다.

III. 기후 변화 외의 지구적인 환경 문제

1. 사막화

기온 상승에 따라 강수 형태에도 큰 변화가 올 것으로 예상이 되는데, 특히 서유럽, 남아프리카, 중국 남부, 아메리카 대륙에서는 강수량 감소의 영향을 받아 사막이 확대되는 현상을 경험하게 될 것이다. 반면 동아시아와 한대 지역의 강수량은 증가할 것으로 예측된다. 한편 우리나라는 2100년까지 강수량이 10-20% 증가할 것으로 예상되는데,

이 강우가 주로 여름철에 집중될 것이기 때문에 홍수와 태풍 피해가 동반될 것으로 보인다. 이런 현상은 전 세계적인 식량 생산에도 큰 영향을 미칠 것이다.

또 개발 행위로 인해 많은 땅이 사막으로 변하고 있다. 아프리카와 남미에서는 산림을 무리하게 개간하여 농사를 짓고 과다하게 목축을 시행함으로써 많은 땅을 사막으로 만든다. 시베리아, 아마존, 동남아시아 등지에서는 목재를 얻기 위해 불법적인 방법으로 벌목하고 방치된 땅이 사막으로 바뀐다. 필리핀과 태국은 목재 수출국에서 수입국으로 바뀐 나라다. 인도네시아나 말레이시아 등지에서는 불법적인 방법으로 산림을 태워 농경지를 만드는데, 연례적으로 발생하는 이 산불로 인한 대기 오염이 인근 국가에 직접적인 영향을 미쳐 공항이 폐쇄되고 학교가 문을 닫기도 한다. 중앙아시아의 아랄해 인근과 중국의 황하 유역에서는 물을 과다하게 사용하여 사막이 늘어나고 있다.

UN의 사막화 방지 협약(UNCCD, United Nations Convention to Combat Desertification)에 의하면, 현재 지구의 땅은 전체 지구 역사 기간보다 30-35배 빠른 속도로 사막화되고 있으며, 현재 전 육지의 40%가량이 건조한 땅으로 간주되고 여기에 20억 명의 인구가 살고 있다. 매년 한반도 크기의 1.5배의 땅이 사막으로 변하고 있으며, 6백만-1천 2백만 ㎢의 땅, 즉 남한 면적의 60-120배에 달하는 땅이 사막화의 위협에 처해 있다.

2. 생물의 멸종

생물들의 중요한 서식지인 삼림과 습지의 파괴, 환경 호르몬과 같은 오염 물질의 범람, 오존층 파괴 및 기후 변화와 같은 다양한 요인의 영향으로 인해 지구상의 많은 생물이 멸종되어가고 있다. 현재 생물들이 멸종하는 속도는 생태계에 큰 환경적·생물학적 혼란이 존재하지 않는 상태에서 자연적으로 종이 사라지는 배경 멸종 속도에 비해 1,000배 정도 빠른 것으로 나타나고 있는데, 이는 지구 역사상 가장 빠른 속도다. 이에 덧붙어 앞으로 2050년까지 17-37%의 종이 멸종할 것으로 예측된다.

특히 곤충 중에서도 날벌레들이 급속히 사라지고 있다. 독일에서는 28년간(1989-2016) 날벌레의 76%가 사라졌다고 보고되었으며, 영국에서는 2년(2012-2013) 사이에 꿀벌의 35%가 감소하였고, 미국에서는 2년간(2014-2015) 42%가 사라졌다고 한다. 그래서 미국에서는 수입한 꿀벌을 농작물 개화 시기에 맞추어 싣고 다니면서 농사를 짓기도 한다. 아인슈타인은 꿀벌이 사라지면 인류가 4년 안에 멸망할 것이라고 말했다. 꿀벌이 식량 생산의 약 80%를 담당하고 있기 때문이다. 이렇게 곤충들이 사라지는 주요 원인으로 농약이 지목되고 있다.

또한 바다 생물이 급속도로 사라지고 있다. 지난 50년 동안 70%에 달하는 바다 생물종의 개체수가 90% 이상 줄었다고 한다. 이대로 가면 2050년에는 모든 바다 생물의 수가 90% 이상 줄어들 것이다. 바다 생태계 파괴의 중요한 원인으로는 기후 변화, 연안 습지의 파괴,

오염, 남획 등이 언급된다. 이는 "둘째 천사가 나팔을 부니…바다의 삼분의 일이 피가 되고 바다 가운데 생명을 가진 피조물들의 삼분의 일이 죽고…"(계 8:8-9)라고 하는 성경 구절을 연상시킨다.

3. 성층권의 오존층 파괴

오존층의 파괴도 지구를 위협한다. 오존은 지상 10-50km의 성층권에 존재하며 파장이 0.29μ보다 짧은 광선에 속하는 강한 자외선, 우주선, 감마선 등을 차단함으로써 지구의 생물을 보호한다. 외계로 여행하는 우주인들이 이런 강한 광선을 차단하기 위해 우주복을 입는 것처럼 지구의 오존층이 모든 생물의 우주복 역할을 하고 있는 셈이다. 오존층을 파괴하는 주요 원인 물질은 냉매와 분무제로 많이 쓰이는 CFC(chloro-fluoro-carbon, 염화불화탄소)이고 그 외에 자동차 배기가스에서 많이 나오는 질소 산화물과 유기 물질이 썩을 때 나오는 메탄가스(CH_4) 등이 있다. CFC 물질은 온실가스로서 지구의 기후 변화에도 영향을 미친다. 국제 환경 협약 중 가장 성공적으로 시행되고 있는 것이 바로 이 오존층 보호 협약인데, 그 이유는 대체 물질을 개발하여 생산하는 것이 기업에 또 다른 이익을 가져다주는 산업이 되었기 때문이다. 그러나 대체 물질로 개발된 HFC(hydro-fluoro-carbon, 수소불화탄소)도 CFC와 마찬가지로 여전히 온실가스의 일종으로서 기후 변화에 영향을 준다.

4. 오염의 축적

환경 오염이 전 지구적으로 확산됨에 따라 생태계에 오염 물질이 축적되면서 많은 생명이 위협을 받고 있다. UN 환경 계획(UNEP)이 발표한 바에 따르면 매년 23억 명의 인구가 오염된 물로 인한 수인성 질환을 앓다가 500만 명 이상이 사망한다. 이는 "셋째 천사가 나팔을 부니…물의 삼분의 일이 쓴 쑥이 되매 그 물이 쓴 물이 되므로 많은 사람이 죽더라"(계 8:9-10)라고 하는 성경 말씀을 떠올리게 한다.

또 세계 보건 기구(WHO)는 매년 700만 명가량이 오염된 공기를 마시고 사망하는데 1군 발암 물질로 지정된 미세 먼지가 가장 큰 원인이라고 밝혔다. 미세 먼지는 폐암을 비롯한 호흡기 질환과 심장 질환 및 뇌혈관 질환 등을 일으키는 원인 물질로 알려져 있다. 하나님이 아담을 만드실 때 흙으로 사람을 빚으신 후 코에 생기를 불어넣어 생명체로 창조하셨는데, 이젠 코로 들어가는 공기로 인해 많은 사람이 죽게 되었으니 참으로 안타까운 일이다.

지구상에 축적되고 있는 수많은 오염 물질을 상세히 살펴보면 다음과 같다. 대기와 땅에는 인간이 주로 석유를 이용하여 만들어낸 2,900만 종의 유기 화합물이 돌아다니는데 그중에는 분해가 쉽게 이루어지지 않아 인간을 비롯한 생물들의 체내에 농축되면서 여러 가지 피해를 일으키는 물질이 많다. 내분비 교란을 일으키는 환경 호르몬도 그중 하나다. 이 물질들은 번식을 방해하고 암을 비롯한 각종 질병의 원인이 됨으로써 생태계를 교란시키고 있다.

현재 전 세계에서는 매년 약 4억 t에 이르는 플라스틱이 생산되고 있다. 플라스틱은 1950년대부터 생산량이 급격히 늘었고 그 결과 지금까지 생산된 총량이 83억 t에 달한다. 그런데 이 가운데 70억 t 정도가 바다로 유입된 것으로 추정된다. 바다에 유입된 플라스틱은 대양을 빙빙 도는 해류를 타고 태평양과 대서양의 특정 지점에 모여 거대한 쓰레기 섬을 이룬다. 태평양에 위치한 한 쓰레기 섬은 1950년대부터 형성되기 시작했는데 매년 10배씩 커져서 지금은 한반도 크기의 7배에 달하는 160만 km^2의 면적을 차지한다.

　　플라스틱의 주성분은 석유지만 여기에 다양한 첨가제가 들어간다. 단단한 성질을 위해서는 염소, 말랑말랑한 성질을 위해서는 프탈레이트(phthalate), 질긴 성질을 위해서는 BPA(bisphenol A)가 투입된다. 스펀지의 거품이나 우레탄을 만들기 위해서는 TDI(toluene di-isocyanate), 불연성을 위해서는 PBDE(polybrominated diphenyl ether) 등의 첨가물이 들어간다. TDI를 제외한 첨가제와 많은 유기 염소 화합물은 환경 호르몬으로 분류되며, TDI는 환경 호르몬으로 분류되지는 않지만 이런 물질들보다 수십 배 더 유독하다. 보통 화재가 발생하면 사람들이 질식해서 죽는 경우가 많은데, 그 이유는 건물 건축에 사용된 이런 물질들이 열을 받아 미세한 플라스틱으로 쪼개지면서 그 독성이 인체에 치명적인 영향을 미치기 때문이다.

　　이런 플라스틱이 흙에 묻히거나 바다에 축적되면 결국 작은 입자로 쪼개져서 미세 플라스틱이 된다. 미세 플라스틱은 세계 모든 바다에서 잡힌 생물의 체내에서 발견되고 있는데, 해산물뿐만 아니라 소금, 꿀, 심지어는 수돗물에서도 검출된다. 최근 조사한 바에 의하면 한 명의 유럽인이 매년 만 개에 가까운 미세 플라스틱 조각을 섭취하는 셈이라고 한다. 대한민국 해안에 위치한 굴이나 홍합 양식장에서도 플라스틱으로 만든 어업 도구가 많이 사용되고 있는 점을 고려하면, 우리의 미세 플라스틱 섭취량도 이와 크게 다르지 않을 것이다. 미국 환경 보호청에 따르면 미세 플라스틱은 이미 공기 중에도 다 확산되어 있어서 매년 한 사람이 6,000조각 이상의 미세 플라스틱을 흡입하는 것으로 추산된다.

5. 자원 고갈

인류가 현재와 같은 생활 방식을 유지한다면 머지않아 지구의 자원이 고갈되고 말 것이다. 현재 77억에 달하는 세계 인구는 21세기 말에 100억이 넘을 것으로 예상된다. 지구의 경제 규모는 지난 100년 동안 50배로 커졌다. 특히 제2차 세계대전 이후 반세기 만에 지구 경제 규모는 15배 성장했고, 이 과정에서 화석 연료의 사용은 25배, 공업 생산량은 40배나 늘었다. 그러나 지구상에는 이처럼 무한정 커지는 경제를 뒷받침할 만한 에너지와 자원이 없다. 현재 우리는 재생 불가능한 에너지와 광물 자원, 삼림, 흙, 바다 등을 이용하여 생산물을 산출하고 있는데, 이런 자원은 언젠가 고갈되고 말 것이다. 끝없이 계속 공급될 것이라고 여긴 물과 흙과 깨끗한 공기가 무한하지 않음을 깨닫게 되고서야 비로소 우리는 자원의 한계를 뼈저리게 실감하고 있다. 또한 지구는 지속되는 환경 파괴 행위를 무한정 감당할 수 없다.

현재 사용 속도를 고려하면 석유는 2050년대에, 석탄은 2100년대에 고갈될 것으로 전망된다. 어떤 사람들은 탐색 기술이 발달하면 석유를 더 찾을 수 있다고 주장하지만, 석유 1L를 캐는 데 석유 1L가 필요한 에너지를 투입해야 한다면 그 석유는 없는 것이나 마찬가지다.

세계 모든 나라가 미국을 이상적인 국가로 여기고 미국인처럼 살고자 노력해왔다. 그런데 현재 한 명의 미국인은 자기 몸무게의 1,000배에 달하는 에너지를 사용하면서, 평생 자기 몸무게의 수천 배에 달하는 자원을 쓰레기로 만들어 버리고 있다. 지구는 이런 생활 방식을 감당할 수 없다. 글로벌 생태 발자국 네트워크(Global Footprint Network)에 의하면 인류의 활동은 1970년 이후 지구의 용량을 초과하기 시작했으며, 2020년 현재 지구 용량의 1.6배를 소모하고 있다. 또한 평균적인 한국인의 생활 방식을 유지하기 위해서는 3.5개의 지구가 필요하다. 이를 종합해보면 지구 생태계가 파괴되는 이유는 명확하다. 바로 인류가 지구의 용량을 초과하여 자원을 소모하고 있기 때문이다.

IV. 기후 위기 극복을 위한 지속 가능한 발전 정책

에너지와 자원을 끊임없이 소모하면서 생태계 파괴를 당연시하는 지금과 같은 경제 개발 방식은 필연적으로 기후 변화를 비롯한 환경 문제를 발생시킬 수밖에 없으며, 그로 인한 에너지 및 자원 고갈 상황에 직면한 우리는 이제 새로운 방식으로 살아가지 않으면 안 된다.

원래 "지속 가능"이라는 개념은 지구 환경을 지탱한다는 취지에서 "환경적으로 타당하고 지속 가능한 발전"(ESSD, environmentally sound and sustainable development)이라는 용어로 출발했지만, 점차 환경뿐만 아니라 경제와 사회를 포괄하는 넓은 개념으로 발전하여 지금은 환경이라는 말을 빼고 그냥 "지속 가능한 발전"(SD, sustainable development)으로 통용된다. UN 산하의 환경 개발 위원회에서는 "지속 가능한 발전"이란 인간 중심의 기술로서 "현세대의 필요를 충족하되 미래 세대가 그들의 필요를 충족시킬 수 있는 능력을 축내지 않는 발전"(meets the needs of the present without compromising the ability of future generations to meet their own needs)이라고 정의하면서, 이를 달성하기 위해 인구, 식량, 생물 다양성, 생태계, 에너지, 산업 발전, 도시 문제 분야의 정책 방향을 같이 제시한다.

인류는 어느 정도의 경제 성장에서 만족하고 더 이상 성장이 없는 정상 상태를 유지할 필요가 있다. 실제로 안정된 생태계는 정상 상태를 유지하되 성장하지 않는다. 우리도 이처럼 경제를 무리하게 성장시키지 않으면서 환경과 조화를 이루는 방향으로 삶의 모습을 바꿔나갈 수 있다. 인류의 앞날을 위협하는 문제가 무엇인지 명백히 드러난 상황에서는 문제 해결을 위한 방법의 원칙 역시 명확하다. 그 원칙은 다음 세 가지로 요약할 수 있다.

첫째, 석유, 석탄, 원자력과 같은 에너지에 한계가 있다면 이에 대한 해결책은 무엇인가? 있는 에너지는 아껴 쓰면서 근본적으로 재생 가능한 에너지를 개발해야 한다. 재생 가능한 에너지에는 태양, 풍력, 생체, 지열 등이 포함된다. 그런데 이런 종류의 에너지는 단위 면적당 생산 밀도가 극히 한정되어 있기 때문에 이 에너지들로는 현재의 대량 생산, 대량 수송, 대량 소비 구조를 지탱할 수 없다. 따라서 궁극적으로 에너지 요구가 적은 사회 구조를 만들어야 하고, 에너지 효율을 향상시켜야 하며, 먼 거리에서 에너지를 생산해서 수송하는 방식 대신 필요한 곳에서 만들어 쓰는 방안을 고안해야 한다. 대체 에너지를 개발하는 것도 중요하지만 거기서 끝나서는 안 되고 새로운 에너지 체계에 맞도록 에너지 사용을 줄이고 국토와 지역 사회의 구조를 바꾸는 방향으로 시민 생활 양식을 개선해나가야 한다.

둘째, 에너지뿐만 아니라 다른 자원들도 그 한계가 분명하다. 무한한 자원이라는 것은 존재할 수 없다. 과학 기술자들은 한 가지 자원이 모자랄 때마다 대체 자원을 찾곤 하지만, 그 대체 자원이라는 것도 언젠가는 끝이 있을 수밖에 없다. 그렇다면 부족한 자원에 대한 해결책은 무엇인가? 있는 자원을 아껴 쓰고 근본적으로는 자원을 순환시켜야 한다. 쓴 자원을 모아 순환하여 활용함으로써 처녀 자원을 사용하여 제품을 만드는 것과 동일하게 인류의 필요를 채우고 지구 경제를 돌릴 수 있다. 이런 형태의 자원 순환은 에너지를 아주 효과적으로 절약하는 방법이기 때문에, 우리는 이를 잘 구현하여 자원 순환 사회를 만들어야 한다. 그렇게 하기 위해서는 자원의 낭비를 억제하고 자원 순환에 인센티브가 돌아가는 순환 경제 구조를 구축하며, 지역 사회의 구조도 이를 실현할 수 있는 형태로 다시 구성해야 한다.

셋째, 지구가 감당할 수 있는 환경 용량도 한정되어 있다. 지구는 경제가 커지면서 동반되는 오염 확산과 자연 파괴 행위를 감당할 수 없다. 사막이 늘어나고 경작 가능한 토지가 계속 줄어들고 있다. 그동안 화학 비료와 농약에 의존했던 토지 생산성 역시 한계에 도달했다. 지금과 같은 농사 방법으로는 더 이상 수확을 늘릴 수 없다. 인간이 바다에서 얻을 수 있는 수산 자원도 한계에 도달했다. 전 세계 수산 자원의 현존량은 급격한 감소 추세에 있으며, 그간 크게 진보한 어획 기술에도 불구하고 1990년을 기점으로 어획량이 줄어들고 있다.

이와 더불어 환경 오염이 지구 곳곳으로 확산되고 있다. 대기 오염, 토양 오염, 식생 훼손이 대륙의 경계를 넘어서 진행되고 있으며, 지구상의 모든 생물이 환경 호르몬의 영향을 받고 있다. 이 환경 훼손 역시 에너지 및 자원의 낭비와 밀접한 관계가 있다. 지구는 지금과 같은 환경 훼손 추세를 더 이상 감당할 수 없다. 그렇다면 어떻게 해야 하는가? 답은 명확하다. 각 지역 사회가 받아들일 수 있는 환경 용량 이상의 환경 훼손 행위를 정당화해서는 안 된다.

환경 문제를 해결하기 위해서는 앞서 언급한 세 가지 원칙에 따라 기술을 개발하는 것도 중요하지만 궁극적으로는 에너지와 자원을 절약함으로써 지구의 수용 능력을 넘지 않도록 해야 하며, 환경을 훼손하지 않는 방향으로 지역 사회 및 정주 구조를 개조하고, 이에 맞춰 시민들의 삶을 바꿔야 한다.

V. 지속 가능하고 기후 위기에 안전한 국토 가꾸기

국토는 인간의 욕심을 채우기 위한 수단으로 쓰여서는 안 된다. 우리는 국토가 환경 생태적인 측면에서 황폐해지지 않고 풍성한 생산성을 유지하면서 안정될 수 있게 가꾸어야 한다. 경제 정책은 때에 따라 변할 수 있지만 자손만대가 살아가야 할 국토 생태계의 기본적인 골격이 변해서는 안 된다. 이 땅이 사람과 생물들을 영구히 부양할 만큼 풍성한 생태계를 지속할 수 있도록 변하지 않는 목표를 세우고 그것을 지켜나가야 한다. 이 목표는 국가의 어떤 정책보다도 중요하게 다뤄져야 한다.

이런 방향으로 국토를 가꾸기 위해 가장 중요하게 지켜야 할 곳은 바로 산림, 갯벌, 농지다. 산림은 육상 생태계를 지탱하는 기반이고, 갯벌은 해양 생태계의 기반이며, 농지는 사람이 먹고 살 식량을 생산하는 기반이다. 해가 갈수록 거세지는 기후 재난에 대비할 때도 이 점을 염두에 두어야 한다. 우리는 이런 기반 위에서 모든 생명이 건강하고 행복하게 생존할 수 있도록 깨끗한 공기와 마실 물을 잘 보존하고 쓰레기 없는 깨끗한 환경을 유지해야 한다.

산림은 홍수와 가뭄을 조절하고 하천 용수를 유지하며 바람직한 수질을 만들어 줌으로써 생물들에게 서식지를 제공하며 깨끗한 공기를 유지하는 데 도움을 준다. 또한 강수량을 조절하는 데 절대적인 역할을 한다. 지난 수천 년간 많은 문명 국가들이 울창한 삼림과 비옥한 땅을 배경으로 흥했다가, 머무는 땅이 황폐해지면서 국력이 같이 쇠한 경우가 많았다. 우리는 이 사례를 참고하여 산림 확보와 보존에 대해 국가적으로 어떤 경우에도 양보할 수 없는 확고한 목표를 세워야 한다.

　우리 민족은 전통적으로 산림을 신성하게 여겼다. 산림을 훼손하는 것을 방지하기 위해서는 송목금벌(松木禁伐)을 강조하였고, 특별히 서울 주변과 지방의 중요한 산림을 금산(禁山)으로 묶어 보호하였다. 조선의 헌법인 경국대전에 의하면 금산에서 벌목을 하거나 채석을 한 자는 곤장 90대를 맞고 벤 나무를 다시 심어 복구해야만 했다. 그러나 실제로는 이를 더 엄격하게 시행하여 세조 때 기록에 따르면 금산의 소나무 한 그루를 불법으로 베어낸 사람에게는 곤장 100대, 두 그루를 자르면 곤장 100대를 친 후 군복무를 명했으며, 열 그루를 벌목하면 곤장 100대를 친 후 오랑캐 지역으로 추방했다. 『하멜 표류기』(스타북스 역간, 2020)에 따르면 곤장 100대를 맞으면 사람이 죽을 정도가 된다고 한다. 성경은 이렇게 말한다. "너희가 어떤 성읍을 오랫동안 에워싸고 그 성읍을 쳐서 점령하려 할 때에도 도끼를 둘러 그곳의 나무를 찍어내지 말라. 이는 너희가 먹을 것이 될 것임이니 찍지 말라. 들의 수목이 사람이냐? 너희가 어찌 그것을 에워싸겠느냐?"(신 20:19) 유럽에서도 중세에 함부로 나무를 베어낸 자는 불량배로 취급하여 벌했다고 전해진다.

　우리나라의 산림은 일제 강점기에 대대적인 수탈을 당한 결과 7할 정도가 사라졌고 특히 남한의 산들은 거의 다 민둥산이 되어버렸다. 하지만 그 후로 남한은 세계에서 유례를 찾기 어려울 정도로 녹화에 성공했다. 반면 북한은 에너지 부족으로 인해 수목을 땔감으로 사용하거나 식량 생산용 다락밭을 만드느라 백두산, 묘향산, 금강산 같은 특별한 산 몇 개를 제외하고는 대부분 민둥산이 되어버렸다. 그 결과 해마다 홍수와 가뭄을 겪고 있으며 보기에도 황량하기 그지없다. 산림을 살리지 않으면 나라가 일어설 수 없다.

지난 수천 년을 일컬어 인류가 산림을 훼손해온 역사라고 한다면, 지난 백 년은 해양 생태계 파괴의 역사라고 할 수 있다. 특히 인간은 갯벌을 파괴했다. 우리나라는 하구를 막아 갯벌을 간척해서 농사를 지어왔는데 이는 어리석은 짓이다. 갯벌에서 생산되는 식량이 간척으로 농지를 만들어 얻는 식량보다 훨씬 더 많다. 식량에서 가장 부족하여 문제가 되는 단백질 생산량은 갯벌이 크게 앞선다. 그런데 우리나라는 중요한 갯벌이 형성되어 있는 서남해안의 하구를 거의 다 막아버리고 간척을 진행했다. 간척을 하면 사업 시행주가 간척한 땅을 소유하게 되어 큰 경제적 이득을 얻도록 한 것이 이런 실책의 배경이다.

우리나라의 서남해안에 발달한 갯벌은 해양 생태계를 살리는 기반이다. 서남해안 어족의 약 2/3는 생애 주기에 한 번씩 반드시 갯벌을 거치게 되고, 간접적으로 갯벌과 연관되어 있는 어족까지 합치면 90% 이상이 갯벌과 관계를 맺고 있다. 갯벌의 생산성은 농경지에 비해 5배가량 더 높다. 갯벌 중에서도 가장 생산성 높은 곳은 하구 갯벌이다. 또한 이 지형을 끼고 있는 만은 어족들의 산란지이기 때문에 잘 보존되어야 한다. 그런데 우리나라 서해안의 거의 모든 중요한 강들이 둑으로 막혀 있어서 물고기들이 돌아오지 못하고 있다.

일반적으로 방조제를 세워 간척을 한 다음에는 그 안에 간척지의 농·공업 용수로 사용할 담수를 모아둔다. 그런데 이 방조제 안의 물이 어떤 용도로도 쓸 수 없을 정도로 오염되었고, 심지어 그 오염도가 매년 악화되고 있다. 간척을 가장 먼저 시작하고 우리나라에 그 기술을 전한 네덜란드도 이제는 더 이상 그 오염을 방치할 수 없다는 판단을 내리고 방조제를 터서 바닷물을 유입시키는 역간척을 하고 있다. 어민들도 연안의 어업 사정이 계속 벼랑으로 몰리는 상황을 타개하기 위해 역간척을 강력히 요구하고 있다.

농경지는 반드시 일정량을 확보해야 한다. 인류 역사를 보면 도시 국가들은 대개 100년을 채 넘기지 못하고 다 망했는데, 그 이유는 식량 자급자족에 실패했기 때문이다. 사람이 생존하는 데 먹고사는 것만큼 중요한 문제가 없다. 이번에 코로나19가 확산되면서 개인뿐만 아니라 국가가 식량 사재기와 비축에 나서고 그 결과 식량을 수출해오던 40여 개 국가가 급기야 식량 수출을 금지하는 광경을 보면서 우리는 이 문제의 중요성을 다시금 깨달았다. 혼란이 닥치면 식량을 수입할 수 없기 때문에 위기에 대비하여 자국 내에서 식량을 생산할 수 있는 방도를 마련해야 한다.

산림, 갯벌, 농지와 관련된 상황은 더 이상 방치할 수 없는 수준에 이르렀고, 거의 모든 선진국이 이와 관련된 총량 규제를 실시하고 있다. 산림, 갯벌, 농지에 준하는 무언가를 만들어놓지 않는 한 기존의 것을 파괴할 수 없도록 엄격히 규제하거나, 보유량을 늘리기 위해 노력하는 것이다. 안타깝게도 우리나라는 가장 위태로운 지경에 있으면서도 산림, 갯벌, 농지를 가장 많이 파괴하고 있는 나라다. 땅값이 올라 얻을 수 있는 불로소득에 눈독을 들이고 있는 사람이 많기 때문이다. 많은 사람이 정직하게 일해서 돈을 벌기보다는 개발 사업으로 인한 땅값 폭등을 통해 이득을 취하고 싶어 한다. 선거 때만 되면 표를 얻기 위해 땅 투기를 부추기는 개발 공약이 남발된다. 그 후속 조치로 도로, 공항, 산업 단지, 위락 단지, 골프장 개발 같은 사업들이 벌어지는데, 실제로는 지어놔도 손님이 없어 적자를 내는 경우가 대부분이다. 그 과정에서 정부와 공기업은 빚을 지지만 투기꾼은 큰돈을 번다. 이런 개발 사업은 부정부패로 이어진다. 정직하게 일하면서 사는 사회를 만들기 위해서는 국가가 개발 이익을 환수해야 한다. 그래야만 이에 따르는 여러 가지 부조리와 부패를 막을 수 있다.

이와 더불어 우리는 앞으로 닥칠 기후 재난에 적응하고 그로부터 회복할 수 있는 국토를 만들어야 한다. 기온 상승에 따라 연안과 육상 생태계에 어떤 변화가 올지 예측하며 이에 따라 농업과 수산업 분야의 대비책을 준비해야 한다. 또한 강수량의 급격한 변화로 인한 폭우에 견딜 수 있는 배수 체계와 가뭄 대비책을 갖추어야 한다.

우리나라의 강은 제대로 흐르지 못하도록 댐으로 연결되어 있다. 특히 4대강 사업 이후 이런 현상이 심해졌다. 그런데 다른 국가의 사례에서 알 수 있듯이 이런 구조는 하나의 댐이 터지면 하류에 이어진 모든 댐이 줄줄이 붕괴되는 결과로 이어져 대규모 홍수 재난으로 발전될 가능성이 높다. 댐으로 홍수와 가뭄을 해결한다고 하지만,

홍수를 막자면 댐을 비워놓아야 하고 가뭄을 막자면 댐을 채워놓아야 한다. 두 가지를 동시에 할 수는 없다. 일반적으로 댐에 담아둔 물을 팔면 돈이 되기 때문에 댐에는 가능한 한 물을 많이 담아두려고 한다. 그래서 댐은 작은 가뭄이나 홍수를 관리하기엔 용이하지만, 큰비가 올 때는 잘 활용하기 어렵다. 2020년에 발생했던 홍수 피해도 섬진강댐, 합천댐, 용담댐, 동복댐이 홍수를 감당하지 못하고 큰물을 갑자기 내려보내면서 일어난 재난이었다. 2000년대에는 1,200개 이상의 대형댐이 건설되어 댐 밀도 세계 1위를 달성했는데, 오히려 댐이 많지 않던 1970년대에 비해 홍수 피해액이 크게 늘었다. 홍수 피해는 댐 건설 외의 다른 방법을 활용하여 관리해야 한다.

홍수와 가뭄을 해결하기 위해서는 본류가 아닌 강 상류 소유역 단위의 관리가 필요하다. 산림을 잘 관리하여 녹색 댐을 만들고, 저수지(보)를 정비하여 퇴적물이 쌓이지 않도록 해야 하며, 구조물을 단단하게 만들고, 산사태가 일어나지 않도록 예방해야 한다. 그리고 빗물을 마을마다 저장하여 하류로 한꺼번에 큰물이 내려가지 못하도록 하면서, 이 물을 가물 때 잘 이용해야 한다. 골프장 건설은 기후 대책에 역행하는 처사다. 논은 홍수 때 물을 저장했다가 가물 때 내려보내지만, 골프장은 홍수 때 물을 내려보내고 가뭄 때 물을 대량 뽑아 쓰는 구조다. 이를 보완하기 위해서는 각 골프장에 홍수 때 물을 저장할 수 있는 시설을 구축하도록 하고, 가물어 농지가 마를 때는 일시적으로 영업을 중단하고 농지에 물을 보내도록 하는 유인책을 고안해야 한다.

태풍 때마다 해운대 일대가 바닷물에 잠기는 일이 반복된다. 일본의 간사이 공항이 바다에 잠긴 적이 있는데 영종도 공항도 충분히 그럴 수 있다. 미국에서는 해안에 건설했던 도시가 허리케인으로 인해 완전히 사라진 적이 있다.[2] 우리나라는 전통적으로 해안가 뒤에 충분한 거리를 두고 숲을 만들어 해일의 피해를 방지해 왔었는데, 최근 들어 숲을 없애고 해안 근거리에 개발을 시도하면서 이런 피해가 반복되고 있다[3]. 이를 막기 위해서는 해수면과 파고의 상승에 대비하여 연안 지역을 계획하고 해안 구조물을 안전하게 관리해야 한다.

VI. 탄소 중립을 위한 지속 가능한 에너지 정책

기후 위기에서 벗어나기 위해서는 화석 연료에서 탈피해 친환경 에너지를 얻는 방향으로 전환해야 한다. 이명박 정부는 2020년까지 온실가스를 배출 전망치(BAU, business as usual: 현재의 정책을 그대로 계속할 경우의 배출량) 대비 30% 줄이겠다는 계획을 기후 변화 협약에 제출했지만, 석탄 발전소를 대거 건설하는 등 온실가스 감축 정책을 성실하게 시행하지 않아 실제 온실가스 배출량이 오히려 크게 증가했다. 박

---

2   미국 버지니아주의 대서양 연안에 자리한 애서티그섬과 친고티그섬에는 도시가 건설되었다가 허리케인이 덮치면서 완전히 폐허가 되었다. 지금은 야생 동물들이 사는 공원으로 보존되고 있다.

3   내 어릴 적 기억으로는 해운대와 광안리의 넓은 모래사장 뒤로 소나무 숲이 자리하고 있었다.

근혜 정부는 2030년까지 전망치 대비 37%를 줄이겠다는 계획을 제출했지만 이는 이명박 정부의 계획을 10년 연기한 것에 지나지 않으며 이때도 실제 배출량은 늘었다.

두 정부의 온실가스 감축 계획은 실은 진정성 없는 계획이었기 때문에 하위 계획으로 에너지 기본 계획이나 전력 수급 계획 등을 추진하면서 석탄 발전소가 대거 건설되었다. 그러다 보니 온실가스 배출량이 당연히 늘어날 수밖에 없었다. 문제는 이 협약을 지키지 못해 온실가스를 초과 배출하면 배출권 비용을 지불해야 한다는 점이다. 따라서 그렇게 쓰는 돈을 우리나라에 투자하여 자국 내에서 온실가스를 줄이는 데 사용하는 것이 훨씬 현명한 방법이다.

우리나라는 1997년 IMF 위기를 겪으면서 의도하지 않게 온실가스 배출량이 감소했는데, 그 후 한 번도 줄어들지 않다가 문재인 정부의 녹색 전환 정책이 시행되면서 비로소 감소하기 시작했다. 현재 집계에 따르면 2018년 7억 2,760만 t에서 2019년 6억 9,950만 t으로 3.9%가 줄었고, 2020년에는 6억 4,860만 t으로 다시 7.3%가 줄었으며 이는 세계에서 온실가스 배출량을 가장 많이 감축한 사례에 속한다. 그러나 2050년 탄소 중립을 달성하기 위해서는 앞으로 더 많은 노력을 해야 한다.

우리나라의 1인당 에너지 사용량은 독일, 일본, 영국, 프랑스, 이탈리아, 덴마크 같은 선진국을 앞질렀다. 특히 우리나라의 1인당 전기 사용량은 서유럽 국가의 1.5배(영국과 이탈리아의 2배)에 이르고. GDP당 전기 사용량은 OECD 평균의 2배에 달한다. 최근에 세계

13,000개 도시의 총 탄소 배출량을 조사한 논문이 발표되었는데, 서울(수도권)이 인구수로는 6위였으나 탄소 배출량은 세계 1위를 차지하였다. 이를 자세히 보면 2,150만 명이 사는 서울(수도권)의 탄소 배출량이 인구 4,500만의 중국 광저우보다 많고, 인구 3,500만의 도쿄를 2배 이상 앞지른 것으로 나타난다. 이 배출량에는 서울에서 직접 배출한 양뿐만 아니라 전기 사용 등의 목적으로 다른 지역에서 간접적으로 배출한 탄소량이 다 포함된다.

우리나라에서는 에너지 전환이라고 하면 재생 에너지를 만드는 것만을 생각하고 여기에 많은 투자를 하는데, 실은 에너지 절약이 가장 중요한 부분을 차지해야 한다. 덴마크, 독일, 영국처럼 에너지 전환을 도모하면서 온실가스를 가장 많이 줄인 나라들이 지금까지 중점적으로 추진해온 정책이 바로 에너지 절약인데, 이들 국가의 목표는 2050년까지 에너지 사용을 절반으로 줄이는 것이다. 한국에서는 에너지 사용을 줄이는 것이 아무것도 안 해야만 가능하다고 여기는 경향이 있는데 실제로는 그렇지 않다. 많은 연구와 노력이 동반되면 구체적인 실행 방안이 만들어질 수 있다. 에너지 사용을 절반으로 줄인다는 것을 절반의 에너지를 만든다는 의미로 해석하여 투자와 연구 개발을 진행해야 한다는 의미다. 가장 뛰어난 에너지 절약 기술을 보유한 것으로 알려진 덴마크에는 이 분야와 관련된 기업이 400-500개나 있다. 참고로 덴마크의 인구는 현재 575만 명 정도다. 이를 보면 우리나라에도 비슷한 정책과 구조를 적용함으로써 엄청난 수의 기업을 만들고 일자리를 창출할 수 있을 것이다. 미국도 오바마 정부의 에너지 전환 정책으로 인해 관련 분야에 만들어진 일자리가 3,264,383개에 달하는데 그중 225만 개가 에너지 사용을 줄이는 효율 산업의 일자리라고 한다.

우리나라의 에너지 효율이 극히 떨어지는 이유는 전기 요금이 싸서 효율을 올릴 필요성을 별로 느끼지 못하기 때문이다. 독일이나 일본의 산업용 전기 요금은 우리의 2배를 웃돌고 있으며 많은 선진국의 전기 요금은 우리의 1.5배 이상이다. 우리나라는 전기 요금이 제조 원가에서 차지하는 비율도 1.2-1.8%에 지나지 않는다. 따라서 이 정도의 전기 요금을 아끼기보다는 다른 부문에서 비용을 줄이는 것이 훨씬 더 효율적이라고 판단하게 되어 전기의 절약이 제대로 이루어지지 않는 것이다.

덴마크 같은 나라는 전기 사용을 실시간으로 모니터링하여 24시간 단위로 수요에 따라 요금을 책정하기 때문에 사용량이 피크 때일수록 수요가 줄어든다. 피크 수요가 줄면 발전소는 줄어든 피크 수요에 맞추어 발전하기 때문에 그만큼 전기 소비가 줄어든다. 우리나라는 2030년까지 스마트 그리드(smart grid)를 완성할 계획이다. 그에 맞춰 이용 효율을 높기기 위해서는 지역별로 전기 생산과 수요를 실시간으로 모니터링하고 배분하여 전기의 낭비가 없도록 해야 한다. 그리고 피크 때는 요금을 올려 절전을 유도해야 하며, 에너지 저장 장치(ESS, energy storage system)를 이용하여 전기가 남을 때(쌀 때) 저장했다가 모자랄 때(비쌀 때) 쓰도록 하는 등의 방법으로 피크 자체를 줄여야 한다. 이렇게 하면 에너지를 30% 정도 줄일 수 있다는 실증적인 연구 결과도 있다.

그렇지만 우리나라에서는 전기 요금이 조금만 올라도 "전기 요금 폭탄"이라는 자극적인 말로 정부를 공격해왔고 정치인들은 표가 떨어질까 봐 무서워하면서 전기 요금 동결 정책을 열심히 지켜왔다. 전기 요금이 동결되면 피크 때 전기를 아낄 필요도 없고 구태여 에너지 저장 장치를 쓸 필요도 없다. 현재 상태에 잘 적응한 기업들은 전기 사용량을 줄일 필요가 없다 보니 전기 사용 정책도 동결되면서 온실가스는 사업의 성장 속도에 따라 늘어났다. 우리나라에서는 1차 에너지를 이용하여 만든 전기 요금이 1차 에너지 가격보다 저렴하다. "콩으로 만든 두부가 콩보다 값이 싼" 셈이다. 그렇기 때문에 기업들은 1차 에너지를 이용하여 열을 만들기보다는 전기를 이용해 열을 만들어 쓰게 된다. 이런 방법은 에너지 효율이 극히 낮다. 전기 요금이 정상화되고 제도가 개선되어야만 에너지 효율을 향상시킬 길이 열린다. 아울러 미세 먼지를 줄이기 위해서는 석탄 발전소의 방지 시설을 강화해야 하기 때문에, 미세 먼지를 줄이기 위해서라도 전기 요금은 올라야 한다. 전기 요금을 동결해서는 에너지 효율을 올릴 수 없고 미세 먼지 문제도 해결할 수 없다.

그동안 우리나라의 에너지 정책은 변두리에 큰 발전소를 지음으로써 소수 약자들에게 큰 고통을 주는 대신 많은 사람이 혜택을 누리게 하는 것이었는데 이는 정의롭지 못하다. 모든 국민이 평등한 부담과 평등한 행복을 누려야 한다. 자기가 쓰는 에너지에 대해서는 자기가 책임을 지고 비용을 부담해야 한다. 그 고통과 비용을 에너지 생산지 근처에 거주하는 주민들에게만 부담시켜서는 안 된다. 예를 들어

지역의 에너지 자립률에 따라 에너지 비용에 차등을 두어 모든 국민이 평등하게 에너지에 대한 책임을 지도록 해야 한다. 요즘 재생 에너지 발전 설비의 건설 문제를 둘러싸고 지방 곳곳에서 "결사반대"운동이 많이 일어나고 있는데, 이는 그동안 전기 생산의 부담을 먼 변두리 지역에 집중시키던 관례가 이제 더 이상 통하지 않음을 보여준다.

경제학자들은 에너지 사용량과 온실가스 배출량을 줄이면서 재생 에너지를 개발하는 것이 경제 발전을 저해하는 길이라고 주장하고 있으며 많은 국민도 그렇게 믿고 있다. 그러나 실제로 경제를 성공적으로 성장시키고 안정을 누리는 나라들은 에너지 사용량과 온실가스 배출량을 가장 많이 줄인 나라들이다. 독일은 온실가스를 1990년 대비 40% 줄이면서도 1992-2015년 동안 경제를 84% 성장시켰고 50만 개 일자리를 창출함으로써 G7 중 가장 큰 성장을 이뤄 EU를 떠받치는 기둥 역할을 하고 있다. 영국은 2015년에 온실가스를 1990년 대비 42% 줄였는데, 그동안 67%의 경제 성장을 이루었고 일자리 43만 개를 창출하였다. 덴마크는 온실가스를 2015년에 1990년 대비 35% 줄였는데, 그동안 51%의 경제 성장을 이루었고 일자리 23만 개를 만들었으며 세계에서 가장 잘 사는 나라 중 하나가 되었다. 지금 유럽에서는 내륙의 풍력이 화석 연료보다 더 저렴한 에너지로 자리매김하였다. 재생 에너지는 기술 발전에 따라 생산가가 빠르게 내려가고 있는 반면 화석 연료와 원자력 에너지는 오히려 더 비싸지고 있어서 머지않아 재생 에너지가 더 싼 에너지로 등장하리라고 예측되고 있다. 예를 들어 태양광의 경우 거의 5년마다 가격이 절반으로 떨어지고 있다. 이에 따라 에너지를 줄이고 재생 에너지를 만드는 것이 기존 에너지 사업보다 더 많은 일자리를 창출하는 데 기여하고 있다.

　석유와 우라늄을 이용한 생산이 정점을 지나면 해당 자원이 고갈되기 이전이라고 해도 혼란이 시작되기 마련이다. 그리고 두 자원 모두 소수 국가에만 매장되어 있는 데다가 정치와 깊이 연관되어 있어서 자유롭게 사고팔 수도 없다. 에너지가 있어도 팔지 못하는 나라가 있고, 사고 싶어도 살 수 없는 나라가 있다. 지난 세기를 돌아보면 에너지 자원은 쉽게 무기화되어 상대 국가의 목줄을 죄는 도구로 사용되어왔다. 세계에 혼란이 닥치면 식량과 마찬가지로 에너지도 수입이 자유롭지 않다. 따라서 에너지 자립을 달성해야만 재난 상황에서도 안전한 나라를 만들 수가 있다. 우리가 정신만 차리면 할 수 있는 에너지 절약과, 기술만 있으면 얻을 수 있는 재생 에너지의 개발에 대한민국의 에너지 안보가 달렸다. 이렇게 에너지 자립을 통해 온실가스를 줄임으로써 탄소 중립을 이루고 미세 먼지 문제를 해결할 수 있다. 동시에 그 과정에서 창출되는 일자리는 경제 발전의 초석이 된다.

　한국 무역 협회의 에너지 통계 월보에 의하면 우리나라는 2014년 에너지 수입에 1,741억 달러를 사용했다. 석유는 쓰면 쓸수록 귀해져서 값이 더 오를 수밖에 없다. 에너지 전환이란 다른 말로 표현하면 정기적인 에너지 수입에 쓰던 비용을 우리나라에 투자하여 우리 스스로 에너지를 만드는 것을 뜻한다. 에너지 가격이 저렴하다고 해도 그 돈이 해외로 빠지면 경제에 좋지 않은 영향을 미친다. 하지만 그 돈이 국내에 투입되면 경제가 활성화된다. 같은 규모의 예산으로 많은 일자리를 만들 수 있다. 덴마크는 1970년대까지 에너지의 98.5%와 식량의 70%를 수입했는데, 비록 생활 물가는 저렴했지만 먹고살기 힘든 나라로 꼽혔다. 반면 에너지와 식량 자립을 이룬 지금은 전기 요금과 음식값이 우리의 3배에 이르지만 세계에서 가장 잘사는 나라가 되었다. 이 사례를 참고하면 좋은 교훈이 될 것이다.

꼭 전기를 생산하는 것만이 에너지 생산을 의미하는 게 아니다. 햇빛을 난방이나 조명에 이용하고 단열을 잘하는 것 등이 다 에너지 생산에 포함된다. 미국의 클린턴 전 대통령은 백악관을 리모델링한 후 에너지 사용량이 딱 절반으로 주는 것을 목격했다. 그 경험을 토대로 미국의 건물 에너지 사용량을 기존의 절반으로 줄이겠다고 발표한 적이 있다. 최근에 만들어지고 있는 패시브(passive) 빌딩이나 제로 에너지(zero-energy) 하우스는 에너지를 최대한 줄이면 자연 에너지만으로도 필요한 에너지를 충족할 수 있다는 사실을 증명해준다. 참고로 우리나라에서는 건물이 전체 전기의 40% 정도를 사용하고 온실가스의 약 20%를 배출하고 있다. 이와 더불어 산업, 수송, 가정, 상업부문에 현재 개발되어 있는 에너지 절약 기술을 도입하면 에너지 사용량을 30% 이상 줄일 수 있다는 연구 결과도 있다.

특히 산업 부문은 기술 혁신이 빠르기 때문에 앞으로 에너지 효율을 더 올릴 수 있는 가능성이 많다. 일본은 1970년대에 괄목할만한 경제 성장을 이루면서 세계 제2위의 경제 대국으로 발돋움했는데, 특이하게도 그 기간에 에너지 사용이 증가하지 않았다. 이는 산업 부문에서 기술 혁신을 이룬 결과다. 일본은 그전까지 세계에서 가장 환경 오염이 심한 나라였으나 단순히 환경 오염을 처리하는 것에서 한 걸음 더 나아가 기술 혁신을 통해 에너지와 자원을 효율적으로 사용할 수 있도록 공정을 개선함으로써 기업의 경쟁력을 올리면서도 환경을 개선하는 방법으로 문제를 해결했고, 그 결과 세계적인 경제 대국으로 올라설 수 있었다. 우리나라도 삼성, LG, 현대 같은 기업들이 1990년대 당시 수조 원의 예산을 들여 녹색 경영을 도입한 후 1년에 10%의 에너지를 절감함과 동시에 생산성을 10%까지 올리는 성과를 냈다. 이 기업들은 그런 과정을 거치면서 세계 1등 기업의 자리로 올라서게 되었다.

지금 우리는 에너지를 너무 풍족하게 사용하고 있다. 아무리 가난한 가정이라도 기본적으로 3KW의 전기를 들여놓고 사는데, 이는 4마력 즉 말 네 마리나 20명의 건장한 노예를 부리고 있는 셈이다. 그리고 가정에서 쓰는 전기량은 우리나라 전체 전기 사용량의 15% 정도에 지나지 않기 때문에 간접적으로 쓰는 전기를 모두 합치면 100명 이상의 노예를 부리고 있는 셈이다. 이스라엘 백성들은 40년 동안 광야 생활을 하면서 고통을 토로하고 불평했다. 그러자 하나님은 "그동안 네 의복이 해어지지 아니하였고 네 발이 부르트지 아니하였느니라. 네게 부족함이 없었느니라"라고 말씀하셨다(신 2:7; 8:4). 성경의 기준으로 보면 지금 우리나라에는 가난한 사람이 있는 것이 아니라 부자나 못된 사람이 상대적으로 너무 많다.

한편 기후 위기와 미세 먼지 문제를 해결하기 위해 원자력 발전을 더 확대해야 한다는 주장이 제기되고 있는데, 이에 관해 짚고 넘어갈 것이 있다. 문재인 정부가 들어선 이래 원전을 줄이고 있다고 아는 사람들이 많은데, 실제로는 원전 5기와 석탄 발전소 7기를 더 짓고 있다. 앞선 정부의 에너지 정책이 그대로 연장되고 있기 때문이다. 하지만 이는 기후 위기 시대에 역행하는 처사다. 당장 해결해야 할 온실가스와 미세 먼지 문제를 앞에 두고 원전을 지을 때 발생하는 문제점은 다음과 같다. 원전은 짓는 데 10년이라는 긴 기간이 필요하고 많은 예산이 투입되어야 하는데, 그것을 짓는 동안 온실가스나 미세 먼지가 전혀 줄어들지 않는다. 즉 지금은 에너지 감축과 재생 에너지 개발에 박차를 가할 시기지 한가하게 원전을 지을 때가 아니다. 그리고 원전을 짓는다 한들 송전 설비를 짓지 않으면 그 전기를 쓸 수 없다. 그런데 밀양의 반대 사례를 통해 알 수 있듯이 우리나라 사람은 거의 모두 송전 시설이 자기 마을에 들어오는 것을 반대하고 있어서 그들을 희생시키지 않고서는 전기를 사용할 수 없다. 변두리의 힘없는 사람들을 희생시키는 것도 모자라 지금은 목소리를 낼 수도 없는 미래 세대에 핵폐기물 처리의 부담을 지우면서 자신만 잘 살겠다고 하는 것은 기독교 정신이 아니다.

VII. 창조 질서 회복을 위한 교회의 역할

하나님이 이 땅을 창조하셨다는 진리에 대해 누구보다도 강한 믿음을 갖고 있는 그리스도인들이 막상 하나님이 창조하신 그 모습과 질서대로 이 땅을 지키는 일에는 소홀하다는 점이 참으로 안타깝다. "아는 것이 힘이다"라는 말로 유명한 영국의 기독교 철학자 프랜시스 베이컨은 인간이 자연 위에 군림해야 한다는 인간 중심적 자연관을 가졌던 대표적인 인물이다. 그는 하나님께서 인간에게 자연을 자원으로 주시면서 그것을 자유로이 변형하고 조작할 수 있는 지배권을 함께 맡기셨다고 보았다. 하지만 이것은 성경에 없는 말이기 때문에 성경적이라고 할 수는 없다. 이는 자연에 굴복하고 순종하기보다는 오히려 상황에 영향받지 않고 지식과 용기로 자연을 극복해야 한다는 그리스의 스토아 철학에 가깝다. 그는 "방황하고 있는 자연을 사냥해서 노예로 만들어 인간의 이익에 봉사하도록 해야 한다"는 말을 남기기도 했는데, 이 문장은 우리나라 교과서에 실리기도 했으며 주요 시험의 지문에도 등장한 적이 있다.

유대인들은 베이컨의 주장과 전혀 다른 전통적인 자연관을 갖고 있었다. 그들은 세상이 오로지 사람을 위해서 창조된 것이 아니라 하나님의 크신 영광을 위해 창조된 것이라고 보았다. 12세기의 유대인 성경학자 마이모니데스(Maimonides)는 "어떤 피조물도 다른 피조물을 위하여 창조되지 않았으며 그 자신을 위하여 창조되었다"라는 말을 남겼다. 성경은 사람뿐만 아니라 모든 피조물이 하나님 보시기에 좋았다고 기록한다. 또한 하나님은 사람이 아닌 다른 생물들에게도 생육하고 번성하라는 축복을 내리셨으며, 가축도 사람과 다름없이 안식일에 쉬게 해야 한다고 말씀하셨다. 이는 동양의 고대 사상과도 통한다. 채근담은 "천지동근 만물일체"(天地同根 萬物一體), 즉 천지는 같은 뿌리에서 나왔으며 만물은 하나의 몸이라고 하였다.

특히 미국은 베이컨의 사상을 이어받아서 자연을 적으로 보고 싸워 이기는 것을 개척 정신이라고 일컫고 이를 본받아야 할 정신으로 규정했다. 이런 사상을 바탕으로 무성하던 삼림을 베고 황무지로 개간하는 바람에 1920-30년대에 모래 폭풍이 미국을 덮쳐 피난민이 발생하기도 했는데, 이 모습은 스타인벡이 쓴 『분노의 포도』(민음사 역간, 2008)라는 소설에 잘 묘사되어 있다. 또한 미국인들은 들소를 비롯한 야생 동물들을 대량 살상하였다. 이 사실은 1855년에 시애틀 추장이 땅을 팔라고 압박하는 피어스 대통령에게 보낸 편지에 자세히 드러난다. "당신들은 땅을 형제로 보지 않고 원수로 봅니까? 정복한 뒤에는 또 다른 곳으로 이동하더군요.…백인들이 지나가는 기차에서 쏘아 죽인 들소들 수천 마리가 들판에서 썩어가는 것을 보았습니다.…모든 들소가 도살당하고 숲의 깊숙한 곳들이 사람들의 냄새로 오염된다면 독수리들이 어떻게 살아남겠습니까? 모든 짐승이 다 죽는다면 사람들의 혼도 외로워서 죽을 것입니다.…만약 당신들에게 땅을 판다면 우리가 그랬던 것처럼 땅을 잘 보살펴주십시오. 당신들의 어린이들을 위해 보존해주십시오." 시애틀시의 이름은 이 추장을 기념하여 붙여진 것이다.

지금도 미국의 많은 그리스도인은 베이컨의 주장을 따르고 있다. 그 결과 환경 보전에 별 관심이 없고 자연을 인간의 편리를 위해 사용해야 할 도구로 인식하는 경향이 있다. 특히 보수 교단일수록 더욱 그런 모습을 보인다. 미국 그리스도인들의 환경관을 조사한 한 연구에 의하면 대표적 보수 교단인 침례교 교인의 60%가 자연은 하나님이 인간에게 자원으로 주신 것으로서 우리의 지배 대상이라고 응답했으며, 오직 40%만이 인간이 자연의 청지기로서 사명을 받았다고 보았다. 반면 칼뱅 교단은 교인의 90%가 인간에게 청지기 사명이 주어졌다고 생각했으며, 10%는 자연과 인간을 동등하게 대우해야 한다고 답했다. 한국 교인들이 지닌 환경관을 조사한 결과는 없지만 지금까지 우리나라의 보수적인 대형 교회가 환경 선교에 참여하거나 관심을 보인 사례는 극히 드물다.

현재 우리가 겪는 기후 위기는 인간과 많은 생물의 존재를 위협할 정도가 되었다. 하나님을 경외한다면 그분께서 직접 만드신 피조물도 당연히 잘 보살펴야 한다. 이웃을 사랑한다면 환경을 훼손하거나 질병을 퍼뜨림으로써 이웃의 생명을 위협하는 행위를 해서는 안 된다. 더 나아가 후손들의 안녕에도 관심을 가져야 마땅하다. 한편 개인이나 교회 차원의 노력만으로는 당면한 기후 위기 문제를 해결하고 탄소 중립 사회를 만들기 어렵다. 이는 국가 정책의 방향이 바로 서지 않고서는 이룰 수 없는 일이다. 그런데 국가의 정책 방향을 바로 잡기 위해서는 국민들의 의식이 뒷받침되어야 한다. 교회는 그런 가치관에 입각해서 사회에 목소리를 내야 한다. 교회가 세상을 살리는 데 무관심하면 돈 있는 사람들이 그 틈을 이용하여 자신들의 이익과 이윤을 추구하는 데 용이한 방향으로 국가 정책에 영향을 미치려고 할 가능성이 크다.

현재 한국교회는 거짓과 위선에 빠져서 오랫동안 세상과 똑같은 모습으로 돈과 권력을 따르다가 세상의 빛이 되기는커녕 도리어 세상의 손가락질을 받고 있다. 허망하게 파괴되어가는 땅을 구해야만 한다는 사명을 제대로 감당하기 위해서라도 교회는 가치관을 다시 정립해야 한다. 경제를 우선시하고 부자가 되는 것만이 하나님의 축복이라고 여기면서 땅을 해치는 일에 앞장서고 협력해서는 안 된다. 경제와 돈에만 치우친 시각은 판단을 크게 왜곡시킬 수 있다.

경제적인 효율을 따지는 가치관의 근본적인 문제는 모든 가치에 이자 개념을 도입하여 현재 시점의 경제적인 가치로 환산하는 데 있다. 이자 혹은 할인율은 현재를 중요시하고 미래를 경시한다. 이자율로 경제성을 계산하면 장차 지구가 통째로 망하더라도 현재 시점에서는 하나도 손해로 계산되지 않는다. 이런 가치 판단을 하게 되면 결국 창조세계를 파괴하는 결과를 가져오더라도 당장 돈벌이가 되는 사업을 조장하게 되어 있다. 우리는 경제적인 논리에 매몰되지 않고 창조세계를 섬기는 정신을 갖추고 할 일과 하지 말아야 할 일을 명확히 구분해야 한다.

세상이 경제적인 논리에 따라 움직인다고 해서 교회마저 덩달아 그렇게 행동해서는 안 된다. 세상의 경제적인 논리를 뛰어넘는 그런 가치관을 교회가 실천으로 제시해야 한다. 그럼으로써 교회가 경제적인 이윤 추구가 아닌 생명의 구원을 목적으로 움직이는 곳이라는 사실을 세상에 보여주어야 한다. 교회는 돈과 재산과 사랑을 모아두는 데만 급급하지 말고 그것을 널리 나누어야 한다.

교회가 세상의 잘못된 구조를 바로잡는 데 가장 직접적이고 크게 기여할 수 있는 곳은 아마도 지역 사회일 것이다. 교회는 지역 사회의 주민들이 매주 모이는 곳으로서 그 장점을 잘 살리면 교회만큼 한국의 지역 사회에서 큰 역할을 감당할 수 있는 조직이 별로 없다. 교회는 창조 질서 가운데서 지속 가능한 삶을 영위하기 위한 방향성을 지역 사회에 제시하고, 이와 더불어 지역 사회 주민들이 창조 질서에 맞는 생활을 할 수 있도록 구체적인 방안을 함께 고안해야 한다.

올바른 지역 사회를 만들기 위해서는 먼저 흩어지는 운동을 해야 한다. 도시가 지금처럼 천만 명에 이르는 규모가 되면 근본적으로 지속 가능한 지역 사회가 되기 어렵다. 성경은 우리더러 흩어지라고 말씀한다. 역사를 보면 주로 하나님을 의지하지 않는 사람들이 서로를 의지하고 떼로 모여 성과 탑을 쌓아 도시를 만들어왔다. 하지만 어떤 의미에서는 도시가 일정 규모를 유지해야 주위의 농촌과 어울려서 생산과 소비의 균형을 맞출 수가 있고 순환형의 지역 사회를 만들 수 있다. 그런 식으로 도시 교회와 농촌 교회가 맺어져서 생산과 소비의 순환과 조화를 이루는 역할을 교회가 할 수 있다.

교회 자체도 지역 사회 안에서 할 수 있는 일이 많다. 재생 에너지 사용, 에너지와 온실가스 배출 감소, 재활용 센터 운영, 환경 상품 판매, 환경 시설의 정직한 운영, 건강한 먹거리 운동, 환경 교육 등 교인들의 생활을 바람직한 방향으로 이끌 수 있는 여러 형태의 활동을 벌일 수 있다. 그리고 이런 활동을 일반인에게도 개방함으로써 땅의 관리인으로서 그리스도인이 담당하는 역할을 적극적으로 확대할 필요가 있다. 이런 운동을 벌이기 위해서는 전문 지식과 사회의 도움이 필요하다. 또한 적은 인원으로는 하기 힘든 일이 많으므로 요즘 교회 일각에서 진행 중인 "녹색교회"[4] 운동에 참여하여 지식과 경험을 나누고 힘을 모으면 더 좋은 효과를 얻을 수 있을 것이다.

지금까지 인류는 이 땅의 생명을 죽이는 무기를 개발하는 데 많은 돈과 노력을 쏟았다. 많은 국가에서 가장 큰 규모의 예산이 투입된 분야가 국방비라는 사실이 이를 잘 보여준다. 소수 강대국들은 막대한 비용과 노력을 쏟아부어 전 인류를 수십 번 죽일 수 있는 가공할 무기들을 개발해 상용화시켰는데, 여기에 들어간 예산의 절반이라도 기후 위기 개선을 위해 사용한다면 기후 문제를 해결할 수 있을 것이라는 전망도 있다. 성경의 가르침을 따라 평화를 위한 사명을 다해야 하는 교회는 이 예산이 생명을 죽이는 것이 아니라 살리는 데 쓰이도록 노력해야 한다. 또 인류는 생활을 편리하게 만드는 방법을 연구하는 데 온 정성을 기울여왔다. 물론 그 노력으로 인해 사용에 편리한 상품을 빠른 속도로 많이 만들어낼 수 있었다. 그렇지만 이 땅의 법칙에 맞게 환경적으로 올바른 삶을 사는 방법을 제시하는 일에서는 유치한 수준에 머물러 있다. 사람들이 어리석어서 그런 것이 아니라 그 방법을 연구할 뜻이 없었기 때문이다. 과학 기술 개발자들은 여태껏 사람들의 노동을 줄이고 편하게 살 수 있는 방법을 고안하는 데 총력

---

4   기독교 환경 운동 연대에서 진행 중인 "녹색교회" 운동에는 구체적으로 햇빛 발전소 건설, 재생 에너지 개발, 에너지 절약과 온실가스 감축, 생명 밥상 운동, 초록 가게 운영, 지역 사회 환경 봉사, 환경 교육 등의 활동이 포함된다. 이런 활동에 관심을 가진 교회들이 정보를 교환하고 연대하면서 생명 운동을 펼치고 있다.

을 기울였지만, 앞으로는 하나님이 창조하신 이 땅을 올바로 섬기며 사는 방법을 찾는 데 궁극적인 목표를 두어야 한다.

인류가 지금과 같은 방법으로 삶을 지속한다면 우리의 앞날은 절망적이다. 인류를 파멸로 몰고 가는 그 도도하고 거센 흐름을 거스른다는 것은 달걀로 바위를 치는 일과 비슷하다. 그러나 죽은 물고기는 물결을 따라 떠밀려 가되 산 물고기는 물을 거슬러 오르듯이, 산 믿음을 가진 교회는 세상 풍습을 따를 것이 아니라 망해가는 세상에 소망을 보여주는 역할을 수행해야 한다. 세상이 잘못하고 있다고 탓할 것이 아니라 교회가 나서서 어떤 일을 해야 하는지 본을 보여야 한다. 그러기 위해서 교회는 새로운 가치관을 세운 뒤 그것을 실천하면서 지역 사회를 가꾸어나가는 일에 앞장서야 한다.

VIII. 나가는 글

"땅에 충만하라. 땅을 정복하라. 생물을 다스리라"(창 1:28). 하나님은 아담과 하와에게 가장 먼저 이와 같은 명령을 내리셨다. 그런데 많은 그리스도인은 "땅에 충만하라"는 명령을 근거로 모든 땅을 다 차지하고, "땅을 정복하라"는 말씀을 악용하여 산과 강을 다 파헤쳤으며, "생물을 다스리라"는 말씀을 오독하여 생물을 멋대로 죽여도 된다고 여겼다. 그러나 예수님께서 이 땅에 "섬김을 받으러 온 것이 아니고 섬기러 왔다"고 하신 데서 잘 나타나듯이, 성경은 인간이 땅을 마음대로 이용해도 된다는 메시지를 전한 적이 없다. "충만하라"로 번역된 말의 히브리어 원어는 자동사가 아닌 "채우라" 혹은 "충만하게 만들라"의 뜻을 가진 타동사다. 마이모니데스가 창세기의 이 구절을 설명한 내용에 따르면, "충만하라"는 것은 땅이 제 기능을 잘 발휘할 수 있도록 땅이 필요로 하는 것을 순리대로 채워주라는 뜻이다. 이는 우리가 땅의 필요를 채워주면 땅이 우리의 필요를 채워준다는 뜻이다. 또 "정복하라"(종으로 삼으라, 복종시키라)와 "다스리라"는 인간이 하나님의 대리자가 되어 피조물을 통치하도록 하셨다는 의미를 담고 있다. 성경이 증거하는 하나님의 통치는 억압과 폭력의 통치가 아니라, 예수님을 통해 드러난 것처럼 섬김의 통치이며 공동체를 회복시키는 통치다. 그러므로 자연에 대한 인간의 통치도 그런 하나님의 통치 속성을 반영해야 하며, 폭력과 억압의 지배가 되어서는 안 된다.

지금 이 땅의 많은 그리스도인은 교회를 위해서만 열심히 일하면 할 일을 다 한 줄로 생각하는데 이는 큰 착각이다. 세상을 위해 어떤 일을 하는지가 중요하다. 사람들을 전도하고 구제하며 사랑하는 것만이 세상을 위한 일이라고 여기는 것 역시 큰 잘못이다. 요한복음 3:16에서 하나님이 사랑하신 "세상"에는 사람뿐만 아니라 "모든 피조물"이 살고 있다. 이 땅이 오염되고 그곳에 생명의 근거를 둔 피조물들이 고통 받는 까닭은 그리스도인들이 사명을 제대로 감당하지 않았기 때문이다. 모든 피조물에게 기쁜 소식을 전해야 비로소 참다운 그리스도인이라고 할 수 있다. 하나님의 창조 질서를 회복함으로써 인간의 죄악으로 고통 받는 피조물을 건져내는 것이야말로 피조물에게 건네는 진정으로 기쁜 소식이 될 것이다. 요한계시록은 마지막 심판에 대해 이렇게 말하고 있다. "이방들이 분노하매 '주의 진노가 내려 죽은 자를 심판하시며, 종 선지자들과 성도들과 또 작은 자든지 큰 자든지 주의 이름을 경외하는 자들에게 상 주시며, 또 땅을 망하게 하는 자들을 멸망시키실 때로소이다' 하더라"(계 11:18). 하나님을 무서워하지 않는 사람들이 저지르는 가장 큰 죄악은 그분이 창조하신 땅 자체를 망하게 하는 것이다. 성경은 분명히 땅을 망하게 하는 행위, 곧 창조 질서를 파괴하는 행위에 대해 무섭게 경고하고 있다.

우리는 마땅히 순리대로 이 땅을 가꾸며 살아야 한다. 그리고 파괴되어가는 이 땅을 원래 모습대로 바로잡아 후손들에게는 우리가 물려받았던 것보다 더 나은 환경을 전해줄 수 있도록 최선을 다해야 한다. 이것이 바로 인류가 기후 위기에서 벗어나 생육하고 번성할 수 있는 길인 동시에 하나님의 창조 질서를 따르는 길이다.

추천 도서

강호숙, 박성철 외, 『생태 위기와 기독교』, 한국학술정보, 2021.
김정욱, "지구 생태 위기와 창조 질서 회복을 위한 교회의 역할", 통합연구 23/1, 2021.5.
김정욱, 『나는 반대한다』, 느린걸음. 2010.
이진형, 『그린 엑소더스』, 삼원사, 2020.
World Commission on Environment and Development, 『Our Common Future』, Oxford University Press, 1987: 4.

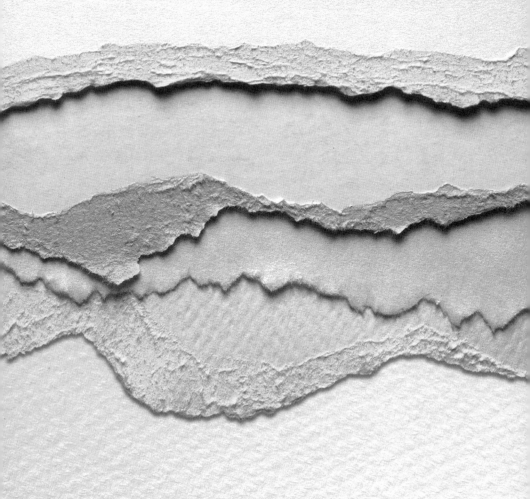

1부

기후 위기 시대의 과제

기후 위기와 탄소 중립, 이중의 위험 넘어 희망 만들기

윤순진

1. 기후 위기, 인류세의 가장 큰 증거

현재 우리는 기후를 포함한 지구 전체 시스템과 생태계에 인류가 막
대한 영향을 미치는 새로운 지질 시대를 살고 있다. 아니, 그런 지질
시대를 만들어가고 있다. 이 새로운 지질 시대를 가리켜 "인류세"(人
類世, ·Anthropocene)라고 한다. 성층권 오존층이 파괴되는 메커니즘
을 밝힌 공로로 노벨상을 수상한 네덜란드의 대기 화학자 폴 크뤼
천(Paul J. Crutzen)과 미국 미시간 대학교의 교수 유진 스토머(Eugene
F. Stoermer)는 국제 지권 생물권 연구(IGBP, International Geosphere-
Biosphere Programme)의 뉴스레터에 "인류세"(The Anthropocene)라는 제
목의 글을 발표함으로써 이 명칭에 대한 관심을 불러일으켰다. 그들
은 인간 활동의 영향으로 예전과 다른 새로운 지질 시대가 시작되었
다고 주장하면서 이 새로운 지질 시대를 "인류세"로 구분할 것을 제
안했다(Crutzen and Stoermer, 2000).

사실 크뤼천에 앞서 지구 환경에 인류가 미치는 영향이 막대하다는 사실에 주목한 이들이 없지는 않았다. 하지만 새천년이 시작된 2000년에 맞춰 "인류세"라는 개념이 제시되자 비로소 그 사실에 본격적인 관심이 쏠리게 되었다. 이제 거주나 탐사의 형태로 인류의 손발이 닿지 않은 지역은 지구상에 존재하지 않았다. 심지어 인류가 달에도 족적을 남겼고 인간이 자연에 미친 영향력은 지구 생태계는 물론 기후와 같은 총체적인 시스템을 변화시키는 데까지 이르게 되었다. 인구수뿐만 아니라 1인당 소비하는 지구 자원의 이용량 역시 급격히 증가하면서 인간이 지구에 미치는 영향과 압력의 정도도 강화되었다. 지금으로부터 거의 두 세기 전인 1833년 찰스 라이엘(Charles Lyell)은 빙하기 이후 1~2만 년의 지질 시대를 완신세(Recent Whole)라는 뜻을 지닌 충적세(Holocene)라는 명칭으로 불러야 한다고 제안한 적이 있고, 1885년 국제 지질 총회(International Geological Congress)에서 이를 받아들인 결과 한동안 그런 시대 구분을 사용해왔다. 그런데 갈수록 자연에 대한 인간의 영향이 커지면서 이제는 시대를 새롭게 구분해야 한다는 주장이 등장하게 된 것이다. 인류세가 아직 새로운 지질 시대로 학계의 공식적 인정을 받지는 않았지만, 갈수록 이를 지지하는 학자들이 증가하고 있으며 이 주장을 뒷받침하는 연구 결과들이 축적되고 있다. 인류세가 언제부터 시작되는지, 정확히 언제부터를 인류세라고 불러야 할지에 대해서는 아직도 논의가 진행되고 있지만 인류세에 대한 관심이 갈수록 높아지고 있는 것만큼은 분명하다.

　　크뤼천은 인류가 충적세를 넘어 인류세라는 새로운 지질 시대로 들어갔다고 주장하면서 인류세의 시작을 18세기 후반부터로 보았다. 극지방의 빙하에 갇혀 있던 공기를 분석해보니 18세기 후반부터 공기 중 이산화탄소(CO_2)와 메탄(CH_4) 농도가 증가하기 시작했다는 것이 그 이유다. 이 시기는 산업 혁명이 시작된 시점과 거의 일치하기 때문에 이 현상에 대해 인간 활동이 공기 조성을 바꾼 결과라고 판단해도 무방하다. 실제로 영국의 제임스 와트(James Watt)가 1776년에 증기 기관의 효율을 개선하면서(Crutzen, 2002), 증기 기관차의 동력으로 석탄을 연소하는 시대가 본격적으로 시작되었다. 2015년 1월에는 크뤼천과 12개국 26명의 과학자들이 함께 20세기 중반을 본격적인 인류세의 시작으로 보는 것이 타당하다는 논문을 발표했다(Zalasiewicz et al, 2015). 이들은 특히 미국 뉴멕시코주 앨라모고도(Alamorgordo) 사막에서 인류 최초의 핵 실험이 실시된 1945년 7월 16일을 인류세의 출발로 보는 것이 적절하다고 주장했다. 핵 실험 이후 과거 지질 시대에 지상에 존재하지 않았던 세슘($137Cs$)이나 플루토늄($239+240Pu$) 같은 인공 방사성 물질이 발생했고, 이어서 인류가 핵 기술을 적극 활용한 핵무기 실험 및 핵 발전 시대에 돌입하면서 이런 방사성 물질이 지상에 퍼져나가기 시작했기 때문이다. 이로써 인간이 지구 환경에 미치는 영향이 더 복잡해졌다는 점을 고려하면 이는 공룡의 멸종에 비견할 만한 변화라고 할 수 있다.

20세기 중반에는 지구 환경 측면에서도 기후 변화와 환경 파괴 같은 인간 활동의 영향이 크게 드러나기 시작했다. 스테픈(Will Steffen)과 그의 동료들은 경험적인 자료를 분석해서 제2차 세계대전 이후 인간의 사회경제적 활동이 눈에 띄게 증가하였음을 확인함으로써 거대한 가속화로 나타나는 이런 급격한 변화가 이전의 충적세와 구분되는 새로운 인류세의 시작을 의미한다고 보았다. 특히 온실가스로서 기후 변화의 원인 물질이 되는 이산화탄소(CO_2), 아산화질소(N_2O), 메탄(CH_4)이 그 어느 때보다 빠른 속도로 증가하고 있다고 지적하였다. 이는 현 인류가 새로운 시대로 진입했음을 보여주는 명백한 증거가 된다.

이런 주장은 스테폰을 중심으로 스웨덴과 호주 학자들이 공동 연구로 내놓은 결과(Steffen et al, 2015)로 인해 확실한 근거를 얻었다. 이들은 지구의 구조와 기능을 총체적으로 이해하고 이에 미치는 인류의 사회경제적 영향력의 추세를 확인하기 위해 대표적인 사회경제적 지표 12개와 지구 체계(earth system) 지표 12개를 선정한 다음 산업 혁명이 일어난 1750년부터 2010년까지 이 지표가 연도별로 어떻게 변화하는지를 분석해보았다. 사회 경제적 지표 12개에는 세계 인구, 전 세계 국내 총생산, 해외 직접 투자액, 도시 인구수, 에너지 사용량, 비료 소비량, 건설된 거대 댐 수, 물 사용량, 종이 생산량, 차량 생산량, 전화 보급량, 해외 여행자 수가, 지구 체계 지표 12개에는 대기중 이산화탄소 농도, 아산화질소 농도, 메탄 농도, 성층권 오존층 파괴, 지표 온도, 해양 산성화 정도, 어획량, 새우 양식량, 해안 질소 유입량, 열대 우림 파괴, 개간 토지 비율, 생물 다양성 훼손 정도가 포함되었다. 다음 페이지의 〈그림 1〉을 보자.

사회 경제적 변화

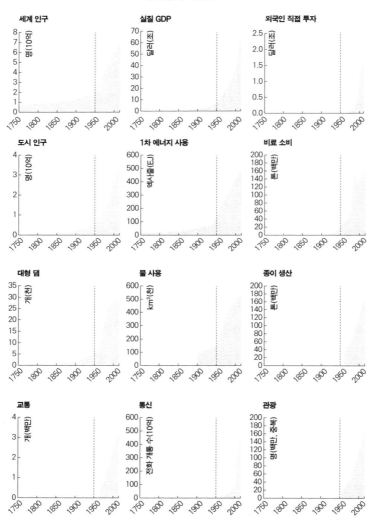

세계 인구
명(10억)

실질 GDP
달러(조)

외국인 직접 투자
달러(조)

도시 인구
명(10억)

1차 에너지 사용
엑사줄(EJ)

비료 소비
톤(백만)

대형 댐
개(천)

물 사용
km³(천)

종이 생산
톤(백만)

교통
개(백만)

통신
전화 개통 수(10억)

관광
명(백만, 증복)

생태계 변화

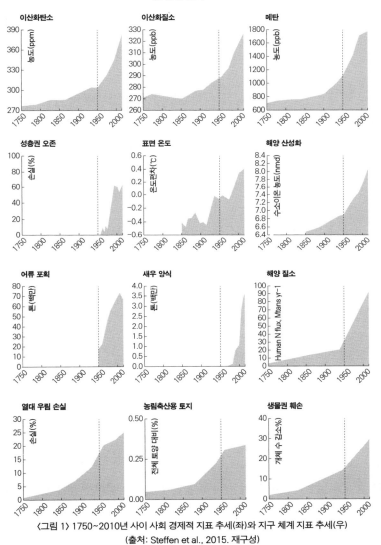

〈그림 1〉 1750~2010년 사이 사회 경제적 지표 추세(좌)와 지구 체계 지표 추세(우)

(출처: Steffen et al., 2015. 재구성)

기후 위기와 탄소 중립, 이중의 위험 넘어 희망 만들기 · 윤순진   71

이처럼 거의 모든 사회 경제적 지표들이 1950년대를 기점으로 급격하게 증가하는 모습을 보였다. 이 그림이 바로 "거대한 가속화"를 보여주는 그래프(the "Great Acceleration" graphs)다. 〈그림 1〉의 왼쪽은 사회 경제적 변화를 보여주는데 이런 사회 경제 활동의 급격한 변화로 인해 〈그림 1〉 오른쪽에 제시되는 것처럼 생태계의 급속한 변화가 야기된다. 이 생태계 변화 가운데 대표적인 사례가 대기의 변화를 나타내는 이산화탄소(CO_2)와 아산화질소(N_2O), 메탄(CH_4)의 변화다. 이들 기체는 온실가스로서 사회 경제 활동의 결과로 그 배출이 급격히 증가한 것이다. 이런 온실가스의 급증은 거대한 가속화의 대표적 사례다. 즉 대기권 온실가스의 거대한 가속화로 인해 기후 체계 변화의 급속한 가속화가 야기됨으로써 기후 위기가 급격하고도 심각하게 진행되는 것이다.

2. 세상을 바꾸고 있는 기후 위기: 현재, 지금, 여기

세계 도처에서 발생하는 이상 기후 현상을 알리는 기사들이 넘쳐나고 있다. 폭염과 산불, 홍수와 폭우 등 일일이 거론하기 어려울 정도의 재난이 매년 강도를 더해간다. 올해 여름 서유럽에서는 집중 호우와 홍수로 인해 180명 이상이 목숨을 잃었다. 캘리포니아에서는 최근 몇 년간 대형 산불이 연례행사처럼 발생해서 고속 도로가 폐쇄되고 전기 공급이 끊겼으며 심지어 주택이 불타는 바람에 주민 대피령이 내려지기도 했다. 중국 허난성에서도 폭우로 278명이 사망하거나 실종되었으며 7,373만 명에 달하는 수재민이 생겼다. 서유럽이나 중국이 지난여름에 겪은 폭우는 천 년에 한 번 발생할 만한 수준이었다. 우리나라도 2020년에 장마 기간이 54일에 이르고 23회의 태풍이 발생하는 이변이 일어났으며, 2021년 여름에는 특히 폭염이 심각했다. 2010년부터 매년 발간되는 「이상 기후 보고서」에는 다양한 국내외 이상 기후 이야기가 가득한데 아마 기록되지 않은 사건들도 상당할 것이다.

이런 기후 위기의 주된 원인은 화석 연료 연소시 발생하는 이산화탄소지만, 메탄, 아산화질소, 수소불화탄소(HFCs), 과불화탄소(PFCs), 육불화황(SF$_6$), 삼불화질소(NF$_3$) 등의 온실가스도 원인 물질에 포함된다. 온실가스는 생산, 소비, 유통, 폐기 등 인간의 사회 경제 활동 전반에서 배출되는데, 한마디로 현대적인 삶 전체가 온실가스의 발생원이 되는 셈이다. 과학 기술의 발전과 화석 연료 기반의 에너지 소비 확대를 통해 인류는 (평균적인 수준에서) 역사상 그 어느 때보다 풍요롭고 편리한 삶을 누리게 되었지만 이는 기후 위기를 대가로 한 것이었다. 지금껏 대가를 치르지 않으면서 마구 배출한 온실가스가 기후 위기의 원인이 되어 우리 삶을 위태롭게 만들고 있다.

이 기후 위기의 영향은 차별적이면서도 공통적이다. 우선 그 영향은 사회 경제적 취약 집단과 생물학적 취약 집단에게 더 가혹하다. 일터, 가옥 구조 및 위치, 하는 일의 속성(야외 노동이나 기후에 직접적으로 영향을 받는 농림어업 등 1차 산업) 등으로 인해 기후 위기에 더 많이 노출되는 사람들이 있고, 나이, 건강 상태, 신체상의 이유, 가족 관계나 사회적인 유대 관계 등의 차원에서 더 취약한 이들이 있다. 또한 에너지를 포함한 자원과 상품의 소비 규모나 방식에 따라 기후 위기를 야기한 책임의 정도가 다르다. 모순적인 사실은 기후 위기에 대한 책임이 덜한 개인, 집단, 국가일수록 상대적으로 자본, 기술 및 대응 역량이 부족하기 때문에 기후 위기에 더 취약하다는 점이다. 국가를 단위로 살펴보면 〈그림 2〉에 제시된 것처럼 중국, 미국, EU가 세계 온실가스 배출량의 46%를 점하고 있으며, 이 3개국을 포함한 세계 10대 배출국의 배출량 합이 세계 배출량의 68%를 차지하고 있다. 반면 100대 저배출 국가의 배출량 합은 세계 총배출량의 3%를 차지하고 있을 뿐이다. 그런데 실제로는 이 저배출 국가들이 기후 위험에 더 심각하게 노출되어 있고 그 영향에도 매우 취약하다.

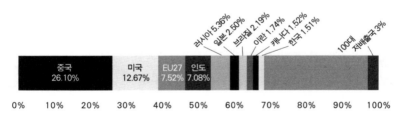

〈그림 2〉 세계 10대 온실가스 배출 국가와 세계 100대 저배출 국가의 비중(2017)
(출처: UN 홈페이지와 WRI 홈페이지 자료 재구성)

이런 상대적인 차이에도 불구하고 지구상에서 기후 위기로부터 안전한 사람이나 국가는 없다. 이제 기후 위기는 먼 미래의 일이 아니다.

저기 멀리 북극에서만 한정적으로 일어나거나 어느 가난한 국가에만 영향을 미치는 일도 아니다. 바로 지금 여기서 일어나는 오늘의 문제이며 빈부와 지역을 가리지 않고 모든 사람에게 영향을 미치는 문제다. 물론 기후 위기가 심화될수록 자본과 기술 및 대응 역량이 부족한 개도국에서 더 큰 피해가 발생할 가능성이 높지만, 부유한 사람이나 국가라고 해서 기후 위기로부터 완전히 안전하거나 자유로울 수 없다. 최근 발생한 호주와 캘리포니아의 대형 산불이나 서유럽의 폭우는 선진국의 중상류층에게도 영향을 미쳤다. 캘리포니아의 산불은 그 자체로도 위협적이었지만 사건 직후 급격하게 인상된 화재 보험료와 보험 가입 거부가 사람들에게 또 다른 경제적 부담으로 작용하기도 했다. 이처럼 기후 위기는 정도의 차이가 있을지언정 인류 전체의 안전을 위협하는 우리 모두의 문제다. 미래 세대는 현세대에 비해 더 자주 높은 강도로 출현하는 기후 위기 현상을 경험하게 될 것이다. 하지만 이는 단지 미래 세대만의 문제가 아니다. 현세대는 기후 위기를 경험한 첫 세대로서 현재 진행 중인 위기의 한복판에 서 있다. 미래 세대를 위해서라도 또한 기후 위기에 전혀 책임이 없는 다른 종들의 생존을 위해서라도, 지금 우리가 변화되지 않으면 안 된다.

3. 지구 온도 상승 1.5도 이내 억제와 2050 탄소 중립 목표

국제 사회는 기후 변화의 심각성을 예상하고 브라질의 리우데자네이루에서 열린 1992년 UN 환경 개발 회의(UNCED, United Nations

Conference on Environment and Development)에서 UN 기후 변화 협약 (UNFCCC, United Nations Framework Convention on Climate Change)을 채택하였다. 협약 당사국들이 UNFCCC 발효(1994년) 이듬해인 1995년부터 당사국 총회(COP, Conference of the Parties)를 매년 개최했음에도 불구하고 세계 온실가스 배출량은 꾸준히 높아졌다. 1997년에 채택되고 2005년에 발효된 교토 의정서(Kyoto Protocol)는 부속서 I 국가로 불리는 선진국에만 의무 감축 목표를 부여했고 그 결과 감축 목표를 달성하는 성과가 있었다. 하지만 세계 온실가스 배출량은 지속적으로 증가해왔다. 미국 해양 대기청(NOAA)과 항공 우주국(NASA)에 따르면, 산업화 이전 280ppm이었던 대기 중 이산화탄소 농도는 2021년 12월에 417ppm까지 높아졌다. 이로써 개도국을 포함한 모든 국가의 적극적인 참여 없이는 전 세계 배출량을 감소시키기는커녕 늦추기도 어렵다는 사실을 확인하게 되었다.

2015년 12월 프랑스 파리에서 열린 제21차 기후 변화 당사국 총회에서 인류 역사 최초로 온도 상승 억제 목표에 대한 합의를 담은 파리 협정(Paris Agreement)이 채택되었다. 2100년까지, 산업화 이전 시기(1850-1900년)의 평균 기온에 비해 지구 평균 기온 상승을 1.2도보다 현저히 낮은 수준(well below)으로 유지하고, 더 나아가 1.5도로 제한할 방법을 강구하기로 했다. 선진국은 물론 개도국까지 이 온도 상승 억제 목표를 달성하기 위해 자발적으로 감축 목표를 설정하고 5년에 한 번씩 목표를 강화해나가기로 하였다. 이 총회가 열리기 전 각국이 제출한 2030년 감축 목표를 모두 달성한다고 해도 그 추세대로라면

2100년까지 지구 평균 온도가 2.9도 상승할 것으로 예상되었기 때문이다. 파리 협정 제4조에는 21세기 중반에 온실가스의 인위적인 배출과 흡수원에 따른 제거가 균형을 이룰 수 있도록, 가능한 한 빨리 전 지구 온실가스 배출이 정점에 도달할 것을 요청한다고 규정되어 있다. 이 부분을 보면 시기가 특정되지는 않았지만 탄소 중립 개념의 기초가 제시되었음을 알 수 있다.

2018년 기후 변화에 관한 정부 간 협의체(IPCC, Inter-governmental Panel on Climate Change)는 제48차 총회를 열고 「지구 온난화 1.5도 특별 보고서」를 만장일치로 채택했다. IPCC는 1.5도와 2도 간 0.5도 차이가 상당히 다른 결과를 낳을 수 있다고 보았다. 〈표 1〉에 제시된 것처럼 폭염 노출 인구, 서식처 파괴로 인한 식물종이나 척추 동물의 절멸률, 어획 수확량 등 대부분의 영역에서, 2도 온난화가 진행될 경우 1.5도 온난화에 비해 두 배 이상의 피해를 입을 것으로 예상된다. IPCC는 이 특별 보고서에서 2100년까지 산업화 이전 대비 온도 상승을 1.5도 이하로 억제하기 위해서는 2050년까지 이산화탄소 순배출량이 0이 되는 탄소 중립(net zero)을 달성해야 하며, 2030년까지 2010년 대비 이산화탄소 배출량을 45% 저감해야 한다고 권고하였다. 그 이후 국제 사회에서는 지구 평균 온도 상승 목표치를 2도가 아닌 1.5도 상승으로 정하고 논의를 지속해왔다.

구 분		1.5도	2도
고유 생태계 및 인간계		높은 위험	매우 높은 위험
기온	중위도 폭염일	3도 상승	4.5도 상승
	고위도 한파일	4.5도 상승	6도 상승
산호초 소멸		70~90% 소멸	99% 소멸
기후 영향·빈곤 취약 인구		2도 온난화에서 2050년까지 최대 수억 명 증가	
물 부족 인구		2도에서 최대 50% 증가	
그 외		평균 온도 상승(대부분의 지역), 극한 고온(거주지역 대부분), 호우 및 가뭄 증가(일부 지역)	
육상 생태계		중간 위험	높은 위험
다른 유형 생태계로 전환되는 면적		약 6.5%	약 13%
생물종(10만 5천 종) 서식지 절반 절멸률	곤충	6%	18%
	식물	8%	16%
	척추 동물	4%	8%
대규모 기상 이변 위험		중간 위험	중간에서 높은 위험
해수면 상승		26~77cm 상승	30~93cm 상승
연안 홍수 위험		보통	매우 높음
여름 북극해 해빙 완전 소멸 빈도		100년(복원 가능)	10년(복원 불가능)
		1.5도 초과 시 남극 해빙 및 그린란드 빙상 손실	
어획량		150만t 감소	300만t 감소

〈표 1〉 2100년까지 지구 평균 온도 1.5도와 2도 상승 시 영향
(출처: IPCC, 「지구 온난화 1.5도 특별 보고서」)

2019년 9월에는 UN이 기후 행동 정상 회의(Climate Action Summit)를 개최하였는데 이는 기후 위기와 관련하여 "행동"이라는 용어가 최초로 포함된 UN 회의였다. 이 회의가 열린 후 많은 국가가 연이어 탄소 중립 선언에 나섰다. 제26차 기후 변화 협약 당사국 총회가 열리기 전인 2021년 10월 말까지 130개가 넘는 국가가 탄소 중립을 선언하였다. 우리나라는 2020년 10월 28일에 문재인 대통령이 국회에서 2021

년도 예산안 시정 연설을 하면서 최초로 탄소 중립을 선언했고 이후 여러 차례의 국내외 행사를 통해 탄소 중립 의지를 재확인하였다. 또한 2020년 12월 10일에는 국민을 대상으로 대한민국 2050 탄소 중립 비전을 선포했다. 온실가스의 농도가 나날이 높아지는 추세를 멈추지 않으면 우리에겐 지속 가능한 미래가 있을 수 없다는 인류의 위기의식을 기반으로 "탄소 중립"(carbon net zero 또는 carbon neutrality)이 국제 사회의 규범이 된 상황에서 우리나라 역시 이를 시대적 과제로 인식하고 세계적 흐름에 합류하게 된 것이다.

문 대통령의 2050 탄소 중립 선언은 갑작스런 것이 아니었다. 파리 협정에 따라 모든 당사국은 2050년까지의 장기 저탄소 발전 전략(LEDS, long-term iow greenhouse gas emission development strategies)을 UN기후 변화 협약에 제출하도록 요청받았다. 2019년 9월에 뉴욕에서 열린 세계 기후 행동 정상 회의에 참석한 문재인 대통령은 2020년 말까지 이 전략을 제출하겠다고 발표하였다.

이를 위해 정부는 2019년부터 사회 비전 포럼을 구성해서 준비에 착수하였다. 1년 정도의 논의를 거쳐 5개 시나리오와 탄소 중립안이 나왔고, 이를 대상으로 2020년 10월 중순까지 토론회, 세미나, 설문 조사와 같은 공론화가 진행되었다. 이와 궤를 같이하여 2020년 6월 5일 환경의 날에는 225개 기초 지방 정부가 기후 위기 비상 선언을 선포했으며, 7월 7일에는 17개 광역 지자체가 탄소 중립을 선언했다. 2020년 7월 14일에는 정부가 한국판 뉴딜 종합 계획을 발표하면서 탄소 중립을 지향한다고 표명했으나, 그 시점을 정확히 제시하지는 않았다. 시민 사회 일각에서는 "2050년" 탄소 중립이 명시적으로 표현되지 않은 점을 지적하면서 한국판 뉴딜에 포함된 그린 뉴딜이 "구린 뉴딜" 또는 "그레이 뉴딜"에 불과하다고 비판했다. 하지만 탄소 중립 목표 연도 설정 또는 2050년 온실가스 감축 목표 설정을 위한 공론화가 진행 중인 상황에서 대통령이나 정부가 일방적으로 목표 연도를 확정하는 것은 민주적인 의사 결정에 어긋나는 행보이기 때문에, 정부는 이를 고려하여 탄소 중립 의지만 드러낸 것이었다. 한편 9월 24일에는 국회가 기후 위기 비상 대응 촉구 결의안을 의결하였다. 재적 의원 258명에 찬성 252명, 반대 0명, 기권 6명으로 97.7%의 찬성률을 보였다. 이런 과정을 거친 후 문재인 대통령은 10월 28일 국회 연설을 통해 2050년 탄소 중립을 선언하였다. 이어서 12월 7일에는 관계 부처 합동으로 「2050 탄소 중립 추진 전략」을 발표하였고, 12월 10일에는 대국민 비전 선포를 진행했으며, 12월 30일에는 정부가 장기 저탄소 발전 전략 보고서를 UN 기후 변화 협약 사무국에 제출하였다. 그리고 이때 2030년 국가 감축 목표를 수정해서 제출하였다. 2015년에 제출했을 때는 2030년까지 배출 전망치(BAU, business-as-usual) 대비 37%이었는데 2020년 제출 시에는 2017년 배출 대비 24.4% 감축으로 변경하였다. 배출 전망치를 기준으로 할 때는 배출 전망치가 달라지면 배출량과 감축량이 달라지는 불확실성이 있기 때문에 기준연도 방식으로 변경하여 감축 목표의 확실성을 높인 것이다. 또한 2015년 목표 달성을 위해 2016년 박근혜 정부는 2030 온실가스 감축 기본 로드맵을 발표하여 BAU 대비 37% 감축을 위해 국내 감축 25.7%, 국외 감축 11.3%를 제시하였으나 2018년 문재인 정부에서 2030 국가 온실가스 감축 기본 로드맵을 수정해서 국외 감축을 4.5%로 축소함으로써 국내 배출 감축 노력을 강화하기로 하였다. 이런 제1차 NDC(갱신) 내용도 2050 장기 저탄소 발전 전략 보고서에 담았다. 이 과정을 요약해보면 〈그림 3〉과 같다.

2019.03~12	학계·산업계·시민 사회 등 전문가 100여 명이 참여하는 저탄소사회비전 포럼
2020.02~	15개 부처 범정부 협의체: 사회적 논의, 전략 마련
2020.06.05	기초 지방 정부(225개) 기후 위기 비상 선언
2020.07.07	17개 광역 지자체 탄소 중립 선언
2020.07.14	한국판 뉴딜(그린 뉴딜) 발표
2020.09.24	국회 기후 위기 비상 대응 촉구 결의안 의결(97.7% 찬성률)
2020.10.28	문재인 대통령 2050 탄소 중립 목표 선언(국회 2021년 예산안 시정 연설)
2020.12.07	정부 합동 "2050 탄소 중립 추진 전략" 발표
2020.12.30	UN 기후 변화 협약에 LEDS 제출
2021.03.31	과학 기술 정보 통신부 탄소 중립 추진을 위한 기술 혁신 전략
2021.05.29	대통령 소속 2050 탄소 중립 위원회 출범
2021.08.05	2050 탄소 중립 위원회, 2050 탄소 중립 시나리오 초안 발표
2021.08.31	탄소 중립 녹색 성장 기본법 국회 통과
2021.10	2050 탄소 중립 시나리오와 2030 NDC 상향 목표 탄중위 심의 통과(10/18), 국무 회의 의결, 확정(10/27)

〈그림 3〉 우리나라의 탄소 중립 선언 관련 국내외 사회적 논의와 활동

국제 사회에서는 2018년의 IPCC 권고에 따라 2050년까지 탄소 중립을 달성해야 한다는 권고를 지키기 위해서는 그러한 논의가 대두되기 전에 UN 기후 변화 협약에 제출했던 2030년 국가 결정 기여(NDC, nationally determined contribution), 쉽게 말해 국가 감축 목표를 상향해야 한다는 요구가 제기되었다. 엄밀히 말하자면 기후 변화 협

약 당사국들은 2015년 파리에서 제21차 당사국 총회(COP-21)가 열리기 훨씬 전에 2030년 국가 감축 목표를 자발적으로 결정해서 제출하도록 요청받았는데 COP-21 개최 이전인 2015년 10월 말까지 제출된 감축 목표는 "의도된 국가 결정 기여(INDC, intended nationally determined contribution)"라 불렸다. 총 183개 국가가 INDC를 제출하였는데 이 INDC는 파리 협정 채택 후에는 NDC로 불린다. 문제는 이때는 1.5도 목표가 확정되기 전이어서 당시 제출된 목표로는 도저히 2050년 탄소 중립을 실현할 수 없다는 데 있었다. INDC를 모두 달성한다 해도 지구 평균 온도는 산업화 이전 대비 2.6도 상승할 것으로 전망되어 1.5도 목표는커녕 2도 목표조차도 달성할 수 없었다. 파리 협정을 통해 당사국들은 전 지구 온도 상승을 산업화 이전 대비 2도 이하, 더 나아가 1.5도까지 제한한다는 목표의 달성을 위해 2050년까지의 장기 저탄소 발전 전략(LEDS)을 2020년 말까지 제출하도록 요청받았다.

2019년 9월 UN이 개최한 세계 기후 행동 정상 회의와 같은 해 11월 스페인 마드리드에서 열린 COP-25를 계기로 2050년까지 탄소 중립을 달성하겠다는 국가별 선언이 이어졌다. COP-25의 의장국이었던 칠레의 제안으로 출범한 기후 목표 상향 동맹(Climate Ambition Alliance)에 121개 국가가 가입하게 되면서 2050년 탄소 중립이란 목표가 더욱 분명해졌고 이를 달성하기 위해 이전에 발표하거나 제출한 2030년 목표를 높이기 시작했다. 2020년 12월에 이미 영국과 EU 등이 2030년 국가 감축 목표를 1990년 대비 40%였던 데서 각각

68%와 55%로 높이기로 조정했으며, 2021년 4월 22일 지구의 날에는 조 바이든 미국 대통령이 주최한 세계 기후 정상 회의에 참여한 다수의 국가가 상향한 2030 NDC를 발표하였다. 4월 말까지 131개에 달하는 국가가 탄소 중립을 선언했는데, 배출량 1위(25%)인 중국과 2위(12%)인 미국을 포함하여 선언 국가 131개국의 2017년 배출량 총합은 세계 배출량의 73%에 달했다. 2015년에 파리 기후 변화 당사국 총회에서 발표한 목표에 2020년부터 가속화된 2030년 국가 감축 목표 상향 선언 결과, 이런 선언과 목표가 지켜진다면 이번 세기 말까지 2.4도가 상승할 것으로 보인다. 이는 파리 협정 채택 당시의 선언과 목표 달성으로 2.6도 상승이 예상되었던 데 비해 0.2도를 낮추는 효과를 가져왔다. 하지만 선언과 달리 현재의 정책을 유지한다면 온도 상승은 2.9도에 이를 것으로 전망된다.

2021년 6월 IPCC는 제6차 기후 변화 평가 보고서를 발표하였다. IPCC의 세 실무그룹 중 제1실무그룹(Working Group 1)이 기후 변화의 과학적 기초에 대한 보고서를 발표한 것이다. 이 보고서에서 IPCC는 2011-2020년 전세계 평균 온도가 산업화 이전에 비해 1.09도 상승하였으며, 이런 대기, 해양, 육지의 온난화가 인간의 영향에 의한 것이 "명백하다"(unequivocal)고 단언하면서 현 추세대로라면 2021-2040년 사이 지구 평균 온도가 1.5도 상승할 것이라고 경고하였다. 이는 3년 전에 발표했던 지구 온난화 1.5도 특별 보고서에서 1.5도 도래 시점을 2030-2050년 사이라고 본 데 비해 10년 이상 빠른 예측치다. 그만큼 우리에겐 시간이 별로 남지 않았다.

4. 2050 탄소 중립 위원회의 출범과 역할

2021년 5월 29일, 탄소 중립 사회로 전환하기 위한 기틀을 마련하고
자 하는 목표로 대통령 소속의 민관 합동 기구인 2050 탄소 중립 위
원회(이하 탄중위)가 출범하였다. 세계적으로 기후 변화와 관련된 위원
회들이 여럿 존재하고 있지만 탄중위 이전에는 탄소 중립이라는 이
름을 전면에 내건 위원회가 없었다. 탄중위는 2021년 5월 4일부로 시
행된 대통령령인 "2050 탄소 중립 위원회의 설치 및 운영에 관한 규
정"에 기초를 둔 기구다. 1기 탄중위는 국무총리와 민간 공동 위원장
을 포함한 50-100인의 위원으로 구성되어야 한다는 규정에 따라 당
연직인 18개 중앙 행정 기관(15개 부처와 금융위, 방통위, 국무 조정실)의
장과 대통령이 위촉하는 민간 위원 77명, 국무총리와 민간 공동 위원
장 2인 등 총 97명으로 출발하였다. 위촉직 민간 위원은 탄소 중립 사
회로의 전환에 관한 전문 지식이나 경험이 풍부한, 기후, 에너지, 경
제, 산업, 노동, 기술, 교육, 국제 협력, 갈등 관리 분야의 전문가와 시
민 사회(환경, 에너지, 기후 변화, 종교, 교육, 소비자, 협동조합 등), 청년, 산업,
노동/농민 등의 사회 각계 대표로 구성되어 있다.

　2021년 8월 31일에 "기후 위기 대응을 위한 탄소 중립 녹색 성장
기본법"(이하 탄소 중립 기본법)이 국회를 통과한 뒤 9월 24일 국무 회의
를 통해 공포되었다. 이 기본법은 (조항별로 차이가 있기는 하지만 대체적으
로) 2022년 3월 25일에 발효된다. 이 법의 국회 통과와 함께 우리나라
는 세계에서 14번째로 탄소 중립을 법제화한 국가가 되었다. 탄중위의

설치와 운영에 관련된 내용은 예전 대통령령과 대체로 유사하게 탄소 중립 기본법에 규정되어 있기 때문에, 탄중위는 이런 법적 기초를 기반으로 정권 교체에 영향받지 않고 안정적으로 운영될 수 있다.

탄중위는 탄소 중립 정책의 관제탑(control tower)으로서 탄소 중립 사회로의 전환을 위한 구체적인 사항들을 심의하고, 사회적인 대화를 통해 탄소 중립에 대한 국민의 공감대와 합의를 마련하는 역할을 한다. 탄중위는 분야별 중점 검토를 위해 기후 변화, 에너지 혁신, 경제 산업, 녹색 생활, 공정 전환, 과학 기술, 국제 협력, 국민 참여의 8개 분과 위원회를 두고 있다. 각 분과위에서는 업무 관련 전문성을 보완하고 안건 관련 자문을 제공하기 위해 분과 위원과 다양한 분야의 전문가들을 모아 "전문 위원회"를 별도로 구성하여 운영할 수 있다. 또한 사회 전체의 참여를 독려하고 일반 국민과 지역, 현장의 목소리를 직접 듣기 위해 산업 노동계, 시민 사회, 청년, 지자체 등 분야별로 협의체를 구성하여 정책 공감대를 형성하고 협력 사업을 발굴할 예정이다.

한편 사회적인 파급 효과가 크고 이해 관계가 첨예한 쟁점 사항에 대해 합의를 도출하기 위해 성별, 연령별, 지역별 대표성을 가진 500명 규모의 "탄소 중립 시민 회의"를 구성하여 학습과 토론 및 숙의를 진행한다. 이를 통해 사회적 합의와 공감대를 넓히고 동시에 일반 시민의 의견을 수렴하여 정책에 반영할 수 있다. 기후 위기의 영향과 그 위기를 유발한 책임에서 자유로운 사람은 없다. 또한 일반 시민은 탄소 중립 달성 과정에서 발생하는 비용을 부담해야 하는 소비자이자 납세자다. 그렇기 때문에 일반 시민은 풍부하고 균형 잡힌 정보를 제공받을 권리가 있으며, 정부는 시민들이 그렇게 모은 정보에 입각해서(informed) 내린 판단을 정책에 반영할 필요가 있다. 국민적인 공감대와 사회적인 지지가 있을 때 비로소 탄소 중립 정책이 지속적이고 일관성 있게 추진될 수 있다. 탄중위의 시민 회의 참가자 연령은 15세 이상으로서, 일반적으로 다른 공론화 기능을 가진 위원회들이 참가자 연령을 19세 이상으로 제한한 것에 비하면 그 경계가 확장되었다. 이는 탄소 중립 정책이 미래 세대에게 상대적으로 더 많은 영향과 부담을 야기할 가능성이 크다는 점을 고려하여 그 세대의 관심과 목소리를 제대로 담아내기 위해 마련한 장치다.

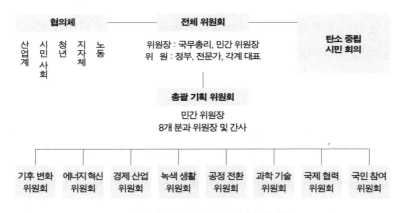

〈그림 4〉 탄소 중립 위원회의 구성과 운영 체계

5. 우리나라의 2050 탄소 중립 선언과 2030 NDC 상향 목표 발표

탄중위는 출범 후 10월까지 2050 탄소 중립 시나리오를 수립하고 2030 NDC 상향안에 대한 심의를 의결하는 것을 핵심 작업으로 선정하였다. 이에 따라 보다 전문적인 검토를 위해 전문 위원회와 함께 시나리오 실무그룹과 NDC 실무그룹을 구성했다. 이 그룹들은 정부가 마련한 안에 대해 수정 의견을 제시하고 분과 회의와 총괄 회의를 통해 정부와 협의를 지속함으로써 대안을 마련하였다.

2021년 8월 초 정부가 제출한 두 가지 2050 탄소 중립 시나리오 초안에 탄중위가 수정 의견을 담은 세 가지 시나리오 초안을 발표한 후, 협의체와의 간담회 및 탄소 중립 시민 회의의 공론화 과정을 통해 다양한 의견을 수렴하였다. 9월부터는 정부가 제출한 2030 NDC 초안에 탄중위와의 협의를 거쳐 수정한 상향안에 대해서도 협의체 간담회와 온라인 대중 토론을 통해 의견을 수렴하는 과정을 거쳤다. 관심 있는 모든 단체와 기관, 일반 시민들도 탄중위 홈페이지에 입장문을 게시할 수 있도록 하였고, 여기에 제출된 다양한 제안을 종합적으로 반영하여 최종안을 도출하였다. 이런 과정을 거쳐 탄소 중립 위원회는 10월 18일에 전체 회의를 열어 2050 탄소 중립 시나리오와 2030 NDC를 심의·의결하였고, 정부는 11월 27일 국무 회의를 통해 탄중위 심의 원안을 최종 국가 목표로 확정하였다.

탄소 중립 시나리오란 서로 다른 전제와 가정을 기반으로 탄소 중립의 미래 사회상을 그려본 것이다. 즉 시나리오란 탄소 중립이 실현되었을 때 펼쳐질 미래상과 부문별 전환 내용을 전망한 것으로서 가정과 전제가 달라짐에 따라 미래 사회가 어떻게 바뀌는지를 보여 주는 역할을 한다. 그런 과정을 통해 사회적으로 합의한 바람직한 미래상을 만들어가기 위해 현재 어떤 점을 어떻게 변화시켜야 할지를 살펴볼 수 있다. 시나리오는 불변하는 것이 아니다. 과학 기술의 발전, 기후 위기의 심화, 기후 인식의 변화, 국제 여론의 흐름 및 국제 시장의 변화 등을 반영하여 지속적으로 수정할 수 있다. 탄소 중립 기본법에도 5년에 한 번씩 시나리오를 재수립하도록 정해놓았다.

2021년에 수립된 2050 탄소 중립 최종 시나리오는 두 가지 안으로 구성되어 있다. 여론 수렴 결과 석탄 화력 발전은 적어도 2050년 이전에는 폐기해야 한다는 의견이 압도적이어서, 이를 반영하여 석탄 화력 발전이 포함된 초안의 1안을 제거한 뒤 남은 두 초안을 강화하여 국내 순 배출량이 0이 되도록 구성하였다. 초안을 살펴보면 3안은 국내 순 배출량을 0으로 설정하였고, 1, 2안은 국내 잔여 배출량인 25.4백만 t과 18.7백만 t을 국제 협력을 통해 상쇄함으로써 탄소 중립을 달성하는 방식을 제시하였다.

구분	2018년	2050년 배출량(단위: 백만톤 CO2eq)		
		1안	2안	3안
총 배출량	727.6	Net Zero		
국내 순 배출량		25.4	18.7	0.0
감축률(%)	–	96.5%	97.4%	100%

전환	269.6	46.2	31.2	0.0
산업	260.5	53.1	53.1	53.1
수송	98.1	11.2(−9.4)	11.2(−9.4)	2.8
건물	52.1	7.1	7.1	6.2
농축수산	24.7	17.1	15.4	15.4
폐기물	17.1	4.4	4.4	4.4
탈루 등	5.6	1.2	1.2	0.7
흡수원	−41.3	−24.1	−24.1	−24.7
CCUS	−	−95.0	−85.0	−57.9
수소	−	13.6	13.6	0.0

구분	부문	'18년	2050년	
			A안	B안
배출량		686.3	0	
분야별 배출	전환	269.6	0	20.7
	수송	98.1	2.8	9.2
	수소	−	0	9
	탈루	5.6	0.5	1.3
	산업	260.5	51.1	
	건물	52.1	6.2	
	농축수산	24.7	15.4	
	폐기물	17.1	4.4	
흡수 및 제거	흡수원	−41.3	−25.3	
	CCUS	−	−55.1	−84.6
	직접 공기 포집	−	−	−7.4

〈표 2〉 2050 탄소 중립 시나리오 초안(상)과 최종안(하)

최종 시나리오인 A안과 B안은 크게 전환 부문과 수송 부문에서 차이를 보인다. B안에서는 유연성 전원으로서의 LNG 이용이 5.0%가량 남아 있으며, 재생 에너지 비중은 A안과 B안에서 각각 70.8%와 60.9%를 차지한다. 수송 부문에서는 전기·수소차 비중이 각각 97%와 85%를 차지하고 있으며, B안에는 탄소 중립 연료를 사용하는 내연 기관차가 포함되어 있다. 수소의 경우 A안은 그린 수소만 이용하는 것으로 가정한 데 비해, B안은 일부 추출 수소와 부생 수소를 포함한다. 탄소 중립은 단순히 흡수와 배출을 동일하게 만듦으로써 순배출량을 0으로 만드는 방식이 아니다. 배출을 최대한 줄이되 그래도 발생하는 배출은 우선 자연 기반 흡수원을 통해 최대한 흡수한다. 그럼에도 불구하고 남는 잔여량은 탄소 포집 이용 저장(CCUS, carbon capture utilization and storage) 기술을 통해 흡수/제거함으로써 순 배출량이 0이 되도록 만든다. 최종 시나리오 A, B안의 경우 시나리오 초안의 2, 3안에 비해 CCUS 처리량이 줄어들긴 했지만, 아직 해소되지 않은 과학적 불확실성과 경제성을 고려할 때 되도록 배출을 줄이고 자연 기반 흡수를 늘리는 방식을 취할 필요가 있다.

2030년 NDC의 경우에는 2018년 대비 40%를 감축하는 것으로 결정되었다. 〈그림 5〉에 제시된 것처럼 상향 전의 2030년 NDC는 2018년 대비 26.3%(2017년 대비 24.4%에서 기준연도를 2018년으로 변경하여 26.3%가 됨) 감축하기로 했었으나 40%로 대폭 상향되었다. 이는 35% 이상 감축하도록 한 탄소 중립 기본법의 규정을 반영하면서 보다 적극적인 의지를 담은 결과다. 또한 현재 배출량과 역사적인 배출량이 많은 국제 사회의 당사국으로서 지닌 책임성과 이행 가능성을 동시에 고려한 결정이다. 우리나라는 우선 국내 감축에 주력하여 35.4% 이상을 국내에서 감축하되, 국제 협력을 통해 나머지를 줄일 수 있는 가능성을 열어두었다. 국제 협력을 진행할 경우에도 우리만 일방적으로 이익을 보는 것이 아니라 협력 당사국의 지속 가능한 발전과 지구 전체 온실가스 배출 감축에 기여할 수 있는 방향을 고려하는 것을 전제로 하였다.

	구분	부문	기준 연도 ('18)	상향 전 NDC ('18년 대비 감축률)	NDC 상향안 ('18년 대비 감축률)
온실가스 배출량 (백만 t) 727.6 536.1 (△26.3%) 436.6 (△40.0%) → '18　현 NDC　NDC 상향안		배출량	727.6 (총 배출량)	536.1 (△ 191.5, △ 26.3%)	436.6 (△ 291.0, △ 0.0%)
	배출	전환	269.6	192.7 (△ 28.5%)	149.9 (△ 44.4%)
		산업	260.5	243.8 (△ 6.4%)	222.6 (△ 14.5%)
		건물	52.1	41.9 (△ 19.5%)	35.0 (△ 32.8%)
		수송	98.1	70.6 (△ 28.1%)	61.0 (△ 37.8%)
		농축수산	24.7	19.4 (△ 21.6%)	18.0 (△ 27.1%)
		폐기물	17.1	11.0 (△ 35.6%)	9.1 (△ 46.8%)
		수소	–	–	7.6
		기타(탈루 등)	5.6	5.2	3.9
	흡수 및 제거	흡수원	−41.3	−22.1	−26.7
		CCUS	–	−10.3	−10.3
		국외 감축	–	−16.2	−33.5

〈그림 5〉 한국의 2030 NDC 상향 목표의 내용과 부문별 감축률

〈표 3〉에 제시된 것처럼 주요국의 2030 NDC 상향 목표는 기준연도의 차이를 감안해도 모두 기준연도 대비 40%를 넘었으며 배출 정점 연도를 기준으로 비교해도 40%를 넘었다. 국가마다 배출 정점이 다르기 때문에 우리나라의 기준연도인 2018년 배출량과 2030 NDC 수준을 비교해보면 대개 30%대 후반이거나 40% 이상이다. 시민 사회에서 요구하고 있는 IPCC 제안(2010년 대비 평균 45% 이상 감축)을 만족시킨 국가가 있는가 하면 그렇지 못한 국가도 있다. 우리나라는 전 세계 온실가스 누적 배출량 세계 11위 국가이자 이산화탄소 배출량 세계 7위 국가지만, 다른 주요 선진국들에 비해 산업화가 뒤늦게 진행되었고 UNFCCC 상 부속서 I 국가가 아니어서 1990년부터 감축해야 하는 의무를 지지 않았던 탓에, 1990년 이후 배출량이 149%에 달할 정도로 급증한 상태다. 게다가 2018년에 배출 정점을 찍었고 탄소 중립 목표 연도인 2050년까지 남은 기간이 상대적으로 더 짧은 데다 온실가스 배출이 많은 제조업 비중이 상대적으로 높아 NDC 40%라는 목표는 상당히 도전적인 수준이라고 할 수 있다. 그럼에도 불구하고 탄소 중립을 향한 변화를 연기하거나 지연시킬 경우에는 심각해지는 기후 위기뿐만 아니라 탄소 중립을 향한 세계 경제 질서의 변화에 더 큰 영향을 받게 될 가능성이 높기 때문에 조속한 대응이 필수적이다.

국가	2030 NDC	정점 →2030	2010 →2030	2018 →2030	정점 →2050	제조업 비중
EU	1990 대비 55%	55%	47.0%	39.8%	60년	14.8%
영국	1990 대비 68%	68%	58.5%	45.2%	60년	8.8%
미국	2005년 대비 50~52%	51%	48.1%	45.8%	43년	11.3%
캐나다	2005년 대비 40~45%	43%	39.2%	42.5%	43년	10.4%
일본	2013년 대비 46%	46%	41.6%	38.6%	37년	20.7%
한국	2018년 대비 40%	40%	33.5%	40.0%	32년	29.1%

〈표 3〉 주요국의 2030 NDC 상향 목표 비교

우리나라의 전체 감축 목표는 2018년 대비 40%이지만 부문별 감축 목표는 상이하다. 폐기물 부문과 전환 부문은 각각 46.8%와 44.4%로 평균 이상의 감축이 필요한 반면, 산업 부문은 14.5%로 가장 낮다. 산업 부문의 경우 연료뿐만 아니라 원료를 전환해야 하고 공정도 바꿔야 하는 상황에서 기술 개발이나 시설 교체에 드는 시간과 비용이 적지 않고 고용과 국가 경제 전반에 미치는 영향이 크기 때문에 그에 대비할 수 있는 시간을 허용한 것이다. 또한 대기업은 다양한 정보와 대응 역량을 지니고 있어 변화에 일찍부터 대비해왔지만 국내 기업의 99.9%가 넘으면서 고용의 82% 이상을 담당하고 있는 중소기업의 경우 이런 변화에 제대로 대비하지 못한 현실도 고려하였다. 산업 부문은 기술, 설비 및 연·원료 교체가 이루어진다면 점진적 감축이 아니라 계단식 감축의 형태가 될 가능성이 크다. 하지만 탄소 중립은 국내에 국한되지 않고 국제 사회가 모두 함께 추구하는 목표인 만큼, 전환에 뒤처질 경우 해당 기업이나 산업이 감수해야 할 피해와 고통이 크기 때문에 보다 빠른 대처가 필요하다.

6. 글래스고 기후 합의가 남긴 것과 탄소 중립의 도전과 기회

2050 탄소 중립은 이제 담론이나 선언의 수준을 넘어서 인류가 반드시 달성해야 할 실질적인 목표가 되었다. 영국 글래스고에서 열린 제26차 기후 변화 협약 당사국 총회(COP-26)는 글래스고 기후 합의(Glasgow Climate Pact)를 채택하였다. 이 합의는 여러 가지 한계나 부족한 점에도 불구하고 지구 평균 온도 상승을 1.5도 이내로 안정화한다는 지구적인 목표를 확인했다는 측면에서 높은 평가를 받는다. 협약 당사국들은 온도 상승 억제 목표를 1.5도로 합의하였는데, 비록 단계적 퇴출(phase out)이 아니라 단계적 감축(phase down)으로 약화되었지만 "탄소 저감 장치가 갖춰지지 않은 석탄 발전"(unabated coal)과 "비효율적인 화석 연료 보조금"(inefficient fossil fuel subsidies)을 단계적으로 줄여나가는 데 국제적 합의가 이루어졌고 그 결과가 처음으로 당사국 총회의 공식 문서로 남았다는 점에서 큰 의의를 지닌다. 세계 이산화탄소 배출의 40%가 석탄에서 비롯된다는 점을 고려하면 앞으로도 석탄 소비 감축과 석탄 발전 퇴출 시점은 기후 협상의 주요한 화두가 될 것이다.

COP-26이 열리기 전에 이미, 국제 사회의 2030 감축 목표가 모두 달성되더라도 지구 기온이 2.7도까지 상승할 것이라는 분석이 제시된 바 있다. COP-26에서 새로운 목표가 더해지면서 기온 상승이 2.4도 선으로 낮춰질 것으로 보이지만, 이 수준 또한 여전히 재난에 가깝다. 인도가 2070년 탄소 중립을 약속함에 따라 21세기 말 온도 상승이 1.8도에 이를 것으로 전망되는데, 이 수치 역시 빈민과 빈국에 가혹한 영향을 줄 수 있다. 1.2도가량 상승한 지금도 다양한 기상 이변으로 재난이 빈발하고 있기 때문이다. 하지만 글래스고 기후 합의를 통해 1.5도에 맞출 수 있는 NDC를 내년에 다시 제출하기로 합의하였기 때문에 희망의 불씨가 꺼지지는 않았다. 우리나라는 문재인 대통령이 정상 회의에 참석해서 2030년 NDC를 기존 2018년 대비 26.3%에서 40%로 상향하고, 2050년까지 석탄 발전을 폐지함과 동시에 남북한 산림 협력으로 한반도 온실가스 배출량을 줄일 것이며, 2030년까지 메탄 배출을 30% 감축하겠다는 구체적인 방안을 발표했다.

한국의 2030 NDC는 IPCC가 요구하는 지구 평균 감축 목표에 미치지 못했다는 점에서 국내 환경 단체들의 상당한 비난을 받기도 했지만, 미국의 오바마 대통령이 COP-26 연설에서 과감한 기후 대응에 나선 국가 사례로 한국을 언급함으로써 국제 사회에서 한국의 행보를 환영하며 높이 평가하는 분위기가 조성되었다. 2020년 7월에는 UN 무역 개발 회의(UNCTAD)가 한국을 개발 도상국에서 선진국으로 공식 분류하였는데, 1964년 UNCTAD 출범 이후 이런 경우는 처음이라고 한다. 이는 세계가 한국을 개도국과 선진국의 교량 역할을 할 수 있는 좋은 국가 사례로 평가한 결과다. 또한 한국이 제출한 2030 NDC 상향안에 대해서도 제조업 비중이 높고 배출 정점(2018

년)이 다른 주요 선진국들에 비해 늦은 국가 상황을 감안하여 긍정적으로 평가했다.

기후 위기는 위험과 기회를 동시에 내포하고 있다. 기후 위험은 크게 두 차원으로 이해할 수 있다. 하나는 극단적인 이상 기후에 따른 생명, 재산의 손실 및 손상이라는 물리적 위험(physical risk)이다. 다른 하나는 기후 위기 대응에서 비롯되는 것으로서 탄소 중립을 향해 가는 과정에서 발생하는 전환 위험(transition risk)이다. 지금까지 우리가 추구해온 경제 질서는 탄소 문명에 기초해 있는데, 이미 세계의 경제 질서는 탄소 중립을 목표로 하는 탈탄소 전환 과정에 있다. EU가 도입을 천명한 탄소 국경 조정제(CBAM, carbon border adjustment mechanism,)나 미국 등의 국가가 시행 의지를 밝힌 탄소 국경 부담금(carbon charge) 등은 탄소 배출이 많고 수출 의존도가 높은 우리 산업에 직접적인 위험 요인이 된다. 이와 더불어 100GWh 이상의 전력을 소비하는 세계 굴지의 기업들이 자발적으로 사용 전력을 모두 재생에너지 전력으로 전환하겠다는 RE100(Renewable Energy 100) 선언을 내놓았는데, 이는 해당 기업에 부품을 수출하는 우리 기업들 역시 준수해야 할 "자발적이지만 비자발적인" 목표가 되고 있다. 2021년 12월을 기준으로 총 346개 기업이 RE100에 가입하였는데, 국내에서는 SK 그룹을 필두로 아모레 퍼시픽, 한국 수자원공사, 고려 아연 등 13개 기업이 참여하고 있다. 블랙록 등 세계적인 투자사들은 기후 행동 100+(Climate Action 100+) 룰을 구성하여 투자 기업들에 대해 단기적인 재무적 가치가 아니라 비재무적 가치를 중시하는 ESG(환경 사회 지배 구조) 경영을 요구하면서 탄소 배출 기업에 대한 투자 철회를 공언하고 있다. 녹색 분류 체계(green taxonomy)를 통해 "환경적으로 지속 가능한 경제 활동"의 범위를 정하려는 움직임도 이루어지고 있다. ESG 투자를 추구하는 투자자들은 이 녹색 분류 체계를 통해 투자 여부를 결정하게 된다. 이렇듯 기후 위기라는 난제를 앞두고 세계 경제와 통상 질서가 바뀌고 있다. 이런 세계적인 변화는 국민 경제에서 수출 비중이 35%를 넘는 우리 경제에 직접적인 영향을 미칠 수밖에 없게 되고 이에 따라 국민의 삶에도 변화가 예상된다. 이처럼 기후 위기 대응을 고려하지 않는 경영 활동은 더 이상 지속 가능하지 않다.

이런 변화는 일견 위험으로 보이지만 동시에 기회가 되기도 한다. 이 추세에 제대로 대처하지 못하는 기업과 업종은 상당한 어려움을 겪게 되겠지만, 탄소 배출을 줄일 수 있는 기술을 개발한다면 세계 시장을 선점함으로써 경제적 이익을 얻을 뿐만 아니라 세계 탄소 중립에도 기여할 수 있기 때문이다. 포스코는 철강사 중 세계 최초로 2050 탄소 중립을 선언했는데, 포스코가 수소 환원 제철 기술 개발에 성공한다면 세계 시장을 선점할 수 있을 뿐 아니라 지구적 탄소 배출 저감에도 기여할 수 있게 된다. 또한 이런 변화를 통해 더 많은 투자를 확보할 수 있으며 전환 실패에 따른 고용 위험을 해소할 수도 있다.

인류는, 좁게는 대한민국은, 생존의 위험에서 벗어나기 위한 역사적인 전환을 시도해야 하는 시대를 살고 있다. 기후 위기는 지금껏 아무런 비용 부담 없이 온실가스를 무분별하게 배출해온 결과다. 그렇기 때문에 기후 위기를 해결하기 위해서는 이제 대가를 지불해야만 한다. 탄소 중립을 위해 지불하는 비용은 버려지는 것이 아니라 새로운 전환을 위한 투자이며, 그런 투자가 없을 때 발생할 것으로 예상되는 피해 비용을 생각하면 결코 무겁지 않은 액수다. 기후 위기를 야기한 원인은 우리 인류에게 있다. 개인, 집단, 국가에 따라 부과된 책임에 차이가 있지만 공동의 책임 또한 무시될 수 없다. 자연적인 변동에 따른 기후 체계의 변화가 아닌 인류 행동에 의한 변화라면, 문제 해결의 열쇠도 인류의 손에 있는 셈이다. 우리는 문제를 일으킨 사회 경제 활동의 양상을 바꾸어야 한다.

7. 탄소 중립을 위한 정부와 기업의 역할

탄소 중립은 국제 사회가 당면한 시대적인 과제다. 이제 더 이상 실제로 2050년 탄소 중립이 실현 가능한가를 물어서는 곤란하다. 질문을 바꿔야 한다. "가능할까?"가 아니라 "어떻게 가능하게 할 수 있을까?" 또는 "어떻게 해야 할까?"를 물어야 한다. 자연을 희생해서 당장의 성장과 편리를 얻는 방식을 버리고 자연과 상생하는 구체적인 방안을 찾으려고 할 때 비로소 우리가 감당해야 할 고통을 줄이고 삶을 안전하게 꾸려갈 수 있다. 그렇기 때문에 탄소 중립을 실현하는 것이 우리에게 새로운 희망의 길이 될 수 있는 것이다. 화석 연료를 연소함으로써 이뤄온 탄소 문명은 인류의 삶의 질을 높여줬지만, 역설적으로 우리 삶의 기반이 되는 자연을 훼손함으로써 기후 체계의 근간을 뒤흔드는 역할을 했다. 따라서 탈탄소 문명으로의 전환은 자연과의 상생을 기반으로 한 새로운 생존 방식을 실현할 기회가 된다.

중요한 것은 목표를 선언하는 데 그치지 않고 그것을 제대로 이행하는 것이다. 상향한 2030 NDC에 대해 모두가 만족할 순 없다. 누구에겐 너무 느슨하고 누구에겐 너무 힘든 목표다. 더 빠른 속도로 달성할 수 있는 적절한 목표를 설정해야 하는 것이 아니냐는 비판도 있다. 하지만 40%가 과도하다는 산업계의 비판은 적절하지 않다. 산업 부문의 목표 감축률은 14.5%로서 국가 감축 목표인 40%보다 상당히 낮다. 모든 부문 중에서 가장 낮다. 앞서 기술한 것처럼 산업 부문의 경우 탄소 중립을 위한 원료 전환과 공정 변화를 위한 기술 개발 및 시설 교체에 적지 않은 시간과 비용이 필요하기 때문에 상대적으로 감축률을 낮게 잡은 것이다. 게다가 탄소 중립을 향해 세계 시장의 질서가 전환되고 있는 와중에 국내 목표에만 갇혀 있어서도 곤란하다. 대응을 지연하게 되면 고통이 더욱 커지고 산업이나 업종, 해당 기업의 존립 자체가 어려워질 수 있다.

2030 NDC 달성, 더 나아가 2050 탄소 중립 실현을 위해서는 보다 구체적인 감축 계획은 물론 이행 점검 및 평가 체계를 제대로 갖춰야 한다. 탄소 중립을 위해서는 탄소 문명을 유지하고 확대하려는 목표로 우리가 만들어온 발전 시설, 건물, 수송 체계 등의 물리적 인프라를 바꿔야 하며, 법, 제도, 정책, 행정, 세제, 금융, 요금 체계 등이 포함된 생활 양식의 모든 면을 바꾸어야 한다. 탄소 중립 사회는 그야말로 문명의 대전환을 요구한다. 우리는 무엇을, 왜, 어떻게 바꿔야 하는지에 관한 대화와 소통을 통해 사회 인식과 공감대를 넓혀가면서 전면적

인 사회 변혁에 나서야 한다. 정부는 기업과 시민의 공감을 이끌어내면서 정책과 제도를 개편해가야 한다. 특히 이런 전환 과정에서 타격을 입을 산업과 노동자 및 지역을 함께 포용하며 나아가는 "정의로운 전환, 공정 전환"(just transition) 방안을 구체적으로 마련해서 시행해야 한다. 기업도 통상과 금융 질서가 바뀌는 만큼 기후 위기 대응을 기초로 ESG(환경 사회 지배 구조)라는 비재무적 요소를 중시하는 경영 활동과 투자에 나서야 한다. 정부는 이런 기업 활동이 원활히 이루어질 수 있도록 다양한 정책과 제도로 지원하고 지지해야 할 것이다.

8. 탄소 중립을 위한 시민의 역할

그렇다면 시민이자 소비자인 개인은 무엇을 어떻게 해야 할까? 바로 지금 나부터 탄소 중립을 위한 "기후 시민"이 되어야 한다. 기후 시민이란 기후 위기의 본질을 이해하고 삶 속에서 기후 행동을 실천하는 시민을 말한다. 그렇다면 기후 시민은 구체적으로 어떤 기후 행동을 실행해야 하는가?

첫째, 생활 속에서 온실가스 배출을 줄이기 위해 노력해야 한다. 우리는 자신부터 일상 속에서 기후 친화적인 실천에 나서야 하며, 무엇보다도 수동적인 에너지 소비자를 넘어서 에너지 생산자가 되어야 한다. 절약이 생산이라는 말도 있듯이, 낭비적인 에너지 소비 행태를 바꿈으로써 에너지 수요를 줄이면서 동시에 직접 에너지를 생산하는 에너지 농부가 될 수 있다. 절반 이상의 국민이 아파트와 같은 공동 주택에 거주하고 있는 점을 잘 활용하여 아파트 발코니에 미니 태양광을 달거나 주민들의 협의를 통해 아파트 옥상이나 벽면에 태양광 패널을 설치할 수도 있다. 더 나아가 에너지 협동조합이나 다양한 재생 에너지 관련 펀드에 가입해서 간접적인 에너지 생산자가 될 수도 있다. 과거 독일에서는 시민들이 원자력 발전소 건설을 거부하면서 "내 뒷마당엔 안 된다"는 님비(NIMBY, Not In My Back Yard)를 주장했지만, 이제는 재생 에너지 이용을 늘리기 위해 "그래, 내 뒷마당에"라는 뜻의 임비(YIMBY, Yes, In My Back Yard) 현수막을 내걸면서 적극적인 에너지 생산자로 변모한 사례도 있다. 대중교통 수단을 확충하고 도보나 1인 교통 수단 이용을 늘리려는 정부의 노력도 중요하다.

탄소 중립을 위해서는 화석 연료 연소량을 줄이는 것이 관건이지만, 그것은 필요조건일 뿐 충분조건은 아니다. 우리가 매일 무엇을 먹는지, 쓰레기를 얼마나 어떻게 배출하는지도 중요한 부분이다. 육식 섭취가 늘고 식품의 이동 거리가 증가하면 온실가스 배출이 함께 늘어나기 때문에, 식단에서 채식 비중을 키우고 식품의 이동 거리를 줄일 수 있도록 거주 지역과 가까운 곳에서 생산된 식재료를 구입하는 것도 좋은 방법이 된다. 또한 폐기물을 감량하는 것도 중요하므로, 낭비적인 소비가 있다면 우선 소비 규모를 줄이기 위한 노력이 필요하다.

둘째, 우리는 소비자이자 시민임을 기억해야 한다. 시민은 정치적으로 투표를 통해 뜻을 드러내고 선출된 대표에게 압력을 행사할 수 있는 존재이므로, 기후 위기 대응, 탄소 중립을 공약하는 사람들을 우리의 대표로 선출해야 한다. 그리고 자신이 지지하는 정치인이 이런 문제에 관심을 가지도록 요구해야 한다. 어떤 제도와 혜택 아래서도 무임승차자가 존재한다는 점을 명심하고 탄소 중립에 관심 없는 사람들을 향해 현재의 기후 위기에 더 큰 위험을 더하는 행동을 멈추도록 권고해야 한다. 기후 위기 유발 행위에 합당한 대가를 치르게 하는 법, 제도, 정책을 만들 수 있는 정치인을 우리의 대표로 선출한 뒤에 그들을 꾸준히 감시하고 독려함으로써 지속적으로 압력을 가해야한다. 한마디로 정치가 바뀌어야 한다. 정치가 바뀌지 않으면 의식 있는 소수의 실천만으로 사회를 바꾸는 데는 한계가 있기 때문에 정치인들이 기후 시민의 표를 두려워하도록 만들어야 한다.

셋째, 우리는 소비자로서 시장에서 소비자 주권을 행사하고 투자자로서 기업의 ESG를 견인해야 한다. 구체적으로 현명한 소비 활동을 해야 한다. 에너지 이용은 기계, 설비, 제품을 통해 이루어진다. 따라서 제품을 어떻게 사용하는지도 중요하지만 그에 앞서 얼마나 에너지 효율적인 제품을 구입하는지가 중요하다. 바로 이 과정에서 소비자가 기업에 영향을 미칠 수 있다. 어떤 제품을 선택하는지에 따라 기업 활동에 영향을 줄 수 있기 때문에 이런 행위는 화폐 투표, 경제 투표에 비견된다. 시민으로서 투표용지에 자신의 의지를 담아 정치인에게 투표하듯, 소비자는 화폐라는 투표용지로 기업이나 제품에 투표할 수 있다는 뜻이다. 현명한 화폐 투표를 통해 기업이 효율적인 제품, 폐기물 배출이 적은 제품, 재활용이 용이한 제품을 생산하도록 압박할 수 있다. 또한 주식 투자를 통해 기업의 경영 활동에 영향을 미칠 수도 있다. 소비자로서 이런 형태의 주권 행사를 통해 기업이 환경을 고려한 물건을 생산하고 재생 에너지 전력을 적극적으로 사용하며 ESG 경영에 나서게끔 영향을 줄 수 있다.

무엇보다 현명한 소비자라면 우리가 만들어내는 환경 비용과 사회적 비용을 제대로 부담하겠다는 지불 용의(willingness to pay)를 가져야 한다. 무조건 싼 가격을 고집해서는 곤란하다. 대표적인 예가 전기 요금이다. 현재 우리나라의 주택용 전기 요금은 OECD 국가들 가운데 네 번째로 낮다. 많은 사람이 전기 요금을 전기세라 부르지만 실제로 우리나라 전기 요금에는 부가 가치세 10%와 전력 산업 기반 기금 3.7%만 붙어 있을 뿐 발전과 송배전이 야기하는 사회 환경 비용은 제대로 부과되어 있지 않다. 탄소 배출에 대한 비용이 부과됨으로써 전력 요금이 정상화된다면 에너지 소비가 상대적으로 많은 도시에 재생 에너지 설비를 더 설치할 수 있다.

넷째, 환경 에너지 기후 관련 시민 단체를 적극 후원하는 것도 현명한 시민의 역할이다. 건강한 대안을 제시하고 시민을 지원하면서 기후 위기 대응에 나서는 단체들을 직접 후원하거나 재능 기부를 실천할 수도 있고, 뜻이 맞는 이들과 새롭게 단체를 만들 수도 있을 것이다.

탄소 중립을 실현하기 위해서는 바로 지금 나부터 행동하는 것이 중요하다. 우리에게는 충분히 그런 역량과 권한이 있다. 또한 이런 적극적인 기후 행동을 통해 우리 자신과 자녀들을 지키는 것은 우리의 권리이자 의무다. 정부와 기업을 움직일 수 있는 힘은 바로 시민이자 소비자인 우리 손에서 나온다.

9. 기후 행동, 그리스도인의 신앙 실천

인류세라는 명칭은 인류가 바야흐로 지구의 체계를 바꾸는 요인이 되었음을 인정하는 말이다. 정확히 말하면 인간 활동이 기후 체계의 변화를 가져왔음을 명확히 드러내는 단어이기도 하다. 인류라는 말로 뭉뚱그릴 만큼 모든 인간이 동등한 책임을 지녔는가에 대해서는 의문을 제기할 수도 있겠지만, 현대 인류의 평균적인 삶 자체가 지구의 부양 능력을 넘어선 상태라는 점만큼은 누구도 부인할 수 없는 사실이다. 지구는 인류에게 온실가스 배출에 대한 비용을 부담하라는 청구서를 여러 차례 제시했으나 우리는 지금까지 그것을 외면하거나 무시해왔다. 하지만 이제는 그 비용 청구에 답해야 할 순간이 왔다. 이제는 문제가 되는 사회 경제 활동을 줄이고 변화를 만들어갈 수밖에 없다.

이런 위기 앞에서 그리스도인들은 하나님께서 세상을 창조하시고 하신 말씀을 기억할 필요가 있다. 하나님께서는 피조물을 지으신 후 보시기에 "좋다"고 말씀하셨다. 하지만 우리는 청지기로서의 사명과 역할에 충실하기는커녕 다른 피조물을 인간의 안락과 편리를 위한 수단으로 남용하고 훼손함으로써 애초에 하나님이 지으신 상태의 대기 조성을 변화시켰고 그 결과 엄청난 기후 위기를 맞이하게 되었다. 시간이 별로 남아 있지 않지만 아직은 늦지 않았다. 우리는 산업과 에너지 관련 인프라를 포함하여 지금 이루어지고 있는 탄소 기반 생산과 소비 방식을 모두 바꿔야 하고, 현재 우리 삶의 기반이 된 탄소 문명을 지탱해온 법, 정책, 제도를 다시 고민해야 하며, 우리의 의식과 삶의 방식을 모두 탈탄소 방향으로 전환해야 한다. 우리는 전환의 시험대에 놓여 있다. 기후 위기 자체가 미칠 영향과 탄소 중립 사회로 전환하는 과정에 발생할 위험이 예상되지만, 탄소 중립은 피할수도 없고 피해서도 안 되는 문제가 되었다. 이제는 본격적으로 무슨일을 어떻게 해야 하는지에 대한 구체적인 고민과 실천이 필요하다. 우리 그리스도인들은 우선적으로 탄소 중립 교회, 탄소 중립 가정 만들기부터 실천해보면 어떨까 한다.

기후 위기와 가치의 전환

김신영

일반적으로 환경 문제는 과학의 영역으로 인식되어왔다. 환경 문제를 이해하기 위해서는 기초적인 과학 지식이 필요하기 때문이다. 기후 변화와 관련된 수많은 자연 현상은 과학 지식을 보유한 상태에서 보다 분명하게 이해할 수 있다. 따라서 기본적인 수준의 환경 문해력(environmental literacy)을 갖추기 위해서는 현재와 미래의 기후 변화 추세, 그리고 그에 따른 다양한 현상 사이에 존재하는 과학적인 인과 관계 및 연관성을 대략적으로 이해하려는 노력이 필수적이다.

그러나 지식의 수준이 높아진다고 해서 우리 사회가 나아지는 것은 아니다. 실제로 이제는 기술과 과학이 발전한 만큼 환경 문제와 기후 변화에 대한 지식과 정보가 증가하고 사람들이 이 문제에 접근할 수 있는 가능성도 확대되었지만, 여전히 기후 변화에 대한 탁월한 대응책이 나오진 않았다. 이런 상황에서도 오래전부터 기후 변화를 예고하고 경고해온 많은 과학자들과 그들의 말에 주의를 기울여온 사람들이 있었다. 이들은 연구 및 저술 활동을 하거나 영화, 다큐멘터리 등을 만들어 대중에 이 문제를 알림으로써 많은 사람에게 경종을 울리고자 노력하였다.

1972년에 출간된 이래 이 분야의 고전이 된 로마 클럽의 보고서 「성장의 한계」는 유한한 자원에 대비되는 성장에 대한 인간의 무한한 욕망에 주목함으로써 자원 부족과 지구의 회복 능력 감소로 인한 인간 사회의 지속 불가능성을 경고하였다. 지금 30-40대인 사람들은 아마도 미국의 부통령을 지낸 엘고어가 등장하는 환경 다큐멘터리 영화 "불편한 진실"(An Inconvenient Truth)을 기억할 것이다. 또한 자신의 이름을 딴 재단을 설립하여 환경 운동을 펼치고 있는 배우 레오나르도 디카프리오를 알 것이다. 이처럼 환경 운동에 열심히 참여하는 유명인을 가리켜 에코브리티(eco+celebrity)라고 부른다.

오늘날 친환경에 대한 정보는 그 어느 때보다 다양하다. 산업, 예술, 외교, 교육, 국방에 이르기까지 기후 변화 및 친환경이라는 주제에 관심을 드러내지 않는 분야는 거의 없다. 오죽하면 기업들이 그린워싱(green washing)까지 하면서 환경을 위하는 척이라도 해야 하는 시대가 왔다는 평가도 있다. 하지만 현실을 보면 쓰레기 배출량과 에너지 소비량은 점점 증가하는 반면 탄소 감축을 위한 노력은 매우 미진한 상태다. 인류가 지구에 남기는 생태 발자국은 전혀 줄어들지 않고 있으며, 지구 용량 초과의 날(Earth Overshoot Day)은 점점 짧아지고 있다.[1] 환경 문제는 기술의 획기적인 진보나 탁월한 정치인의 리더십만으로 해결될 수 없지만, 영향력 있는 인물들의 활동이 동반된다면 의미 있는 변화를 기대할 수 있다.

기후 변화를 경고하는 과학자들은 환경 문제의 물질적 원인과 정신적 원인 사이의 상관관계에 주목하면서 환경 문제를 해결하기 위해서는 경제, 정치, 과학뿐만 아니라 도덕적이고 정신적 부분에서도 노력을 기울여야 한다고 주장하기 시작했다. 예를 들어 우리에게 잘 알려진 세이건(C. Sagan), 다이슨(F. Dyson), 굴드(S. J. Gould) 같은 유명 과학자들은 종교계에 환경 문제에 대한 지도자적 역할을 요청하는 공개서한을 보내기도 했는데, 이 서한은 1993년 미국의 주요 종교계 인사들이 모여 종교의 녹색화와 환경 정의를 추구하는 기구(NRPE, National Religious Partnership for the Environment)를 구성하는 데 중요한 역할을 했다.

기후 변화라는 말이 지금처럼 일상적으로 사용되기 시작한 것은 불과 10여 년 전부터다. 이전에도 지구 온난화라는 단어가 있었지만 사람들은 그 개념을 지구가 어느 정도 따뜻해진다는 뜻으로 이해했을 뿐 지구 시스템의 관점에서 기후 변화를 이해하는 경우는 많지 않

---

1 지구 용량 초과의 날(Earth Overshoot Day)은 1970년을 기준으로 지구가 1년간 사용할 수 있는 자원을 모두 사용한 날짜가 언제인지를 보여주는 지표다. 2020년 지구 용량 초과의 날은 8월 22일로 2019년에 7월 29일이었던 것에 비하면 약 한 달이 늦춰졌다. 이는 코로나19의 영향으로 전 세계 산업 활동이 감소하고 인구 이동량이 대폭 줄었기 때문이다. 하지만 2021년에는 다시 7월 29일로 당겨졌다. 관련 자료는 https://www.overshootday.org를 참조하라.

왔다. 예를 들어 지구 온난화로 인해 봄과 가을이 짧아진다거나 강릉에서도 사과 재배가 가능해질 것이라는 등의 예측이 언론을 통해 자주 소개되었지만, 그 배후에서 일어나는 일들에 대해서는 별 관심이 없었다. 그러나 2000년대에 접어들면서 기후 변화로 인한 사건들이 사람들의 일상에 영향을 미치게 됨에 따라 기후 변화는 개인, 가정, 지역, 국가의 차원에서 필수적으로 고려해야 하는 중요한 요소가 되었다. 그런 과정에서 기후가 변하는 속도가 예측보다 빨라지고 이로 인한 피해와 손실이 예상치를 크게 넘어서자, 사람들은 기후 변화를 기후 붕괴, 기후 위기, 기후 비상사태라고 부르기 시작했다.

기후 변화에 대한 우리 국민의 이해도는 꽤 높은 편이다. 미국만 하더라도 인간의 활동이 기후 변화의 원인이라고 생각하지 않는 사람이 매우 많다. 반면 우리나라에서는 인간의 활동이 기후 변화를 야기했다는 과학적 사실을 전면 부인하는 기후 부정론자를 찾아보기 힘들다. 기후 변화에 관한 정치적인 입장과 해결 방식에 대한 의견이 다르더라도 보수나 진보 모두 인간의 활동이 기후 변화를 일으켰다는 사실을 인정하고 있다.[2] 그럼에도 불구하고 우리나라는 여전히 "기후 악당"이라는 불명예스러운 비난을 받고 있으며, 기후 변화와 관련해 일각에서 시도하고 있는 다양한 차원의 노력 역시 의미 있는 전환의 흐름을 만들어내지 못하고 있다.

---

2   "An Awareness about Climate Change," Gallup's annual Environmental poll, accessed Oct 18, 2021. https://www.gallup.co.kr/gallupdb/fileDownload. asp?seqNo=1089&bType=8.

하지만 기후 변화를 늦추기 위한 지구 공학적 해결 방안이 꾸준히 연구되고 있다. 예를 들면 성층권에 탄산칼슘을 살포하여 태양으로부터 오는 에너지를 차단하려는 "성층권 통제 섭동 실험"(stratospheric controlled perturbation experiment)을 비롯해 바다에 황산철을 투입해 광합성을 일으키는 식물 플랑크톤을 증가시킴으로써 탄소 흡수량을 늘리겠다는 연구가 실행되고 있고, 대표적인 온실가스인 이산화탄소의 농도를 낮추기 위한 탄소 포집 저장 활용 기술(CCUS) 등이 지금도 활발히 연구되고 있다.

하지만 이런 지구 공학적 대안이 늘 완벽한 것은 아니다. 이런 종류의 대안에 우려를 표하는 과학자나 환경 단체도 있다. 지구 시스템의 복잡한 구조를 완벽하게 파악하지 못한 상태에서 지구 공학적 대안을 잘못 실행했다가는 예상치 못한 부정적인 효과가 나타날 수도 있으며 위에 제시된 예의 대부분이 기후 변화의 본질적인 해결책이 될 수 없다는 것이 비판의 주요 내용이다. 하지만 기후 변화 해결을 위한 과학적인 접근을 기술 만능주의에 대한 지나친 낙관이라고 폄하하기에는 기후 변화의 진행 속도에 비해 각국 정부의 대응 속도가 너무 느리다. 획기적이고 혁명적인 전환을 요구하는 시민들의 목소리에도 불구하고 정부나 기업 차원에서 추진되는 대안들은 지금의 긴박함을 제대로 반영하지 못하고 있는 것처럼 보인다.

지금의 기후 위기는 적절한 과학 기술이나 정책이 없어서 야기된 것이 아니다. 과학계에서는 기후 변화 추세를 예측하고 이로 인해 인류가 겪게 될 위험을 구체적으로 제시해왔다. 대기 중 탄소 농도 상승이 측정되기 시작한 이래 과학자들은 기후 변화와 이에 따른 다양한 현상(해수면 상승, 해빙, 대기와 해양 순환의 변화, 온난화, 극한 기후 현상 등)이 발생할지 모른다고 경고해왔다. 시민 사회나 몇몇 정당은 강력한 전환을 요구하는 시민운동과 정치 활동을 펼쳐왔지만 이런 움직임들이 일반 대중에게 전달되지 못했고, 그 결과 사람들은 기후 변화가 머나먼 미래의 일이라고 여기고서 큰 관심을 갖지 않았다. 기후 변화보다 긴박하고 중요한 사회 문제들이 많다는 인식도 기후 변화를 우선순위에서 밀어냈다. 기후 변화는 눈에 보이거나 건강에 즉각적으로 문제를 일으키는 환경 문제가 아닌 데다가 다른 사회 현상들과 직간접적으로 중첩되는 성격을 가졌기 때문에, 기후 변화 그 자체가 위험한 것이라는 인식이 공유되기 어려웠던 것이다.

하지만 이제 기후 변화는 그 모습을 드러냈다. UN 기후 변화 협약 당사국 총회(COP)라는 이름으로 세계 각국의 지도자들이 매년 모여 기후 변화에 대한 논의를 진행하는 것을 보면 기후 변화가 국제 정치 무대에서도 중요한 이슈가 되었음을 알 수 있다. 뿐만 아니라 글로벌 대기업들은 ESG(환경 사회 지배 구조), RE100 등을 내세우며 친환경을 경영의 중요한 가치로 삼고 있다. 또한 지난 100여 년간의 기록을 갱신하는 엄청난 규모의 산불, 가뭄, 홍수 등이 세계 각지에서 일어나고 있는데 대부분이 기후 변화로 인한 기상 이변에 속한다. 눈에 보이지 않아 다른 환경 문제에 비해 덜 시급한 것으로 여겨져온 기후 변화가 이제는 기후 붕괴, 기후 위기, 기후 비상 사태 등의 이름으로 사람들의 일상과 일터, 심지어는 심리와 정서에까지 본격적으로 영향을

미치기 시작했다.[3]

지금까지 제시된 예만 봐도 과학의 언어로만 기후 변화를 논하기엔 무언가 부족함이 느껴진다. 실제로 기후 변화는 우리 삶 전체를 관통하는 하이퍼 객체(hyperobject)다. 모튼(Timothy Morton)은 기후 변화와 같이 우리의 시공간에 너무 거대하게 펼쳐져 있어서 쉽게 인식이 되지 않는 것을 일컬어 "하이퍼 객체"라고 표현한다.[4] 하이퍼 객체로서의 기후 변화는 지구 온난화나 탄소 농도 증가와 같은 객관적인 정보와 지식만으로 이해할 수 없다. 우리가 살고 있는 이 세계의 작은 부분부터 거시적인 영역까지 복잡하게 얽혀 있는 전체 관계망을 고려할 때 비로소 기후 변화를 둘러싼 이야기를 이해할 수 있는 눈과 귀가 생긴다.

기후 변화를 이야기할 때 과학뿐만 아니라 가치를 논해야 하는 것이 바로 그런 이유 때문이다. 기후 변화는 더 이상 지구 온난화, 해빙, 해수면 상승, 극한 기후 현상과 같은 자연 현상에 국한되지 않는다. 기후 변화가 이처럼 직접적으로 사람들의 생존, 경제, 보건, 정서 등에 영향을 미치고 있음을 인식하는 사람이 많아지면서, 기후 변화의 사회적·정치적·윤리적 쟁점까지도 주목을 받게 되었다. 2021년 9월에 출판된 팸플릿 형식의 「기후 정의 선언 2021」은 기후의 문제가

---

3 Ashlee Cunsolo, Neville R. Ellis, "Ecological Grief as a Mental Health Response to Climate Change-Related Loss." *Nature Climate Change* 8 (4/2018), 275-81.

4 Timothy Morton, *Hyperobjects: philosophy and ecology after the end of the world*, (Minneapolis, MN: University of Minnesota Press, 2013).

정의의 문제로서 민주주의, 불평등, 생산 정의, 녹색 성장, 기술 관료주의, 에너지 전환, 공공 복지, 순환 경제, 평화-반군사주의 등과 어떻게 밀접하게 연관되어 있는지를 이야기한다. 기독교계에서는 기독교 환경교육센터 "살림"이 국내에서 활동하는 신학자 및 목회자 50인의 목소리를 통해 생태 위기 시대를 살아가는 그리스도인이 함양해야 할 가치 25가지를 발표했다. 여기에는 감사, 겸손, 공생, 희망, 나눔, 창조성, 사랑, 용기, 정의 등이 포함된다. 이와 더불어 최근 먹거리나 쓰레기 등을 소재로 삼아 하이퍼 객체인 기후 변화를 추상적이고 거시적인 담론이 아닌 일상에서 우리가 경험하는 일과 연결지어 묘사함으로써 대중들이 쉽게 인식할 수 있도록 하는 영화, 다큐멘터리, 책이 공개되기도 했다.

1. 환경 정의

그렇다면 기후 변화 및 오늘날의 생태 위기를 어떻게 환경 정의의 관점에서 이야기할 수 있는지를 살펴보자. 기후 정의나 에너지 정의라는 개념은 환경 정의라는 개념에서 파생되었다. 환경사 관점에서는 환경 정의가 미국의 "워렌 카운티(Warren County) 사건"에서 시작되었다고 본다. 이는 인종 차별 반대 운동이 벌어지는 와중에 유해 물질을 유색 인종이 주로 거주하는 지역에 처분하려던 시도가 발각되면서 발생한 사건이다. 이 사건 이후 미국은 환경적 이익뿐만 아니라 위험에 있어서도 모든 사람이 인종, 소득, 문화, 사회 계급과 무관하게 차별받지 않으면서 건강하고 쾌적한 환경을 누릴 권리 그리고 환경법, 규제, 정책 개발, 이행 및 집행에서도 공정한 대우를 받고 의미 있는 참여를 할 권리를 법적으로 보장하게 되었다.[5]

기후 변화와 탄소 배출, 친환경 산업이나 재생 가능 에너지는 정치, 경제, 예술 등 모든 분야의 조명을 받고 있지만 기후 변화나 생태 위기를 정의의 관점에서 다루는 경우는 비교적 드물다. 독일의 사회학자 울리히 벡(Ulrich Beck)은 산업 사회와 과학 기술의 발전이 인간 사회에 진보와 풍요로움을 선사함과 동시에 위험 사회의 출현을 불러왔다고 말한다. 현대 사회에서 위험은 소수가 사적인 이윤을 추구하는 과정에서 발생하지만 결과적으로 공적 부담이 된다는 특징을 지닌다.[6] 하지만 이 위험에 노출되는 정도와 시기는 상대적이다. 물리적으로 멀리 떨어진 지역이나 외부로 위험을 전가할 수단을 가진 사회는 그만큼 위험의 도래를 미룰 수 있지만 그렇지 못한 사회의 구성원들은 자신과 거의 상관없는 것들로 인해 발생하는 위험의 직접적이고도 치명적인 피해자가 될 수 있다. 이것이 바로 기후 변화와 생태 위기가 정의의 문제와 분리될 수 없는 이유다.

예를 들어 우리는 사용하고 버리는 폐기물이 어디로 가는지, 또는 우리가 소비하는 에너지는 어디서 생산되어 어떤 시스템을 통해

---

5   Brendan Coolsaet, *Environmental Justice : Key Issues* (London and New York: Routledge, 2020), 7-15.

6   Ulrich Beck, *Risikogesellschaft : Auf dem Weg in eine andere Moderne*, 홍성태 역. 『위험 사회』(서울: 새물결, 1997).

우리에게 전해지는지를 잘 모른다. 2013년에 음식물 쓰레기의 해양 투기가 금지되자 비로소 음식물 쓰레기 문제가 드러나기 시작했고, 2018년에 중국이 쓰레기 수입을 금지하자 폐플라스틱 처리 문제가 대두되기 시작했다. 그전까지는 다른 나라에 유독 폐기물 처리를 맡기거나 음식물 쓰레기를 바다에 투기하는 형식으로 대응해왔는데, 이제는 그 위험을 우리 땅 어딘가에서 관리하고 처리해야 한다. 위험을 영토 밖으로 내보내는 것이 금지되자 우리 사회의 어딘가에 있는 누군가가 이 위험을 감당해야 하는 현실이 닥친 것이다. 더 이상 위험을 외부화할 수 없게 되면서 우리 사회 안에서 폭탄 돌리기가 시작되었다.

기존 환경 운동이나 환경 보호 캠페인은 자연과 인간의 이분법을 전제하고 있었다. 이들은 도시 문명과 자연을 이분법으로 구분한 뒤 아직 사람의 발길이 닿지 않은 야생의 이미지를 보여주면서 인류가 보호하고 보존해야 할 생명들이 이곳에서 떨어진 "저곳"에 있음을 보여주곤 했다. 기후 변화는 주로 지구 온난화로 대변되었고, 지구 온난화는 빙산의 유실로 인해 어려움을 겪고 있는 북극곰의 모습으로 묘사되었다. 이와 비슷한 서사로는 벌목으로 인해 지구의 허파인 아마존 숲이 사라지고 이로 인해 서식지를 잃고 개체 수가 줄어드는 동식물의 이야기가 있다. 문명과 자연을 구분하면서 자연을 추상화하는 방식의 접근은 필연적으로 자연과 인간을 분리하게 되는데, 이런 식으로 자연을 신비화함으로써 자연에 대한 인간의 책임과 돌봄을 강조하는 환경 보호나 보존 운동은 환경 정의가 드러내고자 하는 권력과 지식, 물질과 힘, 문화나 제도의 네트워크를 상대적으로 간과하게 만든다.

　환경 정의의 문제는 우리 주변에 있는 물질들의 흐름을 세밀하게 관찰할 때 드러난다. 그동안 간과되던 어떤 물질들이 인간, 동식물, 토양, 물, 대기 같은 생태계를 통해 그 특성을 드러낼 때 비로소 문제가 나타나기 시작한다. 우리에게 익숙한 환경 문제들이 주로 공해나 환경 보건 분야에서 건강 문제와 결부되어 제기되는 것을 보면 이를 잘 알 수 있다. 실제로 우리나라의 환경 운동은 공해 추방 운동에서 시작되었다. 온산병, 진폐증, 페놀 유출 사건 등 우리나라에서 대표적인 것으로 꼽히는 환경 문제 관련 사건들은 사람들의 몸을 통해 처음 드러났으며, 최근 주목받는 미세 플라스틱이나 미세 먼지 문제도 이전부터 존재했지만 사람들의 건강 문제와 직결되기 시작하면서 비로소 중요한 사회 이슈로 부각되었다.

2. 기후 정의

2019년 영국을 필두로 기후 비상사태(climate emergency)를 선언하는 국가들이 늘고 있다. 빠르면 2050년을 기점으로 인류의 생존이 불가능한 지역이 많아질 것이라는 전망이 나오자 국가마다 중앙, 지방 정부 단위로 기후 비상사태의 대비책을 마련하기 위해 분주히 움직이기 시작했다. 시민 사회의 움직임은 더욱 다양하고 역동적이다. 환경 정의 운동은 시민들의 참여와 저항을 통해 일어났다는 점에서 풀뿌리 운동의 성격을 지니고 있는데, 기후 정의 운동도 이와 마찬가지로 기후 변화와 관련된 불의와 차별 등에 대한 시민 사회의 의식이 성장하면서 촉발되었다고 볼 수 있다. 미래를 위한 금요일(Friday for Future), 멸종 저항(Extinction Rebellion), 선라이즈 운동(Sunrise Movement), 그레타 툰베리를 통해 촉발된 청소년 기후 행동 등은 기후 정의에 대한 시민들의 관심을 잘 보여준다.

기후 정의 문제는 불의 및 불평등과 긴밀하게 얽혀 있다. 물질적인 차원에서 논의를 시작해보자. 기후 변화를 일으키는 주요 원인은 대기 중 온실가스 농도의 증가다. 우선 온실가스 중 가장 대표적인 이산화탄소의 특성을 알면 기후 정의의 문제를 이해하는 데 도움이 된다. 이산화탄소는 반응성이 약하기 때문에 대기 중으로 배출되면 5-200년 정도 대기에 머문다. 시카고 대학의 데이비드 아처(David Archer) 교수에 따르면 인간이 궁극적으로 1-2조 t의 이산화탄소를 배출할 경우 29%는 천 년이 지나도 대기 중에 남아 있고 14%는 만 년이 넘는 시점까지도 잔류한다.[7] 그리고 대기 중 이산화탄소는 한곳에 머물지 않고 확산된다.

이산화탄소의 긴 수명과 확산성은 두 가지 의미를 지닌다. 먼저 이산화탄소가 사라지지 않고 대기 중에 계속 축적된다는 사실은 온실가스 배출량을 줄여도 단기간에 효과적인 결과를 얻을 수 없다는

---

7   D. Archer, V. Brovkin, "The millennial atmospheric lifetime of anthropogenic CO₂," *Climatic Change* 90 (2008), 283–297.

뜻이 된다. 즉 강력한 정책과 규제를 실행하여 온실가스 배출을 줄인다고 해도, 대기 중 온실가스의 누적량은 당분간 계속 증가할 수밖에 없다는 것이다. 이런 특성으로 인해 국제 사회는 오랫동안 온실가스 배출에 대한 감축 의지를 강하게 표명하지 않았다. 다음으로 이산화탄소의 긴 수명과 확산성은 기후 변화의 가해자와 피해자를 시간적·공간적으로 분리한다. 즉 공간적으로 보면 이산화탄소의 주요 배출국이 기후 변화의 주요 피해자가 되지 않을 수 있고, 오히려 이산화탄소 배출량이 매우 적은 국가나 지역이 기후 변화의 치명적인 피해자가 될 수 있고, 시간적으로 보면 이산화탄소의 긴 수명으로 인해 과거 세대, 현세대, 미래 세대 사이의 불균형이 발생하게 된다. 또한 한 세대 내에서도 생활 수준과 방식에 따라 기후 변화에 대한 기여도가 다르다는 점을 고려해야 한다. 온실가스 배출량이 적은 계층이 오히려 기후 변화 취약 계층일 가능성이 크기 때문이다. 이에 따라 "공동의 그러나 차별화된 책임"(common but differentiated responsibilities)이 국제적인 규범으로 제시되고 있지만 시간적·공간적으로 불균등하게 나타나는 기후 변화의 영향과 이로 인한 가해와 피해 사이의 괴리는 이 원칙의 현실화를 어렵게 만든다.

이처럼 기후 변화로 인한 불균형, 불평등, 부정의는 계층, 세대, 국가 사이에서 발생하며, 이는 이산화탄소가 가진 화학적·물리적 성격과 밀접하게 연결되어 있다. 지역을 중심으로 일어나는 환경 갈등과 달리 기후 위기 문제는 전 지구적인 범위로 발생하며 동시대적인 성격을 띤다. 이는 기후 정의를 논의할 때 중요하게 생각해야 할 점이다.

기후 변화의 가해자와 피해자를 명확히 하고 차별화된 책임을 물으려면 이를 구분할 마땅한 기준이 필요하지만, 모두가 동의하고 수용할 만한 기준을 마련하기는 쉽지 않다. 이산화탄소 배출만 놓고 보더라도 배출 시점을 어떻게 정하느냐에 따라 책임의 정도가 달라진다. 예를 들어 중국은 현재 세계에서 가장 많은 탄소를 배출하고 있으며(전 세계 총 배출량의 27%), 미국은 두 번째로 많은 탄소를 배출하고 있다(전 세계 총 배출량의 11%). 하지만 역사적 배출량을 보면 중국의 배출량은 미국의 절반 수준으로 전체 2위에 해당한다. 역사적 배출 누적량과 현재 배출량 중 어떤 기준을 택하는지에 따라 책임의 차별성이 크게 달라진다. 또한 1인당 배출량을 기준으로 보면 2021년 현재 카타르가 가장 많은 양을 배출하고 있다. 영국 글래스고에서 열린 COP-26에서 영국의 기후 및 에너지 싱크탱크인 엠버(Ember)가 1인당 연간 석탄 발전 온실가스 배출량을 계산하여 발표한 바에 따르면 호주, 한국, 남아프리카, 미국, 중국 순으로 배출량이 많았다.

　　하지만 국경을 기준으로 한 이런 온실가스 배출량 비교는 경계 없이 펼쳐지는 글로벌 경제를 고려할 때 또 다른 비판에 직면한다. 생산과 소비의 관점에서 보면 중국에서 배출하는 온실가스의 상당 부분은 미국이나 유럽으로 수출하기 위한 상품을 제조하는 과정에서 발생한다. 그런데 미국이나 유럽은 수입을 통해 자국의 탄소 배출을 감소시킬 수 있다. 이런 형태로 나타나는 탄소 유출(carbon leakage)을 고려하면 국가별 또는 개인별 탄소 배출량 순위에서 보이지 않던 측면이 드러난다. 이를 통해 책임의 차별화와 "공동의 그러나 차별화된 책임"에 대한 합의가 어려운 근본 이유를 재확인할 수 있다.

사람들은 일반적으로 탄소를 많이 배출한 국가가 더 많은 책임을 져야 한다고 생각한다. 그렇다면 현재 배출량을 기준으로 해야 하는가, 아니면 역사적 책임에 더 비중을 두어야 하는가? 현재 배출량을 기준으로 한다면 중국이나 인도 같은 나라들은 이 규제가 선진국의 탄소 사다리 걷어차기 행위이자 새로운 무역 장벽이라고 비판하면서 책임 있는 행동에 참여하지 않으려고 할 것이다. 반면 역사적 책임을 기준으로 하면 오염자 부담의 원칙에 따라 탄소 배출을 통해 이익을 얻은 이들에게 윤리적 책임을 물을 수는 있지만, 세대 간 관점에서 볼 때 미래 세대에 대한 기후 부정의와 연결되기 때문에 합의를 도출해내기가 쉽지 않다. 시선을 국제 무대에서 한 국가로 옮겨오면 또 다른 문제들이 보이기 시작한다. 한 국가 안에서도 지역, 산업, 계층에 따라 온실가스 배출량이 달라진다. 우리나라도 내부적으로 온실가스 배출에 대한 책임과 역할을 따지게 되면 매우 복잡한 이야기가 펼쳐질 것이다.

인류의 활동으로 인해 과도하게 배출된 이산화탄소의 긴 수명과 확장성이 자본주의 경제 시스템과 세계화 및 인간의 욕망과 어우러져 지금의 기후 위기를 발생시켰다. 기후 위기는 단순히 온실가스의 배출량을 줄여서 해결될 문제가 아니다. 논의의 첫 단계인 누가 얼마나 어떻게 배출량을 줄여야 하는가에서부터 난관에 봉착하기 때문이다. 실제로 기후 위기를 생존의 문제로 체감하는 사람과 일상의 불편 정도로 여기는 사람의 인식 차이는 매우 크다.

기후 위기는 이런 상대성으로 인해 사회적 문제와 직결된다. 기후 위기에 대한 한 집단의 대응 능력과 취약성을 이해하기 위해서는 다음과 같은 사회-공간적 틀을 참고하면 큰 도움이 된다.

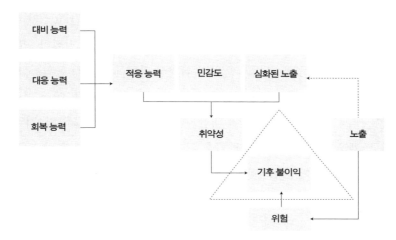

〈그림 1〉 사회-공간적 취약성과 기후 불이익 평가를 위한 개념적 틀
(Conceptual framework for assessing socio-spatial vulnerability and climate disadvantage)

기후 변화로 인한 재난(태풍이나 가뭄과 같은 자연 재해)의 강도나 발생 빈도 외에도, 기후 위기 취약성에 영향을 미치는 여러 가지 요소가 있다. 우선 재난에 대한 대비 능력은 한 사회가 어떤 재난에 대비해 갖추고 있는 지식, 보험, 조직, 인프라 등을 의미하며, 대응 능력은 실제로 재난이 발생했을 때 피해를 최소화하고 적재적소에 자원과 정보를 제공하여 대응할 수 있는 능력을 말한다. 그리고 회복 능력은 재난

이 발생한 이후의 피해 복구와 관련하여 한 사회가 가지고 있는 역량을 뜻한다.[8] 이 요소들은 동일한 규모의 재난이 발생하더라도 사회-공간적 조건에 따라 피해와 복구 정도에서 큰 차이가 나타나는 이유를 잘 보여준다. 재난의 빈도와 강도뿐만 아니라 이런 사회-공간적 요소들이 기후 위기에 대한 취약성을 평가하는 핵심적인 요소가 된다. 이 새로운 프레임은 사회적 불평등이 기후 불평등과 밀접한 연관이 있음을 보여줌으로써, 기후 위기 취약성 담론에 사회적 불평등, 빈곤, 차별, 교육 등의 영역이 포함되어야 한다고 주장한다. 이런 접근법은 구체적으로 기후 위기에 대한 예방의 중요성을 강조하며, 지역, 인구, 계층 등의 요소를 통해 기후 위기 취약성을 분석한 후에 그 결과를 기반으로 기후 위기관리 정책을 수립해야 한다고 말한다.

3. 에너지 정의

화석 에너지 사용은 기후 변화의 가장 큰 원인이자 기후 위기 대응을 위해 선결해야 할 가장 시급한 문제다. 이번에는 기후 위기와 에너지의 관계를 정의의 관점에서 살펴보고자 한다. 에너지 정의라는 개념은 에너지의 생산, 분배, 소비 과정에서 발생하는 편익의 수혜자와 비

---

8   Rachel Brisley et al., *Socially Just Adaptation to Climate Change* (York, UK: Joseph
     Rowntree Foundation, 2012), 10-15; S. Lindley, J. O'Neill, J. Kandeh, N. Lawson,
     R. Christian, M. O'Neill, *Climate Change, Justice and Vulnerability* (York, UK: Joseph
     Rowntree Foundation, 2011), 9.

용의 부담자가 일치하지 않는 데서 발생하는 환경 불평등의 문제를 다룬다. 에너지 정의는 전 지구적으로 볼 때 화석 에너지의 과다한 사용으로 오늘날의 기후 위기가 초래되었다는 문제의식을 기반으로 세계적으로 진행되고 있는 탈석탄 운동과 연결되며, 국내적으로는 탈핵운동 및 에너지와 관련된 여러 환경 갈등과 연관성을 갖는다. 우리나라에서는 일본 후쿠시마 핵 발전소 사고, 밀양 송전탑 설치, 화력 발전소 건설, 미세 먼지 발생 같은 사건 사고를 경험함에 따라 에너지 정의에 대한 관심이 증가하기 시작했다.

대기 중 온실가스의 농도 증가로 인한 기후 변화가 오랫동안 눈에 보이지 않게 진행되다가 어느 순간 다른 현상들과 함께 이변의 모습으로 등장하는 것처럼, 에너지 문제도 처음에는 우리 앞에 그 모습을 분명히 드러내지 않는다. 일상에서 우리가 전기를 사용하는 장면을 상상해보자. 우리는 벽면에 있는 전기 콘센트에 가전제품을 연결하고 작동시킨다. 벽에 있는 스위치를 누르면 불이 켜진다. 내연 자동차는 매연을 내뿜지만 가정에서 전기를 사용할 때는 눈에 보이는 부산물이 발생하지 않는다. 요즘엔 물이 노후된 수도관을 타고 오는 과정에서 불순물이 혼합된다는 사실을 알고 그것을 거른 깨끗한 물을 마시기 위해 정수기를 사용하는 가정이 많다. 그런데 전기에 대해서는 그런 이해를 갖고 있는 사람이 별로 없다. 전기는 눈에 보이지 않다 보니 전기가 어떻게 생산되고 어떤 과정을 거쳐서 각 가정으로 흘러들어 오는지를 인식할 계기가 없었기 때문이다.

그런데 이런 인식에 균열을 일으킨 사건이 생겼다. 첫 번째는 일본 후쿠시마 핵 발전소 사고다. 이 사고가 발생하기 전까지 핵 발전소는 안전하고 깨끗한 에너지의 대명사처럼 홍보되었다. 그런데 지리적으로 근접한 일본에서 이런 사고가 일어난 것을 본 국민들은 핵 발전소에 대한 균형적인 정보를 갖춰야 할 필요성을 인식하게 된다. 그 결과 탈핵 운동이 주목받기 시작했으며 방사능으로부터 안전한 먹거리에 대한 관심이 높아졌다. 이와 더불어 국내 핵 발전소의 잦은 사고 및 이에 대한 은폐 시도, 부실시공과 관리, 비리 사실 등이 밝혀져 국민들의 불안감이 증폭되었다.

밀양 송전 선로를 둘러싼 지역 주민과 한국 전력간의 갈등은 에너지 정의에 대한 인식에 또 하나의 균열을 일으켰다. 송전탑은 많은 양의 전기를 생산지에서 소비지까지 전달하기 위한 시설이다. 우리나라의 핵 발전소와 대형 화력 발전소는 전기의 주 소비지인 대도시에서 멀리 떨어져 있기 때문에, 발전소에서 대도시 인근까지 송전탑이 촘촘하게 설치될 수밖에 없다. 보통 80-100m 규모의 송전탑이 500m 간격으로 산이나 들판, 심지어는 호수 위에까지 세워진다. 문제는 이런 송전탑이 근처 주민들의 피해와 희생을 전제하고 있다는 것이다. 밀양 송전탑 설치로 갈등을 겪던 한 주민이 분신을 하고 죽음에 이르게 된 사건을 통해 송전탑과 관련된 숨겨진 문제가 드러나게 되었다. 국민들은 "도대체 무엇이 한 노인을 죽음으로 몰고 갔는가?"라는 질

문을 던지며 밀양으로 시선을 향했다.[9]

밀양 송전탑 사건은 "전기는 눈물을 타고 흐른다"는 말로 우리에게 알려졌다. 이 사건으로 인해 에너지 정의의 관점에서 에너지 문제를 고민하는 사람들이 늘었고, 이에 따라 각 가정의 전기 콘센트를 시작으로 자신이 사용하는 전기가 어디에서 오는 것인지 추적해보려는 사람들이 생기기 시작했다. 그 경로를 살펴보니 한 끝에 위치한 대도시에서 에너지 소비의 대부분이 이뤄지는 반면 지리적으로 멀리 떨어진 다른 한 끝에서 에너지가 생산되고 있었다. 이 거리를 거쳐 전기를 보내려다 보니 수많은 송전탑이 그 근처에 거주하는 이들의 삶을 파괴하면서까지 설치될 수밖에 없었던 것이었다. 핵 발전소나 송전탑은 인근 주민에게 위험으로 인한 불안감과 경제적인 불이익을 주고 있다. 이처럼 현재의 전력 생산, 분배, 소비 구조 아래서는 핵 발전소나 송전탑 인근 주민들이 손해를 감수해야 하고, 대도시 거주자들은 그런 희생을 대가로 "깨끗하고 저렴한 전기"를 사용하는 것이다.

핵 발전과 관련해서 송전탑만 문제가 되는 것은 아니다. 핵 발전소 자체에도 해결해야 할 문제가 산적해 있다. 가장 시급한 것은 사용 후 핵연료의 처리 문제다. 우리나라의 모든 핵 발전소는 농축 우라늄을 핵연료로 사용하고 있는데 경수로는 1-2년마다, 중수로는 매일 핵

---

9   김우창, 윤순진. "한전의 밀양 765kV 송전탑 건설 갈등 관리 전략으로 인한 이해 관계자 변화와 공동체 붕괴", 「환경사회학연구」 22/1 (2018): 171-208; 이화연, 윤순진. "밀양 고압 송전 선로 건설 갈등에 대한 일간지 보도 분석: 환경 정의 관점에서", 「경제와 사회」 98 (2013): 40-76.

연료봉을 교체해야 한다. 문제는 사용 후 핵연료(고준위 방사성 폐기물)를 최종적으로 처분할 부지와 기술 및 충분한 예산이 준비되어 있지 않다는 것이다. 현재 사용 후 핵연료는 모두 핵 발전소 부지 내에 마련된 시설에 "임시" 저장되어 있다. 현재 운영 중인 저장 시설은 모두 중간 저장 시설 혹은 임시 저장 시설이라 할 수 있는데, 이렇게 된 이유는 최종적인 처분 시설이 없기 때문이다. 최종 처분 시설을 만들기 위해서는 과학적으로 부지를 조사하고 민주적인 절차를 거쳐 부지를 선정하는 과정이 필요하다. 현재 이런 시설을 운영 중인 스웨덴과 핀란드의 경우에는 부지 조사 및 선정을 거쳐 건설을 시작하기까지 약 30년 정도의 시간이 소요되었다. 우리나라는 각 핵 발전소 내 중간 저장 시설의 포화 시점이 다가오고 있지만 아직도 최종 처분 시설에 대한 제대로 된 논의를 시작조차 하지 못하고 있으며, 운영 중인 중간 저장 시설을 개조하여 조밀 저장을 하거나 부지 내에 중간 저장 시설을 증설하는 방식으로 포화 시점을 연장하고 있다. 사용 후 핵연료 중간 저장 시설이 포화되면 더 이상 핵 발전소를 가동할 수 없게 된다.

　사용 후 핵연료 처분과 관련된 또 다른 이슈는 비용과 안전성 문제다. 사용 후 핵연료는 독성이 매우 강하고 반감기가 긴 방사성 물질을 포함하고 있어서 최소 수만 년 이상 안전하게 밀폐되어 있어야 한다. 이 기간은 인류의 기술이 안전을 보장할 수 있는 시간적 범위를 초월한다. 또한 핵 발전소가 가동된 이후 발생한 모든 사용 후 핵연료가 중간 저장 시설에 임시 저장되고 있는데, 이것을 관리하고 처분하는 데 들어가는 비용은 모두 미래 세대의 몫이 된다. 여기에 더해 미래 세대가 추가로 감당해야 할 비용이 있으니 바로 핵 발전소의 운영이 종료된 이후 그것을 해체하는 데 들어가는 비용이다. 일단 우리나라는 아직 핵 발전소를 해체해본 경험이 없기 때문에 현재로서는 정확한 해체 비용을 알 수 없다. 게다가 정부가 산정한 해체 예상 비용조차 그 기준이 명확하지 않아 신뢰성이 떨어진다는 비판을 받고 있다. 전문가들의 예측에 따르면 실제 폐로 비용은 핵 발전소 1기당 1조에 달할 것으로 보인다. 핵 발전소의 설계 수명이 30-40년임을 고려할 때, 2025년 이후부터는 운전이 종료되는 핵 발전소가 증가하게 되고 이 해체 비용도 미래 세대에게 전가될 것이다. 대안으로 원전의 수명을 연장하거나 사용 후 핵연료 중간 저장 시설을 증설하려는 시도가 있지만, 이 역시 미래 세대에게 비용과 위험 부담을 전가한다는 점에서는 별 차이가 없다.

산출 연도(년)	1983	1986	1997	2009	2012	2016	2020
예상 폐로 비용(원)	590억	994억	1,618억	3,251억	6,033억	6,437억	8,129억

〈표 1〉 핵 발전소 해체 예상 비용의 변화

한수원은 핵에너지가 깨끗하고 경제적인 에너지라고 오랫동안 홍보해왔다. 그러나 핵에너지가 깨끗하고 경제적인 에너지가 아니라는 증거가 속속들이 드러남에 따라 화석 에너지와 핵에너지의 향후 전망이 밝지 않다고 판단한 세계적인 투자 회사들은 발 빠르게 대응하고 있다. 하지만 현재의 에너지 생산, 분배, 소비 체계가 가진 문제점을 인식하더라도 이를 바꾸는 것은 쉽지 않다. 다른 소비재와 달리 전기에 관해서는 우리에게 선택지가 없다. 화석 연료나 핵 발전을 통해 공급되는 전기를 거부할 방법은 없다. 에너지 정의의 관점에서 현 에너지 체계가 가진 불평등의 구조를 발견하더라도 당장 변화를 이끌어 내기가 어렵다. 그렇다고 다른 대안을 찾는 노력을 할 필요가 없다는 것이 아니다. 오히려 우리는 불평등과 차별을 가능케 하는 구조적인 문제에 대한 논의의 장을 활성화해야 한다. 공론장에서 목소리를 낼 수 없는 사람들, 죽음으로밖에 자기 목소리를 낼 방법을 찾지 못했던 이들을 대변할 수 있는 구조를 만들어야 한다.

경주 양남면 주민들은 매주 월요일에 월성 핵 발전소 앞에 모여 상여를 끌면서 발전소 반경 1km 안에 거주하는 주민들의 적법한 이주 보상을 요구하는 시위를 진행 중이다. 우리나라는 원자력 안전법 제89조에 따라 원전 주변 거주 제한 지역을 지정하고 있는데 경수로는 700m, 중수로는 914m까지다. 그런데 핵 발전소 인근에 살고 있음에도 불구하고 법이 정하는 914m를 벗어나 거주하는 주민들은 적절한 이주 대책을 보장받지 못한 채로 현 거주지에 계속 머무르거나 재산의 손해를 감수하고라도 스스로 이주를 선택해야 한다. 이들은 소위 핵 발전의 안전 신화를 유지하기 위한 볼모나 인질이 된 셈이다. 2014년 8월부터 현재까지 계속되고 있는 이 시위는 아직도 국민들의

주목을 받지 못하고 있다.[10]

4. 먹거리 정의

먹거리 정의 또는 음식 정의는 먹거리와 연관된 여러 차원의 불평등과 차별의 문제에 주목하면서 빈곤, 복지, 노동 환경 등의 관점에서 논의되어왔다. 그런데 최근 생태 위기가 심각해지면서 먹거리를 둘러싼 생태 담론이 활발해졌다. 여기서는 특별히 기후 변화의 관점에서 본 먹거리 정의에 대해 논의해보도록 하겠다.

지금도 약 8억 2,100만 명 이상의 사람들이 기아로 고통을 받고 있다. 2050년에 이르면 전 세계 인구가 약 90억 명에 달할 것으로 보이지만, 농경지 면적은 약 40년 전부터 15억 ha 선에서 정체되어 있으며 개간 속도에 비해 사막화되는 속도가 더 빠른 상태다. 이런 상황에서 중국과 인도의 육식 인구 증가에 비례해 폭증하는 육류 수요를 충족시키기 위해서는 더 많은 물과 토지와 에너지가 요구된다. 예를들어 돼지고기 1kg을 생산하려면 곡물 3kg이 필요하며, 소고기 1kg을 만들기 위해서는 곡물 7kg과 물 10만 L가 요구된다. 그러다 보니현재 전 세계 토지의 25%가 사료용 경작지로 사용되며, 전 세계 곡물 생산량의 38%가 가축 사료로 공급되고 있다. 이런 현실은 밀림 파괴

---

10   김우창, 윤순진. "그들은 왜 상여를 끄는가 : 월성 원자력발전소 최인접지역 주민들의
      '느린 폭력' 드러내기", 「구술사연구」 12/2(2021): 139-189.

로 인한 서식지 감소와 야생 동물 개체 수 감소의 주요 원인이 되며, 식량 가격 폭등과 식량 주권 불안정을 야기함으로써 국가 간 갈등을 촉발하기도 한다. 또한 전체 온실가스 배출량 중 먹거리 관련 배출이 26%에 달하는데 그중 58%가 동물성 제품을 생산하는 과정에서 발생한다. 구체적으로 소고기와 양고기를 얻는 데 배출되는 온실가스는 동물성 제품의 생산 과정에서 나오는 온실가스의 50%를 차지한다. 심지어 소 한 마리가 배출하는 메탄은 일 년에 100kg에 달하는데, 메탄은 이산화탄소에 비해 21배나 높은 온실 효과를 가진 물질이다. 이처럼 육식의 증가는 온실가스 배출량의 증가와 온실가스 흡수원의 감소에 직접적인 영향을 줌으로써 기후 변화를 촉진하고 있다.

생태 친화적인 방식으로 마련된 먹거리를 찾아 소비하는 것은 시민들이 가장 적극적으로 참여할 수 있는 기후 변화 대응 중 하나다. 우리의 먹고 마시는 일상이 지구 생태계에 큰 영향을 미칠 수 있음을 인식하고 탄소 발자국, 물 발자국, 생태 발자국과 같은 지표를 중시하는 방향으로 소비문화를 바꿀 수 있다. 한국인의 식탁에 오르는 먹거리 대부분은 다른 나라에서 온다. 밀은 미국에서, 소고기는 호주에서, 닭고기는 브라질에서, 갈치는 세네갈에서, 새우는 태국에서, 포도는 칠레에서, 올리브유는 스페인이나 이탈리아에서 주로 수입되며, 연어는 노르웨이에서 항공을 이용해 들어오기도 한다. 조류 독감의 여파로 계란 부족 사태가 일어났을 때 한시적으로 항공을 이용해 미국으로부터 계란을 수입한 일도 있었다. 항공이나 해운을 통해 먹거리를 운반할 때는 운송과 저장 과정에서 많은 에너지가 소모되며 장거리 운송용 포장으로 인한 폐기물이 추가로 발생한다. 따라서 지역 먹거리 이용과 제철 음식 섭취의 강조는 단순히 우리나라의 지역 경제나 건강만을 고려한 것이 아니다. 지구를 생각하는 먹거리 문화를 조성하려는 시도는 에너지 소비, 탄소 배출, 생산자 및 생산지의 생태계까지 고려하는 활동이다. 현재 먹거리 정의를 향한 움직임은 앞서 언급된 관점을 다 포괄한 채로 지속 가능 농업, 유기 농업, 로컬 푸드 운동, 건강한 먹거리 마련 등으로 세분화되어 전 지구적으로 확산되고 있다.

5. 비인간 존재들을 위한 정의

환경 정의, 기후 정의, 먹거리 정의와 관련된 논의는 기후 변화가 진행될수록 드러나는 기후 위기의 새로운 국면을 반영한 결과 점차 다양한 의미를 지니게 되었다. 그런데 이런 상황에서도 여전히 자신의 권리를 주장하지 못하고 정의 담론에서 배제되는 존재가 있다. 환경 정의 담론은 인종, 소득 수준, 지역, 계급 등에 따라 환경적으로 차별받지 않을 권리를 보장해주는 데서 시작되었다. 기후 정의의 개념도 기후 변화에 대한 책임과 행동을 구체화함으로써 기후 위기의 가해자와 피해자 사이의 불평등을 해소하려고 한다. 먹거리 정의도 이와 마찬가지로 모든 사람에게 인종, 계급, 경제력, 정치적 상황에 따라 차별을 받지 않고 먹거리에 접근할 권리를 보장하기 위한 운동으로 시작되어 사회 정의와 생태계 회복을 위한 운동으로까지 발전했다.

하지만 이 운동들은 주로 인간의 활동과 복지에 초점을 맞춘다는 한계를 지닌다. 앞서 기후 정의를 둘러싼 복잡한 문제들이 이산화탄소의 긴 수명과 확장성에서부터 시작되었다고 지적한 것처럼, 우리가 알지 못하고 고려하지 않았던 점들이 가장 큰 변화를 일으키는 요소가 될 수 있다. 사회와 문화에 변수로 작용한다고 여겼던 사소한 것들이 이제는 상수가 되어 우리가 고려해야 할 핵심 요소가 되어버린 것이다. 우리는 당장 미세 먼지나 미세 플라스틱이 우리 몸에 침투하는 것을 막아낼 수 없고 코로나19와 같은 바이러스가 발휘하는 영향에서도 자유로울 수 없다. 기후 변화가 현실이 되면서 어릴 때 만화에서나 보던 암울한 미래의 모습이 우리의 일상이 되었다.

미국의 정치학자 제인 베넷(Jane Bennett)은 우리 주변의 사물들이 가진 힘을 고려해야 한다고 말하면서 "사물에 대한 정치 생태학"(political ecology of things)의 필요성을 주장한다.[11] 이산화탄소, 방사성 물질, 미세 플라스틱, 지렁이, 꿀벌 등은 그 자체로서 우리와 분리되어 존재하는 것처럼 보인다. 하지만 복잡한 연결망 속에서 그들의 존재와 행위에 우리가 적지 않은 영향을 받고 있음이 다양한 연구를 통해 드러나고 있다. 최근에는 지렁이나 꿀벌의 멸종이 인류에 미칠 영향을 상세히 논하는 글들을 어렵지 않게 찾아볼 수 있다. 인간의 문화와는 독립적으로 존재한다고 여겨온 것들이 실은 우리 삶에 직접

---

11 Jane Bennett, *Vibrant Matter: a Political Ecology of Things* (Durham, NC: Duke University Press, 2010), 94-104.

적이고 큰 영향을 미치고 있다는 사실이 드러난 결과다. 사물의 행위 능력을 고려하지 않은 채 인간만을 고려하는 기술, 문화, 정책, 담론은 비인간 존재들의 행위 능력을 간과하기 때문에 결국 전체 세계를 통합적으로 이해하는 데 실패할 가능성이 크다.

사물을 고려하지 않는다는 것은 사물의 행위 능력을 인정하지 않는다는 뜻으로서 이런 기계론적 사고는 인간이 다른 존재들을 파악하고 통제할 수 있다는 확신을 전제로 한다. 문제는 이와 같은 사고 방식이 우리의 과학 기술, 정책, 법, 윤리에 깊이 뿌리내리고 있으므로 비인간 존재들이 법적 권리나 정치적 권리를 부여받지 못한다는 데서 발생한다. 이들의 권리는 오로지 인간의 유용성의 관점에서 평가된다. 그러다 보니 환경을 보호하려고 만든 정책과 규제가 있어도 여러 예외적인 상황이 쉽게 인정을 받게 되고, 그 결과 자연의 권리는 쉽게 무시된다. 같은 맥락에서 4대강, 새만금, 가리왕산 벌목, 제주 해군 기지, 비자림로 벌목 등 환경 영향 평가 제도가 제 기능을 발휘하지 못한 사례를 보면 인간은 항상 예외적인 존재로 인정되고 자연의 권리는 간과되었다. 그러다가 기후 위기를 마주한 시점에 이르러서야 인간의 우월성과 예외성이 파괴하고 간과한 것은 비단 자연만이 아니었음을 뼈저리게 경험하게 되었다.

인간과 자연, 인간과 사물을 구분하고 인간이 모든 것을 이용하고 통제할 수 있다는 기계론적 사고는 우리가 오늘날 마주하는 생태 위기의 근본 원인이 되었다. 이를 극복하기 위해서는 이웃과 주변 사물을 대하는 태도와 가치관을 바꿔야 한다. 나와 아무 관련이 없어 보이는 것조차도 실제로는 나와 깊이 얽혀 있다는 사실을 겸손하게 인정함으로써 환경, 동물, 식물, 대기, 물, 에너지 등 우리를 둘러싼 모든 존재를 둘러보고 배려할 수 있어야 한다. 우리의 눈과 귀가 이들의 언어를 듣고 우리의 마음과 생각이 이들을 향하게 될 때 비로소 생태 위기의 근본 원인을 바꿀 수 있는 실마리를 찾을 수 있다. 정치, 법과 제도, 과학과 예술에 비인간 존재들의 권리와 목소리를 포함하는 것이 그런 전환을 위한 시도의 일부가 될 것이다.

얼마 전 영국 정부는 문어, 오징어, 바닷가재 등을 산 채로 조리하는 것을 금지하는 동물 보호법 개정안을 발표했다. 이는 의회가 동물의 고통에 대한 최근 연구 결과를 인정하고 그들의 고통을 대변한 결과다. 네덜란드는 그보다 앞선 2013년에 금붕어를 홀로 황량한 어항에서 외롭게 키우는 것을 금지하기도 했다.[12] 이처럼 기후 변화라는 하이퍼 객체에 대응하기 위해서는 인간의 작지만 역동적인 실천과 가치관의 변화가 필요하다. 그리고 이런 변화는 우리가 실제로 어떤 존재와 함께 얽혀 살아가고 있는지를 면밀히 살펴보고 그들과 함께 대화하며 공존하는 법을 알아갈 때 비로소 시작될 것이다.

---

12   David R. Boyd, *The Right of Nature* (Toronto, Canada: ECW Press, 2017), 65.

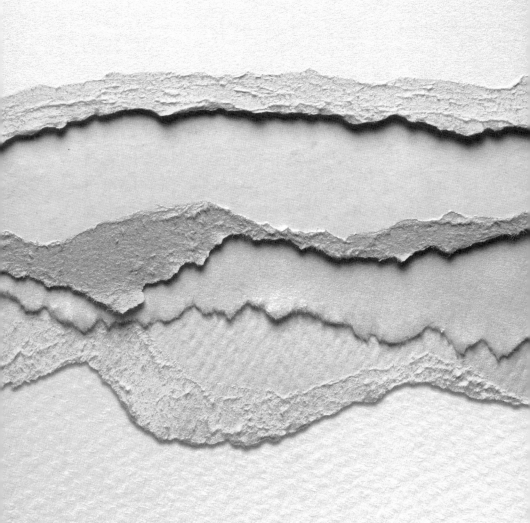

2부

기후 위기 시대의 신학과 신앙

탈성장 시대의 신학과 교회

포스트코로나 시대의 기독교를 생각하며

이정배

1. 들어가는 글

코로나19 바이러스의 전 지구적인 유행이 시작된 이래 변이가 거듭 발생한 상황에서 현재 인류는 4차 대유행을 겪고 있다. 백신조차 뾰족한 답이 될 수 없는 위기 상황에 이른 것이다. 나눠야 할 백신을 독점하면서까지 해방과 자유를 앞서 원한 나라들은 지역별로 고른 백신 접종이 이루어지기 전까지는 누구도 감염에서 자유롭지 못한 현실을 마주하게 되었다. 이제부터는 백신 접종과 바이러스 변종의 발생 중 무엇이 더 빠르게 진행될지를 가늠하기가 어려울듯싶다. 세계 도처에서 발생하는 기후 위기 현상 역시 예사롭지 않다. 북미 대륙과 터키에서 일어난 산불과 폭염, 유럽과 중국에서 발생한 전대미문의 대홍수, 남미 브라질에서 연이어 관측되는 폭설과 한파까지, 지난 두 달간 동시다발적으로 일어난 재해의 양상을 보면 자연 생태계의 역습이라고 말할 수밖에 없으며, 한국도 이 위기에서 자유롭지 못하다.

그러다 보니 이번 코로나 상황은 지구적 차원에서 야기된 기후 붕괴의 전조이자 징조로 받아들여지고 있다.

주지하듯 『총, 균, 쇠』(문학사상사 역간, 1997)의 저자 재러드 다이아몬드는 인류 문명의 마지막이 30년 앞으로 다가왔음을 경고한 바 있다.[1] 그 외에도 2050년이 되면 지구가 사람이 거주 불가능한 상태가 될 것이라고 예측한 학자는 많다. 이 상황에 대한 대안으로 제시되는 탄소 제로 사회는 결코 기술만으로 이룰 수 있는 미래가 아니다. 통합 심리학자 켄 윌버(Ken Wilber)의 생각을 빌리자면 인간의 의식 향상은 물론 사회 토대의 변화가 동반되어야만 만들 수 있는 미래다. 즉 물질 개벽 시대에 정신 개벽도 수반되어야 한다는 뜻이다. 이런 점에서 빌 게이츠는 기후 붕괴의 징조이자 전조인 코로나바이러스를 "문명의 교정자"로 적극 수용할 필요가 있다고 주장했다. 이는 보수 기독교계 일각에서 코로나바이러스를 악마적인 것으로 규정한 것과는 대조적인 행보다.

우리나라를 비롯한 세계 각 나라에서는 기후 붕괴 및 코로나바이러스의 폐해를 경험한 후 재난 지원금에 관한 논의가 진행되었고 더 나아가 기본 소득이 언급되기도 했다. 이것은 지금껏 사람들이 당연하게 여긴 자본주의 체제가 빚어낸 위기와도 맞물린 사안이다. 기본 소득은 자본주의 체제에서 시행되는 복지 차원뿐만 아니라 사회주의 및 생태주의 시각과도 깊은 연관성을 갖는다. 구성원 모두에게

---

1   「한겨레 신문」(2021. 7. 22), 8면.

예외 없이 지불됨을 원칙으로 하는 기본 소득은 붕괴되고 있는 자본주의를 구제할 방책이 될 수도 있다. 이에 더해 기본 소득은 가치론적으로 욕망이 아닌 돌봄을, 경쟁이 아닌 공존을, 소수가 아닌 다수의 생존을 우선시한다. 여기서 소위 "그림자 노동"의 의미도 부각될 수 있다는 점을 고려하면, 기본 소득은 자본주의의 한계를 돌파하려는 총체적 시도라고 감히 말할 수 있을 것이다. 중세의 흑사병이 결과적으로 봉건 질서를 무너트렸듯이 기후 붕괴로 야기된 코로나바이러스가 욕망을 추동하는 자본주의 체제를 교정할 계기가 될지도 모른다. 이런 전환은 한마디로 "탈성장"이라는 담론으로 정리된다. 기후 붕괴와 더불어 성장의 낙수 효과가 미미해진 현실이 이 개념을 낳았다. 이는 역성장과는 다른 것으로서 성장의 질적 측면에 관심을 두고 경쟁보다 공존 및 돌봄의 가치에 무게를 둔 개념이다.

결국 탈성장 담론은 유무형의 공유지, 공유 경제와 직결되는 주제라고 할 수 있다. 공유지를 약탈한 것이 자본주의 역사였다면, 이제는 자연을 비롯한 사회, 문화, 지식의 공유지를 회복하는 일에 탈성장의 사활이 달렸다. 기후 붕괴 현실에서 공유지 탈환과 기본 소득 문제는 동전의 양면을 이루고 있기 때문이다. 이상 기후 현상이 심화됨에 따라 빈부 격차가 더욱 극심해지는 문제는 자본이 약탈해간 공유지의 탈환을 통해 일정 부분 해결될 수 있다. 이는 인간의 존엄성과 생태계의 지속 가능성을 유지하기 위해 반드시 필요한 일이다. 동시에 지구의 한계 내에서 생명체의 온갖 필요와 욕구를 충족시키는 일이기도 하다. 우리는 성경에서 하나님이 "세상 모든 것은 나의 것"(시

24:1)이라고 선포하시고 그것을 자신의 것으로 여기는 인간을 악당이라고 칭하시며 창조 공간에서 추방하셨던(시 104편) 일을 기억할 필요가 있다. 창조주 하나님은 이처럼 모든 생명체의 요구를 충족시키는 사려 깊은 생태학적 경영자셨다. 창조된 세상은 본래 신적 공유지였으며, 하나님은 그 안에 있는 인간뿐만 아니라 모든 생명체를 염려하셨다. 하지만 그것을 사적으로 취한 일이 죄라고 가르친 것이 바로 창세기의 선악과 사건이다. 일체의 생명을 하나님의 것으로 되돌리는 일이야말로 구원의 다른 이름이며, 공유지의 공적 회복과 재생의 필요성과도 연결되는 행위다. 그렇기 때문에 우리는 앞으로 생태주의의 시각을 갖추고 반드시 탈성장의 가치와 공명하는 신학을 추구해야 옳다. 신학이 그렇듯이 교회 또한 성장주의와 결별할 시점이 되었다. 16세기 종교 개혁이 근대 자본주의와 짝을 이루었다면, 기후 붕괴 시대를 경험 중인 21세기 기독교는 소위 "작은 교회" 운동을 통해 두 번째 종교 개혁을 이뤄야 한다. 이 글은 본 기조를 구체적으로 서술하는 것을 목표로 하고 다음 순서로 진행하려 한다. 우선 인간과 자연을 공멸로 이끄는 자본세의 위기를 서술하고, 이어서 인류 및 지구 문명을 위한 탈성장 담론을 공유지 탈환의 차원에서 논할 것이다. 그다음으로는 탈성장과 공명하는 신학의 본질과 내용을 기본 소득과 연관시켜 재구성할 것이며, 최종적으로 "작은 교회" 운동이 지닌 생태적인 실천력을 예시하려고 한다.

2. 자본세를 다시 홀로세로: 우리 문명은 이제 "30년" 남았다

첫 부분의 제목을 위와 같이 써놓고 보니 무슨 묵시록을 집필하는 것 같다. 다가올 미래에 대한 걱정을 가득 안고 이렇게 소주제를 정했으나 마음이 무겁다. 과거에는 묵시록을 쓰는 일이 종교인의 몫이었다면, 현시대의 묵시적인 메시지는 과학자와 생태학자들의 연구에서 나온다. 서론에서 언급한 대로 제러드 다이아몬드는 우리에게 남은 시간이 고작 30년뿐이라는 경고를 전한다. 기후 붕괴로 모두가 다 죽게 될 세상을 치유하고 구원할 수 있는 시간이 빠른 속도로 사라지고 있다. JPIC 대회를 발의한 바이체커(Carl Friedrich von Weizsäcker) 역시 『시간이 촉박하다』(대한기독교서회 역간, 1987)란 저서를 통해 인류 문명의 향방을 각성시킨 적이 있다. 이런 경고가 누적되면 인류는 어느 순간 파멸로 치닫는 티핑 포인트에 이를 수밖에 없다. 다행스럽게도 스웨덴의 어린 소녀 툰베리의 호소가 사람들의 마음을 움직인 덕분에 기후 붕괴의 실상이 인류의 머리에서 가슴으로 옮겨져 논의되고 있다. 그럼에도 불구하고 "2050년 탄소 제로 사회 달성"이라는 G7의 구호가 코로나로 침체된 경제를 위한 미봉책에 밀려 흐지부지될 것 같아 걱정이 깊다.

생태 윤리학자 김준우는 최근 "우리가 죽게 되었습니다: 0.3도 상승에 달린 인류의 운명"이라는 글을 발표했다. 이 종말론적 묵시의 언어로 시작되는 이 글은 기후 붕괴로 장기 비상 상태에 돌입한 지구를 구하기 위해 생태 문명으로 전환해야 한다는 촉구를 전하면서, 전

대미문의 산(상)업 자본주의가 야기한 생명 학살과 지구 학살의 실상을 객관적 통계를 바탕으로 서술한다. 한국은 "경제 성장의 기적"으로 알려져 있지만 동시에 기후 악당 국가라는 오명을 갖고 있다. 1인당 이산화탄소 배출량 세계 2위(2017), 온실가스 배출량 OECD 기준 4위(2016), 지난 10년간 이산화탄소 증가율 세계 2위를 기록하고 있기 때문이다. 참고로 2021년 기준 대기 중 이산화탄소 농도는 419ppm에 달한다. 현재 추세로 볼 때 IPCC가 임계점으로 공표한 지구 온도 1.5도 상승까지는 20-30년밖에 남지 않았다. 한국은 2030년까지 탄소 배출량을 2010년 대비 45% 감축해야 한다는 요청을 받고 있지만, 이 목표가 실현될 수 있을지는 분명하지 않다. 이를 달성하기 위해서는 산업 구조를 급진적으로 전환해야 하는데, 그러려면 정치적 결단과 국민적 합의가 반드시 동반되어야 하기 때문이다. 정치·경제 요직에서 활동하는 그리스도인들의 자기 성찰이 더욱 요구되는 상황이다. 또한 지난 반세기에 걸쳐 창조 신앙마저 자본주의적 축복 욕망에 굴복시킴으로써 이 땅의 기득권을 움켜쥔 대가로 영적 파산에 이르고 기독교 신앙의 정체성을 상실한 그리스도인들의 치열한 반성이 있어야 한다. 2050년까지 탄소 중립에 도달해야 지구 온도 상승을 1.5도에서 멈출 수 있다는 전 지구적 합의에 따르기 위해 해마다 탄소 배출량을 줄여야 하는 시급한 사안을 앞에 둔 우리는 그리스도인으로서 "할 일"과 "하지 말아야 할 일"을 잘 분별해야 한다.

상술한 묵시적 상황은 46억 년의 역사를 지닌 지구가 지질학적으로 신생대 4기 곧 홀로세(Holocene)에 돌입했으나 지구에 가한 못

인간의 흔적 탓에 인류세(Anthropocene)로 변질되었다는 과학적 성찰에 근거한다. 홀로세란 지구의 역사에서 생명체가 존속할 수 있는 최적의 생태계가 갖춰진 상태를 일컫는 개념이다. 조류와 파충류를 거쳐 인간을 포함한 포유류가 출현한 신생대 말기의 끝자락에 홀로세가 출현했다. 인류가 정주하여 농업을 시작한 시점이 대략 2만 년 전쯤이라고 하면, 홀로세는 이 시기와 정확히 중첩된다. 그렇기 때문에 많은 종교가 갖고 있는 저마다의 태초(창조) 이야기도 홀로세를 바탕으로 생긴 것이라고 말할 수 있다. 각자 기원을 두는 지역의 풍토(사막형, 몬순형, 목장형 등)를 반영하여 상이한 형태의 종교가 발생했지만, 이들은 모두 홀로세의 산물이었다. 홀로세의 생태 환경이 없었다면 창세기 첫 장에 기록된 "참 좋았다"라는 하나님의 감탄도 없었을 것이다. 불교의 연기설도 예외일 수 없다. 이처럼 홀로세가 지속되는 가운데 산업 혁명 이래 인간의 과도한 힘이 지구에 가해졌고 그 흔적이 쌓여 파멸 상태에 이르게 되었다는 것이 앞서 언급한 묵시록의 과학적 배경이다. 과도한 비료 사용으로 지질층에 축적된 질소, 미세 플라스틱 층의 형성, 화석 연료의 사용으로 인한 탄소 동위 원소 비율의 변화, 종 다양성의 실종과 방사성 낙진, 콘크리트 쓰레기 등이 인간이 자연에 남긴 지질학적 흔적이다. 현재 지구에는 70억 명이 넘는 사람이 살고 있고 매년 천억 벌 이상의 옷이 생산되는데[2] 그중 상당수가 버려져 미세 플라스틱으로 땅과 바다에 축적된다. 탄소를 저장하고 산소를 내뿜어야 할 나무와 토양이 오히려 이산화탄소를 배출하고 있기도 하다. 이런 생태계의 현실 또한 홀로세를 붕괴시킨 인류세의 단면이자 묵시적 현상이라고 할 수 있다.

이런 현상을 근거로 인류세를 자본세(Capitalocene)라고 불러야 한다는 주장도 나왔다. 이는 인류세의 본질이 자본주의적 욕망과 무관하지 않음을 간파한 시각이다. 그런데 필요가 아닌 이익 추구가 모든 산업의 본질이 된 데는 기독교, 특히 개신교가 큰 역할을 했다. 사람들은 땅을 지배하고 정복하는 것이 하나님의 형상으로서의 인간에게 주어진 축복이라는 가르침에 따라 과학 기술을 정복의 수단으로 삼았으며 이윤 추구(자본주의)를 진보의 열매로 여겼다. 그리고 이 두 가지는 모두 신앙의 다른 이름인 개신교의 소명 의식과 연결되었다. 이를 종합해보면 결국 서구 기독교에서 발생한 자본주의 문명이 자연의 시간을 힘으로 단축하고 변질시켰다고 할 수 있다. 그 문명의 발전 과정에서 이윤을 추구하기 위해 지구 공유지인 값싼 자연(식량, 노동력, 에너지, 원자재 등)을 자본주의가 전유, 약탈한 것이기 때문이다. 국가, 기업, 종교가 한 몸을 이뤄 지구 공유지의 사유화를 위해 신대륙을 개

---

2   옷 한 벌을 만드는데 배출되는 이산화탄소량은 자동차가 11km를 주행할 때 배출하는 양과 비슷하다고 한다. 전체 산업에서 발생한 환경 오염 총량을 보면 의류 산업은 네 번째로 많은 오염물을 배출한다. 장롱 안에 쌓아둔 옷에 대한 생태적인 반성과 각성이 필요한 시점이다.

척하는 과정에서, 자본세는 인류세와 달리 인간/자연을 대립시키지 않고 오히려 자연을 인간의 경제 체제에 편입시켰다. 아예 자연을 인간 체제의 일부로 만든 것이다. 인간은 심지어 자연에 마녀보다 더한 "창녀"의 메타포를 덧씌운 후 마음껏 이용하였다. 여기서 발생한 생태계 파괴와 그에 대한 책임은 인류세의 보편 인간이 아닌 자본가에게 돌려야 마땅하다. 이들은 이윤 확보를 위해 사람뿐만 아니라 자연을 쥐어짜는 능력을 갖고 있었다. 하지만 역설적으로 자본 소득 증가에 따른 소득 불평등의 심화가 체제 위기를 초래함으로써 자본세가 자본주의 자체를 붕괴시키는 지경에 이르렀다. 이런 현상을 바탕으로 자본세라는 명칭이 제시되고 기본 소득에서 더 나아가 기본 자산이라는 개념이 등장하게 되는데, 여기에는 신자유주의 체제에 대한 일종의 경고로서의 사회주의적 시각이 담겨 있다. 이는 인간은 물론 자연 전체를 돌봄의 안전망 속에 포함해야 한다는 철학자 지젝의 견해와 비슷하다. 지젝은 비상 상황에서 공산주의 체제를 도입하자는 주장을 펼치면서 이런 시각에 "전시 공산주의"라는 이름을 붙여 현실에 맞서고자 했다. 자본세는 결국 공유지, 공유 경제의 문제로 귀결될 수밖에 없다. 그동안 공유지 약탈로 기후가 붕괴된 정도에 비례하여 자본이 증식되었기 때문이다. 향후 인류는 자본세의 가속화를 통해 지구 생명을 멸종시키든지, 아니면 홀로세의 복원을 넘어 생태대(生態代)로의 비약을 시도할 수도 있다. 하지만 후자를 선택한다면 단순히 코로나 이전 상태로 복귀하는 것을 목표로 삼기에 앞서, 지금 당장 비상(예외) 상태를 위한 새로운 기준과 표준을 탑재한 시대(new normal)

를 살아내야만 한다. 이것이 바로 자본세 속에서 탄식해온 피조물들이 새로운 인간, 곧 "포스트 휴먼"의 출현을 대망하는 이유다.

3. 뉴 노멀로서의 "탈성장 담론"과 공유지 탈환 및 회복의 길

그럼에도 불구하고 세상은 여전히 돈 되는 일에만 관심을 둔다. 인간의 수명을 200세까지 연장하려는 유전자 조작 실험이 속도를 내는 중이다. "호모 데우스"라는 개념을 내세운 유발 하라리의 주장대로 영생, 불사라는 종교적 주제가 향후 가장 큰 돈벌이 수단이 될 것이기 때문이다. 심지어 우주 여행을 미래 산업의 골자로 여기는 사업가들도 생겼다. 이들은 언젠가 지구가 망가질 것이라고 단정하고 우주에 새로운 공간을 확보하려는 경쟁을 펼치고 있다. 지구 밖의 우주를 개척하는 데 들이는 비용으로 인간의 삶의 공간을 치유하는 것이 도리임에도 이들의 눈에 지구는 이미 효용 가치가 사라진 쓰레기일 뿐이다. 코로나 이후의 디지털 중심 경제, 소위 그린 뉴딜이라 불리는 경제 체제도 여전히 성장을 지향하고 있다는 점에서 우려스럽다. 이대로라면 소유가 존재를 결정 짓는 상황이 쉽사리 바뀔 것 같지 않다. 가히 정언 명령이 되어버린 2050년 탄소 제로 사회도 시작부터 난항에 빠졌다. EU 내부에서는 관세율을 놓고 첨예한 대립이 지속되고 있으며, 한국에서도 대통령 직속의 탄소 중립 위원회를 설치하였으나 정작 시민 및 환경 단체를 배제하고 있다. 지금 같은 상황에서는 각국 정부가 빠른 대응에 나서야 한다. 바이러스로 인해 수천만 명의 희생자가 발생하는 광경을 보고도 여전히 과거와의 단절을 꾀할 수 없다면 인류에게 미래는 없다. 대한민국에서 성장이라는 말은 빛 좋은 개살구와 같았다. 성장을 추구할수록 아래로 퍼져간다는 낙수 효과는 실제로 거의 발견되지 않았으며 법인을 대표하는 재벌의 부만 더 많이 늘었다. 빈익빈 부익부, 급기야 99 대 1의 사회에 도달한 것이다. 이런 시점에서 코로나 이후 우리가 맞이할 기후 붕괴 시대에 필요한 "뉴 노멀"에 합당한 "탈성장"이라는 개념이 제안된 것은 조금 늦은 감이 있지만 당연한 일이다. "공생 공빈"이라는 말이 있듯이 성장의 트랙에서 내려와야 인류의 미래가 가능하기 때문이다. "탈"이라는 수식어가 불안감을 줄 수도 있다. 하지만 "탈성장"은 "역성장"과 다른 뜻을 내포하고 있음을 이하 내용에서 서술하겠다.

자본주의 체제는 자연뿐만 아니라 인간을 물질이자 노동력으로 이해했다. 그 체제 아래서 자연은 자원이고 인간은 생산력이었을 뿐이다. 급기야 노동에 정규직, 비정규직, 시간제의 구분이 생겼고 가정을 지켜야 할 어머니들마저 일터로 내몰렸다. 성장을 위해서라는 이유로 자연과 인간이 모두 돌봄의 가치에서 분리되었다. 그리고 이제는 그 결과로 돌봄의 위기가 확산되고 있다. 기후 붕괴 현실이 도래하면서 가정이 파괴되고 노동자들의 사고사가 빈번해졌다. 지금껏 자연과 인간을 위한 돌봄은 주로 농민과 여성이 담당해왔으며, 이들이 제공하는 노동은 자본과 무관하게 희생이 필요한 일로서 종종 그림자 노동이라고 일컬어진다. 그런데 코로나 위기를 겪으면서 다름 아닌 의료인들로 인해 돌봄의 중요성이 새삼 각인되었다. 돈으로 계산될 수 없었던 돌봄의 가치가 다시 이런 평가를 받게 된 것은 탈성장과 맥을 같이한다. 자연과 인간 본연의 가치를 되살리는 공생의 지혜를 되살리는 것이야말로 지속 가능한 성장이라는 점을 "탈성장" 개념이 적시하고 있다. 이런 "탈성장"은 성장 만능주의는 물론 역성장과도 크게 다르다. 또한 성장 중심주의나 소비주의적인 시각과도 다른 관점을 지닌다. 탈성장은 지구 자원을 개발하는 속도를 늦추고 최소한의 물질과 에너지로 살면서 인간과 자연 생태계에 해를 덜 끼치는 생산 양식을 지향한다. 따라서 가치로서의 탈성장은 삶의 양식을 바꾸려는 의지를 통해서만 이룰 수 있다. 우리는 기존 체제를 지속하면 자연과 인간의 재생산이 불가능하다는 사실을 인식해야 한다. 자연과의 공존 의식 강화, 돌봄이 지닌 가치에 대한 정당한 평가, 사회적인 연대망의 확충이 있어야 생명 재생산의 위기를 돌파할 수 있다. 이와 더불어 자연이 회복되고 세상이 정의롭게 되려면 무엇보다도 산업 구조 자체를 개편하고 최소한의 삶의 질을 위한 기본 소득을 보장해야 한다. 많은 사람들이 익히 알고 있듯이 국내 이산화탄소 발생량의 40%를 배출하는 화력 발전소와 제철소는 더 이상 유지되기 어렵다. 산업 구조 전환으로 인해 일자리를 잃게 될 노동자들을 위해서라도 기본 소득이 보장되어야 마땅하다. 기본 복지 제도의 틀에서는 감당키 어려운 난제겠으나 돌봄 가치 강화의 차원에서 기본 소득을 실현한다면 능히 돌파할 수 있는 문제다. 이를 위해 구체적으로 누진 세율 적용을 비롯한 세금 체제의 개혁을 실행하고, 그 핵심에 있는 공유지 회복과 공유 경제 활성화를 잘 추진하는 것이 중요하다. 기존의 소득세만으로는 2050년 탄소 제로 사회 창출에 드는 비용을 감당할 수 없다. 오염과 불평등에 대한 (누진) 과세는 물론 그간 자본이 독점했던 모두의 것과 자연 공유지에 대한 과세가 필요한 시점에 이르렀다. 페이스북, 구글과 같은 글로벌 IT 플랫폼 기업들의 등장으로 인해 공유지 개념이 확장된 것도 유념할 일이다. 긴 세월에 걸쳐 만들어진 정보를 독점하는 것은 자연을 독점한 것과 다르지 않기 때문이다. 이렇듯 공유지 회복과 기본 소득 지급은 자연 생태계를 지킬 수 있는 "탈성장"의 핵심 내용이다. 새로운 공유 시대, 공유지 기반 사회라는 아이디어를 근간으로 하는 공유 경제를 통해 2050년의 미래를 앞당기는 것은 정치가들에게 주어진 일이다.

무엇보다 자연 생태계를 공유지로 인식하는 것이 중요하다. 공유지로서의 자연은 자원으로서의 자연과 다를 것이다. 생명 재생산을 목적으로 두고 있는 공유지로서의 자연은 결코 사적 이윤 추구의 대상이 되어선 안 된다. 누구나 소유할 수 있는 공유지는 인간이 갖는 소속감의 근원으로서 그것 없이 살 수 없는 은총의 성격을 지녔기 때문에 반시장적일 수밖에 없다. 이런 특성을 기반으로 공유지에 대한 종교적·신학적 성찰을 할 수 있다. "최상의 것을 거저 얻었다"는 것이 은총의 감각인 탓이다. 애시당초 공유지에 거주하던 사람들은 그곳에서 생계의 권리를 확보해왔다. 그들은 그곳에서 소를 먹여 키우고 땔감을 얻으면서 먹거리를 구했다. 그런데 근대 자본주의 체제는 이런 공유지에 울타리를 치고 그곳에 거주하던 공유자들의 생계권을 소멸시켰다. 공유지를 잃은 사람들에게 남은 생계 수단은 사적 노동

뿐이었다. 공유지를 내주는 대신 노동이 권리가 된 것이다. 하지만 공유지의 탈취는 노동 가치의 소멸로 이어졌고 사회적 불평등을 초래했으며, 급기야는 자연 공유지와 생태계를 파괴했다. 공유지는 본래 공유자의 승인과 적절한 보상 없이는 가져갈 수 없는 것이었다. 하지만 실제로 인류의 역사를 돌아보면 그 자체가 공유지 약탈의 역사였다. 땅은 물론 바다, 하늘, 동식물의 유전자, 주파수에서 더 나아가 정보까지 수탈의 대상이 되었다. 공유지의 상업화와 식민화는 발전과 진보의 이름 아래 묶인된 슬픈 야만의 역사였다. 이렇게 오랜 기간 지속된 공유지의 상실은 생명 재생산과 지속 가능성의 상실이라는 결과로 드러났다. 동시에 공유지의 축소(약탈)는 더 이상 성장의 발판으로 기능할 수 없게 되었다. 이는 탐욕스런 경제 체제가 모두에게 넉넉하며 누구에게나 무상인 공유지를 소수를 위해 희소화한 결과였다. 즉 경제가 고안한 희소성이 자본주의적 부의 원천이었다. 이처럼 공유지를 희소성이 강조되는 상품으로 전환시키는 전 과정을 일컬어 탈공유화(de-commoning)의 비극이라고 한다. 그런데 최근 들어 소위 "계획적 진부화"[3]가 공유지 약탈의 비극을 더욱 가속화하고 있어 매우 걱정스럽다.

　그렇다면 어떻게 공유지를 살려낼 수 있을까? 이는 기후 붕괴 위

3　상품 속에 일정 기한 사용할 수 있는 장치를 설정하여 장기적인 사용을 원천 차단하는 것을 뜻한다. 이는 상품 재생산을 최고 가치이자 목표로 삼고 이를 달성하기 위해 멀쩡한 물건을 버리도록 강요하며 새 상품을 강매하는 자본주의 체제의 생존 전략이다.

기에 처한 지구를 치유하고, 산업 체제 개편으로 노동의 권리마저 빼앗길 노동자들을 보호하기 위한 절실한 물음이다. 공유지를 확보하고 재생산하는 것은 "탈성장"이 근본적으로 지향하는 바로서, 그 일을 실행하기 위해서는 공유지에 대한 정부 차원의 민주적 거버넌스는 물론 공유지에 대한 시민들의 관심과 기억이 필요하다. 공유지를 위한 보편적인 연대 또한 필수적이다. 공유지는 공유 경제의 토대로서 유지·존속·재생산되어야 할 공간이다. 이에 대한 근거로 가이 스탠딩(Guy Standing)의 저서 『공유지의 약탈』(창비 역간, 2021)에 실린 "공유지 헌장" 전문을 요약하여 서술해보겠다. "공유지는 집단 유산이자 공동의 부로서 기후 회복과 불평등의 감소를 위해 반드시 재생산되어야 한다. 또한 미래 세대와의 형평성을 맞추기 위해서라도 공유지의 사사화를 금해야 하며 그것이 희소성을 지닌 상품으로 변질되는 것을 막아야 한다. 공유지의 지속 가능성을 확보하려면 민주적인 거버넌스의 관리·감시가 우리의 일상이 되어야 한다. GDP 성장이 아닌 '공동의 부'를 창출하기 위해서 말이다."

이렇듯 "탈성장"의 실상이자 핵심인 공유 경제는 공유지에 대한 위와 같은 이해를 근간으로 삼고 기본 소득 개념을 발생시켰다. 기본 소득은 과거의 생계권에 상응하는, 일종의 공유지 배당금인 셈이다. 한국에서는 2022년에 치러질 대선을 앞두고 이에 대한 정책 논쟁이 시작되었다. 자연의 유지와 존속에 일역을 담당하는 농업인들에 대한 기본 소득에서부터 미래 주역인 청년 세대와 소상공인들을 대상으로 하는 기본 소득 논의가 활발해졌다. 소득 하위 88%에 해당되는 사람들을 위한 재난 기본 소득도 논란 끝에 시행을 앞두고 있다. 앞서 언급했듯이 사회주의 성격을 띤—무조건성, 보편성, 충분성, 현금성, 무한성을 본질로 하는—기본 소득은 자본주의의 존속을 위해서라도 향후 더욱 뜨겁게 논의될 것이다. 문제는 기본 소득 제도를 자본주의 체제하의 복지 국가에 대한 부정으로 보는 시각이다. 이와 더불어 기본 소득의 다섯 가지 조건을 실현시킬 재원이 불확실하다는 점이 문제로 지적된다. 기본 소득 자체가 노동 의지를 퇴화시킬 것이라는 우려도 깊다. 물론 고비용 때문에 당장 모든 이해관계자를 만족시키기는 어려울 수도 있다. 하지만 공유지나 공유하는 부에 대한 공동 배당은 돌봄을 잊고 경쟁만 남은, 성장만 있고 성숙을 망각한 자본주의(신자유주의) 체제의 출구가 될 것이 명확하다. 사유화되었던 공유지가 공적으로 회복됨으로써[4] 노동 가치가 재평가되고 생태 환경도 다시 건강해질 수 있기 때문이다. 여기서 공유지에 대한 공동 소유 감각, 즉 개인은 물론 시장, 국가가 공유지를 독점할 수 없다는 자각이야말로 복지 제도와 변별된 기본 소득의 핵심 철학이 된다. 이런 공동 소유 감각은 미래 세대에게 자연의 기본 가치를 지켜낼 수 있는 동력을 제공할 것이다.

---

4   앞서 말했듯이 공유지 개념은 지속적으로 확장되었다. 본 글에서는 주로 자연 생태계로 한정했지만 사회, 문화, 지식, 정보 등의 영역도 공유지에 속한다. 특정한 어느 누가 만든 것이 아니라는 점에서 그런 것들도 공유지라 일컫는다. 여기서 공유지 배당이라 할 때는 이 모든 공유지가 해당되어야 할 것이다.

4. 탈성장의 신학적 토대: 공유지 회복을 위한 신학적 모색

이처럼 "탈성장"이 시대의 정언 명령이 되자 이를 뒷받침하는 공유지, 공유 경제, 공유 감각, 기본 소득 등의 새 개념들이 부각되었다. 이렇게 된 까닭은 자본주의가 직면한 성장 위기가 곧 돌봄 가치의 위기였기 때문이었다. 세계 각국은 코로나로 인한 경제적 어려움의 해결을 위한 방편으로 거듭 양적 완화 정책을 실행하였으나, 이를 통해 과잉된 화폐량으로 인해 인플레이션과 빈부 격차가 심화되면서 자본주의의 한계가 더 명백히 드러나게 되었다. 이를 디지털 자본주의로의 이행 과정으로 판단하는 경제학자도 있지만, 근본적으로는 자본주의의 위기로 보는 시각이 더 정확할 것이다. 앞으로의 신학 역시 이런 배경을 바탕으로 자기 고유의 언어로 "탈성장"의 가치를 지지하고 공유지 개념에 내포된 신학적 의미를 찾는 일에 일조해야 할 것이다. 경쟁이 아닌 "돌봄", 성장이 아닌 "성숙", 진보나 발전이 아닌 "공감"이 지닌 가치가 성경의 본뜻에 더욱 근접하기 때문이다.

기독교 창조 신앙의 핵심은 노아의 홍수 사건을 통해 잘 드러난다. 창조의 뜻을 멸망 가운데서 찾는 것이 역설적으로 보일 수도 있지만 놀랍게도 홍수 사건 속에 창조의 본뜻이 담겨 있다. 우리가 기후 붕괴의 전조로서 등장한 팬데믹 상황을 일종의 위기이자 묵시적 현실로서 수용할 때 창조 신앙의 본질을 제대로 파악할 수 있다. 창조 신앙은 단지 창조의 기원에 대한 설명에 머물지 않기 때문이다. 홍수 사건은 하나님이 보시기에 좋았던 세상이라 할지라도 인류의 잘못으로 인해 언제든 부정될 수 있음을 보여줌으로써, 창조세계를 당연하게 유지되고 존속되는 것으로 여기는 우리의 생각이 옳지 않음을 알려준다. 성경은 그 원인을 "놋"이라는 땅에서 도시 문화를 일구고 살던 가인의 후예들이 보여준 삶의 모습에서 찾았다. "놋"은 신자유주의적 자본주의가 판치는 오늘날의 세상과 비슷한 곳이었을 가능성이 크다. 노아는 당시 그곳에 닥칠 위기의 전조를 자각한 사람으로서, 우리 시대의 과학자와 시대적인 감수성을 지닌 존재에 비견된다. 그는 자신이 위태로운 시대를 살고 있음을 직각했기 때문에 조롱을 무릅쓰고 방주를 준비할 수 있었다. 이는 오늘날의 과학자들이 2050년 탄소 제로 사회의 당위성을 주장하는 것과 흡사한 행동이다. 당시 모든 생명체를 한 쌍씩 수용할 만한 크기로 방주를 짓는 일은 쉽지 않았을 것이다. 이는 물론 신화적인 언술이지만 그 안에는 유/무해를 떠나 온갖 피조물이 하나님께 속해 있다는 뜻이 포함되어 있다. 이 의미를 간파한 한 생태학자는 "백만 명의 노아, 백만 척의 방주"라는 미래를 위한 슬로건을 제시하기도 했다. 노아의 감수성을 가지고 미래를 함께 준비하자는 차원이다. 이런 정신을 반영하여 노아의 "방주"가 탄소 제로 사회의 상징으로 사용되었으면 좋겠다. 홍수 사건에서 중요한 것은 노아와 더불어 시작된 홍수 이후의 삶이다. 사건 이후 하나님은 사람들 눈에서 억울한 눈물을 흘리게 하지 말고 동물을 피째 먹지 말라(창 9:1-7)고 명령하셨다. 전자는 사람들 간의 형평성과 정의의 감각을, 후자는 자연과의 형평성을 뜻한다. 이런 금지와 한계를 알려주시면서 이 약속이 지켜질 때 세상은 첫 창조 때보다 더 살 만한 세상이 될 것이라고 축복하셨다. 창세기 저자는 이런 삶이 지속되기를 바라는 뜻에서 노아를 가인이 아닌 "셋"의 후손이라고 칭한 것이다. 이전의 화려한 도시 문화를 접고 포도나무를 심었다는 말에도 깊은 뜻이 담겨 있다. 이것은 소박하지만 도시 문화와는 다른 일종의 "전환사회"를 만들었다는 방증으로서, 오늘날 "탈성장" 담론에 근거한 산업 체제 재편이 시대적인 과제가 된 것과도 비교할 수 있겠다. 이렇듯 새로운 세상을 위해 하나님께서 노아와 맺은 언약에 담긴 핵심을 기억하고 두 가지 근본적 한계 속에서 삶을 잘 이어가는 것이 기독교 창조 신앙의 핵심이다.

우리는 이런 관점으로 창세기와 예수님의 사역과 신약성경을 독해할 수도 있다. "땅을 지배하라"(dominium terrae)는 것은 하나님의 형상(imago Dei)을 지닌 인간에게 주어진 명령이자 축복인데, 본래는 짐승들과 서식지를 달리하면서 먹거리를 구하라는 뜻이다. 여기에는 같은 공간(땅)에 공존하는 두 생명체(인간/짐승) 사이의 갈등을 피하게끔 하려는 의도가 숨어 있었다. 또한 "하나님의 형상"은 인간에게 주어진 정적 속성이 아니라 신이 피조물에게 은총의 행위를 베푸는 것처럼 살라는 동적 차원의 명령이다. 우리는 이런 점을 되새겨봄으로써 코로나바이러스로 인한 팬데믹 상황이 자연의 서식지를 인간이 함부로 빼앗은 결과임을 깨달아야 한다. 선악과 사건도 기존의 해석과 다른 관점으로 살펴볼 수 있다. 그 이야기에는 (개인의) 죄에 방점을 둔 구원사적 차원을 넘어서는 보편(사회) 우주사적 차원이 포함되어 있다. 선악과 사건은 시편 24편의 표현처럼 세상 만물이 모두 하나님의 것이라고 말한다. 하나님의 것을 인간이 사적으로 취하는 행위가 죄에 해당하는 반면, 그것을 공적인 것으로 되돌리는 일은 구원이다. 하나님은 피조물 일체를 염려하는 "생태학적 경영자"로서 공적인 것을 사유화하는 인간을 "악당"이라 칭하시며 그분의 정원에서 추방하셨다(시 104편). 공의를 해치고 생명을 망가뜨리는 존재가 곧 죄인이자 악당이며 노아의 계약에 반하는 자임을 천명한 것이다. 역사적 사실이 아닐 수도 있겠으나 희년 사상 역시 같은 맥락에서 독해될 수 있다. 젖과 꿀이 흐르는 가나안 땅에서 평등하게 시작했으나 50년도 채 지나지 않아 땅을 잃고 노예가 된 사람들이 생겼고, 황폐해진 자연도 더 이상 인간에게 먹을 것을 내어놓지 않게 되었다. 선악과 사건이 역사 속에서 거듭 재현된 것이다. 여기서 신적 폭력성이 발생했다. 모든 것을 처음으로 되돌리라는 희년 명령이 주어짐으로써 상전도 노예도 없으며 땅도 쉼을 얻는 공유지의 탈환과 회복을 이루라고 하신 것이다.

노아와의 계약 이후 하나님은 이런 삶을 기대하셨다. 하지만 이스라엘 역사는 이런 하나님의 명령을 따르는 사람들과 그것을 배신하는 사람들 사이의 갈등과 투쟁으로 점철되었으며, 후자가 항상 대세로 드러났다. 급기야 하나님은 희년 정신을 복원하시기 위해 예수에게 핍박받는 운명을 부과하셨으며, 그를 세상에 내보내셔서 하나님 나라를 선포하도록 하셨다. 굽고 휘어진 세상을 처음처럼 회복시키고자 함이었다. 이런 예수의 구원 선포야말로 진정한 "뉴 노멀"이라 할 수 있다. 하지만 인습화된 세상은 그의 구원 선포를 거부했다. 그런 반발은 예수와 동년배 아이들 수만 명을 학살하는 것에서 시작되었고 급기야 예수의 십자가 처형으로 이어졌다. 그럼에도 불구하고 예수가 품었던 뜻은 바울로 고스란히 이어졌다. 바울은 로마서 8장을 통해 이 뜻을 분명히 드러낸다. 그는 하나님의 온갖 피조물들이 고통당하고 신음하는 세상을 직시한 끝에 죽은 예수의 뜻을 다시 살려낸 것이다. 임산부가 해산의 고통을 감내하는 것처럼 생사의 갈림길에 놓인 사람과 자연 모두 그 고통으로부터 해방되기만을 기다린다는 것이 바울의 현실 이해였다. 우리는 이 지점에서 하나님 나라와 통약 불가능한 로마 제국의 지배 체제를 상상하면 좋을 것이다. 이에 대한 해결책은 오롯이 그리스도 안의 존재(*Sein in Christo*)가 되는 것뿐이었다. 바울은 그리스도인이라면 신음하는 피조물들이 원하고 바라는 방식으로 삶을 전환시키는 존재 양식의 변화를 꾀해야 한다고 생각했다. 기후 붕괴의 위기를 앞둔 우리도 이를 본받아 피조물들에게 희망을 주는 존재 양식을 찾기 위해 교회가 할 일을 생각하고 이를 위한 이상적인 교회의 모습을 그려내야 한다. 필자가 성서에서 "탈성장" 담론과 공유지(공유 경제) 개념을 찾고 생태 해방의 길을 제시한 것도 이런 이유에서다.

이를 위해 필자는 개신교 신학의 원리 중 "세 가지의 오직(only) 교리"를 달리 해석해보려고 한다. 개신교 신학의 세 가지 "오직" 원리, 즉 오직 믿음, 오직 은총, 오직 성경이라는 원리가 오남용되어왔다고 생각하기 때문이다. 모두가 주지하듯 개신교 신학은 자본주의를 탄생시키는 데 큰 동력이 되었을 뿐만 아니라 자본주의적 욕망에 면죄부를 주고 자본 축적을 종교적 축복과 등가로 여김으로써 사회 전반의 자본주의적 인식을 강화하는 데 중요한 역할을 했다. 이런 이유로 "오직 믿음"을 내세우는 개신교가 중세기 가톨릭교회의 면죄부보다 더 타락한 것이 아니냐는 비판도 있다. 실제로 공유지를 사사화시킨 자본주의에 편승한 개신교 신학과 개인화된 교회가 현실을 더욱 묵시적으로 변화시키는 데 일조했을지도 모른다.

본래 "오직 믿음"은 교회의 "전통"(객관성) 대신 인간의 "주체성"과 연루된 것으로서 근대성이 잉태한 산물이었다. 하지만 이것이 이성, 의지, 법, 문화, 종교 등 일체를 부정하는 배타성을 갖고 있었기 때문에 세상과 소통할 힘을 잃었다. 여기서 필자는 "오직 믿음"을 자본주의로부터 탈주하는 행동 양식으로 재정의할 것이다. 바울이 "그리스도 안의 존재"를 노예 제도와 가부장제를 당연하게 여긴 로마 제국의 가치 체계와의 결별로 여겼듯이 말이다. 믿음은 하나님(나라)에 대한 예수의 신실한 열정을 따르는 일로서 율법에 반하는 개념일 수 없다. 이 교리는 유대인과 반목했던 개혁자 루터 자신의 시대적인 경험에서 비롯된 것이다. 신학이 자본주의 에토스가 되고 교회의 존재 양식 자체가 자본의 체제 안에 있는 상태에서 창조 신앙을 좇을 수는 없다. 따라서 "오직 믿음"은 일차적으로 자본주의로부터의 일탈을 꿈꾸는 "고독"이라고 해석되어도 좋겠다. 이 경우에 고독은 닫힌 경험인 "외로움"(loneliness)과 달리 온 세상과 교감하는 감정(loneness)이리라.

이와 더불어 개신교 신학은 "오직 은총" 역시 인간의 자유의지와 반대되는 개념으로 한정시켜 사용해왔고, 농익은 자본주의 체제는 이것을 자본주의적 성장 및 번영과 동일하게 취급했다. 이는 자본주의와 진보 사관이 기독교와 궤를 같이한 결과였다. 본래 은총은 "최상의 것을 공짜로 받았다"는 고백일 것이다. 그런데 그간 기독교는 은총의 색깔을 적색과 녹색으로 구분했다. 가톨릭교회는 양자를 "유비"(존재 유비)로 보면서 차등한 반면 개신교 신학은 두 가지를 분리(신앙 유비)시켜 부정했다. 적색은 그리스도가 주는 은총을 일컫는 것이고 녹색은 자연이 주는 것이리라. 하지만 이들 두 판단 역시 재고되어야 옳다. 하나님 나라를 통해 세상에 "뉴 노멀"을 선포했던 예수, 그것 없이는 도무지 삶을 유지할 수 없는 공유지로서의 자연, 이 두 가지는 모두 절대적인 은총의 영역일 수밖에 없다. 이런 자연을 훼손하고 예수가 전한 "뉴 노멀"을 거부하고 핍박하면서 "오직 은총"을 말하고 있으니 기막힌 일이라 하겠다. 자연을 부정하는 것은 그 자체로 예수를 부정하는 일과 같다. 예수를 못 박는 행위는 지구를 십자가에 매다는 행위와 다르지 않다. 따라서 "은총"은 예수의 삶 자체이자 자연 공유지에 대한 눈뜸이 된다. 덧붙이면 "은총"은 은총의 감각을 빼앗는 자본주의 체제와 자본화된 기독교에 대한 저항을 내포한다.

끝으로 "오직 성경"에 대한 재해석이 필요하다. 성경은 문자화된 계시의 집적물이다. 믿음의 눈, 의심의 눈과 함께 자기 발견의 눈이 작동할 때 성경은 비로소 숨긴 뜻을 계시한다. 사람들은 보통 성경이 이스라엘 민족의 역사책이자 교회를 위한 구속사의 경전이라고 생각한다. 그러나 성경은 땅 위에서 이룰 하나님 나라의 비전을 가르쳐주는 책으로서 그 이상의 의미를 지녔다. 사람들은 시대마다 "뉴 노멀"을 선포하면서 그에 따라 세상을 달리 만들어가고자 한다. 지금 우리에게 "뉴 노멀"로 주어진 하나님 나라는 기후 붕괴 시대에 보편적인 개념이 될 수밖에 없다. 이 안에 사회 정의는 물론 생태 정의와 기후 정의 및 세대 간 정의가 담보되어 있기 때문이다. 이 땅에서 이뤄져야 할 하나님 나라에서는 응당 이웃 종교와의 공존 및 협력이 이루어져야 한다. 기독교를 비롯한 다른 종교들이 지닌 미래상이 함께 작동할 시점에 이른 것이다. 우리는 기후 붕괴로 위한 위기를 타개하기 위해 탄소 제로 사회를 현실로 만들어가는 과정에서 이웃 종교와 힘을 합쳐 생태 해방의 길을 열어야 한다. 다시 강조하지만 이것은 구체적으로 공유지의 탈환, 공유 경제의 실천, 기본 소득 지급을 통해 이룰 수 있는 과제다.

5. 탈성장 담론의 교회적 실천: 작은 교회가 희망이다!

필자는 2013년부터 종교개혁 500주년이 되는 해인 2017년까지 작은 교회 운동을 활발히 진행했는데, 우선 작은 교회가 희망이라는 큰 방향성을 설정하고 구체적으로 탈성장, 탈성직, 탈성별의 가치를 추구하고자 했다. 세월호 사건 이후 대형 교회들이 보인 영적 치매, 영적 자폐, 영적 방종의 모습을 보면서 작은 교회 운동이야말로 개신교가 추구할 수 있는 두 번째 종교개혁이라고 생각했기 때문이다. 탈성장은 앞서 언급했듯이 자본주의 체제로부터의 해방을, 탈성직은 교권주의로부터의 단절을, 탈성별은 종교 속 가부장제로부터의 탈피를 의미한다. 사실 이 세 가지는 현재 교회 체제 아래에서 한 몸처럼 엮여 있다.

성장을 위해 성직이 강조되었고 성직은 가부장제 덕분에 강화되었다. 또한 작은 교회는 숫자를 기준으로 한 표현이 아니다. 교회 규모가 작더라도 성장의 가치를 지향하는 한 결코 작은 교회일 수 없다. 따라서 핵심은 단연코 "탈성장"에 있었다. 교인 수, 교회 건물, 교회 예산, 교회 위치에 따라 목사가 평가되는 현실, 영을 빌미로 육(물질)을 탐하는 성장, 자본을 우선시하는 관습, 사람을 위한 종교가 아니라 종교(제도)를 위해 사람을 필요로 하는 약육강식의 존재 방식에 종지부를 찍고 싶었던 것이다. 이런 방식으로 성장을 추구해온 성직자들은 믿음을 욕망으로 대치시켰고 돈(자본)을 은총으로 여겼고 성경을 가르치면서도 정작 삶에서는 반성경적인 행동을 일삼았으며, 입으로는 매일 하나님을 말하지만 정작 자신은 무신론자인 경우가 많았다.

불행하게도 기존 교회의 이런 부정적인 측면들은 코로나 상황에서 반복되고 재현되었다. 교회가 나름의 이유로 비대면 예배를 거부하다가 여러 차례 집단 감염의 진원지가 됨으로써, 그동안 사람을 위한 안식일을 추구한 것이 아니라 안식일(예배)을 위해 사람을 필요로 했다는 사실이 드러나게 되었다. 성장주의자들은 사람과 돈이 없는 교회의 모습을 상상하기 어려웠을 것이다. 하지만 필자는 코로나 상황을 맞아 탈성장, 탈인간, 탈서구, 탈종교라는 네 가지 "탈"이 필요하다고 보았다. 탈종교는 제도로부터 영성으로의 전환을 뜻한다. 앞서 언급한 탈성직과 탈성별도 이와 비슷한 가치 전환을 목표로 삼는다. 탈인간은 인간 중심주의를 탈피하자는 개념으로서, 이를 달성하기 위해서는 구체적으로 인구 억제가 선행되어야 한다. 종교와 마찬가지로 자본주의 또한 경제를 위해 많은 수의 사람을 필요로 했다. 하지만 하나뿐인 우리의 지구는 이제 인구 증가를 억제하지 않고는 지속될 수 없다. 탈서구는 서구적인 가치와의 결별을 뜻한다. 주지하듯 서구는 지금껏 인간의 삶과 문명의 기준점이 되었다. 서구가 설정한 기준에 들어맞으면 진보, 발전, 계몽, 선진이라는 평가를 얻었다. 하지만 코로나가 드러낸 위기 상황은 서구의 가치가 기준이 될 수 없음을 여실히 보여주었다. 그들이 주장한 자유는 때론 방종이었고, 그들이 추구한 풍요는 허세였으며, 그들이 목표로 한 발전은 공유지 약탈의 결과였음이 드러났다. 그들이 영위해온 소비 패턴을 지속한다면 지구가 몇 개 더 있어도 기후 위기 문제를 해결할 수 없다. 이는 자연스럽게 탈종교, 곧 영성의 길로 이어진다. 사람마다 자신이 성직자라는 자각을 갖고 생활 신앙을 전개하게 되면 제도권 내의 자본화된 교회가 급격히 해체될 것이다. 성직자들이 주창해온 교리적인 배타성도 무용지물이 될 수 있다. 삶의 권위는 오직 실천에서 비롯되기 때문이다. 향후 20년 안에 개신교인의 수가 인구의 5% 선에 머물게 될 것이라고 예상하는 전문가들도 있다. 개신교는 코로나 상황으로 인해 표면으로 드러난 이런 위기와 현실을 기회로 여겨야 한다. 자신만을 위한 종교에서 지구를 구할 수 있는 종교로의 전환을 이룰 시점이 되었다.

결국 모든 "탈"은 탈성장으로 집약된다. 한국교회가 이 가치를 잘 활용하지 못해서 기후 위기로 인한 사람들의 고통을 치유하는 데 실패한다면, 창조 신앙은 폐기된 교리가 될지도 모른다. 세상이 공유지, 공유 경제를 통해 탈성장을 말하고 전환 사회를 고민하듯이 교회는 사람과 자연을 위한 돌봄의 가치를 가장 중요한 것으로 삼아야 한다. 이를 위해 교회가 먼저 자신의 존재 방식 자체를 바꿀 필요가 있다. 존재가 달라져야 합당한 행위와 실천이 나오는 법이다. 선한 나무에 좋은 열매가 맺힌다. 하지만 오늘날의 교회는 자본주의 구조에 매몰되어 허우적거리고 있다. 교회의 크기가 목사의 크기와 동일시되고, 봉급의 액수가 교회의 크기에 비례하며, 한 건물 안에서 여러 교회가 경쟁하고, 급기야 교회 유지를 위해 신도가 필요한 지경에 이르렀다. 경제가 성장을 추구하는 모습을 교회가 그대로 본떠 부흥과 발전을 최고 덕목으로 삼아왔다. 이런 추세 속에서 "작은 교회"는 실패와 무능력을 드러내는 말로 취급되었다. 하지만 탈성장이 역성장과 같지 않듯이, 작은 교회 역시 패배의 상징이 아니라 성숙의 길로서 전환 사회와 짝하기에 충분한 개념이다. 그런 이유로 필자는 이를 개신교 내의 두 번째 종교개혁이라 칭했다. 구체적으로 작은 교회는 우선 세 가지 원칙에 충실해야 옳다. 이 땅에 처음 교회가 세워졌을 때 한국인들과 맺은 약속에 포함된 대로 복음적·한국적·생명적 교회의 상을 빚어가야 한다.

먼저 "복음적"이라는 개념의 뜻을 살펴보자. 제국 안에서도 그곳의 가치 체계와 삶의 양식을 뛰어넘는 "그리스도 안의 존재"로 사는 길이 있었듯이, 현대 자본주의 체제 안에 살면서도 그것과 결별하는 생활 신앙을 유지하는 것이 바로 복음적이라는 개념이 지향하는 바다. 최소한의 물질로 사는 단순성, 최상의 것을 값없이 얻었다는 은총의 감각, 경쟁을 위해 질주하는 것이 아닌 절뚝거리며 걷는 느림의 영성을 갖추는 것이 복음에 근거한 생활 신앙의 구체적인 모습일 것이다. 이는 결국 세상의 약자에 대한 연민과 공감의 표현이다. 세상 속에서 살지만 세상과 달리 살겠다는 의지의 표현이라는 점에서 새로운 수도원 운동이라고 말해도 좋다. "한국적"이라는 것은 한국의 상황과 정서를 토대로 복음을 이해하고 수용해야 한다는 뜻이다. 주지하듯 흥·한·정은 한국인의 기본 정서이자 미적 의식이다. 본래 우리 민족은 하늘에 감사할 때도 춤과 노래로 흥과 감정을 표현해왔다. 여기서 드러나는 흥은 태초에 하나님이 환호하시면서 "참 좋다"고 말씀하신 것과 상통한다. 모든 것이 편안할 때 생겨나는 신나는 감흥이 바로 흥이다. 하지만 안팎의 이유로 흥이 깨지면 한의 세상이 된다. 한은 인간과 피조물이 탄식하는 현장에 축적된다. 하지만 우리 선조들은 정으로 한을 치유함으로써 공동체를 일궈냈다. 전쟁(역사)과 홍수(자연)로 공동체가 깨졌을 때도 "우리"라는 공감력을 앞세웠다. 마지막으로 "생명적"이라는 것은 앞선 복음과 한국의 특성에 근거를 둔 교회의 존재 양식을 뜻한다. 무엇보다도 교회는 배타성을 벗고 지역에 밀착된 관계를 추구함으로써 생태 친화적인 의식을 키울 수 있는 공간이어야 한다. 생명은 삶의 터전을 짓밟는 자본주의 또는 세상과 불통하는 절대주의와 짝할 수 없는 개념이다. 우리는 자신의 자리를 지키되 다양한 관계성을 통해 자신을 성장시킬 수 있다. 이런 점에서 성만찬 식탁을 통해 이상적인 교회상을 그려낼 수 있는 생태학적 상상력이 중요하다. 성만찬 식탁은 독점과 낭비의 상징인 "세상 식탁"과 달리 모든 것이 모두에게 공평하게 나눠지는 식탁, 간편하고 단출해서 버릴 것이 없는 식탁을 상징한다. 이처럼 성례전이 우리에게 생생하게 보여주는 생태적 삶의 모습과 가치에 기독교의 미래가 있다.

작은 교회는 기후 붕괴라는 묵시적 현실에서 교회가 두 번째 종교 개혁의 수단으로 선택할 수 있는 목적지다. 필자는 여러 글을 통해 한국적 상황에서 시도된 "작은 교회"들의 다양한 모습을 소개한 바 있다. 건물을 갖지 않는 교회, 분리(분가형) 교회, 마을 생태계를 일구는 교회, 민주적인 정관을 만든 교회, 목회자가 없는 평신도 교회, 성속을 허무는 카페 교회, 여성적인 돌봄 가치에 근거한 여성 교회, 생태적 감수성을 깨우는 녹색교회, 동양적 영성에 기초한 토착 교회 등이 그 예에 속한다. 여기서는 각 교회의 구체적인 활동을 충분히 설명할 수 없어 아쉽지만, 이 교회들을 수식하는 단어들이 암시하는 "탈"과 "향"의 변증법적 내용을 통해 "작음"의 의미를 가늠할 수 있을 것이라고 생각한다. "작음"의 가치를 지닌 이런 공동체들이 더 많아질 때 교회는 당당하게 기후 붕괴 현실에 맞설 수 있을 것이다. 이를 위해 교회는 사람들을 "백만 명의 노아"로 만들고, 스스로 "백만 척의 방주"를 이루는 부분이 되어야 한다.

6. 나가는 글

지금까지 탈성장과 공명하는 신학의 구체적인 가치를 논했고, 그것을 기반으로 한국교회에 주어진 과제를 살펴보았다. 누차 강조한 것처럼 탈성장 담론은 기후 붕괴라는 묵시적인 현실 타개를 위한 마지막 수단이다. 한국은 2050년까지 탄소 중립 사회를 달성해야 한다는 목표를 부여받았다. 이는 피할 수 없는 과제다. 2022년 3월에 실시될 대통령 선거가 특별히 중요한 이유가 여기에 있다. 새로 선출될 대통령은 기후 붕괴라는 세계적 차원의 대재난에 맞설 각오와 신념이 있는 인물이어야 한다. 지구 온도가 1.5도 상승하는 시점이 우리의 예상보다 빠르게 다가오고 있다. 그렇기 때문에 우리는 이전과 다른 방식의 삶을 과감하게 실험해볼 수 있어야 한다. 산업 구조가 재편됨에 따라 내몰린 사람들을 위한 돌봄이 더없이 중요해질 테니 말이다. 이미 코로나바이러스가 문명의 교정자라는 평가를 얻은 상황에서 과거로의 복귀는 결코 해결책이 될 수 없다. 세상은 벌써 "뉴 노멀"을 말하기 시작했다. 인류가 유지해온 삶의 가치와 규범을 바꿔야 한다고 주문한다. 종교는 물론 경제, 정치, 교육, 과학 등 모든 영역을 관통하는 뉴 노멀이 "구원"의 다른 이름으로 임한 것이다. 이를 실행하기 위한 인식의 전환으로 가장 먼저 언급되는 것은 돌봄의 가치가 우선하는 "탈성장"이다. 그동안 기독교를 비롯한 다수 종교들은 경쟁, 진보, 성장 이념에 자신의 혼을 팔았다. 그 결과 작금의 교회는 시대가 요구하는 탈성장 담론을 수용할 준비도 능력도 생각도 없다. 공유지인 자연에 대한 의식이 일천하고 공유 경제에 대한 이해가 빈약한 데다 공동 분배(기본 소득, 기본 자산)를 사회주의의 이념 틀로만 판단하고 있다. 차별 금지법이 교회 이익에 반하는 제도가 될 것이라고 말하면서 이 법의 시행을 적극적으로 저지하고 있고, 현 정권이 나라를 중국 공산당에게 갖다 바치고 있다고 믿으면서 심야 기도회를 진행 중이다. 하지만 우리 앞에 닥쳐온 더 큰 생존의 위기를 무사히 넘기기 위해서는 우선 탈성장에 대한 인식을 기반으로 자본주의가 약탈한 공유지를 회복시켜야 한다. 시장 자본주의가 사적으로 갈취한 자연 공유지가 파괴되고 상실된 결과로 코로나바이러스가 창궐하고 전 세계에서 기상 이변이 속출하게 되었다. 지정학적 경계선 대신 생명체의 분포에 따른 생명권 정치가 필요한 이유가 여기에 있다. 코로나 이후의 신학, 기후 붕괴 시대의 신학은 이전과 달리 "탈성장"을 후견함으로써 공유지 회복을 구원론과 연계시키는 사상적 대전환을 시도해야 한다. 이와 관련한 구체적인 아이디어로서 필자는 노아 홍수 사건을 근거로 신구약 성경을 연결하는 해석을 제안했다. 또한 예수를 새로운 노아로 상정하고 바울의 구원관(*Sein in Christo*)을 로마 제국이 추구한 삶(가치관)의 양식과 구별되는 개념으로 제시하였다. 이들은 결국 시대는 다르지만 자기 삶의 자리에서 "뉴 노멀"을 선포한 사람들이기 때문이다. 이제는 교회도 자본주의의 토대가 된 기후 파괴의 현실에서 "전환 시대"의 추세에 따라 무언가 "다른 교회"로 존재해야 마땅하다. 탈성장을 이뤄내야 할 전환 시대에 적합한 교회상은 바로 "작은 교회"이고 그걸 실현하는 방안이 "작은 교회 운동"이라 하겠다. 이것을 일컬어 학계·산업계·노동계에서 "탈성장"의 종교적 표현이라고 평가한 것을 보면 "작은 교회"가 희망이라는 사실이 만천하에 드러난 셈이다.

추천 도서

데이비드 월러스 웰즈, 『2050년 거주 불가능한 지구』, 추수밭, 2020.

오리고스 칼리스 외 3인, 우석영 외 역, 『디그로스-지구를 식히고 세계를 치유할 단 하나의 시스템 디자인』, 산현재, 2021.

카롤 머찬트, 전규환 외 역, 『자연의 죽음-여성, 생태학 그리고 과학 혁명』, 미토, 2008.

슬라보예 지젝, 강우성 역, 『잃어버린 시간 연대기』, 북하우스, 2021.

빌 게이츠, 김민주, 이엽 역, 『기후재앙을 피하는 법』, 김영사, 2021.

토머스 프리드먼, 최정임 역, 『코드 그린- 뜨겁고, 평평하고 붐비는 세계』, 21세기북스, 2002.

하비 콕스, 유하은 역, 『신이 된 시장』, 문예출판사, 2016.

제러미 리프킨, 이정배 역, 『생명권 정치학』, 대화출판사, 1996.

제러미 리프킨, 안진한 역, 『글로벌 그린 뉴딜』, 민음사, 2010.

페터 슬로터다이크, 문순표 역, 『너는 너의 삶을 바꿔야한다』, 오월의봄, 2021.

레오나르도 보프, 이정배 역, 『오소서 성령이여』, 한국기독교연구소, 2017.

대니얼 카스티요, 안재형 역, 『생태해방신학』, 한국기독교연구소, 2021.

칼 프리드리히 폰 바이체커, 이정배 역, 『시간이 촉박하다』, 대한기독교서회, 1988.

이정배 편저 , 『창조 신앙과 생태학』, 설우사, 1987.

이정배, 『생태 영성과 기독교의 재주체화』, 동연출판사, 2010.

이정배, 『캔 윌버와 신학-홀아키적 우주론과 기독교의 만남』, 시와 진실, 2008.

이정배 외, 한국교회환경연구소 편, 『기후 위기, 한국 교회에 묻는다』, 동연, 2019.

한국교회환경연구소 편, 『포스트 휴먼시대, 생명, 신학, 교회를 돌아보다』, 동연, 2017.

조영호, 『기후 위기와 기독교』, CLC, 2021.

제이슨 히켈, 김현우, 민정희 역, 『적을수록 풍요롭다: 지구를 구하는 탈성장』, 창비, 2021.

사이토 고헤이, 김영현 역, 『지속 불가능 자본주의: 기후 위기 시대의 자본론』, 다다서재, 2021.

안드레아스 말름, 우석영, 장석준 역, 『코로나, 기후, 오래된 비상사태』, 마농지, 2020.

기후 변화와 생태 위기 시대의 정치 신학

물화(物化)와 공-산(共-産)의 신학

박일준

I. 문제의 본질

오늘날 인류가 팬데믹으로 인한 위기를 맞이하고 있는 가운데, 그 원인으로 지목되고 있는 기후 변화의 본질과 함께 생태계 위기의 근원이 무엇인지를 성찰하는 것이 매우 중요해졌다. 우리는 기후 변화를 기후 위기라고 표현하기도 한다. 분명 위기이긴 하지만 사실 기후 변화는 새로운 현상이 아니라 언제나 일어나고 있는 현상이다. 기후 시스템은 복잡계라서 초기 조건에 미세한 변화가 생기면 급격한 변화로 이어질 수 있다. 이를 "나비 효과"라고 표현하는데, 아마존 밀림에서 펄럭이는 나비의 날갯짓이 멕시코만에 허리케인을 불러일으킬 수도 있다는 말이다. 이토록 극도로 민감한 시스템은 고정되어 있지 않기 때문에 어찌 보면 "변화"는 기후 시스템에 내장된 본성과도 같다. 하지만 우리는 오늘날 "기후 변화"를 위기라는 말과 동의어로 사용하고 있지 않은가? 그렇다. 위기다. 현재 일어나고 있는 기후 변화는 여섯 번째 대멸종을 야기하는 하나의 (그리고 결정적인) 이유가 될 수 있기 때문이다. 이 대멸종의 위기는 같은 기후대에서 최적의 생존을 구가해온 생명체들, 특히 포유류 그중에서도 인간 종에게 치명적이다. 하지만 "여섯 번째 대멸종"이라는 말에서 알 수 있듯이 대멸종은 이전에도 일어났던 일이며 심지어 대멸종 이후에도 지구는 망하지 않았다. 인간이 살아갈 만한 지구가 이번 여섯 번째 대멸종으로 사라질 뿐이다. 대멸종 이후 닥칠 기후 변화에 치명적인 영향을 받지 않은 존재들은 인류의 멸망 이후에도 지구와 더불어 그대로 생명을 이어갈 것이다. 그래서 지금의 이 위기는 결과가 아니라 "물음"이 된다. 우리 사피엔스 종이 지금의 위기를 극복하고 다른 존재들과 얽힌 삶을 조화롭게 창출해갈 수 있을 것인가? 아니면 최후의 순간까지 지금 그대로의 삶을 만끽하고 즐기다가 멸종하고 말 것인가? 이는 소위 "인류세"[1]라는 시대에 던지는 지구의 물음이다. 또한 이 위기 앞에서 "인간"이라는 존재를 어떻게 조망해야 하는가를 묻는 질문이기도 하다.

팬데믹은 인간과 생명 존재가 더 이상 "개체" 단위로 분석되고 이해되어서는 안 된다는 사실을 분명히 보여준다. 기후 변화와 생태계 위기는 존재의 얽힘으로 인해 일어나는 일이다. 팬데믹은 이를 생

---

[1]   "인류세"(Anthropocene)라는 용어는 1960년대 구소련 시절에 "가장 최근의 지질학적 시기"를 가리키는 데 쓰였으며, 1980년대에 지금과는 완전히 다른 맥락에서 생태학자 유진 스토머(Eugene F. Stoermer)가 사용하기도 했지만, 현재와 같은 의미로 통용되기 시작한 것은 대기 화학자 파울 크뤼천(Paul J. Crutzen)이 지구 대기의 작용에 미치는 인간 행위의 영향력이 너무 막대하여 새로운 지질학적 시대를 만들어낼 정도라는 언급을 하면서부터다.

생하게 증언한다. 아울러 이 존재의 얽힘은 자연/문화, 인간/기계, 생명/물질, 인간/비인간 등의 이분법적 구별이 매우 해롭게 작동하고 있음을 드러낸다. 따라서 우리는 "존재"를 바라보던 관점을 개체 간의 얽힘을 사유할 수 있는 방식으로 전환함으로써 인간 중심주의뿐만 아니라 생명-유기체 중심주의를 넘어 비유기체적 존재들을 동등한 존재로 포용하는 존재론을 구성할 수 있어야 한다. 여기서 염두에 두어야 할 점은 존재는 언제나 "얽힘"의 형태로 있으며 이 얽힘 속에서 다양한 관계들이 출현하는 것이지, 다양한 존재들이 선재하기 때문에 얽힘이 발생하는 것이 아니라는 사실이다. 이는 곧 "존재"란 처음부터 그리고 이미 언제나 홀로 존재하지 않고 여러 존재들이 함께 구성해나가는 특성을 지니고 있으며, 그렇기 때문에 개체가 아니라 언제나 "집단체"(the collective)로 이해되어야 한다는 의미를 지닌다. 이런 시각에 따르면 존재의 관점에 "물질적 존재"를 포괄할 수 있다. 우리는 이에 맞춰 물질적 존재의 행위 주체성에 응답할 수 있는 존재론으로 전환해야 한다. 또한 개체가 아니라 집단체로서의 존재는 단순히 여러 존재가 모여 있는 군집이 아니라 이 얽힌 다중적 존재들이 행위자-네트워크를 형성하면서 영향력을 발휘할 수 있다는 시각까지 갖춘 존재론으로의 전환이 요구된다. 이 얽힘 속에서 이루어지는 다중적 존재들의 행위자 네트워크는 지금까지 개체들을 기반으로 상호 작용을 바라보는 관점을 근원적으로 전복한다. 즉 개체들이 존재하고 그들 사이에 일어나는 상호 작용을 통해 집단의 역학을 조망하는 관점은 오히려 이 존재들 간의 작용이 "상호적 작용"(inter-action)이라기보다 이 모든 얽힘의 "내적-작용"(intra-action)이 되며 그 결과 이 존재의 얽힘으로부터 개체들이 일어난다는 사실을 간과한다. 다시 말해 우리가 "상호 작용"(interaction)이라고 간주하는 모델은 주체와 대상 혹은 객체들의 존재를 전제하고 그 사이의 상호 작용을 보려고 한다는 점에서 "상호 작용"을 개체적 존재들의 부산물 혹은 종속된 작용으로 간주하려는 경향이 있다. 따라서 관계성이나 상호 작용이라는 용어보다 "얽힘"(entanglement)이라는 말이 현 상황의 문제를 표현하기에 더 적실하다. 기후 변화는 그런 얽힘을 예증한다. 기후 변화 자체는 지구 대기의 자연스러운 흐름이며, 그런 기후의 "변화"는 지구 입장에서 볼 때 자연스러운 "반응"일 뿐이다. 이 기후 시스템은 살아 있는 유기체나 바이러스와 같은 애매한 존재가 아닌 시스템적으로 존재하는 것으로서, 우리가 존재나 실체를 기술하는 용어와는 전혀 다른 맥락의 존재성을 갖는다. 그런데 이 비유기체적 시스템과 우리 문명이 긴밀하게 얽혀 있는 오늘의 모습을 보라. 기후 시스템의 온건한 변화에 적응한 우리는 그 적절한 기후 조건 아래서 문명을 일구어 왔다. 하지만 우리의 문명적 활동들이 기후 시스템의 변화 요인을 증폭시키면서 기후 변화를 촉진했고, 그 결과 "기후 변화"가 위기로 받아들여지는 상황을 맞이하게 되었다. 여기서 우리는 기후 변화를 촉발한 원인이 문명의 물질적인 토대에서 비롯되었음에 주목해야 한다. 다시 말해 생명의 관계성으로부터 얽힘으로 패러다임을 전환해야 한다는 말은 곧 물질의 행위 주체성에 주목하자는 뜻이다. 물질은 그저 수동적으로 인간의 사용 여부에 따라 효과를 갖게 되는 대상이 아니라, 우리의 사용 여부와 상관없이 그 자체의 행위 주체성을 발휘하여 얽힌 여러 존재에게 영향력을 발휘하는 존재다. 이 물질의 존재감에 주목한다는 것은 우리의 윤리적인 패러다임이 책임감(responsibility)으로부터 "응답-능력"(response-ability)으로 전환되어야 한다는 뜻이다. 위기의 영향은 생명을 지닌 존재들에게만 국한되지 않는다. 생태계 위기는 생물 유기체뿐만 아니라 물이나 기후와 같은 비생명적 존재에도 영향을 미친다. 따라서 우리가 문제를 조명할 때 (언뜻 보기에 무조건적으로 선할 것 같은) 생명이라는 이데올로기에만 얽매여서는 안 된다. 이제는 생명을 넘어 전 존재를 아우르는 관점을 구성해내야 한다. 그리고 이는 곧 근대 이래 주체와 인간에 집중하던 철학과 신학의 방향을 전환하여 객체와 물(物)로 향해야 함을 의미한다.

II. 물화(mattering)의 신학

1. 사이보그로서의 인간

현대 인류가 이미 "포스트 휴먼"의 단계에 진입했다는 다양한 주장이 있다. 도나 해러웨이(Donna Haraway)는 1985년에 "사이보그가 출현했다"고 선언했다. 유발 하라리는 2015년에 내놓은 저서 『호모 데우스』(김영사 역간, 2017)에서 첨단 과학 기술의 발전으로 인간의 생물학적 역량을 능가하는 "호모 데우스", 다시 말해 "신적인 능력들을 기술적으로 장착한 인간"이 출현할 것을 예견했다. 하지만 그런 시대에 호모 데우스로 자신을 "업그레이드"할 여력이 되지 않는 사람들은 도리어 인간 이하의 수준으로 전락하여 살아가게 될 것이라는 우려를 표하기도 했다. 하라리는 이 현상을 가리켜 "불평등의 업그레이드"(upgrading inequality)라고 표현하였다.[2] 40년 전 해러웨이가 묘사한 사이보그는 이와 좀 다르다. 그는 범지구적 군사 경제 시스템이 출현하게 됨에 따라 "일자리의 여성화"와 "빈곤의 여성화"에 내몰리는 이들의 모습을 사이보그로 표현했다.[3] "사이보그"라는 말은 "사이버네틱스"(cybernetics)와 "유기체"(organism)의 합성어로서 본래 "인공 두뇌 유기체"를 가리키는 말이다. 하지만 우리가 통상적으로 알고 있는 사이보그는 할리우드 SF 영화에 등장하는 유기체적 두뇌와 기계의 몸이 합쳐진 형태의 이미지를 갖고 있어 해러웨이가 제시하는 사이보그와는 정반대의 결합 방식으로 구성된다. 해러웨이에 따르면 당시 사이보그의 물리적 토대는 C³I 시스템, 즉 "명령-통제-통신"(command-control-communication)과 정보(intelligence) 시스템을 통합하고 인터페이스를 통해 디지털 정보 소통을 구현하는 보

---

2   Y. N. Harari, *Homo Deus: A Brief History of Tomorrow* (London: Harvill Secker, 2015), 346.

3   박일준, "기후 변화와 생태 위기 시대 인간의 존재 역량: 해러웨이의 공-산, 베넷의 사물 정치 생태학 그리고 바라드의 내부적-작용에 대한 성찰", 「인간연구」 44(2021), 41-47.

편적 시스템이었다.[4] 프랑코 "비포" 베라르디는 이를 "기호 자본주의"(semiocapitalism)라고 표현하는데, 산업 자본주의가 노동자의 물리적 에너지를 착취하는 시스템이었다면 기호 자본주의는 전 세계적으로 연결된 디지털 네트워크를 기반으로 인지 노동자의 신경 에너지를 착취하는 시스템을 뜻한다.[5] 말하자면 사이보그는 전 세계를 연결하는 디지털 네트워크를 기반으로 작동하는 인공 지능이 시스템을 움직이기 위한 물리적 기반으로 인간 개체를 사용하면서 착취하는 시스템을 가리킨다. 그래서 해러웨이는 디지털 인공 지능 시스템의 부속이 되는 인간 노동자들이 그 사이보그 시스템의 일부로 포함되는 현실을 "사이보그"라는 말로 표현한 것이다. 또한 우리가 자본주의 시스템 속에서 디지털 네트워크로 연결되어 살아가고 있다는 점에 주목한 해러웨이는 사이보그를 "우리의 존재론"이라고 표현한다. 네트워크와 인터페이스 인공 장치들을 통해 기계와 결합된 뒤 혼종적 존재가 되어버린 인간 존재의 모습을 그렇게 표현한 것이다.[6]

오늘날 출현하고 있는 사이보그는 유기체적인 두뇌와 몸이 기계적 인터페이스를 통해 정신을 연장하는 형태로 이루어짐으로써 해러웨이가 사이보그를 언급하던 시절과 비슷하면서도 다른 모습을 보인다. 앤디 클라크(Andy Clark)는 이제 인간을 "자연적으로 태어난 사이

---

4   Donna Haraway, *The Haraway Reader* (London: Routledge, 2004), 299; Donna Haraway, *Manifestly Haraway*, 황희선 역, 『해러웨이 선언문』(서울: 책세상, 2019), 19.

5   Franco "Bifo" Berardi, *Heroes: Mass Murder and Suicide*, 송섬별 역, 『죽음의 스펙터클: 금융자본주의 시대의 범죄, 자살, 광기』(서울: 반비, 2016), 70, 171.

6   Donna Haraway, 황희선 역, 『해러웨이 선언문』, 19.

보그"로 재규정해야 한다고 주장한다.[7] 인간은 인공적인 도구들을 인터페이스로 삼아서 신체를 연장할 수 있게 되었기 때문에, 자신의 정신적 역량을 외부 장치로 확대·연결할 수 있는 그런 존재로 이해해야 한다는 말이다. 이에 따라 "도구 사용 능력"은 인간의 본질적 능력에 추가된 특징이 아니라 오히려 인간 본연의 정체성이라는 사실이 드러난다고 클라크는 말한다. 그는 이를 "연장된 정신"[8]이라고 부름으로써 두뇌의 정신적 역량을 외부 장치를 통해 연장하고 있는 인간의 삶의 모습을 잘 드러낸다. 예를 들어 새로운 경험을 기억에 저장하는 데 문제가 생긴 알츠하이머 환자 오토[9]는 기억해야 할 것이 생길 때마다 노트북을 들고 다니면서 내용을 적어두고 이를 냉장고 문처럼 가장 잘 볼 수 있는 곳에 붙여둔다. 다음날 일어났을 때나 한참 시간이 흐른 후에는 노트에 적어둔 것을 보고도 일의 맥락을 잘 기억하지 못하지만, 자신의 필체를 인식하고 그것이 자신이 쓴 노트임을 확인한다. 뉴욕 맨해튼에 있는 현대 미술관(MOMA, Museum of Modern Art)에 가서 어떤 작품을 감상하고 비평을 작성해야 한다고 적어두었다면 그 일의 앞뒤는 기억하지는 못해도 기록에 따라 그 일을 수행한다. 오토는 이런 식으로 정상적인 삶의 과정들을 따라잡는다. 여기서 노트북은 생물학적 두뇌의 외부 저장 장치가 되는 셈이다. 사실 현대인들 대부분은 알츠

---

7   Andy Clark, *Natural-Born Cyborgs: Mind, Technologies, and the Future of Human Intelligence* (Oxfor, UK: Oxford University Press, 2003), 3.

8   Andy Clark, David Chalmers, "The Extended Mind," *Analysis* 58/1 (1/1998): 7-19.

9   여기서 Clark와 Chalmers가 전하는 알츠하이머 환자 "오토"의 이야기는 실제 상황을 이야기로 재구성한 것이다.

하이머 환자인 오토처럼 기억력을 상실한 것이 아님에도 불구하고 스마트폰을 오토의 노트북처럼 사용하고 있다. 이처럼 외부 장치들로 두뇌를 연장해서 살아가는 사람들은 외우고 있는 전화번호가 거의 없다. 이는 기억력이 퇴화해서가 아니라 스마트폰에 저장된 번호를 활용하면 되는 것을 굳이 생물학적 두뇌 속에 저장할 필요가 없기 때문이다. 더 나아가 모든 정보가 디지털 네트워크에 보관되는 요즘에는 업무에 사용하는 파일들을 굳이 물리적 저장 장치에 보관하지 않고 네트워크 클라우드에 저장한 다음 어디서든 업무를 수행하곤 한다. 오토가 노트북을 활용함으로써 자신의 손상된 기억력을 보완하고 정상적인 삶을 영위하듯, 우리는 모든 곳을 연결하는 디지털 네트워크를 통해 가상 공간을 매개로 우리의 정신을 연장하면서 삶을 영위하고 있다. 해러웨이가 사이보그를 언급했던 맥락과 정확히 일치하는 것은 아니지만, 이런 점에서 우리는 사이보그적 삶을 살아간다. 그래서 클라크는 이를 "연장된 정신"이라고 표현한 것이다.

우리는 이런 사례를 통해 인간이 사이보그적 인간-기계의 혼종으로서, 자연 사물들뿐만 아니라 인공적 장치들과 더불어 삶을 "함께 만들어나가는"(sympoietic) 존재임을 확인한다. 사실 인간을 포함한 유기체들은 홀로 살아가거나 개체로 존재할 수 없다. 음식을 섭취하는 행위조차 인간 개체의 독자적 생존 행위가 아니라, 유기체 내 위장 속에 존재하는 미생물들과 함께 일구어가는 집단체적 행위다. 그래서 해러웨이는 사이보그적 존재들 혹은 연장된 존재들을 "공동 생산"(sympoiesis)으로 규정한다.[10] 이는 생명의 기본 단위를 유기체로 보고 유기체의 근본 특징을 "자가 생산"(autopoiesis) 개념으로 설명한 프란시스코 바렐라(Francisco Varela)와 움베르토 마투라나(Humberto Maturana)의 주장이 유기체의 가장 근원적인 특징인 공생 공산의 측면을 누락하고 있음을 비판적으로 지적하는 것이다. 해러웨이의 주장에 따르면 생명 또는 유기체의 가장 본질적인 특징은 "함께-만들기"(sym-poiesis)다. 반면 바렐라와 마투라나는 유기체가 기계와 달리 자신의 생존과 번식에 필요한 것을 "스스로 만들어 낸다"는 의미에서 자가 생산이라는 용어를 사용하였다. 하지만 해러웨이의 시각에서 볼 때 이는 기계와 유기체의 차이를 강조함으로써 오히려 기계와 유기체 사이의 얽힘을 심히 간과하는 규정이며, 또한 근대의 생명/기계의 이항 대립적 이분법을 그대로 영속화하는 개념에 불과하다. 이미 언급한 대로 존재의 차원에서 생명과 기계는 서로 얽혀 있을뿐더러 서로를 필요로 한다. 그 어떤 생명도 태양으로부터 방출되는 빛이 없다면 에너지를 얻을 수 없다. 물론 그 태양 빛이 담지한 에너지가 다른 생명이나 물질적 존재에 의한 변환을 거쳐야 하지만 말이다. 기후 시스템과의 얽힘이 없다면 식물 유기체의 자가 생산도 불가능하다. 이처럼 모든 존재는 다른 존재와 더불어 삶과 존재를 만들어가고 있기 때문에 존재하는 모든 것은 동반자적 관계를 맺는다. "동반

---

10   Donna Haraway, *Staying with the Trouble: Making Kin in the Chthulucene* (Durham, NC: Duke University Press, 2016), 58.

자"(companion)라는 말의 라틴어 어원은 "빵을 함께 나누는 관계"라는 뜻을 담고 있다. 우리의 삶뿐만 아니라 죽음도 다른 존재를 위해 "빵" 즉 "먹거리"를 제공하는 일이 된다. 우리는 생명 개념을 절대화하면서 죽음이 담지한 공생 공산의 의미를 간과하고 있다. 삶의 과정을 다하고 비생명적인 과정으로 넘어간 존재는 그냥 사라지는 것이 아니라, 죽음을 통해 다른 존재들을 위한 에너지의 원천이 되면서 다른 존재와 더불어 순환하는 존재의 과정의 일부가 된다. 과거 우리의 상상력이 관계를 말할 때 오직 인간이나 동식물적 유기체만을 포함하였다면, 기후 변화와 생태 위기 시대를 사는 존재의 공생 공산 관계는 생명을 지닌 존재들뿐만 아니라 비유기체적이나 비생명적인 존재들과 함께 얽혀 존재의 과정을 함께 구성한다는 사실에 대한 통찰을 반영하고 있다.

2. 물(物)의 행위 주체성

캐런 바라드(Karen Barad)에 따르면 존재하는 것은 물(物)을 기초로 하고 있으며, 이 물은 그것이 어떤 것이든 간에 행위 주체성(agency)을 담지하고 있다. 이런 시각에는 모든 존재들의 "얽힘"(entanglement)이 전제되어 있다. 모든 존재는 크든 작든 존재적으로 얽혀서 서로에게 영향을 미치며, 그 행위 주체성이 발휘되기 위해 정신적이거나 유기체적인 능력이 반드시 필요한 것은 아니다.

　얽힘(entanglement)은 본래 양자 역학에서 유래한 개념이다. 아인슈타인과 포돌스키는 사고 실험을 통해 양자적으로 얽힌 두 입자는 극단적으로 멀리 떨어져 있더라도 관계적으로 작동한다는 것을 증명했다. 하지만 아인슈타인의 상대성 이론의 틀 속에서는 우주의 끝에서 끝으로 떨어뜨려 놓은 얽힌 입자들이 상대 입자에 생긴 변화를 동시적으로 반영하기가 불가능하다. 상대성 이론의 우주에서는 빛보다 빨리 이동할 수 있는 것이 존재하지 않기 때문에 빛의 속도는 우주에서 이동할 수 있는 속도의 한계가 된다. 하지만 우주는 광대하다. 우리 은하계에서 가장 가까운 은하는 대략 200광년 거리에 있는 안드로메다 성운이다. 1초에 대략 30만 km의 속도로 이동하는 빛의 입자가 대략 200년 동안 달려온 거리가 200광년이다. 그런 거리에 떨어져 있는 안드로메다 성운이 우리 은하계에 가장 가까운 은하계다. 우리는 가장 멀리 있는 은하계가 얼마나 떨어져 있는지 가늠조차 할 수 없다. 그런데 그토록 멀리 우주의 끝에서 끝까지 떨어뜨려 놓은 얽힌 입자들이 동시적으로 상대의 변화에 반응한다는 것이다. 그래서 아인슈타인은 이 얽힘의 관계를 "무시무시한 원거리 작용력"(spooky action at a distance)이라고 표현했다. 우리는 상대성 이론과 이 얽힘의 관계가 구체적으로 어떻게 작동하는지 아직 정확히 알지 못한다. 그럼에도 불구하고 "물"(物)의 가장 기초적 단위인 "양자"나 "입자" 차원에서 얽힘의 관계가 작동하고 있으며, 이는 각 입자가 있기 때문에 얽힘이 발생하는 것이라기보다는 어쩌면 우주가 본래적으로 "얽힘"으로부터 존재와 관계를 배태하고 있을지도 모른다는 추론을 가능케한다.

물질의 얽힌 관계는 어떤 상황에서도 서로에게 영향을 미치며,

바라드는 이를 가리켜 물(物)의 행위 주체성이라고 말한다. 여기서 "어떤 상황에서도 영향을 미친다"는 표현은 영향을 주고받는 "서로"가 있어서 얽힘이 발생하는 것이라는 오해를 일으킬 수도 있다. 하지만 "얽힘"이라는 양자 물리학 용어를 가져온 이유는 진실이 그 반대라는 것을 말하기 위함이다. 즉 물질적인 개별 존재가 있는 상태에서 이들이 상호 작용을 하고 있어서 얽힘이 성립하는 것이 아니라, 본래부터 "얽힘"이 있는 것이고 그 얽힘의 상태를 탐지하거나 관측하는 행위 주체의 눈에 그것이 두 입자 간의 상호 작용으로 보이는 것이다. "우주의 끝에서 끝의 거리로 떨어져 있는 얽힌 입자"라는 설정이 그래서 중요하다. 빛보다 빠른 속도로 움직일 수 있는 것이 존재하지 않는 우주에서, 얽힌 입자들은 어떻게 그렇게 빨리 상호 작용을 할 수 있는가? 이는 물(物) 혹은 물질의 근본 상태가 얽힘이기 때문이다. 그 얽힘의 상황 위에서 모든 상호 작용과 영향력이 이루어지는 것이다.

이를 설명하기 위해 바라드는 양자 역학의 발전 초기로 돌아가 하이젠베르크가 제시한 불확정성의 원리와 닐스 보어가 주장한 상보성 원리를 살펴본다. 하이젠베르크에 따르면 입자-파동의 이중성은 우선 측정 장치의 한계 때문에 발생하며, 이 한계를 극복하기 위한 인간의 개입이 그런 이중성을 만들어낸다. 우리 눈으로 확인 가능한 광학 현미경으로는 원자보다 작은 입자 단위의 실재를 측정할 수 없기 때문에 그 대안으로 전자 현미경을 사용하는데 그래도 문제가 생긴다. 모든 전자 입자는 동시에 파동으로 존재하기 때문에, 입자의 정확한 위치를 측정하고자 고주파 파장의 전자를 발사하여 입자의 위치를 측정하는 순간 충돌한 입자가 어디로 튀어나갈지를 예측하는 것이 거의 불가능하다. 물론 충돌 지점에 입자가 있었다는 정확한 사실은 확인했지만 그것이 전부다. 입자의 속도를 측정하려면 에너지값이 높은 고주파 전자 대신에 저주파를 통해 입자들의 대략적인 위치 변화를 파악할 수 있어야 하는데, 이 경우에는 입자의 정확한 위치를 측정하는 것이 불가능하다. 측정하려는 전자의 파장 폭이 입자의 크기보다 월등히 크기 때문이다. 따라서 인간 실험자는 무엇을 측정해야 하는지를 사전에 결정하고 실험을 진행해야 한다. 즉 인간 실험자가 입자의 위치를 측정하려는 목표를 갖고 실험 장치를 세팅하면 입자는 위치를 드러내고, 반면 속도를 측정하려고 실험 장치를 세팅하면 실재는 입자의 속도를 우리에게 보여주는 것이다. 하이젠베르크는 입자 단위 실험에서 우리가 이런 불확실성(uncertainty)을 제거할 방법이 없으며, 코펜하겐 해석이 동의하듯이 이것이 실재의 근본적인 성격이라고 보았다. 즉 실재는 입자-파동의 이중적인 형태로 존재하며, 이때 입자의 위치와 운동량 및 속도를 동시에 알거나 측정하기는 근원적으로 불가능하다.

반면 닐스 보어의 상보성 원리는 입자-파동 이중성이 보여주는 상보성에 주목한다. 실험의 행위 주체가 입자적인 성격을 측정하려고 하면 실재는 입자적인 성격을 보여주고, 반면 파동적인 성격을 측정하려고 하면 실재는 파동인 것처럼 행동한다. 보어의 해석에 따르면 실재의 이중성이나 측정하려는 인간 주체의 개입이 그런 이중성을 만들어내는 것이 아니라, 오히려 실재가 실험의 행위 주체와 얽혀 함께 행위하여 이중성을 보이는 것이다. 실제로 입자-파동의 이중성 실험은 전혀 주관적인 실험이 아니다. 반복되는 실험을 통해 동일한 결과를 산출해내고 있기 때문이다. 말하자면 실재는 입자적인 성질이나 파동적인 성질을 본래부터 갖고 있는 것이 아니라, 인간 행위 주체와 실험 장치 및 기록 장치들이 행위자-네트워크를 형성하여 다가올 때, 이 인간-기계로 구성된 혼종 행위자-네트워크와 더불어 얽힘의 내적-작용(intra-action)을 통해 입자-파동의 이중성을 보이는 것이다. 하이젠베르크와 닐스 보어의 해석의 차이점은 다음과 같다. 하이젠베르크나 다른 코펜하겐 해석의 참여자들은 실재가 입자-파동의 이중성을 본래 특성으로 갖고 있기 때문에 인간 행위자가 실험을 통해 그것의 위치와 속도를 동시에 알 수 없다고 간주한다. 반면 보어는 입자-파동의 이중성이 실재 자체의 본래적 성격이 아니라 인간 실험자-실험 장치-기록 장치-실험실 등의 행위자-네트워크가 실재와 더불어 나타내는 현상이라고 본 것이다. 얼핏 비슷해 보이지만 하이젠베르크와 보어의 해석에는 근원적 차이가 존재한다. 하이젠베르크의 시각에서 본 자연 실재들은 각자 본래적인 특성을 갖고 다른 존재들과 "상호 작용"(interaction)하면서 자신의 특성들을 드러낸다. 반면 보어에 따르면 실재의 본래적 특성이나 성격은 우리가 그대로 알 수 있는 것이 아니다. 오히려 입자-파동의 이중성은 우리가 실재와 함께 작용하면서 경험하는 "현상"으로서, 실재와 우리의 함께-만들기(sympoiesis)다. 하이젠베르크의 주장에서 반복되듯이 입자적인 행위를 측정하기 위한 실험 세팅이 이루어지면 실재는 입자적으로 행위하고, 파동적인 행위를 측정하기 위해 세팅하면 실재는 파동적으로 행위한다. 보어가 보기에 이는 곧 실재가 우리와 더불어 "얽힘"의 상태에서 "내적-작용"(intra-action)을 일으키면서 그때마다 현상으로서 창발하는 것이며, 그렇기 때문에 실재의 근원적 상태는 "얽힘"(entanglement)이라는 말로 설명하는 것 외에 다른 도리가 없다.

정리하면 하이젠베르크가 우리와 실재 간의 작용을 "상호 작용"(interaction)으로 보았다면, 보어 또는 그의 해석을 재구성한 바라드는 우리와 실재의 "내적-작용"(intra-action)으로 여겼다. 그렇다면 상호 작용과 내적-작용이라는 용어 간의 차이는 무엇인가? 상호 작용은 그 작용을 가능케 하는 두 객체 혹은 두 행위 주체를 필요로 한다. 여기서는 본래적으로 둘 이상의 행위 주체가 먼저 존재하고 그 행위 주체들 간의 "상호 작용"이 일어난다고 본다. 이런 관점에서 상호 작용은 행위 주체들의 존재와 특성이 보이는 이차적인 성격의 현상이 된다. 하지만 바라드는 이런 상호 작용적 관점들이 "행위 주체들"을 주체 개념이나 객체 개념에 고정하는 오류를 범하고 있다고 판단했다. 행위 주체란 주체나 객체에 부수되는 성질의 것이 아니라, 오히려 인간 실험자, 실험 장치, 기록 장치가 "세팅"되어 행위 주체성 속에 네트워크적으로 연결되어서 그 연결 자체가 행위 주체성을 형성하는 것이다. 즉 얽힘의 내적-작용(intra-action)을 통해 행위 주체성이 발휘되면서 행위 주체의 개입은 언제나 얽힌 실재를 한 단면으로 절단해 들어가는 행위가 된다. 즉 두 입자 간 혹은 두 물질이나 존재 간 상호 작용으로 보이는 것은 우리의 행위 주체가 얽힌 실재로 개입해 들어가고 절단하면서 발생하는 현상이며, 실재는 얽힘의 내적-작용을 통해 그 현상의 모습으로 행위 주체에게 응답한다.

입자-파동의 이중성 실험은 물(物)의 실재성과 실재의 얽힘 및 물(物)의 응답-능력(response-ability)을 명확하게 보여준다. 보어의 관점에서 결정적인 것은 바로 인간 행위자가 특정 성격을 측정하기 위해 실험 장치들을 세팅하면, 예를 들어 입자를 측정하기 위한 세팅을 할 경우 실재는 파동적인 성격을 보여주는 속성들을 현상적으로 배제한다는 점이다. 즉 "특정 측정 장치들을 전제로 특정 속성들이 결정되면서 다른 속성들이 배제되는 것이다."[11] 이 "배제"는 실험을 수행하는 인간 행위 주체와 측정 장치들에 의해 이루어지는 것이 아니라, 그러한 행위 주체적 개입들에 대해 "얽힌 실재"가 응답(respond)하는 모습을 보여주는 것이다. 바로 이 실재의 응답-능력을 통해 입자적인 특성이나 파동적인 특성들이 실험의 행위 주체들과 더불어 창발한다. 따라서 실재의 본래적 성격은 실험 이전에 불확정적인 것이 아니라 "미결정적"(indeterminate)인 것이다. 이 미결정성은 실재 자체의 본래적인 성격 즉 "얽힘"(entanglement)으로부터 유래하는 것이 아니라, 얽힘의 본래적인 성격이다. 입자 상태나 파동 상태는 일정 수준의 질서가 개입해서 구축된 모습이다. 말하자면 실재는 우리가 존재의 질서로 상정하는 모습 이전의 어떤 얽힘 혹은 "혼돈" 같은 상태를 담지하

---

11   Karen Barad, *Meeting the Universe Halfway: Quantum Physics and the Entanglement of Matter and Meaning* (Durham, NC: Duke University Press, 2007), 19.

고 있다. 입자-파동의 이중성이 우리에게 쉽게 상상되지 않는 이유는 우리의 인지와 상상력으로는 "질서"와 "혼돈"이 혼재하는 상황을 그려낼 수 없기 때문이다. 우리는 이 얽힌 실재를 "입자"나 "파동" 중 하나의 측면으로 볼 수밖에 없다. 그래서 실재의 인식이나 인지는 인간의 인지 능력을 벗어나 있고, 우리가 인지하는 실재의 현상적인 모습은 행위 주체의 주관적 상상력으로부터 일어나는 것이 아니라 실재가 우리의 행위 주체적 절단에 응답함으로써 발생하는 것이다.

이 질서, 즉 입자나 파동의 모습이 "의미"라고 말할 수 있다. 물론 우리가 생각하는 "의미"는 물리적 실재의 현상적인 모습을 가리키는 것이 아니라고 논박할 수 있다. 이런 논박은 물질화(mattering)와 의미(meaning)를 전혀 이질적인 실체로 이분화시켜 분리하는 관점, 즉 의미는 물질과 다른 것이라는 생각을 전제로 한다. 이런 물질과 의미의 이분법은 의미가 오로지 인간 행위 주체의 고유한 활동이라는 인간 중심적이면서 인간 예외주의적인 입장에 근거를 둔다. 그래서 우리는 비인간인 동물이나 식물에게 의미 활동이 가능한가에 대해 부정적으로 답한다. 바라다의 행위 주체적 실재주의(agential realism)는 의미의 이런 인간 중심적 해석을 거부한다. 의미는 행위 주체의 개입에 얽힌 실재가 현상적으로 응답을 하면서 창발하는 것이지, 결코 인간의 주관적 구성물에 불과한 것이 아니라는 뜻이다. 예를 들어 기후 변화와 생태계 위기는 인간이 만들어낸 주관적 구성물이 아니며, 그것이 지닌 의미도 인간의 주체에만 전적으로 의존하는 것이 아니다. 오히려 의미는 인간을 포함한 여러 행위 주체적 실재들이 수행적 네트워크를 형성하면서 얽힌 실재에 개입을 시도하고 실재는 그에 대해 현상적으로 응답을 하면서 창발한다. 바로 이런 점에서 바라드는 의미가 언제나 수행적(performative)이라고 주장한다. 물(物)의 현상적인 응답은 인간에게 물의 행위 주체성으로 현시된다. 인간이 참여한 행위자-네트워크에 응답하는 것은 결국 "물"(物)이기 때문이다. 인간적 행위 주체에게는 물질의 행위 주체적 수행성이 곧 "의미"가 된다. 다시 말해 의미는 "구체적인 물질적 실천을 통해 가능해진다."[12] 더 나아가 모든 "물화"는 그 물적 과정에 연루된 행위 주체에게 실재의 의미화 작용을 멈추지 않고 있기 때문에, 인간적인 행위 주체들의 부적절하고 과도한 개입으로 야기되는 현재의 기후 변화와 생태계 위기는 얽힘의 실재가 반응하면서 그 의미를 우리에게 전하고 있는 것이라고 보아야 한다.

3. 물화(物化)의 정치적 권리: 사물 정치 생태학

오늘날 당면한 위기 상황을 살펴보면 우리가 지금까지 존재로 보지 않았거나 하찮게 여겨왔던 존재들의 현존이 문제가 되고 있음을 알 수 있다. 예를 들어 우리가 내놓은 생활 쓰레기 봉지들은 수거된 후에 사라지는 것이 아니라 북태평양에 플라스틱 쓰레기 섬을 형성함으로써 인간 존재와 문명에 영향력을 행사하는 존재가 되어 다시 모습

---

12   Karen Barad, *Meeting the Universe Halfway*, 148.

을 드러낸다. 우리가 사용하는 물질 하나하나가 인간의 사용으로 인해 변용을 겪으면 그대로 끝나는 것이 아니라 긴 에너지 순환의 과정을 거쳐 우리에게 되돌아오는 것이다. 기후 변화는 그렇게 버려진 물질들이 귀환한 결과라고 표현할 수도 있다. 여기서 우리는 "물"(物)의 행위 주체성(agency)이 부정적으로 드러난 형태를 경험한다. 이제는 "물"(物)의 부정적인 행위 주체성을 정치적으로 고려해야 할 정도로 상황이 긴급하다. 인류는 팬데믹을 통해 이 물질적인 존재들의 행위 주체성을 고려하지 않는 문명적 행위는 어떻게 하더라도 이 부정적인 귀결을 회피할 수 없다는 것을 철저히 깨달았다. 기후 변화는 더 이상 어느 특정 분야에 한정되지 않고 인류 전체의 삶을 포괄하는 범위가 되었고, 그 결과 생존에 가장 긴급하고 중요한 문제로 부각되고 있다. 우리는 여기서 기후가 지구의 모든 존재와 더불어 공생 공산하는 "시스템"이라는 사실과 함께 생명/물질 혹은 자연/인공의 이분법을 넘어서야만 그 존재 양식을 행위 주체적으로 파악할 수 있다는 점을 기억해야만 한다.

우리의 삶은 물(物)과 더불어 구성되어 있다. 하지만 우리는 지금까지 물질을 인간의 삶과 생명을 위한 도구나 재료로만 여겼다. 우리가 자주 언급하는 소위 도구 사용자로서의 인간 즉 호모 파베르(homo faber) 개념에는 우선 인간이라는 본질이 있고 인간이 그 본질을 보완하거나 보조하기 위해 물질들을 사용한다는 생각이 담겨 있다. 하지만 철학자 앤디 클라크에 따르면 "호모 파베르"는 실제로 "자연적으로 태어난 사이보그"(natural-born cyborg) 개념을 가리키는 것이다.[13] 인간은 생물학적 육체에 그 본질이 있는 것이 아니고, 외부 세계를 직접 접할 수 없는 두뇌가 생물학적 신체를 인터페이스로 사용해서 외부 세계를 접촉하고 재구성하는 시스템이다. 또한 인터페이스로서의 생물학적 몸은 감각을 매개로 외부 인공 장치들과 연동하여 감각을 연장할 수 있는(extendible) 역량을 갖고 있다. 그렇기 때문에 우리는 직접 대면 만남을 진행하기 어려운 팬데믹 상황에서도 디지털 네트워크를 활용해 만남을 이어갈 수 있다. 또한 인간이 게임에 몰입하게 되는 이유 중 하나도 우리 몸이 디지털 네트워크를 기반으로 한 가상 환경에서 생생한 현장감을 느낄 수 있는 감각적 역량을 갖고 있기 때문이다. 이 "연장하는(extended) 인간"은 본래부터 "물"(物)과 함께하는 존재다. 예를 들어 인체를 구성하는 핵심인 뼈는 살을 구성하는 물질 중 일부가 "광물화"(mineralization)를 일으키면서 만들어낸 물질이다.[14] 너무나 평범한 말 같지만 인간은 물질로 구성된 존재다. 우리의 물화(物化)는 존재와 생명의 의미를 창출할 뿐만 아니라, 우리의 죽음조차 삶과 얽혀 존재를 구성하는 적극적인 과정으로 삼는다. 물질과 에너지의 관점에서 볼 때 죽음은 한 개인이나 개체의 소멸이라기보다는 다른 존재를 위한 에너지로 변환되는 과정에 더 가깝다.

---

13   Andy Clark, *Natural-Born Cyborgs: Minds, Technologies, and the Future of Human Intelligence* (New York: Oxford University Press, 2003), 3.

14   Jane Bennett, *Vibrant Matter: a Political Ecology of Things* (Durham, NC: Duke University Press, 2010), 11.

그런데 이 물질의 행위 주체성이 "나" 또는 "우리"와 정확히 일치하지 않을 때, 우리는 역설적으로 "우리"와는 다른 물질의 행위 주체성을 생생하게 경험하게 된다. 에피쿠로스의 원자론에 언급된 "클리나멘"(*clinamen*)을 살펴보면 이런 성격을 지닌 물질의 행위 주체성이 어떻게 드러나는지 알 수 있다.[15] 에피쿠로스가 말하는 원자들의 세계에서는 본래 원자들이 수직으로 끝없이 낙하한다. 여기서는 모든 원자들이 수직으로 낙하하고 있기 때문에 다른 원자들과 만나거나 충돌할 가능성이 전혀 없다. 그저 모든 것들이 수직으로 추락하고 있을 뿐이다. 물론 모든 것들이 추락하고 있기 때문에 각 원자는 자신이 추락하고 있다는 것조차 감지하지 못한다. 원자에게 감지할 능력이 있다면 말이다. 따라서 모든 것들이 수직으로 추락하고 있는 원자들의 세계에서는 이들과 다른 무언가가 만들어지거나 발생할 일도 없다. 그런 새로운 물질이나 존재의 탄생을 가능케 할 만남이 전혀 이루어질 수 없기 때문이다. 그런데 에피쿠로스는 이 수직으로 떨어지는 원자들의 세계에서 그 시스템에 순응하지 않고 수직이 아닌 사선으로 추락을 시도하는 원자를 언급하는데, 그것의 이름이 바로 클리나멘이다. 이 원자는 다른 원자들과 달리 사선으로 떨어지기 때문에 다른 원자들과 충돌하거나 만나게 되고, 이 만남이나 충돌을 통해 새로운 존재가 창조되는 것이 가능해진다. 다시 말해 수직으로 낙하하는 원자들의 체제에 저항하는 클리나멘의 비딱한 추락 때문에 다른

---

15 Ibid., 18.

원자들과의 충돌이나 만남이 가능했으며 이를 통해 새로운 물질들이 만들어질 수 있었고, 더 나아가 세계가 만들어질 수 있었다고 에피쿠로스는 설명한다. 제인 베넷(Jane Bennett)은 이 클리나멘이 바로 물(物)이 담지한 저항력이라고 설명한다. 즉 물질에는 고정된 체계에 고분고분 순응하지 않는 성질이 내재되어 있다는 것이다.

우리가 경험하는 기후 변화나 생태계 위기는 바로 이 "물"(物)의 저항력이 가장 적나라하게 드러난 예다. 우리가 사용한 "물"(物) 혹은 물질은 우리가 바라고 원하는 모습대로 사용되고 사라지지 않는다. 일례로 자동차 배기가스를 살펴보자. 사실 연료를 연소해서 자동차를 운행하기 위해 사용하는 에너지는 소비 에너지의 18% 정도밖에 되지 않는다.[16] 그렇다면 내연 기관 자동차 특히 가솔린 자동차의 경우엔 소비하는 에너지의 약 82%를 열과 배출 가스로 방출하는 셈이다. 전기 자동차를 제외하고 인간이 만든 기계 중 가장 에너지 소비 효율이 좋은 편이라는 내연 기관이 이 정도다. 그런데 우리는 오랫동안 자동차를 사용하면서 연료를 소비해왔다. 배출되는 공해 물질들은 일견 사라지는 것처럼 보였지만 사용량이 임계점을 넘자 특별히 오존층을 파괴하는 힘을 발휘하기 시작했고, 이는 기후 변화를 야기하는 치명적 원인이 되어 우리에게 돌아왔다. 사실 기후 변화 자체는 문제가 아

---

16 물론 이는 가솔린 연료를 사용하는 자동차의 경우이다. 전기 자동차의 경우는 약 60%의 에너지 효율성을 갖는다. 전기 자동차의 경우에는 배터리를 만드는 과정에서의 효율성이 내연 기관 자동차보다 급격히 떨어지는 단점이 있다. 김태환, "전기 자동차, 내연 기관 자동차 완전히 대체할 수 있을까", 「대학생신재생에너지기자단」(2016. 5. 11). https://renewableenergyfollowers.org/1789.

니다. 기후 시스템은 변화에 지극히 민감한 시스템이므로 미세한 변화도 큰 영향을 몰고 올 수 있다. 아마존 밀림 속 나비의 날갯짓이 텍사스만의 거대한 허리케인으로 발전할 수 있는 것처럼 말이다. 뒤집어서 말하면 기후는 언제나 상시 변화하는 시스템이다. 그런데 이 변화가 전체 지구 생태계를 유지할 정도의 폭 안에서 안정적으로 이루어졌던 과거와는 달리, 이제 오존층이 파괴되고 이 변화의 폭이 늘어나면서 많은 생명체에게 치명적인 영향력을 미치게 되었다. 오존층을 파괴하는 원인은 자동차 배출 가스 외에도 여러 가지가 있다. 소가 먹이를 섭취하고 트림을 통해 배출하는 메탄가스는 전체 메탄가스 배출량의 25%에 이르며, 낙농업 전체에서 발생하는 메탄가스 배출량은 전체 메탄 발생량의 40%를 차지하고 있다.[17] 지구에 존재하는 야생동물과 인간의 생물량이 약 2억 t에 달하고 사육되는 가축의 생물량이 무려 6-7억 t에 이르는 것을 감안하면, 식용과 낙농업을 위해 사육되는 전 세계 소의 개체 수는 결코 무시할 수 없는 숫자다. 인간의 식량으로 쓰기 위해 사육하는 소들의 트림을 통해 방출되는 메탄가스가 오존층 파괴의 주요 원인이 될 것이라고 예측한 사람은 아무도 없었다. 이런 문제가 생기기 전까지는 말이다.

제인 베넷은 이런 물(物)의 힘을 "사물-권력"(thing-power)이라고

---

17 Mira Okshevsky, "How do beef and dairy cows contribute to climate change? Livestock agriculture is a source of methane, a powerful greenhouse gas," Let's Talk Science, March 15, 2020. https://letstalkscience.ca/educational-resources/stem-in-context/cows-methane-and-climate-change.

부른다.[18] 이는 물(物)의 행위 주체성이 "정치적인 권력"을 발휘한다는 뜻이다. 오늘날 기후 변화와 생태계 위기는 아주 부정적인 방식으로 영향력을 발휘하면서 "정치적인 문제"가 되었다. 그렇다고 이 위기가 정치 영역의 문제에 한정된다는 의미로 받아들여선 안 된다. 역사적으로 인류 문명의 향배를 결정할 중요한 문제를 다루고 처리하는 영역은 정치였는데, 현재 우리의 정치는 이 문제들을 다룰 능력이 전무하다. 우리는 이런 현실을 고려하여 기후 변화와 생태 위기 문제를 다룰 수 있는 새로운 정치적인 패러다임으로 전환해야 한다. 인간을 개체로 인식한 근대적 관점은 인권 개념을 발전시킴으로써 억압되고 소외당하며 주변화된 이들의 문제를 정치적으로 풀어가는 데 좋은 영향력을 발휘해왔지만, 기존의 "인권" 개념만으로는 이 문제들을 다룰 수 없음이 분명해지고 있다. 기후 변화와 생태 위기 문제는 인간, 동식물 존재, 비유기체적 존재가 모두 얽혀 있는 존재 양식의 근간을 흔들면서 인류의 생존을 위협하는 치명적인 문제가 되어버렸다. 하지만 제도권 정치는 지금까지도 기후 변화와 생태 위기 문제에 대하여 효과적인 대안을 만들어내지 못하고 있다. 국내와 국외 모두 마찬가지다. 따라서 이 문제를 제도권 정치의 노력에만 맡겨놓을 수 없는 긴급함이 문제의 심각성을 더하고 있다. 이런 맥락에서 캐서린 켈러(Catherine Keller)는 제도권 정치를 뛰어넘는 "정치적인 것"(the political)을 창발해야 한다고 주장한다. 제도권 정치를 넘어 우리에게

---

18   Jane Bennett, *Vibrant Matter*, 2.

중요한 문제들을 정치적으로 주장하고 대안을 요청하는 공중들의 창발 말이다. 베넷은 이 정치적 "공중"(public)의 개념에 비유기체적 존재들을 포함하는 비인간 존재들을 정치적으로 고려해야 한다고 덧붙인다.

III. 팬데믹 시대의 정치 신학: 물(物)과 더불어 살아가는 신학

따라서 우리 시대의 신학이 맞이한 위기의 핵심에는 "물(物)과 더불어 머무는 문제"(staying with things)가 놓여 있다. 신학은 여태껏 인간 중심적으로 존재의 구원을 조망해왔다. 하지만 성경은 인간의 타락으로 인해 온 피조물이 고통 중에 있음을 증언한다. 다시 말해 구원은 우리를 포함한 얽힘의 존재들 모두의 구원을 의미한다고 할 수 있다.

　　물(物)은 물질(matter)만을 의미하지 않는다. 우리의 존재는 얽힘(entanglement)으로 존재하며 이 얽힘은 행위자-네트워크를 통해 행위 주체성을 발휘한다. 이처럼 우리의 행위 주체성은 언제나 인간과 사물이 함께 얽혀 발휘되기 때문에, 우리는 더 이상 "존재"나 "사건"을 인간 주체 중심으로만 조망할 수 없게 되었다. 여전히 인간의 주도권(initiative)을 주장할 수는 있겠으나, 그 주도권조차도 사물과의 행위자-네트워크적 결합이 없다면 발휘되기 어렵다. 기후 변화와 생태 위기에서 팬데믹으로 이어지는 문제 상황 가운데서 우리는 인간이 "이성"이나 "주체성"과 같은 역량이나 내적 힘이 아닌 비인간 존재와 비생명적 존재를 포함한 다른 존재와 더불어 결합하여 행위자-네트워크를 결성할 수 있는 능력을 가졌다는 점에서 인간이 지닌 고유성을 보게 된다. 물론 행위자-네트워크를 결성하는 것이 인간의 유일한 고유성은 아니다. 오히려 그것은 "존재의 역량"[19]이다. 즉 존재는 어떤 실체나 본질 같은 것이 아니라 다른 존재와 만나 얽히고 관계하는 역량으로 존재한다. 따라서 우리는 어떤 인간 존재의 "고유성"을 어떤 능력이나 실체적인 것 또는 고정된 개념에서 찾으려는 사유의 습성을 넘어서야 한다. 데리다의 말을 모방하자면 "인간적인 것"(the human)은 "도래해야 할 어떤 것"이다. 인간적인 주도권이란 우리가 속한 행위자-네트워크를 "인간적"으로 만들어가는 데 있는 것이지 처음부터 인간적인 어떤 것에 근거해서 역량을 발휘하는 것이 아니란 뜻이다. 역량은 곧 "행위자-네트워크"의 결합 역량에 달려 있는 것인데, 여러 다른 존재들을 어떻게 결합하느냐에 따라 우리의 행위 역량이 달라질 것이다. 이를 "여물"(與物, staying with things)[20]이라고 표현할 수 있다. "여물"은 몇 가지로 구별할 수 있는데, 이 항목들을 행위자-네트워크의 유형이라고 보면 된다. 우선 우리는 다른 사람

---

19 박일준, "인권에서 존재 역량으로: 가소성(plasticity)을 통해 성찰하는 공-산(sympoiesis)의 의미와 카트린느 말라부의 '파괴적 가소성'(destructive plasticity)에 대한 종교 철학적 성찰", 「종교연구」81/2(2021): 315-350.

20 박희병, 『한국의 생태사상』(파주: 돌베개, 2010), 51. 박희병은 이 책에서 고려문인 이규보(李奎報, 1168-1241)의 "만물일류"(萬物─類) 사상을 소개하면서, 모든 존재와 사물들을 "동등한 류"로 보려는 이규보의 사상을 "여물"(與物)이라는 말로 풀어 소개하고 있다.

들과 더불어 행위자-네트워크를 형성할 수 있다. 이때 비인간인 동식물적 존재도 "인"(人)의 범위에 포함된다. 예를 들어 반려견은 우리와 더불어 사는 한 구별된 금수(禽獸)의 범위에 들어간다기보다는 오히려 인간의 삶 속에서 우리와 더불어 행위자-네트워크를 형성하며 살아가는 존재라고 보는 편이 마땅하다. 두 번째로 우리는 "물"(物)과 더불어 행위자-네트워크를 형성한다. 이는 인간이 사이보그적인 존재이기 때문이다. 인간 행위 주체들과의 결합은 다른 행위 주체들의 상호 작용과도 결합된다. 이때 인간의 행위 주체성은 물질적인 존재들로 연장된다(extend). 이때 인간의 행위 주체성이 확장되는 것은 아니다. 인간의 행위 주체성은 다른 비인간 존재들과 얽혀 연장되면서 그들과 얽히기 이전과는 다른 행위자-네트워크를 형성한다. 이 행위자-네트워크의 창발을 "확장"으로 간주하게 되면, 우리는 인류세에 인간 문명과 관계하는 모든 존재를 인간 중심적인 시각으로 보려는 습벽을 극복하지 못할 것이다. 인류세에 야기된 기후 변화와 생태 위기가 우리로 하여금 인간 중심적인 사유와 행위의 습벽을 버리고 대안을 찾도록 자극하고 있다면, 우리는 우선 인간이라는 존재가 제국주의적으로 확장되는 쪽으로 향하는 사유의 버릇을 버려야 한다. 동시에 다른 존재로 연장되면서 새롭게 구성되는 인간의 행위 주체성을 "사물과 더불어 머문다"는 시각에서 고려해보아야 한다. 이는 비인간 존재들의 객체성을 그들의 관점에서 고려하면서 그들이 보이는 반응에 응답할 수 있는 역량이 필요하다는 의미다. 통상 다른 물질적 존재들과의 결합에서는 인간적인 주도권이 더 크게 작용하기 마련이다. 그래서 우리는 자연스럽게 이 물질적 존재들의 행위 주체성을 망각하면서 문명을 일구어왔고, 급기야 그 망각이 작금의 기후 변화와 생태 위기를 불러일으키게 된 것이다. 마지막으로 우리의 "여물" 의식은 지구적 존재의 한계, 즉 "지구와 함께 머무는 것"을 포괄한다. 최근 들어서야 "지구"가 신학·인문학·철학의 성찰 대상이 되기 시작했다. 우리는 지금까지 생태계나 기후 시스템 같은 존재를 거의 의식하지 않았다. 기후를 인식한다고 해도 그 기후 시스템을 인간적 또는 유기체적으로 투사해서 지구라는 존재가 마치 하나의 유기체나 인격인 듯이 다루고 서술했을 뿐이다. 현재 위기에 맞서 우리가 해야 할 일은 바로 지구가 스스로 담지한 객체성(客體性, objectiveness)을 그 본연의 모습으로 인식하고 들어주는 것이다. 그것이 바로 "여물"(與物)이라는 개념이 제시하는 중요한 내용이다. 이제 우리에게는 이런 여물의 정치 신학이 필요하다.

지금까지 우리의 정치는 기후 변화와 생태 위기를 다루는 데 전적으로 실패해왔다. 우리는 이 실패가 한순간에 근거 없는 희망으로 변질되도록 방치할 수는 없다. 이미 언급했듯이 우리가 기후 변화와 생태 위기를 정치적으로 의제화시키는 데 실패했던 이유는 일정 부분 생물 유기체의 인지 기제에 기반한 기존 인식 때문에 "생명" 개념과 엮인 존재 개념의 바깥에 놓인 존재들을 인식하지 못했기 때문이다.

하지만 신학은 처음부터 "없는 것들"(*ta me onta*, things that are not

[고전 1:28, NRSV])과의 연대를 꿈꾼다.[21] 하나님은 "없는 것들을 택하사 있는 것들을 폐하려" 하신다는 바울의 말은 신학이 왜 정치적이어야 하는가를 압축적으로 표현한다. 신분 구별에 따라 인간을 차별하는 것이 도덕적·윤리적으로 공인된 시대에, 히브리 신앙과 기독교 신앙은 모든 존재가 하나님의 형상으로 창조되었음을 선포하면서 그분의 형상을 입은 이들의 다스림과 통치는 군림과 정복이 아니라 "그들이 존재하고 활동하게끔" 지지하는 다스림임을 분명히 드러낸다. 포로로 끌려온 노예들이 인간만도 못한 존재가 아니라, 도리어 하나님의 형상으로 지음 받은 하나님의 자녀들로서 "신의 아들"로 칭함 받는 황제와 존재론적으로 다르지 않다고 선포하는 일은 결코 비정치적인 행위가 될 수 없다.

따라서 기독교의 정치 신학은 세상의 체제와 개념에 의해 비존재로 취급받는 것들을 "존재"로 다시 부르는 작업이라고 할 수 있다. 그것이 바로 누가복음에서 선포된 "대역전"(the great reversal)의 의미이며, 고린도전서 1장에서 바울이 전한 "없는 것들"을 택하신다는 메시지의 핵심이다. 현재 우리의 정치 신학이 당면한 과제는 인간 이하의 존재로 선포되어 통치 권력에 의해 비존재로 밀려났던 존재들을 다시 존재로 회복시키는 것이다. 물론 비인간적인 존재로서 착취당하거나 억압

---

21 "그러나 하나님께서 세상의 미련한 것들을 택하사 지혜 있는 자들을 부끄럽게 하려 하시고, 세상의 약한 것들을 택하사 강한 것들을 부끄럽게 하려 하시며, 하나님께서 세상의 천한 것들과 멸시받는 것들과 없는 것들을 택하사 있는 것들을 폐하려 하시나니"(고전 1:27-28).

받는 이들을 존재로 회복시키기 위한 노력들이 이미 해방 신학이나 민중 신학의 이름으로 이루어져 왔다. 하지만 이 시대는 우리에게 억압받는 민중을 구하는 것에서 한발 더 나아가 이 행성 위에서 인간과 함께 행위자-네트워크를 형성하며 공생 공산의 삶을 만들어나가는 동물-식물-미생물-초객체까지 존재로서 회복시켜야 한다고 말한다. 부뤼노 라투르(Bruno Latour)는 "인간"이 동일한 언어 기제를 갖고 있지 않은 비인간적 존재들을 위해 "대변인"(spokesperson)이 되어야 한다고 주장한다.[22] 비록 현재의 대의 민주주의 시스템은 현실적으로 대의를 전혀 반영하지 못하고 기득권의 입장을 증폭시키는 누더기뿐인 민주주의 형식으로 전락했지만, 본래는 제도권 내에 사람들의 입장을 대변하는 대표자들을 선거로 파견해서 정치적인 의견을 반영하고자 하는 이상적인 목표를 갖고 있었다. 라투르는 현재 제도가 아무리 나쁘더라도 결국 정치는 제도를 통해 의견이 반영되게 만드는 것이라고 말하면서, 비인간 존재들을 정치로 대변할 수 있는 "자연의 정치" 개념을 주창한다. 이처럼 비인간 존재의 목소리를 정치 신학적으로 반영시키는 일이 오늘날 우리의 정치 신학에 주어진 과제다.

하지만 지금까지 정치 신학이 시도한 일들은 성공하지 못했다. 우리가 살아가는 세계는 여전히 평등하지 못하고, 우리가 경쟁하는 이 체계는 전혀 정의롭지 못하며, 사람들은 온전히 서로 사랑하기보

---

22   Bruno Latour, *Politics of Nature: How to Bring the Sciences into Democracy*, trans. Catherine Porter (Cambridge, MA: Harvard University Press, 2004), 64.

다는 나와 남을 나누면서 상대방을 악마화한다. 하지만 이 세계 안에서 우리의 신학적인 노력이 실패했다고 해서 우리의 정치적인 노력까지 무익해진 것은 아니다. 차이가 차별로 이어지고 있는 세상에서 우리는 더욱 온전한 평등을 선포하기 위한 노력을 멈추지 않았다. 황제를 정점으로 하는 신분제 사회 속에서 모든 이가 하나님의 형상으로 창조됨으로써 만물을 다스리고 지배하며 정복할 명령을 위임받았다는 창세기의 정신이 그리스와 로마를 거쳐 종교 개혁으로 이어졌고, 다시 여성 참정권 운동과 흑인 인권 운동으로 발전되었다. 한국의 동학 농민 운동과 광주 민주화 항쟁 속에도 그런 정신이 담겨 있다. 우리는 각 개인의 평등 개념을 기반으로 불완전하나마 민주주의라는 정치 시스템을 도입하려는 정치적 열망을 여전히 가지고 나아가고 있으며, 무한 경쟁과 적자생존의 시스템 속에서 소위 "패배자"가 되어 밀려나는 존재들을 향한 정의를 실현하기 위한 노력을 멈추지 않고 있다. 또한 우리와 다른 이들을 적으로 삼음으로써 무리 내에 발생하는 동질감을 정치적으로 이용하려는 부패한 권력에 맞서 차이를 사랑하는 집단체를 형성할 방법을 계속 강구하고 있다. 문제는 우리가 지속해온 이런 정치적인 노력들이 기후 변화와 생태 문제 같은 위기들 앞에서 무력해질 가능성이 크다는 것이다. 따라서 우리에게는 기존의 정치적인 노력을 계승하면서도 새로운 문제에 대처할 수 있는 대안이 필요하다.

들뢰즈는 철학을 개념의 발명으로 정의한다.[23] 들뢰즈와 가타리에 따르면 철학은 시대를 향한 일관성을 전개해줄 수 있는 개념을 창조함으로써 시대가 아닌 스스로를 설명한다. 하지만 신학은 시대나 실재를 설명하는 것이 아니라 하나님의 말씀을 시대와 사람들이 이해하도록 돕는 개념을 발명하고 가공한다. 따라서 신학적인 개념은 하나님 말씀의 실재를 전거로 갖는다는 점에서 "내재성의 평원"을 탈주하는 개념과는 다른 맥락에 존재한다. 물론 개념의 발명을 통해 시대를 납득하게 만든다는 점에서는 어느 정도 철학과 상통하는 부분이 있다. 하지만 결정적으로 신학은 개념의 발명을 통해 시대를 연다. 우리는 창세기 1장에 기록되어 있는 "하나님의 형상" 개념을 시대마다 새로운 개념으로 풀어냄으로써 기존 체제를 도발하고 혁명을 일으키며 새 시대를 연다. 이런 점에서 신학은 언제나 정치적이다. 기존 체제가 담지하고 있는 모순과 불완전성을 개념을 통해 폭로함으로써 기존 체제에 불온한 상상력을 도입하고 있기 때문이다. 하지만 신학의 개념적인 발명은 언제나 정치적 재개념화에 머문다. 신학은 "하나님의 형상"과 "하나님 나라" 개념을 새로운 개념들을 통해 반복적으로 요약하고 있기 때문이다. 이를 가리켜 캐서린 켈러는 "반복적 요약"(recapitulation)이라고 말한 바 있다.

---

23 Deleuze가 사용한 보다 정확한 표현을 빌리자면 철학은 "개념들을 형성하고, 발명하고 그리고 가공하는 예술"이다. Giles Deleuze and Félix Guattari, *What Is Philsophy?*, trans. Hugh Tomlinson and Graham Burchnell (New York: Columbia University Press, 1994), 2.

오늘날의 신학이 개념의 정치적 (재)발명을 이뤄내기 위해서는 물(物)에 대한 새로운 상상력이 필요하다. 이 말은 지금까지 인간을 창조의 정점이나 창조의 면류관으로 보았던 근대 신학과 철학의 인간 중심주의를 넘어서 인간이 지닌 하나님의 형상을 "다른 존재와 더불어 행위자-네트워크를 형성"하는 능력으로 재해석하고 인간과 다른 존재들의 물화(mattering)를 정치적으로 성찰하는 작업을 해야 한다는 뜻이다. 이는 기존의 신학적인 개념들이 불완전하거나 불충분하기 때문만은 아니다. 그저 시대마다 겪는 문제가 다르기 때문에 그에 맞춰 다른 개념들이 요청되는 것이다. 현재 우리가 맞닥뜨린 가장 큰 문제인 기후 변화와 생태 위기를 신학적으로 다루기 위해서는 기존의 신학적 개념과는 다른 개념적 틀이 요구된다. 다른 말로 표현하면 우리는 근대적인 인간 이해에 기반한 인간 중심주의적 신학을 극복해야 하는 문제를 안고 있는 셈이다.

한강의 소설 『채식주의자』(2007)는 우리에게 서로를 잡아먹지 않는 시대를 명령한다. 하지만 우리 문명은 다른 존재의 무수한 희생을 근본으로 발전했으며, 그것도 모자라 무한 경쟁과 승자 독식의 경쟁 시스템을 도입함으로써 차이가 차별로 이어지는 부정의를 구축해 왔다. 이 지점에서 우리는 "거기에 빛이 있으라"(let there be light)는 말씀의 문법에 주목하게 된다. 하나님의 형상이 발휘하는 창조적 지배력은 군림하거나 제압하는 무력의 지배가 아니라 다른 존재를 "되도록"(becoming)하는 힘을 의미한다. 이를 다른 말로 하나님의 "공동-창조성"(co-creativity)이라고 표현할 수 있다. 또한 하나님의 구원은 자신의 온전하고 전지전능한 힘을 발휘하는 방식이 아닌 우리들 가운데로 내려와 우리와 함께 머무는(與人) 형태로 이뤄졌다는 점에서, 하나님은 구원조차도 우리와 함께 이루기(sympoiesis)를 원하셨다고 해석할 수도 있을 것이다. 즉 기후 변화와 생태 위기 시대에 하나님의 성육신을 새롭게 번역한다면, 그것은 다름 아닌 여물(與物, staying with things)의 신학이라고 말할 수 있겠다.

기후 위기와 기독교윤리

조영호

> 보다 진실하게 말한다면 지구와 모든 생명은 공동체이며 같은 운명이
> 다. 살기 위하여 지구를 파괴한다는 것은 진실이 아니며 죽기 위하여 지
> 구를 파괴한다고 해야만 옳다.
>
> - 박경리 『생명의 아픔』에서

우리는 지금까지 무엇을 꿈꾸면서 어떤 행위를 하고 있었는가? 근대
인인 우리는 진보를 꿈꾸면서 성장을 추구해왔다. 진보와 성장이라는
꿈은 훌륭한 파티였을지 모른다. 적어도 산업화된 국가에 사는 사람
들 대부분은 굶주림을 모르고 산다. 온수와 냉수가 흘러나오는 수도
가 집안까지 들어오고, 한 장소에서 다른 장소로 이동할 때도 큰 힘을
들일 필요가 없다. 한 철을 위해 입을 수 있는 옷이 넘쳐나고, 기술의
은총을 입어 오락과 정보가 끝없이 제공된다. 그런데 그 이후는 어떨
까? 이 화려하고 위대한 파티 이후에 펼쳐질 삶은 어떤 모습일까?
　진보와 성장의 파티가 끝나고 생명의 집은 어떻게 되었는가? 우

리는 주어진 유산을 다 써버리고 말았다. 그렇다면 비참한 종말에 도달할 때까지 흥청대고 다른 사람들을 나락에 빠뜨리면서 모든 생명과 지구를 파괴해야만 하는가? 아니면 파티가 이미 끝났음을 인정하고 우리의 미래와 생명의 미래 그리고 생명의 집인 지구의 미래를 위한 길을 마련해야 하는가?

기후 위기는 오늘날 우리가 목도하고 있는 생명의 아픔이자 눈물의 상징이다. 기후 위기는 단순히 날씨의 변화로 인한 위험이 아니라 생명의 위기다. 생명의 집이라는 말에 "지구와 모든 생명이 공동체로서 같은 운명이다"라는 뜻이 담겨 있는 점을 생각해보면, 인류가 현재 경험하는 기후 위기는 생명의 위기이자 인간의 위기라고 할 수 있다. 즉 근대적인 인간의 삶이 만들어낸 기후 위기, 경제적인 인간의 파티가 끝난 자리에 피어난 생명 위기는 인간 사유 양식의 위기인 동시에 생활 양식의 위기인 셈이다.

우리의 파티는 불행으로 마무리되었다. 인간과 생명이 겪는 불행의 원인은 파티의 끝에 밀려오는 허무와 어수선함 때문만은 아니다. 우리가 지닌 생명 공감, 생명 사랑, 공존 공생의 능력을 올바로 사용하지 못했기 때문에 그런 불행이 온 것이다. 그래서 박경리는 다음과 같이 말했다. "본래부터 인간은 만물의 영장으로 자부해오긴 했지만 여하튼 20세기 초반, 인류는 조물주의 창조 능력과 자연을 통제하는 권한을 물려받기라도 한 것처럼 굴면서 지구의 사정은 달라지기 시작했다. 그것은 불행한 일은 아니었다. 불행은 능력을 옳게 쓰지 못하고 권한을 올바르게 행사하지 못한 데서 비롯된다." 이런 의미에서

생명 위기와 인간 위기를 함의하는 기후 위기는 윤리적인 문제가 된
다. 왜냐하면 기후 위기는 인간의 건강, 식량 생산, 자원 안보 등에 심
각한 영향을 미치고 있으며, 시간이 지날수록 그 영향력이 더욱 커질
것으로 예상되기 때문이다. 설상가상으로 이런 기후 위기는 재난의
일반적인 특징을 함께 갖고 있어서, 재난의 불평등을 강화하며 그 피
해가 기후 약자에게 더 잔인한 영향을 미침으로써 기후 정의의 문제
를 야기한다. 이를 종합해보면 기후 위기가 인간 행동의 결과인 동시
에 기후 정의의 문제를 야기한다는 점에서 윤리적인 문제가 된다.

I. 무엇이 문제인가?

그러면 무엇이 문제인가? 기후 위기의 윤리적 문제는 무엇인가? 일시
적인 기후 재앙도 마찬가지지만 총체적인 기후 위기 문제의 근본 원
인은 인간이다. 이런 점에서 기후 위기가 윤리적인 문제라고 지적하
는 것이다. 여기서는 이 주장의 근거를 천천히 살펴보고자 한다.

    우선 기후 변화에 관한 정부 간 협의체(IPCC)는 기후 변화와 그
에 따른 위험을 완화하기 위한 방법을 찾고 적응 전략을 연구하기 위
해 국제적으로 수집한 자료를 과학적으로 평가하는 기구다. IPCC에
서 일곱 차례에 걸쳐 내놓은 평가서에는 다음 내용이 명시적으로 기
술되어 있다. ① 기후 변화는 현재 진행 중이며, 인간의 활동과 문명
즉 인간 자신이 그 원인이다. ② 2050년 이전에 지구 평균 온도를 1.5

도 상승선에서 막아내지 못하면 전 지구적인 재앙이 닥쳐올 것이다. ③ 기후 변화로 인한 기후 문제가 빈곤한 국가들의 생존을 위협한다.

IPCC 보고서가 주지하듯이 현재 우리가 경험하고 있는 기후 위기의 근본 원인은 다름 아닌 인간이다. 인간 활동의 결과로 산업화 이후 지속적으로 과도하게 배출된 온실가스는 기후 온난화의 원인이 되었다. 온난화는 대기 및 해수 온도 상승과 해양 및 산악 빙하의 해빙을 초래했고 그 결과 해수면이 상승했다. 기후 온난화에 의한 기후 위기의 영향은 매우 다양하고 복합적이며 지속적이다. 기후 위기의 결과는 일차적으로 폭염, 폭우, 한파, 폭설, 가뭄, 태풍, 해수면 상승, 식수 부족, 식량 기근, 온갖 전염병과 질병의 확산 등의 모습으로 드러난다. 이중 몇 가지가 결합하여 영향의 규모가 커진다. 이처럼 기후 위기는 인간의 건강, 식량 생산, 자원 안보 등에 심각한 문제를 불러일으키고 상대적으로 취약한 사회 집단에 더 많은 영향을 미친다. 심지어 누적된 환경 오염에 따라 수많은 조기 사망자가 발생하기도 한다.

이와 같은 기후 위기의 부정적 영향은 지역에 따라 다르게 나타나며, 심지어 원인 제공자들에게 미치는 영향에도 차이가 있다. 저개발국들은 부유한 선진국들보다 훨씬 더 큰 피해에 노출되어 있다. 상당수의 저개발 국가나 개발 도상국이 더운 지역에 위치한 데다가 탄소 배출량이 많은 나라가 대부분 상대적으로 빈곤한 국가다 보니 이런 지역에서 경험하는 기후 위기의 영향은 더 크게 느껴질 것이다. 더구나 저개발 국가나 개발 도상국은 농업과 임업 등 1차 산업에 대한 의존도가 높아서 산업 및 사회·경제 구조 전체가 기후로 인한 변화에 취약하다.

앞서 언급했듯이 기후 위기 문제의 근원은 인간 활동, 즉 경제적 성장 중심의 근대 산업화 과정에 뿌리를 두고 있다. 인간은 근대 산업화를 통해 기술에 의해 지배받는 생활 세계를 구축하게 되었음에도 불구하고, 자신이 기술을 통제하고 조작하면서 인간됨을 회복하고 자연으로부터의 자유를 획득했다고 생각했다. 하지만 그 결과는 기후 위기라는 모습으로 나타나 생명 위기뿐 아니라 인간의 생존 여부까지 불확실하게 하는 인간 위기를 몰고 왔다.

현재 우리가 직면한 위기는 인류가 오늘날까지 단 한 번도 경험하지 못한 총체적 위기이자 강제된 위기이며 전 지구적인 위기다. 그리고 기술의 불투명성으로 인해 현재 기술로는 이를 통제할 수 없어 보인다. 게다가 기후 위기는 근대 문명의 자기 파괴적인 잠재력에 근거를 두고 있다. 문명의 자기 파괴적인 잠재력은 인간의 존재를 위협하고 다양한 생물 종을 위태롭게 만들었다. 불투명한 현대 과학과 기술에 지배받은 인간의 폭주하는 욕망과 이 욕망을 충족하는 데 여념이 없는 소비 사회가 기후 위기의 근본 원인이다. 따라서 기후 위기는 경제, 욕구, 환경의 문제를 넘어선 윤리적 문제인 동시에 신학적인 문제다.

소비 사회는 성장 사회의 마지막 정거장이다. 성장 사회는 경제가 지배하는 사회로서 경제적 성장이 모든 것을 규정한다. 이런 사회에서는 생산과 소비가 한계에 달할 때 성장이 지연되므로, 무제한적인 소비를 이끌어내기 위한 방편으로 인간의 욕망을 무제약적으로 추동하고 충동한다. 이런 사회 안에서는 인간이 소비적인 존재가 되어 필요가 아닌 욕망에 따라 소비를 하게 된다. 그러나 이렇게 규제되지 않는 생산과 소비가 최종적으로 야기하는 것은 채워지지 않은 욕망과 지구 생태의 오염 및 파괴뿐이다. 소비 사회를 유지하기 위한 무한한 경제 성장을 추구하던 경제적 인간(*homo economicus*), 즉 소비의 주체이자 객체로서의 인간은 어느 순간 성장 중심의 사회 체계를 유지하기가 불가능하다는 것을 인식하기 시작했다. 동시에 기후 위기를 오늘날의 인간 보편의 문제이자 전 지구적 문제로 여기게 됨으로써 성장의 한계를 직시하고 지속 가능한 성장 또는 탈성장을 논의하게 되었다.

"지속 가능성"은 기후 위기와 관련해서 우리 삶의 양식, 사회, 경제 체제를 다시 생각하게 하는 핵심 개념이자 생태 윤리의 중심 개념이다. 지속 가능한 성장은 생태계를 보호하고 인간의 존엄성을 존중하며 빈곤을 퇴치하기 위해 제한된 경제 성장 방식을 추구하고 사회적 정의와 통합을 달성하고자 한다. 이는 온 생명과 더불어 살아가는 공생적 삶으로서, 이반 일리치(Ivan Illich)가 말한 "달팽이의 성장"을 통해 그 구체적인 모습을 그려볼 수 있다.

달팽이는 항상 더 큰 나선을 차례로 추구하면서 자기 껍질이 될 섬세한 구조물을 구축한다. 그러다가 갑자기 공사를 중단하고는 작아지는 쪽으로 말기 시작한다. 그렇게 함으로써 가장 큰 하나의 나선이 껍질보다 16배나 큰 차원을 부여하게 된다. 그것은 생물의 복지에 기여하기는커녕 과도한 책임을 부여한다. 그때부터 모든 증가된 생산성은 단지 목적에 의해 정해진 한계를 넘어선 껍질의 증가로 생긴 어려움을 상쇄하는 데만 사용된다. 나선 확장의 한계점을 거친 후 과잉 성장의 문제점들이 기하급수로 증가하는 반면, 달팽이의 생체 능력은 기껏해야 등차수열을 따를 뿐이다.[1]

"달팽이의 성장"으로 상징되는 지속 가능한 공생적인 삶은 생태계를 보존할 수 있는 범위 안에서 사회적 정의와 평등한 기회를 보장하고 경제 성장을 통해 인류의 기본 필요를 충족시키며 복지와 행복을 증진하는 것을 의미한다. 미래에도 인류가 존재하려면 현재 세대를 넘어 미래 세대까지 우리 사회와 온 생명이 지속 가능해야 할 것이다. 이처럼 지속 가능성은 세대 간 정의, 즉 "간세대적 윤리"를 추구한다.

지속 가능성에는 시간과 공간의 이중적 차원이 포함되어 있다. 시간적인 차원에서는 미래 세대에 대한 배려로서 세대 간 형평성과 정의를 문제 삼는다. 그리고 공간적인 차원에서는 사회 계층 간의 균형과 계층 내 형평성 및 정의를 숙고한다. 또한 지속 가능성이란 개념은 인간 이외의 존재물에 대한 배려인 종간 형평성을 핵심 원칙으로 고려한다. 이런 원칙에 기초한 새로운 발전이란, 현세대의 평등한 생존과 삶의 질을 충족시키기 위해 가난한 사람들의 기초 수요를 충족

---

1   Ivan Illich, *Genus: zu einer historischen Kritik der Gleichheit* (Hamburg: C. H. Beck, 1995), 53.

하고, 그것을 넘어서는 소비는 지속 가능성을 보장하는 차원에서만 인정하는 것을 의미한다. 이와 더불어 자연 자원, 특히 대체 불가능한 소모성 자연 자원을 절약하고 자연 생태계의 수용 능력을 초과하지 않게 관리함으로써 미래 세대의 생존과 삶의 질도 보장해야 한다. 종합해보면 기후 위기가 기독교윤리에 요청하는 것은 다음 세 가지, 즉 "기후 정의", "지속 가능성", "간세대적 윤리"다.

II. 기후 정의

기후 위기는 사회적 관계를 변화시킨다. 앞서 살펴본 것과 같이 기후 위기는 구체적으로 사회적 불평등을 발생시킨다. 그렇기 때문에 기후 변화를 연구하는 학자들은 과학의 영역뿐만 아니라 사회학과 정치학의 영역에서도 이 문제를 탐구한다. 사회학자 울리히 벡(Ulrich Beck)은 기후 위기 현상을 사회적인 관점에서 해석한다. 그는 기후 위기를 사회학의 중심 주제로 다루려면 기후 위기에 의해 발생하는 사회적 불평등을 동시에 고려해야 한다고 말한다. 그에게 사회적 불평등과 기후 위기는 동전의 양면과 같다. 기후 위기의 결과를 고려하지 않고서는 더 이상 사회적 불평등을 개념적으로 파악할 수 없다. 이와 마찬가지로 기후 위기가 사회적 불평등에 미치는 영향을 고려하지 않고서는 기후 위기의 본질을 파악하기 어렵다. 그는 이런 현상을 종합하여 "기후 변화는 빈자와 부자, 중심과 변두리라는 엄연히 존재하는 불평등을 심화시키는 동시에 불평등을 지양한다"고 표현했다. 왜냐하면 위기가 커질수록 그 영향력이 모든 사회와 전 지구적인 범위로 확장됨으로써 급기야 온 생명의 위기가 될 것이며, 그렇게 되면 모든 사람과 생명이 위기에서 벗어날 가능성이 함께 줄어들 것이기 때문이다. 지금부터는 구체적인 예시를 통해 기후 위기의 양면성과 기후 정의의 문제를 자세히 살펴보자.

1. 기후 위기의 불평등

기후 위기는 인간뿐만 아니라 모든 생명의 생활 조건을 변화시킨다. 그러나 우리는 이런 자연적인 생명 조건의 변화와 함께 기후 위기의 결과와 그것이 미치는 사회적인 영향력도 주의해서 살펴봐야 한다. IPCC는 네 차례 보고서를 발간한 이후에 기후 위기가 초래할 사회적인 결과로 극단적인 사회적 불평등과 지역적 불평등을 꼽았다. 보고서에 따르면 기후 위기는 지역적으로 상이한 영향을 초래할 것이며, 우리는 그런 지구적인 불평등 현상을 기후 위기의 결과로 인식하게 될 것이다. 모한 무나싱혜(Mohan Munasinghe)는 "기후 변화가 현존하는 빈곤, 환경 파괴, 사회 양극화, 테러리즘 등의 문제를 악화시키고 매우 혼란스러운 상황을 만들 수 있는 추가적인 요인이거나 요인 자체가 될 수 있다"고 말하면서, 온실가스 배출량의 증가로 인해 기존의 사회 문제들이 더욱 악화되고 디스토피아적인 세계로 변화될 가능성이 있다고 예상하였다.

UN 개발 계획(UNDP)의 인간 개발 보고서(HDR)는 기후 위기가 완화되지 않으면 가난한 국가에 사는 국민들의 생활이 어려워지고 수백만 명이 영양실조, 물 부족, 생계 위협의 늪에 빠질 것이라고 경고한다. 이 보고서에 의하면 기후 위기는 인류 보편의 문제인 동시에 사회적 약자와 경제적 약자들에게 더욱 혹독한 고통을 부가함으로써 재난 불평등의 문제를 일으키고 기후 정의의 문제를 야기한다. 부를 갖춘 국가와 사람들은 기후 위기로 의한 문제가 발생해도 다양한 형태로 보호받을 것이다. 반면 빈곤층이나 사회경제적 약자들은 일상에서도 기후 위기의 부정적인 영향력에 노출된다. 기후 위기는 이처럼 기후 불평등성을 강화하고 궁극적으로 기후 정의의 문제를 불러온다.

한 국가와 지역 안에서도 사회경제적 조건에 따라 기후 불평등의 양상이 어떻게 드러나는지를 "서울시 열 환경 지도"를 통해 구체적으로 살펴보고자 한다. 연구 결과에 따르면 서울에서 에너지 소비량 1-3위를 차지하는 "강남 3구"(강남, 서초, 송파)는 한여름 평균 최고 기온이 상대적으로 가장 낮은 지역에 속한다. 반면 에너지 소비량이 강남 3구에 비해 월등히 낮은 종로, 성북, 영등포구 등은 의외로 가장 더운 지역에 속하는 것으로 나타났다. 이는 화석 연료 사용으로 인한 피해가 에너지 소비가 상대적으로 적은 지역과 계층에서 더 크게 체감되는 "환경 불평등" 현상으로 드러나고 있음을 보여주는 결과다. 참고로 이 수치는 평균 일 최고 기온 34.4도 이상을 1급으로 설정하고, 0.2도 낮아질 때마다 한 단계씩 낮은 등급으로 구분해 열 환경 분포도를 측정한 결과다.

이 연구 결과를 구체적으로 살펴보면, 송파구는 서울에서 가장 외곽에 있는 강동구, 강서구와 함께 면적의 대다수가 7-8월 평균 최고기온 4급 이하(평균 34.0도 이하)인 가장 덜 더운 지역에 속했다. 서초구와 강남구는 광진구, 노원구와 함께 면적의 50% 이상이 4급 이하로 측정되면서 그다음으로 시원한 지역으로 분류됐다. 반면 종로구와 성북구는 면적 대부분이 1급에 속하는 가장 더운 자치구다. 특히 서울시에서 지정 관리하는 대표적인 쪽방촌 다섯 곳 가운데 네 곳은 가장 더운 1급 지역에 속해 있었으며 나머지 한 곳도 2급 지역에 위치하는 등 빈곤층의 거주 환경이 열 환경적으로도 취약한 모습을 보였다.

서울시가 2014년에 발표한 "2014 에너지 백서"를 보면 온실가스를 유발하는 석유, 가스, 전기 사용량은 강남 3구가 압도적으로 많았다. 그해 송파구는 석유 6억 4,068만 L를 사용했고 서초구(3억 2,258만 L)와 강남구(2억 5,483만 L)가 그 뒤를 이었다. 이처럼 강남 3구가 월등히 많은 에너지를 사용하면서도 기후 위기에 따른 영향은 오히려 덜 받는 셈이다. 이런 차이의 원인은 도심 내 조성된 녹지 면적의 규모에 있다. 2015년 서울시가 발표한 "도시 생태 현황도"를 보면 시민의 거주 환경에 영향을 미치는 시가지 내 녹지 면적은 강남구가 278.7ha로 가장 넓고, 그다음은 송파구(249ha)와 서초구(248.5ha) 순이다. 4위인 노원구의 시가지 내 녹지 면적이 157.2ha에 머무는 것을 보면 강남 3구와 나머지 자치구 사이의 큰 격차를 확인할 수 있다. 가장 더운 지역으로 꼽힌 종로구(113.6ha)와 성북구(135.7ha)의 도심 내 녹지 면적은 강남 3구의 절반 수준이다. 우리는 이 수치를 통해 열 환경에 큰 영향을 주는 녹지 확대와 같은 도시 개발 사업이 부유한 지역에 집중되어 시행되어왔음을 짐작할 수 있다.

이런 현상은 전 지구적인 기후 불평등 또는 기후 정의의 문제와 동일한 양상을 보인다. 즉 기후 위기의 책임이 있는 선진국보다 오히려 저개발국이 기후 변화로 인한 피해에 더 취약한 것과 유사하다. 앞서 살펴본 내용을 종합해보면 기후 위기는 부유층과 빈곤층 및 국가 간 격차를 확대하고 불평등한 고통을 부과함으로써 기후 정의의 문제를 명확히 드러내고 있음을 알 수 있다.

2. 기후 위기와 기후 정의

기후 위기의 문제와 해법은 매우 단순하다. 인간의 활동량을 줄이고 이에 맞춰 활동에 필요한 화석 에너지의 소비를 줄이면 된다. 물론 말은 이렇게 간단하지만 실제로 실행하기는 만만치 않은데 그 이유는 다음과 같다. 첫째, 이 문제에는 여러 견해와 입장 및 논란이 중첩되어 있어 그 해법도 국가와 지역 및 사회 경제적 입장에 따라 다르다. 이토록 상이한 관점들의 차이로 인해 인류는 공통 해법을 찾지 못하고 위기를 불러온 생활 방식을 지속해왔으며 그 결과로 지구의 위기를 알리는 적색등이 켜졌다. 둘째, 국가, 지역, 사회에 따라 기후 위기에 대한 적응 능력의 차이가 있다. 이는 각 지역과 국가의 사회, 경제 발전 정도와 깊이 연관되어 있다. 이 불평등은 앞서 언급한 기후 정의 문제의 본질로서, 우리는 여기서 다시 한번 기후 정의의 문제가 기후 위기의 핵심임을 알 수 있다.

기후 위기가 야기하는 기후 불평등의 문제와 분배적 차원에서 나타나는 형평성의 문제는 기후 정의 문제와 연결된다. 기후 정의 문제는 이미 말했듯이 국제 영역과 국내 영역으로 구분된다. 그리고 이 두 영역이 맞서고 있는 공통의 적은 적절하게 다루어지지 못하고 있다. 제한된 자원과 예산을 어떻게 분배하더라도 결국 국가 및 사회 경제적 계층 사이에서 정의의 문제가 발생하기 때문이다. 이처럼 기후 위기는 기후 정의의 문제 곧 윤리적인 문제가 된다. 그러므로 지구 공동체, 생명 공동체의 구성원인 인간은 윤리적 책임을 가지고 공동체적 연대를 구성하여 행동해야 한다.

기후 정의는 모든 사람이 기후 위기로부터 평등하게 보호받아야 하며, 환경 자원을 이용할 때 발생하는 편익, 향유, 비용을 생명 공동체 구성원이 공정하게 나눠야 함을 전제로 한다. 이를 요약하면 기후 정의의 문제는 "누가-문제"와 "어떻게-문제"로 집약된다. 온실가스 감축을 위해서 "누가" 더 책임을 져야 하는가? 지구의 희소 자원인 대기를 "어떻게" 분배해서 사용할 것인가? 또한 이 과정에서 발생하는 경제적 부담을 "누가" "어떻게" 감당해야 하는가?

선진국과 개발 도상국 간의 이산화탄소 누적 배출량 차이와 이로 인한 에너지 소비에 대한 공정성의 문제는 지속적·반복적으로 제기되고 있다. 기든스(Anthony Giddens)는 이 문제를 통해 기후 위기의 피해가 사회적·생물학적 약자들에게 상대적으로 집중된다는 점을 지적하면서, 기후 위기를 초래한 원인 제공자의 사회적 책임이 가려져 있음을 문제 삼는다. 즉 기든스는 "누구"의 문제를 다루는 것이다. 반면 피터 싱어(Peter Singer)는 "어떻게"의 문제인 분배 방식에 집중한다. 그가 제시하는 분배 방식의 원칙은 "오염자 부담의 원칙"(PPP, polluter-pays principle)[2]이다. 이에 따르면 지난 2세기 동안 산업화된 선진국은 그간 많은 양의 이산화탄소를 배출하였으므로 오염자 부담의 원칙에 따라 기후 온난화에 대한 책임을 지고 이산화탄소 배출도 가장 많이 줄여야 한다. 그리고 개발 도상국이나 저개발 국가를 기술적·경제적으로 도와야 할 의무가 있다.

III. 지속 가능성

앞서 살펴본 것과 같이 인류는 기후 변화, 에너지 문제, 빈곤, 식량난과 인구 문제, 물 부족과 오염, 생물 다양성 위기, 선진국과 저개발 국가 간의 격차 확대와 같은 전 지구적인 도전과 위협에 직면하게 되었다. 오늘날 우리가 목도하는 현상은 인류의 지속 가능성에 대한 도전인 동시에 지구 안에서 살아가는 생명의 오늘과 내일에 대한 위협이다. 인간 위기, 생명 위기 시대에 우리 인간을 포함한 생명을 구원하

---

2 1972년 경제 협력 개발 기구(OECD)에서 채택한 "환경 정책의 국제 경제적 측면에 관한 지도 원칙"의 일환으로 권고된 이 원칙은 환경 오염의 원인을 제공한 자가 오염으로 인해 발생하는 피해 비용을 모두 부담하고 손실 보존에도 책임을 져야 한다고 말한다.

기 위해 실현해야 할 윤리적인 가치는 무엇일까? 우리는 이것을 "지속 가능성"이라고 말한다.

지속 가능성과 지속 가능한 발전은 다르다. 지속 가능성은 미래 세대가 그들의 욕구를 충족시킬 수 있는 능력을 해치지 않으면서도 현세대의 생존을 위한 조율된 필요를 충족시키는 것이다. 반면 지속 가능한 발전은 현세대의 개발 욕구를 충족시키면서도 미래 세대의 개발 능력을 저해하지 않는 환경 친화적 개발을 하는 것으로서, 미래 세대가 제대로 보존된 환경 속에서 적절한 개발을 할 수 있게끔 한다는 목표를 가지고 있다. 하지만 이 개념은 다양한 비판에 노출되어 있다. 특히 기딩스(A. Giddings)는 이 개념의 모호성을 지적하면서, 지속 가능한 발전이란 그 언어의 모호함을 이용하여 많은 부문을 끌어들이려고 하는 정치적인 허튼소리라고 폄하한다. 실제로 지속 가능한 발전에는 "지속 가능성"과 "발전"이라는 상충하는 개념이 혼재되어 있다. 그래서 이 개념어가 발전을 위한 지속을 말하는지, 지속을 위한 발전을 의미하는지가 모호하다. 기딩스의 지적대로 이 모호함을 이용하여 자신의 관점이나 이익에 부합하는 쪽으로 개념을 해석하는 사람들이 많다.

지속 가능한 발전에 대한 해석은 두 가지로 구분되는데, 우선 "환경적으로 건전함"에 중점을 둔 발전이라는 해석이 있다. 또 다른 해석은 지속적인 "성장"이나 성공적인 "발전"에 초점을 맞추고 "발전을 저해하지 않는 범위 안에서 환경 문제를 고려하는 것"이라고 본다. 이처럼 강조점을 어디에 두느냐에 따라 "지속 가능한" 발전이 될 수도 있고 지속 가능한 "발전"이 될 수도 있다.

우리는 이 문제를 해결하기 위한 열쇠를 UN 환경과 발전 회의(UNCED)의 Agenda 21에서 찾을 수 있다. 리우 선언이라 불리는 Agenda 21은 지속 가능성의 원칙을 제시한다. 역사적으로 결정적인 갈림길에 서 있는 인류는 지속 가능한 발전을 지향해야 한다. 우리의 행복과 삶의 질은 빈곤, 굶주림, 질병, 사회적 격차를 해결하고 생태계를 보존할 수 있는 능력에 따라 결정되기 때문에, 기본 욕구를 충족시키면서도 모든 구성원의 삶의 질 향상을 도모하며 생태계의 보존과 관리를 이루는 데 주의를 기울여야 한다. 즉 지속 가능성을 인간의 행복 및 복지(well-being)의 차원과 연계하여 이해해야 한다는 것이다.

그러므로 지속 가능성에서 가장 중요한 것은 "지속 가능한 경제 체제" 그 자체를 목적으로 삼기보다는 "생태적인 한계 범위 내"에서 "강하고 건강하며 공정한 사회"를 만드는 데 목표를 두는 것이다. 지속 가능성은 지속적인 소비와 인간의 욕망을 충족시켜주기 위한 무한한 경제 발전을 의미하지 않는다. 오히려 인간, 인간의 문명, 온 생명의 지속적인 삶과 존재 가능성을 목적으로 삼은 채 달팽이의 성장과 같은 모양을 갖춰야 하며, 지속 가능한 "발전"이 아닌 "지속 가능한" 발전을 지향해야 한다. 달팽이의 성장은 빈곤, 굶주림, 질병, 격차를 해소하고 생태계의 보존을 유지할 수 있는 능력에 따라 결정되기 때문이다. 요약하면 지속 가능성을 목표하는 것이란 생태계를 보존하고 돌보면서 모든 사회 구성원의 삶의 질을 향상시키고 "건강하고 공정한 사회"를 만들기 위해 노력하는 것이다.

밀브래스(L. W. Milbrath)는 현대 기술의 불투명함 속에서 형성된 문화와 사회가 지속 불가능하다고 평가한 다음 그 대안으로 건강하고 공정한 사회, 즉 지속 가능한 사회를 제시한다. 그에 의하면 지속 가능한 사회란 자연 환경과 지속적으로 공존 공생하면서도 높은 삶의 질을 보장하는 새로운 사회다. 인간은 삶의 질을 유지하기 위해 우선적으로 건강하고 풍성한 생태계를 보존해야 하며 돌봄에 대한 우선권을 인정해야 한다. 그리고 건강하고 풍성한 생태계 혹은 공-세계를 근거로 건강하고 풍요로운 사회를 유지해야 한다.

지속 가능한 사회의 핵심 가치는 안전, 돌봄(사랑), 정의다. 이런 사회를 만들기 위해서는 형평성을 확보하기 위한 분배와 참여의 정의가 전제되어야 한다. 지속 가능한 사회는 환경의 질과 환경 문제를 전 세계적이고 근본적인 문제로 인식할 뿐 아니라 현세대가 미래 세대에게 질적으로 높은 수준의 환경을 물려줘야 할 도덕적인 의무를 진다고 여기는 사회다. 또한 관계의 형평성이라는 관점에서 인간과 자연의 형평성, 인간과 인간의 형평성, 현세대와 미래 세대의 형평성을 고려하는 사회다. 인간과 자연의 형평성은 인간과 자연의 공존을 강조하는 "종간 형평성"을, 인간과 인간의 형평성은 사람 사이에 맺어지는 정의로운 관계를 뜻한다. 마지막으로 현세대와 미래 세대의 형평성은 현세대의 풍요로운 삶이 미래 세대의 빈곤에 기초하지 않는 간세대적 정의가 보장되는 것을 의미한다.

이를 종합해보면 지속 가능성은 인간이 자연에 대해 가져야 할 배려의 책무와 관련된 가치로서 네 가지 개념어로 구체화된다. 그 단어들을 포함하여 다시 요약해본다면, 지속 가능성이란 인간과 온 생명의 웰빙(well-being)을 목표로 두고 소박한 삶의 가치를 추구하면서 "종간 형평성"과 "세대 간 형평성"을 윤리적 가치로 삼고 관계의 상호 의존성, 사회적 "사랑의 연대", "돌봄의 연대"가 지닌 가치를 중요하게 여기며 생명 종 다양성의 가치를 우선적으로 생각하는 것이라고 할 수 있겠다.

IV. 간세대적 윤리

기후 위기 시대의 새로운 윤리는 기후 정의 회복과 지속 가능성이다. 이 두 가지를 달성하기 위해서는 구체적으로 종 간 형평성과 인간 사이의 형평성을 회복해야 한다. 이는 사회 정의와 세대 간 정의로 이어진다. 우선 생태 윤리는 종 간 형평성에 기초하여 "인간 이외의 존재, 즉 온 생명도 도덕적인 근거를 지니고 있다고 이해할 수 있는가?"라는 질문을 한다. 또한 인간 사이에서 발생하는 정의의 문제와 함께 세대 간의 형평성 혹은 미래 세대에 대한 의무를 묻는다. 이런 생태 윤리적 문제들은 강한 상호 연관성을 지니고 있다.

　　만약 미래에도 인류가 존재하기를 바란다면 현세대가 미래 세대에 대해 윤리적 의무를 지고 있음을 인정해야 한다. 그리고 이 윤리적 의무에는 단순히 미래 세대의 생존을 보장하는 것만 포함되지는 않는다. 현세대와 마찬가지로 미래 세대 역시 최소한의 생명 조건인 생태적 안정성과 지구를 필요로 한다. 이를 고려하면 미래 세대에 대한 세대 간의 형평성 또는 간세대적 윤리의 문제가 결국 종 간 형평성의 원리, 종의 우선성, 종의 도덕적 가치 등과 맞닿아 있다는 점을 인정하게 되고, 보다 구체적인 간세대적 윤리가 필요함을 깨닫게 된다.

미래 세대에 대한 간세대적 윤리는 생태 윤리를 기존의 전통적 윤리 이론인 규범 윤리나 목적론적 윤리와 구분하는 결정적인 기준이 된다. 이것은 윤리학의 외연이 확장됨에 따라 인간의 현재적인 활동 또는 윤리적인 결단이 미치는 내일에 대한 도덕적 영향력과 책임을 의미하는 새로운 윤리학의 시작을 의미한다. 간세대적 윤리학은 윤리의 대상이 되는 타자에 대한 개념을 새롭게 정의한다.

레비나스(E. Levinas)에 의하면 윤리적으로 중요하게 다루어지는 것은 인간 존재로서의 타자다. 인간은 타자의 얼굴과 대면함으로써 존재로서의 타자를 특징짓는다. 그에 의하면 얼굴의 "벌거벗음"은 "말"을 통해 구체화된다. 우리는 타자의 얼굴을 통해 윤리적인 질문을 듣게 된다. 이때 고통 받는 타인의 얼굴은 목소리이자 윤리적 요청으로서, 이 목소리가 말하는 것은 동정이 아니라 정의다. 얼굴은 최초의 말을 하는데 그 첫 말은 의무다. 따라서 우리 행위가 지니는 의미는 타자의 윤리적인 호소를 통해 규정된다. 즉 타인의 얼굴로부터 도덕적인 요청이 나오는 것이다. 그러나 얼굴로 나타나는 타자는 강력한 존재가 아니다. 오히려 타인은 언제나 나보다 약한 존재로서, 심지어 절대적으로 가련하고 헐벗은 힘없는 모습을 하고 최소한의 생존 능력마저 박탈당한 채로 말을 걸어온다. 타자의 얼굴은 고아와 과부로서 어떤 강압적인 말 없이 눈물 젖은 눈과 얼굴로 내게 말한다.

> 그 눈빛은, 정확히 말하면 얼굴로서의 얼굴의 현현이다. 얼굴의 벌거벗
> 음은 궁핍이다. 타인을 알아보는 것은 곧 굶주림을 알아보는 것이다. 타
> 인을 알아보는 것은 곧 주는 것이다. 그러나 그것은 주인에게 높이의 차
> 원에서 "당신"이라고 경칭으로 불리는 사람에게 주는 것이다.[3]

이처럼 얼굴에 기초한 레비나스의 윤리학은 관념의 윤리가 아니라
이 세계 안에 존재하는 얼굴을 가진 타자와의 관계를 중심으로 윤리
를 구성한다. 그러나 간세대적 윤리는 레비나스의 타자의 윤리에 머
물지 않고 그 영역을 확장한다. 우리는 미래 세대의 얼굴을 만날 수
없다. 그럼에도 불구하고 그들의 목소리로 들려오는 윤리적 요청을
듣고 내일의 가치를 위한 도덕적인 행동을 선택해야 한다. 간세대적
윤리가 목도하는 윤리적 대상인 타자는 지금까지와는 전혀 다른 이
해를 요구한다. 앞으로 우리가 만나는 타자는 시간적인 외연을 확장
한다. 새로운 타자는 얼굴을 가지고 있지 않은, 즉 오늘날 존재하지
않는 미래 세대다. 이들을 상대로 기후 위기 시대에 요청되는 새로운
윤리인 간세대적 윤리는 책임 윤리이자 생명 윤리다.

---

3   E. Levinas, *Totality and Infinity: An Essay on Exteriority* (Dordrecht, Nederland: Kluwer
Academic Publishers), 73.

V. 기후 위기 시대의 기독교윤리

1. 책임

책임은 인간 존재의 본질에 속한다. 인간은 책임적 자아다. 인간을 규정하는 여러 정의 가운데 하나가 "인간은 언어적인 존재"라는 것이다. 언어적 존재로서의 인간은 질문하는 존재인 동시에 질문에 응답하는 존재다. 인간은 응답하는 존재라는 의미에서 책임적 존재다. 서구에서 사용되는 책임이라는 단어(Verantwortung, responsibility, la responsabilité)에는 대화와 언어 능력이 포함된다. 책임은(Ver-antwort-ung) 응답(Antwort)을 품고 있다. 즉 책임이란 걸어오는 말에 대한 응답으로서, 인격적 존재 및 초월자와 인간 사이의 관계에서 일어나는 것이다.

요나스(Hans Jonas)가 말하는 책임은 타자인 이웃이나 자연을 직접적인 대상으로 한다. 그리고 이 타자는 시간적·공간적으로 멀리 떨어져 있는 미래 세대를 의미하기도 한다. 그러므로 책임은 오늘의 윤리인 동시에 내일의 윤리다. 전통적인 윤리 방법은 미래에 대한 책임을 거의 다루지 않기 때문에 기후 위기 시대에 제기되는 새로운 질문에 적절한 답을 줄 수 없다. 이 시대에 새롭게 말을 걸어오는 음성에 대한 응답은 상호 주관성과 의사소통을 그 토대로 삼고 현세대뿐만 아니라 미래 세대까지 포함하는 책임 윤리여야 한다. 미래에도 인간이 존재해야 한다고 믿는다면, 오늘을 사는 우리는 내일의 인간에 대한 의무와 온 생명에 대해 책임을 져야 한다. 기후 위기 시대의 기독교윤리 역시 이를 반영하여 현세대뿐만 아니라 미래 세대에 대한 책임을 포함해야 한다.

2. 생명

현세대에게는 미래 세대와 온 생명에 대한 책임이 있다. 책임적 존재인 인간은 "사이 존재"이기도 하다. 인간(人間)은 때-사이(時間), 빔-사이(空間), 인간의 삶-사이에 존재한다. 이처럼 사람의 본질 곧 사람의 사람됨은 "사이"다. 아니, 인간(人間) 자신이 사람 사이에 존재하는 관계적 존재인 사이-존재다. 사이 존재인 인간은 하이데거의 말에 따르면 세계 사이에 존재하는 "세계-내-존재"(In-der-Welt-Sein)가 된다. 우리는 세계-내-존재인 인간을 "창조세계-안-존재"라고도 말할 수 있다. 창조세계-안-존재인 인간은 생명-안-존재이자 생명-사이-존재다.

　온 생명 안에 있으면서 그 사이의 존재인 인간에 대해 아렌트(Hannah Arendt)는 다음과 같이 말한다. "인간에게 삶(생명)이란 사람들 사이에 머무는 것(inter homines esse)을 의미하며 죽음은 사람들 사이에 머물기를 중단하는 것을 뜻한다." 이처럼 인간의 생명이란 인간 사이에서 관계적으로 존재하는 것이다. 그러나 생명에 대한 이런 이해는 단편적이다. 생명은 관계적이면서 "사이"적이기 때문이다. 그런데 이 관계는 하나님과 인간 사이에도 적용된다.

기독교윤리학의 고백에 따르면 세계에 현존하는 모든 생명체는 우연히 나타난 실재가 아니라 하나님의 자유로운 창조 행위를 통해 생성된 실재이며 생명은 인간에게 누리도록 제공된 하나님의 은총이자 선물이다. 그리고 생명을 보존하고 돌봐야 할 책임이 그리스도인들에게 주어졌다. 따라서 그리스도인에게 세계는 단순히 물리적인 세계가 아닌 하나님의 창조세계다. 창조세계로서의 세계는 기독교적 관점에서 볼 때 모든 살아 있음, 즉 온 생명을 의미한다. 모든 살아 있는 것들이 하나님에 의해 창조된 것이기 때문이다. 그러나 기독교가 이해하는 생명은 살아 있음(생물학적 생명)만을 의미하지 않는다. 생명은 살아 있는 것들을 계속 살도록 하지만, 그 생명을 풍성하게 만드는 생명의 근원은 하나님 자신이다. 기독교가 궁극적으로 추구하는 생명은 하나님의 영원한 사랑에 거하는 가운데 얻어진다. 즉 영원한 생명이신 하나님 자신이 내 안에 그리고 내가 하나님 가운데 거함으로써 우리가 영원한 생명을 얻는 것이다. 그리고 이 일은 그리스도를 통해 이뤄지는데, 기독교는 우리가 그리스도와 생명의 관계를 맺을 때만 참생명을 얻을 수 있다고 말한다. 정리해보면 그리스도를 통한 생명은 상호 내재 혹은 상호 관계에 의해 생성되며, 이를 바탕으로 한 기독교의 생명관은 타자의 생명이 곧 내 생명의 일부임을 인지하고 모든 생명의 살림을 중시하는 사상이 된다.

3. 관계와 친교

몰트만(J. Moltmann)은 하나님을 관계적 존재로, 인간이 지닌 하나님의 형상을 "관계"로 정의한다. 생명으로서의 인간은 몸과 영혼이 전일적으로 통합된 전인이며, 전인으로서의 인간은 자기 동일성 속에서 타자와 관계를 맺는다. 창세기 2:7이 선언하듯이 인간의 인간다움을 정의하려면 인간에게 하나님의 생기 곧 영이 주어졌다는 점에서 출발해야 한다. 이것은 인간에게만 주어진 생명의 독특성이다. 우리는 이것이 인간에게 주어진 하나님의 형상이라고 말할 수 있다. 즉 하나님의 형상으로서의 인간은 관계적 존재인 동시에 생명 그 자체(영)를 하나님으로부터 받은 자가 된다. 윙엘(E. Jüngel) 역시 생명은 관계라고 정의하면서, 생명 죽음의 본질을 무관계성이라고 말한다. 그에 따르면 타자와 관계를 맺지 않은 자는 곧 죽은 자다. 죌레(D. Sölle)도 이 주장에 동의하면서 무관계성 혹은 극단적 이기주의로 점철된 삶은 "죽음 이전의 죽음"을 살아가는 것과 마찬가지라고 해석한다. 이를 종합하면 생명이란 관계 혹은 타자와의 관계 맺음이라고 말할 수 있다. 그러므로 기독교가 말하는 생명 이해의 핵심은 "관계"다. 살아 있는 모든 것은 관계 속에 존재한다. 관계가 살아 있는 것을 살아 있게, 즉 생명 되는 것을 생명 되게 해준다.

　　하지만 생명의 본질은 관계만을 의미하지는 않는다. 죽음이 모든 관계를 단절시킨다고 말할 수 없기 때문이다. 하나님은 인간의 죽음 이후에도 우리와 관계를 유지하신다. 따라서 생명을 단지 관계로

만 정의하는 것으로는 부족하다. 생명의 본질은 관계인 동시에 사랑이다. 사랑은 하나님의 본질인 동시에 생명의 본질이다. 하나님은 생명 자신이면서 동시에 사랑 자체가 되시기 때문에 생명의 본질은 사랑이다. 요한일서의 대명제인 "하나님은 사랑이시다"(요일 4:8, 16)라는 말을 통해 알 수 있듯이 사랑의 본질은 관계와 나눔에 있다. 그리고 생명이란 단지 목숨을 유지하는 것을 넘어서 누군가와 관계를 맺고 대화하며 삶을 함께하는 관계의 행위이자 사랑의 행위다. 사람 사이의 교통과 나눔이 있어야 생명이 존재할 수 있다. 하나님은 본질적으로 사랑이고 생명이시다. 또한 그저 자존적인 단독자에 머무시지 않고 관계적이고 친교적인 존재가 되신다. 이처럼 하나님은 사회적 존재, 곧 사랑이시다. 그리고 인간 역시 관계나 친교를 통해 다른 인간에 대한 존재적인 사랑을 나눔으로써 인간이 된다.

VI. 기후 위기 시대의 교회

앞서 지적한 바와 같이 우리는 이기심, 탐욕, 자만과 같은 인간의 죄에서 기후 위기의 원인을 찾아야 한다. 현재 우리가 경험하는 위기는 윤리적 위기이자 교회의 위기다. 이런 상황에서 교회에게 요구되는 것은 생태적 회심이다. 회심한 교회는 잊고 있던 창조 신학에 기초하여 새로운 생태적 가치들을 제공함으로써 인간의 삶과 행동 양식의 전환을 위해 중요한 내적 동기를 부여할 수 있다. 교회와 창조 신학은 인간의 삶과 가치의 전환(회심)을 이끌어낼 수 있을 뿐만 아니라 인간에게 생태적인 책임을 부과하고 그에 기초한 행동의 가능성을 제공할 수 있다. 이 과제를 한마디로 축약하면 교회의 생태적 회심과 공공성 회복이라고 하겠다.

교회의 생태적 가능성은 기독교의 공동체성이 잘 드러나는 연대의 가치를 새롭게 한다. 동시에 우리의 삶의 자리인 창조세계를 단순한 원자재로 이해하는 근대의 기계론적 자연관에서 탈피하게 만들고 하나님이 창조하신 풍성한 생명 세계에 대한 시각을 갖게 한다. 이런 세계관의 변화는 생명과 인간 삶의 조건에 대한 새로운 생명 가치를 촉구한다. 교회는 창조 신학에 근거하여 인간에 대한 새로운 이해와 세계에 대한 생태적 가치를 제시함으로써 생태적 윤리의 실천 가능성을 넓힐 수 있다.

기후 위기는 교회에 조율된 새로운 삶의 방식을 요구한다. 이를 구체적으로 실천하기 위해서는 기독교의 창조 신앙을 기반으로 한 풍성한 생명에 대한 송영과 하나님의 생명과 창조를 신뢰하는 신앙이 필요하다. 기후 위기는 교회를 향해 합리적인 이기성에 기초한 개인주의적·모나드적 존재에 머물지 말고 더불어 살아가는 연대적 인간으로 바뀌어야 한다고 말한다. 이렇게 새로운 방식으로 살라는 시대의 요청에 대해 교회는 창조 신앙을 근본으로 한 생명에 대한 긍정과 공동체적 삶으로 화답한다.

성경에 깊이 뿌리 내린 신앙은 공적 책임과 사명에 대해 새로운 요구를 한다. 교회는 공동체성을 회복함으로써 사회와 공공의 영역에서 교회의 자리를 찾아야 한다. 우리가 공론장에서 행하는 소통은 대화하는 신앙에 근거한 것이어야 한다. 또한 대중의 다원주의에 대한 기호와 윤리적 충동을 조율하고 새로운 생태적 대안을 제시하기 위해서는 오늘을 새롭게 배워야 한다. 동시에 교회는 다원주의 사회나 유동하는 근대성 안에서 정체성을 잃어버리지 않도록 주의해야 한다. 기독교 신앙이 기독교적인 가치를 잘 보존하고 그 의미를 재해석하여 현실에 적용할 때 비로소 개인의 도덕적 실천뿐만 아니라 공공선을 향한 사회적 헌신과 생태적 책임을 잘 수행할 수 있기 때문이다.

창조 신앙은 우리가 온 생명에 대해 책임을 지닌 존재라고 강조하면서, 특히 그리스도인에게 생태적인 책임이 위임되었다고 고백한다. 창조물을 보호하고 돌보며 공정하게 공유하려는 의지 없이 모든 창조물을 향해 하나님의 사랑을 선포하는 것은 불가능하다. 이는 그리스도인의 시각과 초점이 개인의 도덕적인 행동에만 머무는 데서 벗어나 정치적·경제적 구조로 확대되어야 함을 의미한다. 그렇게 되어야만 그리스도인들에게 부여된 사회적·생태적 책임이 지속 가능한 사회와 생명을 위한 정치적·경제적 책임으로 전환될 수 있다.

VII. 결론

오늘날 우리가 경험하는 기후 위기는 생명의 위기인 동시에 인간의 위기다. 생명 문화는 죽음 문화가 자행하는 생명 살인의 야만적인 행위에 대해 숙고해야 한다. 생명에 대한 사랑은 생명을 위협하는 죽음의 파괴 행위에 대한 완강한 저항인 동시에 생명에 대한 사랑의 실천이다.

"근대의 학문적인 세계는 인간의 모험의 결과이며 사랑 없는 인식을 의미한다"는 바이체커(C. F. von Weizsäcker)의 말처럼 기술에 의해 확장되고 있는 오늘날의 세계는 하나님 없는 인간의 모험과 인식을 통해 사랑의 관계를 훼손하고 생명의 선택을 위험한 것으로 만들었다. 이런 상황에서 우리는 미래의 인간에 대한 현재의 윤리적 선택이 궁극적으로 인간의 자유를 제한하고 불가역성을 확정함으로써 인간의 인간됨을 스스로 제한하거나 훼손하는 방향으로 작용하게끔 방치해서는 안 된다. 또한 현재 사람들 사이의 불평등과 종 간의 불평등이라는 문제를 직면하고 있는 상황에서 우리는 하나님 사랑과 이웃 사랑을 윤리의 근본 핵심으로 삼고 있는 신학적인 윤리가 사람 사이에 발생하는 사회적인 불평등을 명백하게 거부한다는 사실(마 25:31-46)을 기억해야 한다. 그리고 거룩한 사랑 안에서 행동하시는 하나님의 모습을 본받아 온 생명에 대해 사랑을 실천하고 종간 불평등을 거부해야 한다. 하나님은 사랑 안에서 동물들에게 물, 음식, 거처를 제공하시고(시 104:10-28), 성령으로 이 땅을 새롭게 하시며(30절), 그 사랑으로 새나 들풀과 같이 미미한 피조물까지 돌보고 계시기 때문이다(마 6:26-30). 틸리히(P. Tillich)는 이렇게 말했다. "사랑은 자신의 실제적 일체 안에 있는 생명 그 자체다. 사랑이 자기를 구현하는 형식과 구조 안에서는 생명이 존재할 수 있고 그 생명은 자기 파괴적인 힘을 극복하게 한다. 이것이 윤리의 의미다."⁴ 하나님이 베푸신 사랑의 사건 안에서 우리는 오늘의 생명뿐만 아니라 내일의 생명의 존재까지 긍정한다. 우리가 지향해야 할 윤리적 공동체는 이런 하나님의 시각을 반영하여 사랑 안에서 세대를 초월하고 현세대와 미래 세대를 포괄하는 모습을 갖춰야 한다. 그리고 이 공동체의 모든 구성원은 자신에게 주어진 미래 세대에 대한 책임을 기억하면서 미래 윤리로서 간세대적 윤리가 제기하는 다음 의무를 실천해야 한다.

① 우리는 미래 세대의 존재 가능성을 위협해서는 안 된다.
② 미래 세대가 인간적 존엄을 가지고 살아갈 기본권을 훼손해서는 안 된다.
③ ①과 ②는 현세대와 생명이 위협받지 않는 선에서 가능한 한 준수되어야 한다.

---

4   P. Tillich, *Systematische Theologie, Band III* (Stuttgart: Evangelisches Verlagswerk, 1966), 164.

기후 위기 시대의 기독교윤리와 공적 신앙

박성철

I. 들어가는 글

최근 문제가 된 "LH 사태"와 "대장동 사태"에서 알 수 있듯이 한국 사회에서 진행되는 대규모 부동산 개발 사업은 거기서 발생하는 막대한 투자 수익으로 인해 온갖 불법과 탈법의 중심이 되고 있다. 안타깝게도 정치권에서는 자신들의 이해관계에 따라 의혹만 부추기고 있을 뿐 개발 중심의 대규모 부동산 정책의 문제점과 그로 인한 막대한 개발 이익을 소수가 독점하는 문제에 대해서는 외면하고 있다.

하지만 생태 위기 시대에 반드시 짚고 넘어가야 하는 것은 대규모 토지 개발 정책이 사회적 불평등뿐만 아니라 인류에게 보다 본질적이고 위협적인 문제를 심화시킨다는 점이다. 1970-80년대를 지배했던 개발 독재 세력의 선동이 효과적으로 작동한 결과 그동안 국민들은 대규모 토지 개발과 부동산 투기를 당연한 것으로 여겼다. 반면 자연을 착취함으로써 얻게 되는 자본의 이익과 물질적인 풍요가 "자연 생태계"(ecosystem)를 파괴하고 "생태 위기"(eco-crisis)를 가중시킨다는 사실은 제대로 알지 못했다.

지난 2년 동안 전 세계를 공포로 밀어 넣은 코로나19의 대유행은 그 생태 위기의 일부분일 뿐이다. 팬데믹보다 심각한 생태 위기는 바로 "기후 위기"(climate crisis)다. 이제 기후 위기가 인류의 생존을 위협하는 상황에서 그것을 극복하는 일은 그리스도인과 비그리스도인 모두의 문제이자 모든 현대인의 문제다. 기후 위기는 한 개인이나 단체에 국한되지 않고 사회 구성원 전체에 두루 영향을 미친다. 바로 이런 성질로 인해 기후 위기는 공적인 문제가 된다.

하지만 안타깝게도 과거 한국교회는 개발 이데올로기에 파묻혀 기후 위기의 심각성을 제대로 인식하지 못한 채 오히려 이를 가속화하고 심화시키는 데 일조했다. 특히 한국교회의 주류를 형성하고 있는 근본주의 교회들은 내면적인 신앙을 추구하고 개인적인 차원의 기독교윤리를 강화하는 데 매몰된 나머지 기후 위기를 기독교 신앙의 차원에서 바라보지 못했으며 이를 해결하기 위한 공적 차원의 윤리 체계도 정립하지 못했다.

하지만 진정으로 인간의 총체적인 구원의 문제를 다루는 것이 기독교 신앙이라면, 기독교적 가치에 입각해 기후 위기의 문제를 파악하고 해결책을 제시하려는 인식 체계와 윤리 체계가 반드시 필요하다. 이를 정립하려는 목표 아래 이 글은 먼저 기후 위기를 심화시켰던 20세기의 기독교 신앙과 기독교윤리를 비판적으로 분석하고 이해해보고자 한다. 왜냐하면 새로운 기독교윤리를 정립하려면 왜곡된 인식론과 윤리 체계를 분석하고 그것을 비판적으로 바로잡는 과정을 밟아야 하기 때문이다. 또한 이를 기반으로 "공적 신앙"(public faith)의 가능성과 "녹색교회"(green church)의 사명에 대해서도 살펴보려고 한다.

II. 신앙의 사사화와 공적 신앙

1. 근대적 인식론의 한계와 기후 위기

기후 위기의 시대에 필요한 공적 신앙과 새로운 윤리 체계를 정립하기 위해서는 계몽주의로 대표되는 근대적 인식론에 대한 비판에서 출발해야 한다. 왜냐하면 현재의 기후 위기는 바로 근대적 인식론의 한계에서 비롯된 것이기 때문이다. "개발"이라는 명목으로 자연을 착취하던 근대 사회의 인식론을 해체하지 않는다면 자연 생태계의 파괴는 지속적으로 정당화될 수밖에 없다.

1944년에 출간된 『계몽의 변증법: 철학적 단상』(*Dialektik der Aufklärung. Philosophische Fragmente*)에서 막스 호르크하이머(Max Horkheimer)와 테오도르 아도르노(Theodor W. Adorno)는 자본주의적 인식론에 기반한 근대적 주체의 "물화"(Verdinglichung)와 "대상화"(Versachlichung)를 자연의 "객체화"(Objektivierung)에 적용하면서 자연에 대한 계몽주의적인 이해를 신랄하게 비판하였다.

현대 문명의 기반이 되었던 "계몽"(Aufkärung)은 자연을 "신화"(Mythos)로 이해하려던 태도에 대한 거부에서 시작되었다.[1] 하지만 근대 사회에서 계몽은 근대적인 주체가 자연을 하나의 물건과 같이 단순한 "객체"(Objektivität)로 전락시킴으로써 "인간을 위한 사물"(An sich Für ihn)로 만드는 수단으로 이용되었다. 그런 과정을 거쳐 근대 사회에서 자연은 결국 "지배의 토대"(Substrat von Herrschaft)가 되었다.[2] 더구나 이런 인식론을 강화한 자본주의는 소비를 통한 경제적 성장과 부의 축적을 위한 개발이라는 명목으로 자연을 착취하면서 여기에 "진보"라는 이름을 붙여 정당화하였다. 자연에 대한 착취는 경제적인 측면에서 비약적 변화를 가져왔지만 동시에 자연의 생명력과 복원력을 파괴함으로써 생태 위기를 가속화하였다.

호르크하이머와 아도르노는 근대 사회의 발전을 이끈 진보의 이데올로기가 "퇴보의 싹"(Keim zu jenem Rückschritt)을 내포하고 있었음에도 불구하고 현대인들이 "진보의 파괴적인 측면"(Destruktive des Fortschritt)을 외면해왔다고 비판한다.[3] 인식론적인 측면에서 볼 때 근대적 주체의 자연에 대한 착취와 시민들에 대한 파시스트들의 억압이 동일한 획일화의 기제인 "획일성"(Egalität)에 의해 작동된 이유가

---

1   Max Horkheimer, Theodor W. Adorno, *Dialektik der Aufklärung. Philosophische Fragmente* (Frankfurt a. M.: S. Fischer Verlag, 1998), 4; 『계몽의 변증법: 철학적 단상』 (문학과 지성사 역간), 16.

2   Ibid., 15; 위의 책, 30. 우리말 번역에서는 "Substrat von Herrschaft"를 "지배의 대상"이라고 번역했지만 필자는 이를 직역하였다

3   Ibid., 5; 위의 책, 15.

바로 여기에 있다.[4] 이 획일화의 과정은 근대 사회를 지배했던 계몽의 이데올로기가 20세기 들어 고대의 진짜 신화를 "파시스트의 가짜 신화"(Der Talmid-Mythos der Faschisten)로 대체시키도록 만들었다.[5] 고대의 애니미즘은 자연 안에 영적 존재가 거한다고 가르쳤지만, 근대 자본주의에서 출발한 산업주의는 인간을 비롯한 모든 영적 존재와 그와 연결된 가치를 단순한 객체이자 물건으로 치부하였던 것이다.[6]

이처럼 자연을 개발과 소비를 위한 물건으로 전락시킨 근대적인 인식론은 자연에 대한 착취와 생태계의 파괴를 개발과 진보라는 명목으로 정당화함으로써 생태 위기를 심화시켰다. 그러므로 근대적인 개발 이데올로기를 해체하지 않으면 인류의 생존을 위협하는 수준에 이른 기후 위기를 결코 극복할 수 없다.

2. 신앙의 사사화와 기후 위기

기후 위기를 불러온 근대적 인식론은 기독교 신앙을 "사사화"(privatization)하는 부정적인 결과를 가져왔다. 신앙의 사사화는 20세기 후반을 지배한 주요 신학적인 흐름을 형성하는 데 결정적인 역할을 했다. 여기에는 20세기 후반을 주도한 신자유주의에 기반한 "번영 신학"(prosperity theology)과 두 차례의 세계대전이 가져온 서구 사회

---

4   Ibid., 19; 위의 책, 36.
5   Ibid., 19; 위의 책, 37.
6   Ibid., 34; 위의 책, 59.

의 변화를 비판적으로 바라보았던 신학적 담론들이 포함된다. 19세기의 주요 사상들과는 분명하게 구별되는 특성을 갖고 있던 이 두 가지 신학적 흐름들은 신앙의 사사화에 대한 서로 다른 이해에서 시작되었다. 차이가 있다면 전자는 신앙의 사사화를 적극적으로 수용하면서 극단적인 논리를 전개해나갔던 반면, 후자는 신앙의 사사화를 극복하기 위해 여러 신학적인 담론들을 형성했다.

신앙의 사사화란 계몽주의 이후 근대 사회를 거치면서 형성된 신앙을 사적 영역의 문제로만 제한하고 공적 영역에 적용하지 않는 현상을 의미한다. 사사화된 신앙을 가진 사람들은 좁은 의미의 종교나 가시적인 교회만을 신앙의 영역이라 여김으로써 기독교의 가치를 내적 신앙과 개인 윤리 내에서만 찾으려는 경향이 있다. 사사화된 신앙은 공적 영역에서 기독교가 갖는 가치를 외면하면서 종교를 정치적인 영역 밖에 두려고 한다.

신앙의 사사화가 심화되면 신앙의 "게토화"(ghettoization)나 "종교적 전체주의"(religious totalitarianism) 같은 문제가 발생한다. 전자는 주로 초기에 나타나는 현상으로서 그리스도인을 공교회 건물과 같은 좁은 의미의 종교적인 영역에만 머물게 하고 종교적인 용어에만 익숙하게 만들어 비그리스도인과의 소통을 단절시킴으로써 세속 문화와 사회로부터 완벽하게 격리되게 한다. 후자는 주로 사회 혼란이나 냉전과 같은 국제 정세의 급격한 변화의 결과로 기독교 근본주의자

들이 사회의 헤게모니(hegemony)를 쥐게 될 경우 발생한다.[7]

한국교회에 큰 영향을 미친 미국의 번영 신학은 일종의 종교적 전체주의와 그 결을 같이 한다. 왜냐하면 그 자체가 제2차 세계대전과 냉전 시대 이데올로기 대립의 부정적인 영향으로 인해 신앙의 사사화가 한층 심화되고 내적 신앙과 개인적인 윤리를 강조했던 미국의 기독교 근본주의가 미국의 패권주의와 결합하면서 발생한 신학이기 때문이다. 미국의 번영 신학은 자본주의의 가치 체계를 기독교적인 것과 동일시했고 더 나아가 "신자유주의"(neoliberalism)와 결합하여 그 영향력을 확대하면서 진정한 "세계화"(globalization)를 이뤘다. 한국사회에서는 개발 독재 이데올로기와 미국식 번영 신학이 결합하여 가부장적이며 권위주의적인 번영 신학이 정립되었다.

심지어 번영 신학에 열광했던 많은 그리스도인들은 부의 축적과 소비를 위해 자연이 착취되고 환경이 파괴되는 것을 자연스럽게 받아들였다. 오늘날 생태학자들과 환경 운동가들이 서구 교회를 향해 기후 위기의 책임을 묻는 이유가 바로 여기에 있다. 이처럼 신앙의 사사화는 기후 위기의 영향에 대해 쉽게 부정하지 못할 직접적인 책임을 안고 있으며, 이를 제대로 해체하지 못한다면 현재의 위기를 극복하기 위한 그리스도인의 공적 참여가 제대로 된 신앙적인 기반을 갖출 수 없게 된다.

---

7   박성철, 『종교 중독과 기독교 파시즘』(서울: 새물결플러스, 2020), 106-107.

3. 공적 신앙과 기후 위기

20세기 후반에는 신앙의 사사화를 긍정하고 그 논리를 극단화시켰던 번영 신학에 맞서 신앙의 사사화에 반대하는 정치 신학과 공공 신학(公共神學)이 등장하였다. 요한 밥티스트 메츠(Johann Baptist Metz)는 "정치 신학"(Politische Theologie)을 "현대 신학의 극단적인 개인주의화에 대한 비판적 교정"으로 이해하면서 "현대 사회의 상황 속에서 종말론적인 소식을 표현하려는 시도"라고 규정했다.[8] 메츠는 중세와 같이 종교 권력을 중심으로 세속 권력을 통합시키려고 하거나 사회를 종교에 귀속시키려고 하는 교권주의적 시도를 비판하면서 정치 신학의 첫 번째 임무는 신앙의 "사사화되는 흐름"(Privatisierungstendenz)에서 벗어나 신앙의 "탈사사화"(Entprivatisierung)를 이끌어내는 것이라고 강조하였다.[9]

공공 신학자들 역시 신앙의 사사화를 비판적으로 바라본다. 공공 신학의 주요 담론들은 복음의 공공성(公共性)을 통해 신앙의 사사

---

8   Johann Baptist Metz, *Zur Theologie der Welt* (Mainz: Matthias-Grünewald-Verlag, 1973), 99.

9   Ibid., 101. 여기서 분명하게 짚고 넘어가야 할 것은 정치 신학의 탈사사화가 곧 "탈개인화"(Entpersonalisierung)를 의미하는 것은 아니라는 점이다. 정치 신학은 개인 내면에서 믿음이 생겨나는 과정을 인정하고 이를 묘사하려고 노력하지만 믿는 자들이 현 세상 속에서 살아가는 가운데 발생하는 문제를 보다 분명하게 다룬다. 그러므로 정치 신학은 개인의 내면적인 믿음을 현실 속에서 구체화시키는 사명을 가지고 있으며 그 가운데서 그리스도인의 존재가 곧 하나의 정치적 테마가 되는 것이다. Johann Baptist Metz, *Zur Theologie der Welt*, 107.

화를 비판하고 공적 신앙의 관점에서 그 대안을 찾으려고 하였다.

맥스 스택하우스(Max L. Stackhouse)는 2007년 『세계화와 은총』 (Globalizaition and Grace)이라는 책에서 "공공 신학"(public theology)이라는 용어를 제시함으로써 복음의 공공성에 대한 신학적 담론을 새로운 차원으로 발전시켰다. 공공 신학은 교회의 공공성이 복음의 공공성에 기초를 두어야 한다고 주장한다. 그렇기 때문에 교회는 사적 영역의 문제뿐만 아니라 공적 영역의 문제들, 특히 정치, 사회, 공동체의 문제를 해결하기 위한 방향을 제시할 수 있어야 한다. 스택하우스는 교회의 공공성을 실현하는 과정에서 시민 사회와의 협력이 필요하다고 강조한다. 그는 세계화가 "새로운 형태의 시민 사회의 가능성을 보여주는 세계적인 인프라의 성장을 수반하는 문명의 전환을 가져올 수" 있으며, 이렇게 형성된 시민 사회는 "이전의 모든 민족적·인종적·정치적·경제적·문화적 정황을 포괄"하는 범세계주의적 (cosmopolitan) 인류 공동체에 가까이 다가설 수 있을 것이라고 생각하기 때문이다.[10]

스택하우스에 따르면 교회의 가르침은 정치, 경제, 사회, 문화 등 인간의 모든 삶의 영역에 영향을 미쳐야 하며, 단순히 제도와 조직의 문제를 넘어서 다양한 영역을 유지하고 있는 신념과 윤리 체계에도 영향을 주어야 한다.[11] 세계화의 지평을 마주한 교회는 공적 영역에서

---

10   Max Stackhouse, *Globalization and Grace*, 이상훈 역, 『세계화와 은총: 글로벌 시대의 공공 신학』(성남: 북코리아, 2013), 30.

11   위의 책, 137-138.

다른 종교들과의 공존과 협력을 통해 공공선을 증진함으로써 지금보다 더 나은 인류 공동체를 형성해야 한다. 물론 신자유주의 체제가 몰락의 징조를 보이고 있는 상황에서 스택하우스가 제시한 신학 속 세계화에 대한 주장은 일정 부분 재고되어야 한다. 하지만 공적 영역에 적극적으로 참여함으로써 교회가 비(非)그리스도인들에게 하나님의 정의로운 사랑을 증거할 수 있다는 그의 주장은 여전히 유효하다.[12]

미로슬라브 볼프(Miroslav Volf)는 2011년에 『광장에 선 기독교』(A Public Faith)를 출간하면서 공공 신학의 기반이 되는 공적 신앙의 필요성을 강조하였다. 그에 따르면 공적 신앙을 가진 그리스도인은 신앙의 사사화를 반대하며 기독교적인 가치에 따른 "바람직한 삶의 이상을 공적 영역에 자유롭게 제시"한다.[13] 볼프는 공적 신앙과 공공 신학에 대한 연구를 통해 "하나의 종교가 공공 생활에 침투하는 전체주의적인 입장과 모든 종교를 공공 생활에서 배제하는 세속적인 입장 모두에 대한 대안을 개략적으로 제시하고자" 했다.[14] 또한 그는 신앙의 사사화와 종교적 전체주의가 가져오는 부정적인 영향력을 "기능장애"라고 비판하면서,[15] 세속 사회에서 공공선을 증진하기 위해서는 그리스도인의 공적 참여가 필요하다고 강조하였다.[16]

---

12 위의 책, 213-214.
13 Miroslav Volf, *A Public Faith*, 김명윤 역, 『광장에 선 기독교』(서울: IVP, 2014), 12-13.
14 위의 책, 17.
15 위의 책, 26-27.
16 위의 책, 171, 207.

우리가 그리스도인으로서 21세기에 겪는 기후 위기의 문제를 해결하기 위해서는, 위기를 신앙의 문제로 바라볼 수 있는 시각이 필수적이다. 이 문제에 있어서 공공 신학은 신앙의 사사화로 인한 내면적인 신앙과 개인 윤리를, 공적 신앙과 이에 기반한 새로운 기독교윤리로 극복할 수 있는 방안을 그리스도인에게 제시함으로써 그리스도인들이 오늘날의 기후 위기를 "공공성"(公共性)의 문제로 바라볼 수 있는 시각을 갖게 만든다.

4. 공공성과 기후 위기

철학적 개념으로서의 "공공성"은 한나 아렌트(Hannah Arendt)가 사용한 영어 단어 "publicity"와 위르겐 하버마스(Jürgen Habermas)가 제시한 독일어 단어 "Öffentlichkeit"의 영향을 받아 만들어진 단어다.[17] 일본의 정치학자 사이토 준이치는 아렌트의 이론을 기반으로 공공성의 의미를 ① 국가에 관계된 공적인(official) 것, ② 특정한 누군가가 아니라 모든 사람들과 관계된 공통적인 것(common), ③ 누구에게나 열려

---

17 안타깝게도 한국 사회에서 Arendt와 Habermas의 용어들은 학자에 따라 각각 다르게 번역되고 있다. Arendt의 "publicity"는 다른 영어 "publicness"와 함께 주로 "공공성"으로 번역되지만 "the public realm"은 번역자와 문맥에 따라 "공론 영역"과 "공적 영역"으로 주로 번역된다. 이에 반해 Habermas의 독일어 "Öffentlichkeit"는 우리말에서 "공공 영역", "공공 권역", "공론 영역", "공개장", "공론", "공공성" 등 번역자와 문맥에 따라 다양하게 번역되고 있다.

있는 것(open)으로 규정한다.[18]

아렌트는 1959년 내놓은『인간의 조건』(*The Human Condition*)에서 인간이 살아가는 세상을 "공론 영역"(the public realm)과 "사적 영역"(the private realm)으로 구분한다. 아렌트에 따르면 공론 영역은 공동체 구성원 모두에게 "공통적인 것"(the common)인 것이다. 또한 "공론" 혹은 "공적"이라는 용어는 다음과 같은 특성을 지닌다. 첫째, "공적"(public)이라 함은 "공중 앞에 나타나는 모든 것은 누구나 볼 수 있고 들을 수 있기 때문에 가능한 한 가장 폭넓은 공공성(publicity)을 가진다는 것"을 의미한다.[19] 둘째, 공적이라는 말의 의미는 세계가 우리 모두와 연관되어 있다는 의미에서 공동의 것, 즉 공유지라는 것을 말한다.[20] 이런 의미에서 세계 그 자체는 개인들의 사적인 소유지와 구별된다. 다시 말해서 공공지로서의 세계는 "사적 영역"(私的 領域)과 관련된 성질인 "사사성"(私事性)에 대비되는 것으로서 공공(혹은 공동)의 이해관계와 연관되어 있다는 것이다.

한나 아렌트와 함께 20세기 공공성 담론을 이끌었던 위르겐 하버마스는 1962년『공론장의 구조 변경』(*Der Strukturwandel der Öffentlichkeit*)에서 자본주의적인 경쟁 압력에 의해 언론이 개인의 이익에 휘둘리는 현대 사회를 비판하고자 공론장 개념을 발전시켰다. 하

---

18 사이토 준이치, 윤대석, 류수연, 윤미란 역,『민주적 공공성: 하버마스와 아렌트를 넘어서』(서울: 이음, 2009), 18.

19 Hannah Arendt, *The Human Condition* (Chicago & London: The University of Chicago Press, 2018), 50;『인간의 조건』(한길사 역간, 2002), 102-103.

20 Ibid., 52; 위의 책, 105.

버마스에 따르면 공론장은 중세의 신분 체제를 붕괴시킨 부르주아 사회와 함께 등장하였다.[21] 물론 중세에도 사적 영역에서 분리된 독자적인 영역으로서의 공론장이 존재했지만, 중세의 공론장은 국왕이 통치권을 과시하려는 목적으로 만든 "과시적 공공성"(repräsentative Öffentlichkeit)의 공간이었기 때문에 근대 시민 사회를 기초로 한 공론장과는 그 성격이 다르다.[22] 초기 공론장은 문화와 예술을 논하던 "문예적"인 공간에서 "여론"을 통해 "공공선"을 추구하는 정치적인 공간으로 발전해나갔다.[23] 그러나 근대 사회에서는 민주적 토론이 문화 산업의 발달에 의해 억제되었고, 급기야 대중 매체와 대중 엔터테인먼트가 확산되면서 공적 영역이 쇠퇴하게 되었다.

아렌트와 하버마스의 담론에서 언급되는 공공성은 "개인적인 것", "사적 영역"(私的 領域)과 관련된 성질인 "사사성"(私事性)에 대비되는 것으로서 공공(혹은 공동)의 이해관계와 연관된다. 그러므로 특정 사회 속에서 공공성이 침해를 받으면 특정 개인 혹은 사회의 소수 엘리트만 이익을 누릴 뿐 다수는 어려움을 겪게 된다. 이런 현상은 세계화된 지구촌에서도 동일하게 발생한다. 특히 현대 자본주의 사회

---

21 Jürgen Habermas, *Der Strukturwandel der Öffentlichkeit. Untersuchungen zu einer Kategorie der bürgerlichen Gesellschaft*, 14th ed. (Frankfurt a. M.; Suhrkamp, 2015), 56; 『공론장의 구조변동』(나남 역간, 2001), 63.

22 Ibid., 60; 위의 책, 68.

23 Ibid., 88-90; 위의 책, 97-99. Arendt는 Habermas와 달리 "근대에 들어와 공적인 정치영역이 소멸되었다"고 평가한다. Hannah Arendt, *The Human Condition*, 55; 『인간의 조건』, 109.

에서는 사회적인 소통이 제한되고 대규모 투자자들의 영향력이 비대해짐에 따라 자연스럽게 공공성이 약화되고, 연이어 사회적 차원의 이익이나 공공의 이익이 위협을 받게 되면서 사회적 약자가 그 이익으로부터 완전히 차단되는 결과가 발생했다. 이런 부작용에도 불구하고 공공성이 지속적으로 약화되는 이유는 왜곡된 사회 정치적 논리가 아무런 비판 없이 맹목적으로 왜곡된 가치 체계를 추종하도록 사회 구성원들을 억압하기 때문이다.

그러므로 이 문제를 극복하기 위해서는 시민 사회(civil society) 영역이 공공성을 대표하고 공공의 이익을 위한 비판적인 기능을 잘 유지할 수 있도록 언론을 감시해야 하며 민주적인 다양성을 넓히려는 노력의 일환으로서 공적 영역에 참여해야 한다. 공적 영역에 시민들의 자발적이고 자율적인 참여가 보장될 때 사회적인 소통이 활발해지고 공공성이 확장될 수 있으며 사회적 약자들도 공공의 이익을 누릴 수 있는 것이다. 공공성이 확보되는 사회에서는 구조적인 문제가 발생하여 이해관계가 충돌할 때 공공의 이익에 대한 사회적인 합의가 이루어질 수 있다. 이런 공공성의 특징은 기후 위기의 문제에도 동일하게 적용된다.

첫째, 기후 위기는 부정적인 영향력이라는 측면에서 공공성의 문제로 이어진다. 기후 위기는 전 인류에 부정적인 영향을 미친다. 하지만 기후 위기를 부추기고 심화시킨 이들 대부분은 사회적 엘리트인데 반해, 기후 위기로 인해 가장 심각한 피해를 보는 이들은 사회적 약자다. 기후 위기는 분명히 사회 경제적으로 열악한 환경에 처한 사람들에게 다양한 측면에서 부정적인 영향을 더 많이 미칠 수밖에 없다. 결국 기후 위기는 사회적 불평등의 문제와 연관되어 있으며, 필연적으로 기후 정의(climate justice)와 연관된 문제를 발생시킨다. 또한 사적 영역을 넘어서 모든 사람들이 공통적으로 작용하는 사회적인 부작용을 만들어내고 공공의 이익을 파괴한다는 차원에서 기후 위기는 분명 공공성 침해의 문제가 된다.

2020년 이후 전 세계를 강타하고 있는 신종 코로나바이러스 감염증 사태는 14세기에 발생한 흑사병만큼이나 심각한 피해를 남겼다. 그러나 21세기의 팬데믹은 자연을 착취하며 부를 축적하던 인간들이 만들어낸 재해, 즉 인재(人災)다. 안타깝게도 팬데믹을 비롯한 수많은 생태 위기는 인재로서 사회적인 문제와 결합되어 있다. 특히 기후 위기는 공공성의 문제와 가장 밀접하게 연관되어 있다. 그렇기 때문에 한국교회는 기후 위기에 대해 보다 깊이 있는 성찰을 가져야 한다.

둘째, 위기를 극복하기 위한 공적 참여가 개인적인 영역에만 제한되지 않는다는 측면에서 기후 위기는 공공성의 문제다. 기후 위기 시대에 필요한 "생태학적인 전환"(ecological transition)은 인류의 생존을 위해 선택이 아닌 필수 조건이자 책임이 된다. 생태학적인 전환을 위해서는 모든 개인의 생활 방식이 바뀌어야 한다. 에너지를 절약하거나 재활 용품을 많이 사용하는 등의 노력이 필요하다. 하지만 탄소 중심 사업을 제한하는 과정에서 피해를 입는 산업군 종사자들에게 손해를 상쇄해주는 국가의 정책적인 노력도 동반되어야 한다. 이를 위해 시민들이 공론을 형성함으로써 사회 정치적인 참여를 실천하는 것은 분명 공공성을 확장시키는 데 도움이 된다.

그러나 기후 위기는 국가적인 차원의 정책만으로는 극복될 수 없다. 안타깝게도 지난 20년 동안 맺어진 수많은 국제 기후 협약을 기반으로 여러 국가에서 정책을 제시하고 실행했음에도 불구하고 기후 위기는 더욱 심화되고 있다. 폭우와 대규모 산불과 같은 자연 재해가 빈번하게 일어나고 있으며, 안타깝게도 그로 인해 큰 고통을 받게 되는 사람들은 최빈국의 국민들이다. 그런데도 일부 부유한 국가들이 기후 위기 해결에 비협조적인 자세를 취하고 있는 이유는, 여전히 경제 개발과 성장의 논리로부터 자유롭지 못한 나라가 많기 때문이다.

이는 개인의 노력, 국가의 정책적 차원, 국제 협약의 관점만으로 해결되기 어려운 기후 위기의 모순을 잘 보여준다. 기후 위기 극복에 필요한 생태학적인 전환을 위해 종교적인 가치 체계의 변화와 재구성이 필요한 이유가 바로 여기에 있다. 기독교의 가치 체계는 내면적인 신앙과 개인 윤리에만 국한되지 않는다. 그러므로 그리스도인은 인류 전체에 영향을 미치는 공공성의 문제에 대해 관심을 가져야 한다. 더구나 공공성이라는 차원에서 기후 위기 문제를 풀어가려면 개인, 국가, 국제 사회의 노력과 협력뿐만 아니라 강력한 개발 이데올로기를 해체할 수 있는 종교적 가치 체계가 있어야 한다.

공적 신앙은 기후 위기를 공공성의 문제를 넘어 신앙의 문제로 바라볼 수 있게 하며, 공공 신학에 기반하여 이 문제 해결에 도움이 되는 새로운 기독교윤리 체계를 정립할 수 있는 길로 그리스도인을 인도한다. 구체적으로 기후 위기 시대의 기독교윤리는 기후 위기를 극복하기 위해 공적 영역에 참여하는 교회, 즉 "녹색교회"에 대한 관심을 불러 일으킨다.

III. 녹색교회

"녹색교회"란 학술적인 용어라기보다는 "생태 교회"(eco-church)의 또 다른 이름이자 일종의 상징적인 표현이다. 이는 생태 위기 시대에 "지속 가능성에 기반한 생태 사회(eco-society)를 지향하는 교회"를 쉬운 말로 표현한 것이다. 기후 위기가 공공성의 문제인 것처럼, 녹색교회는 개별 시민으로서의 그리스도인이 공적 참여를 실행함으로써 우리 시대에 주어진 사명에 헌신할 수 있는 곳이기도 하다. 따라서 녹색교회는 공적 신앙에 기반한 새로운 윤리 체계로 그리스도인을 무장시켜야 할 책임이 있다.

또한 녹색교회는 기후 위기 극복을 위해 개인의 일상적인 영역뿐만 아니라 국가 정책 및 국제 사회 협력의 차원에서 실질적인 변화를 일으킬 수 있는 그리스도인의 공적 참여를 독려해야 한다. 이는 일상 생활에서 실천할 수 있는 작은 노력을 부정하는 것이 아니다. 그런 노력도 중요하지만 생태계 파괴와 환경 오염을 근본적으로 막기 위해서는 문제의 원인이 되는 소비 만능주의와 탄소 중심 산업 체제의 공고화를 저지할 수 있는 실질적인 정책이 필요하다는 의미다.

예를 들어, 이미 전 세계가 기후 위기로 인한 피해를 보고 있는 현실에서 탄소 중심 산업 체제를 한꺼번에 중단시킨다는 것은 결코 쉬운 일이 아니다. 하지만 당장 온실가스 배출을 일정 부분 규제하지 않으면 심각한 문제가 발생할 수 있기 때문에 기후 변화 협약이나 교토 의정서와 같은 국제 협약의 결과를 국가 단위에서 실행하고자 하는 것이고, 그 일을 위해서는 정치적인 영역에 영향을 미칠 수 있는 그리스도인의 공적 행동이 필요하다. 공적 신앙에 기반한 녹색교회는 이런 사회적인 변화를 위해 노력하는 교회가 되어야 한다.

이와 더불어 녹색교회는 공적 가치만을 강조하는 것에서 더 나아가 실제로 공적 영역에 영향을 줄 수 있도록 내면적인 신앙을 강화하고 개인 윤리를 함양하는 역할을 해야 한다. 따라서 녹색교회가 추구해야 할 진정한 공적 신앙은 사적, 공적 영역에서 모두 영향을 발휘할 수 있는 총체적인 신앙이어야 한다. 그럴 때 비로소 공적 신앙이 기존의 기독교윤리 체계를 실질적으로 변화시킬 수 있는 힘을 갖게 된다. 녹색교회가 성경을 생태학적인 관점에서 바라보고 해석하는 "생태 신학"(ecological theology)을 통해 공적 신앙을 재구성해나가야 하는 이유가 바로 여기에 있다.

생태 신학은 창조주 하나님과 피조세계에 대한 새로운 이해를 통해 공적 신앙을 강화한다. 비록 생태 신학의 이름을 한 신학의 분야가 20세기 후반에 이르러서야 체계적으로 정립되었지만, 실제로 기독교 역사를 살펴보면 신비주의 전통의 많은 부분이 초기 생태 신학적 인식을 표현해왔음을 알 수 있다. 단지 기후 위기 시대가 도래하기 전까지 그런 가르침이 제대로 주목받지 못했을 뿐이다. 생태 신학은 현재의 생태 위기를 불러온 근대의 인간 중심적 가치관 및 세계관과 그것을 기반으로 발전한 서구 문명에 대한 비판적 인식에서 출발한다. 물론 그 비판의 직접적인 대상은 자연을 "생태학적인 공존"(ecological coexistence)의 대상이 아닌 정복과 이용의 관점에서 접근한 과거 서구 교회다.

왜곡된 개발 이데올로기에서 벗어나지 못한 그리스도인은 결코 녹색교회의 필요성을 인식하지 못할 것이다. 자연을 단순히 물건이나 개발 수익을 남길 수 있는 대상으로 바라보는 사람은 개발을 통해 얻어지는 이익에만 관심을 둘 뿐 자연 생태계의 파괴로 인해 초래되는 위험은 인지하지 못할 것이다. 그런 시각을 갖고 있다면 땅, 자연 생태계, 피조세계는 하나님 나라와 아무 관계가 없는 것으로서 신앙의 영역으로 여겨지지 않을 것이다. 이런 특성을 고려한다면 기후 위기 극복을 위한 공적 신앙은 반드시 생태 신학과 결합하여 새로운 기독교윤리 체계를 구축해야 한다.

녹색교회는 이런 작업들을 통해 현재를 지배하고 있는 개발 논리에 대해 의문을 제기함으로써 무분별한 개발에 제동을 걸 수 있다. 그리스도인이 세상의 모든 이념과 논리적인 구조를 항상 기독교 신앙의 관점에서 바라보기 위해 노력해야 한다는 당위성이 받아들여질 때 공적 신앙은 비로소 힘을 얻는다. 안타깝게도 과거 서구 교회는 근대 사회의 등장 이후 이상적인 가치로 받들어졌던 개발 논리에 대해 진지한 성찰과 질문을 던지지 않았다.

지난 200년 동안 인류는 개발 논리에 근거하여 자연을 착취해왔고 경제적 이익에 집착하면서 공공성을 파괴해왔다. 이런 현실은 기독교 신앙에도 많은 영향을 미쳤지만, 교회는 그렇게 왜곡된 현상에 대해 성찰하지 않았다. 우리 그리스도인이 인간의 인식으로 전부 파악할 수 없는 "절대적 타자"(totaliter aliter)로서 하나님을 믿는다면, 하나님의 뜻(마 6:10)은 개발 논리보다 앞에 있어야 하며 사적 이익과 공적 이익이 충돌할 때 기독교 신앙에 기반하여 공적 이익을 선택할 수 있어야 한다. 기후 위기는 우리의 도움을 필요로 하는 이웃(눅 10:36)인 사회적 약자와 가난한 이들에게 상대적으로 더 큰 피해를 미침으로써 우리 시대의 공적 이익을 파괴하는 가장 심각한 요인으로 자리매김하고 있음을 기억해야 한다.

IV. 나가는 글

녹색교회로의 전환은 한국교회가 안고 있는 다양한 문제를 해결하는 열쇠가 될 것이다. 왜냐하면 한국교회가 녹색교회로 전환하려면 반드시 세상과 소통해야 하는데, 그 소통의 과정에서 교회가 할 수 있는 공적 역할 특히 생태학적인 측면의 역할에 대한 고민을 하게 될 것이며 거기서부터 상실된 사회적인 신뢰를 회복할 수 있는 단초를 찾아낼 수 있을 것이기 때문이다.

　21세기 기후 위기 시대에 교회가 녹색교회로 탈바꿈하기 위해서는 두 단계에 걸친 급격한 윤리적인 전환을 이루어야 한다. 첫 번째 단계는 공적 신앙과 공공 신학에 기반한 새로운 기독교윤리 체계로의 전환이다. 안타깝게도 한국교회는 신앙의 사사화로 인한 부정적인 영향력에서 자유롭지 않다. 그런 이유로 공적 신앙과 공공 신학적 윤리 체계가 내면적인 신앙과 개인 윤리를 해체한다는 잘못된 선입견이 강하다. 하지만 공적 신앙과 공공 신학적 윤리 체계는 결코 내면적인 신앙과 개인 윤리를 부정하지 않는다. 또한 한국교회에 지배적인 영향력을 미치고 있는 다른 비판들도 있다. 공적 신앙과 공공 신학에 대한 강조가 오히려 종교적인 전체주의와 같이 정치 영역에 종교가 과도하게 개입하는 현상을 만들어냄으로써 다원화된 사회의 공적 영역에서 종교 간의 갈등을 증폭시킬 수 있다는 주장들이 그에 속한다. 하지만 이런 비판은 미래의 극단적인 가능성을 이유로 현재의 실질적인 문제들을 덮으려는 시도에 불과하다.

근대 사회가 내면적인 신앙과 개인 윤리에 대한 강조를 필요로 하지 않았다면 신앙의 사사화는 발생하지 않았을 것이다. 하지만 과거의 상황이 오늘날에도 여전히 유효한 것은 아니다. 과거의 방식은 현재의 문제를 해결할 수 있다는 전제하에서만 유의미하다. 기후 위기 시대의 문제를 내면적인 신앙과 개인 윤리를 통해 해결할 수 없다면 공적 신앙과 공공 신학에 기반한 윤리 체계를 통해서라도 풀어보려는 시도가 반드시 필요하다.

두 번째 단계는 생태 신학적 인식에 기반한 기독교윤리 체계로의 전환이다. 이런 인식의 전환은 녹색교회를 향한 그리스도인의 노력이 창조주로부터 부여받은 우리 시대의 생태학적인 사명을 감당하는 길임을 분명하게 인식할 때 가능하다. 그 사명은 모든 피조물의 생태학적인 공존의 가치를 발견할 때 그리스도인의 눈앞에 명확하게 드러남으로써 녹색교회가 개발 논리나 이데올로기에 맞서는 데 필요한 소명 의식을 굳건하게 한다. 이 단계에서 녹색교회는 "생태학적 공공 신학"(ecological public theology)을 통해 기후 위기를 극복할 수 있는 새로운 윤리 체계를 구축한다.

IPCC 지구변화 보고서가 경고하고 있는 탄소 중립의 최종 시한인 2050년은 결코 먼 미래가 아니다. 더구나 2020년에야 탄소 중립을 선언한 우리나라는 상대적으로 서둘러서 처리해야 할 일이 많다. 이는 한국교회가 기후 위기를 극복하기 위해 공적 영역에서 더 많은 역할을 감당해야 한다는 것을 의미한다. 그런데 21세기 한국교회는 극우 기독교 세력의 득세와 함께 몰락의 위기에 직면해 있다. 그동안 우리가 붙들어온 근본주의적인 신앙과 윤리 체계로는 이 위기에서 벗어날 방법을 찾을 수 없다. 이런 위기 앞에서 녹색교회로의 전환은 이 시대의 한국교회가 반드시 해결해야 할 숙제이자 사명이 되었다. 녹색교회를 향한 시대적인 사명에 한국교회가 분명하게 대답할 수 있기를 소망한다.

3부

녹색교회와 생명 목회 그리고 환경 교육

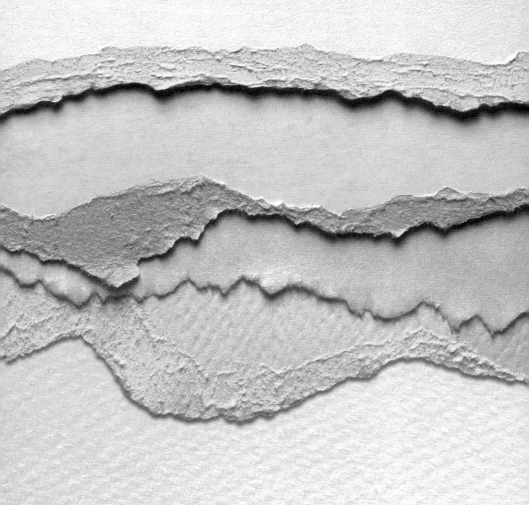

기후 위기 시대의 생태 목회 과제

정원범

I. 들어가는 글

몰트만은 지구에 닥친 생태학적 위기를 다음과 같이 기술했다.

과학 기술 문명의 확산은 좀 더 많은 종류의 식물들과 동물들의 멸종을 야기한다. 이산화탄소와 메탄가스를 통해 유발된 "온실 효과"로 인해 다음 세기의 지구 기후를 예측하기가 어려워졌다. 좀 더 많은 수확을 올리게 하는 여러 종류의 화학적 비료들 때문에 토양은 오염될 대로 오염되어 있다. 열대 우림은 벌목되고, 초원은 과잉 방목되며, 사막은 확장되는 추세에 있다. 세계 인구는 지난 60년 동안 네 배로 증가했고, 다음 세기 초에는 8억에서 10억에 이르는 새로운 인구를 수용하게 될 것이다. 생활 필수품에 대한 수요와 쓰레기 배출량은 이에 상응하여 증가하게 될 것이다. 도시화의 비율은 13%(1900)에서 29%(1950), 50%(2000), 75%(2050)로 상승하게 될 것이다. 인간의 생태계는 균형을 잃을 것이고, 지구의 멸

망과 자기 파멸로 치닫게 될 것이다.[1]

　　점점 더 늘어가는 자연환경의 파괴, 점점 더 확대되는 식물류와 동물류의 멸종, 다시 회복할 수 없는 지하 에너지의 착취, 유독성 쓰레기와 폐기 가스로 인한 땅과 물과 공기의 오염, 이 생태계의 위기는 인간이 자연에 대한 힘을 얻으면서 생성되었다.…기술 문명의 계속적인 진보는 점점 더 큰 환경의 재난을 초래할 것이며, 마지막에는 보편적인 생태계의 죽음, 땅의 조직의 붕괴가 남을 뿐이다.[2]

몰트만의 말처럼 이런 자연 파괴의 결과로 오늘날 인간의 생태계는 균형을 잃었으며 지구는 파멸을 향해가고 있다. 거의 2년 동안 지속되고 있는 코로나 팬데믹을 비롯하여 인간의 무차별적인 자연 파괴로 인해 지구 곳곳에서 일어나는 기후 재난, 이 모든 것이 그 증거다. 이 심각한 생태/기후 위기 상황 속에서 우리는 얼마나 그 심각성을 인식하고 있을까? 이 위기가 여전히 남의 일처럼 느껴지고 있는 것은 아닐까? 위기 상황을 극복하기 위해 우리 교회와 그리스도인은 무엇을 하고 있을까? 상황이 이렇게 심각한데도 영혼 구원이나 교회 성장만이 신앙의 문제라고 여기고 있는 것은 아닐까? 이 글은 이런 문제의식을 가지고 기후/생태 위기 상황 속에서 오늘날의 교회가 생태 목회를 지향해야

1　　J. Moltmann, *Ethik der Hoffnung*, 곽혜원 역, 『희망의 윤리』(서울: 대한기독교서회, 2012), 243.

2　　J. Moltmann, *Der Weg Jesu Christi*, 김균진 역, 『예수 그리스도의 길』(서울: 대한기독교서회, 1990), 106-107.

함을 주장하면서 생태 목회를 통해 달성할 수 있는 신학적·목회적 과제를 제시하고자 한다. 2장에서는 "심각한 기후 위기의 현실"을 진단하고 3장에서는 "기후/생태 위기의 원인과 기독교"에 관해 살펴볼 것이다. 이어서 4장과 5장에서는 "기후/생태 위기 극복을 위한 생태 목호의 신학적·목회적 과제"를 정리해보고자 한다.

II. 심각한 기후 위기의 현실

1. 한계치를 넘어선 지구 온난화

지난 8월에 발표된 기후 변화에 관한 정부 간 협의체(IPCC)의 6차 보고서에 따르면, 지구 온난화로 인해 향후 20년 동안 지구의 평균 온도가 19세기 말에 비해 섭씨 1.5도 상승할 수 있다고 한다. 이는 3년 전 보고서의 전망보다 10년이 앞당겨진 예측이다. 〈표1〉에서 볼 수 있듯이 현재의 지구 온도는 산업화 이전 대비 1.09도 상승하였고, 이로 인해 최근 전 세계는 폭염, 산불, 폭우, 대홍수 및 가뭄 등 감당하기 어려운 극단적 기상 이변을 경험하고 있다. 2020년 8월, 영국의 남극 자연 환경 연구소(BAS)는 과학 저널 「네이처 기후 변화」(*Nature Climate Change*)에 게재한 논문에서 "앞으로 15년 후에는 북극의 빙하가 다 녹아버릴 것"이라고 예측하였고 IPCC는 이로 인한 해수면 상승으로 21세기 안에 남태평양 섬나라들이 완전히 사라져버릴 수 있다고 전망하였다. 또한 〈표2〉에서 볼 수 있듯이 지구 온도가 1.5도 상승하게 되면 극한 폭염은 8.6배, 강수량은 1.5배, 가뭄은 2.4배로 증가할 것이라고 예측하였다. 2015년 채택된 파리 협정은 이런 예측을 근거로 기후 재앙의 마지노선을 산업화 이전 대비 1.5도로 설정하면서, 지구 온도 상승치를 1.5도 이내로 막지 않으면 인간은 더 이상 통제할 수 없는 위기에 빠지게 된다고 보았다. 이처럼 지금의 기후 위기는 인류의 심각한 위기라고 할 수 있겠다.

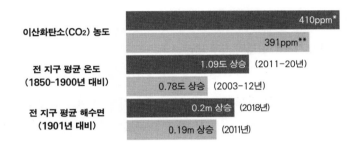

〈표1〉 IPCC 지구 온난화 보고서 비교[3]
(출처: IPCC AR6)

3   최우리, "지구 온도 1.5도 상승 전망, 10년 앞당겨졌다", 「한겨레신문」(2021. 8. 9).
     https://www.hani.co.kr/arti/society/environment/1006996.html.

지구 평균 기온	현재(+1.1도)	+1.5도	+2도	+4도
최고 기온	+1.2도	+1.9도	+2.6도	+5.1도
극한 기온 발생 빈도	4.8배	8.6배	13.9배	39.2배
가뭄	2배	2.4배	3.1배	5.1배
강수량	1.3배	1.5배	1.8배	2.8배
강설량	−1%	−5%	−9%	−25%
태풍 강도		+10%	+13%	+30%

〈표2〉 지구 평균 기온 상승 시나리오별 기후 변화[4]
(출처: IPCC AR6 제1실무그룹 보고서 기준, 1850-1900년 대비)

2. 지구 온난화가 가져온 현재의 기후 재난

오늘날 전 세계는 점점 강도를 더해가는 이상 기후 현상으로 몸살을
앓고 있는데, 이는 온실가스로 인한 지구 온난화가 야기한 기후 재난
이다. 데이비드 월러스 웰즈는 살인적 폭염, 빈곤과 굶주림, 해수면
상승, 치솟는 산불, 통제 불능의 태풍, 토네이도, 홍수, 가뭄, 사체가 쌓
이는 바다, 마실 수 없는 공기, 질병의 전파, 무너지는 경제, 기후 분
쟁, 시스템의 붕괴 등을 언급하면서 이런 현상들이 과거에도 발생했
고 앞으로 일어날 기후 재난의 구체적인 사례라고 말한다.[5] 2021년 6,
7월에 실제로 일어난 기후 재난의 사례를 보면 핀란드 등 북유럽에

---

4   위의 기사.
5   David Wallace-Wells, *The Uninhabitable Earth*, 김재경 역, 『2050 거주불능 지구』(서울:
     청림출판, 2021), 69-212.

서는 25도 이상의 고온(최고 33.5도)이 지속되었고 독일, 벨기에 등 서유럽에서는 천 년만의 폭우와 대홍수로 사망자가 200명에 육박하였다. 또한 시베리아에서는 최고 기온이 38도에 달하는 기록적인 폭염이 발생했으며, 이상 고온 현상으로 인해 이 지역에 발생한 산불은 알래스카의 공기질을 악화시키기도 했다. 캐나다 서부 지역에서는 최고 기온이 49.6도가 되는 등 역사상 최고 폭염으로 인해 1주일간 719명이 돌연사했고 10억 마리나 되는 어패류가 폐사하였다. 미국 북서부 지역에서는 살인적 폭염(라스베이거스 최고 기온 47.2도, 데스밸리 최고기온 54.5도) 속에 최소 70곳에서 산불이 일어났고 이라크에서는 50도 이상의 폭염이 발생했으며 인도의 북서부에서는 40도 이상의 고온이 지속되었다. 중국의 쓰촨성에서는 시간당 200mm 이상의 폭우로 인한 홍수로 이재민이 72만 명 생겼고 일본의 중부 지역에서는 48시간 동안 400-500mm 폭우가 발생하였으며 우리나라도 23일씩이나 지속된 폭염과 열대야로 힘든 여름을 지내야 했다.[6]

이렇게 기후 재앙 수준의 이상 기후 현상이 빈번해짐으로 인해 국제 사회에서는 이제 "기후 변화" 대신 "기후 위기"를, "지구 온난화" 대신 "지구 가열화"라는 용어를 사용해야 한다고 주장한다.[7]

---

6   김민제, "세계 곳곳 물불 안 가린 '이상 기후'…재난 대비 시스템까지 쓸어갔다", 「한겨레신문」(2021. 7. 18). https://www.hani.co.kr/arti/society/environment/1004013.html.

7   이후림, "열사병 사망자 3명 중 1명은 지구 가열화 탓", 「뉴스펭귄」(2021. 6. 1). https://www.newspenguin.com/news/articleView.html?idxno=4687.

III. 기후/생태 위기의 원인과 기독교

1. 기후/생태 위기의 원인

기후/생태 위기의 원인은 크게 여섯 가지로 정리할 수 있다. 첫째, 기후 위기의 가장 큰 원인인 지구 온난화를 초래한 화석 연료의 과다한 사용이다. IPCC의 주장대로 기후 위기는 이산화탄소를 비롯한 온실가스의 영향이 가장 크다고 할 수 있다. 둘째, 기후 위기는 화석 연료 기반의 에너지 체제라는 토대 위에서 등장한 시장 자본주의, 특히 신자유주의적 자본주의 때문이고 구체적으로는 자본주의 기업 때문이다.[8] 무한한 경쟁과 끊임없는 성장을 특징으로 하며 더 많은 이윤 추구를 목적으로 삼는 자본주의(기업)는 그동안 자연을 상품 생산을 위한 자원의 무한한 공급원이나 쓰레기 처리장쯤으로 여기며 번영을 누려왔다. 다시 말해 신자유주의적 자본주의(기업)는 지구의 생물과 무생물 자원을 착취하고 지구 온난화를 비롯해 대기와 물의 오염, 토양의 황폐화, 삼림 남벌, 생태 다양성의 파괴를 초래하면서 이윤을 추구해왔다. 이런 점에서 시장 자본주의(기업)는 기후 위기를 초래한 주

---

8   Noam Chomsky, Robert Pollin, *Climate Crisis and the Global Green New Deal*, 이종민 역, 『기후 위기와 글로벌 그린 뉴딜』(서울: 현암사, 2021), 41; Jonathan Neale, *Stop Global Warming: Change the World*, 김종환 역, 『기후 위기와 자본주의』(서울: 책갈피, 2019), 259-268.

요 요인이라 할 수 있다.[9]

셋째, 기후 위기는 만물과 모든 가치의 중심에 인간을 두는 인간 중심주의와 인간을 지구로부터 고립되고 서로와도 분리된 개인으로 보는 개인주의적 인간관(또는 이익의 극대화만 추구하는 개인으로 보는 시장 자본주의적 인간관)에서 비롯되었다. 인간 중심주의는 지구의 다른 존재들을 인간의 이득을 위해 사용하는 도구에 불과하다고 생각함으로써 자연을 착취하고 파괴하는 결과를 초래하였고,[10] 개인주의적 인간관은 인간이 스스로를 인류, 자연 세계, 지구 공동체의 한 구성원이 아닌 지구로부터 고립된 존재로 가정하고[11] 자기 이익의 극대화만을 추구함으로써 자연을 착취하는 결과를 낳았다.

넷째, 기후 위기는 이원론적 지배 의식에서 비롯되었다. 데카르트 이래로 일반화된 사유의 주체가 객체와 분리되는 이원론적 사고는 실재를 영혼/육체, 남성/여성, 인간/자연, 백인/유색인, 부유한 자/가난한 자, 문명/자연, 문화 국가/미개 국가, 문화인/야만인, 선진국/후진국 등으로 나눈 후 양자의 관계를 우월과 열등의 관계로 보고 후자에 대한 전자의 지배를 정당화한다.[12] 자연에 대한 인간의 지배를

---

9   Thomas Berry, *The Great Work*, 이영숙 역,『토마스 베리의 위대한 과업』(서울: 대화아카데미, 2009), 159-163; Noam Chomsky, Robert Pollin, 이종민 역,『기후 위기와 글로벌 그린 뉴딜』, 41.

10   Thomas Berry, *The Great Work*, 이영숙 역,『토마스 베리의 위대한 과업』, 16, 110, 144.

11   Sallie McFague, *Life Abundant*, 장윤재·장양미 역,『풍성한 생명』(서울: 이화여자대학교출판부, 2008), 126, 132.

12   김준우 편저,『생태계의 위기와 기독교의 대응』(서울: 한국기독교연구소, 2000), 381.

정당화하는 이런 이원론적 지배 의식에 의해 생태계 파괴와 기후 위기가 초래되었다.[13]

다섯째, 기후 위기는 기계론적 자연관(세계관)에서 비롯되었다. 기계론적 자연관(세계관)은 자연(세계)을 하나의 기계처럼 움직이는 물질로 여기고, 자연(세계)을 인간의 필요와 쾌락을 위해 이용될 물건으로 바라보는 세계관이다. 이런 세계관은 자연을 인간의 필요에 따라 마음대로 조작할 수 있는 기계(물건)로 다룸으로써 생태계를 파괴하는 결과를 초래하게 되었다.[14]

여섯째, 기후 위기는 소비주의에서 비롯되었다. 소비주의란 인간의 욕망을 무한히 충족되어야 할 인간의 본성으로 간주함으로써 소비를 통한 욕망 충족의 결과에 의해 자신의 정체감, 사회적 지위, 행복함이 결정된다고 생각하는 가치 체계다.[15] 이런 소비주의 문화에 사로잡힌 소비지향적 인간은 새로운 상품을 갈망하는 노예가 되어 쓰고 버리는 생활 양식을 당연시하고 한계를 모르는 소비 생활을 함으로써 생태계 파괴를 초래하고 있다.

---

13 Sallie McFague, 장윤재·장양미 역, 『풍성한 생명』, 86, 223.

14 Sallie McFague, *A New Climate for Theology: God, the World and the Global Warming*, 김준우 역, 『기후 변화와 신학의 재구성』(고양: 한국기독교연구소, 2008), 208; Sallie McFague, 장윤재·장양미 역, 『풍성한 생명』, 82-84.

15 정원범, 『교회다운 교회: 참된 기독교 영성의 회복』(서울: 동연, 2021), 306.

2. 생태/기후 위기의 원인과 기독교

린 화이트 등 일부 생태학자들은 기독교가 자연을 비신성화하고 인간 중심의 세계관과 이원적 사고의 씨앗을 심어 자연과 물질을 영적인 것에 비하여 열등한 것이라고 보게 함으로써 지금의 생태(기후) 위기를 초래한 기초를 제공하였다고 비판한다. 린 화이트는 기독교가 만물 속에 신령이 있다고 생각했던 애니미즘을 무너뜨리고 자연을 비신성화함으로써 과학과 기술 발전의 토대를 마련하였으며 자연 만물의 감정과는 관계없이 자연을 이용하고 착취하는 길을 열어놓았다고 비판한다.

또한 그는 "기독교는 특히 서구의 기독교는 더욱 그러하지만 이 세상에 있는 어떠한 종교보다도 인간 중심적인 종교다"[16]라고 했다. 그러면서 기독교의 이런 인간 중심주의가 결국 생태 위기의 원인이 되었다고 지적한다. 포이어바흐는 "자연, 즉 세상은 그리스도인에게 가치의 대상도 관심의 대상도 전혀 아니다. 그리스도인은 오로지 자신만을, 자신의 영혼의 구원만을 생각한다"[17]고 말했다. 특히 "땅을 정복하라", "모든 생물을 다스리라"는 성경 구절을 인간의 자연 지배, 세계 정복을 위한 신적인 계명으로 간주함으로써 기독교를 생태계

---

16 린 화이트, "생태계의 위기에 관한 역사적 근거", Francis A. Schaeffer, *Pollution and the Death of Man*, 송준인 역, 『공해』(서울: 두란노, 1994), 87.

17 Daniel Migliore, *Faith Seeking Understanding*, 신옥수·백충현 역, 『기독교 조직신학 개론』(서울: 새물결플러스, 2013), 171.

파괴를 초래한 장본인으로 만들었다고 비판한다.[18]

　오늘날 신학자들은 정복과 다스림의 의미를 자연의 억압이나 파괴를 허용하는 뜻이 아닌 돌봄의 의미로 해석하고 있지만, 전통적인 기독교가 다스리고 정복하라는 명령을 인간의 자연에 대한 지배와 세계 지배 및 정복의 의미로 해석하면서 생태계 파괴에 기여한 측면이 있다는 사실을 부인할 수는 없다. 제임스 내시는 이런 점에서 "인간 중심주의는 기독교 신학이나 경건의 주된 규범이었으며 지금도 그러하다. 그리고 인간 중심주의는 기독교 문화권에서 환경 파괴를 부추기고 정당화하는 데 기여하였다"[19]고 하였다. 샌트마이어 역시 "19세기와 20세기 초 개신교 신학은 전반적으로 자연과 관계를 끊었고 그렇게 함으로써 자연을 마음대로 처리하고자 했던 근대 산업주의의 정신을 사실상 허용했다"[20]고 지적하면서 전통 기독교가 자연 파괴에 일정 부분 영향을 미쳤음을 인정했다.

　셋째로 생태학자들은 몸과 영혼, 물질적인 것과 영적인 것, 자연과 초자연, 자연과 인간, 세속적인 것과 성스러운 것, 여성과 남성을 구분하여 전자는 열등하고 후자는 우월한 것으로 생각하는 기독교의

18　J. Moltmann, *Gott in der Schöpfung*, 김균진 역, 『창조 안에 계신 하나님』(서울: 한국신학연구소, 1986), 35-36.

19　James A. Nash, *Loving Nature: Ecological Integrity and Christian Responsibility*, (Nashville, TN: Abingdon Press, 1991), 74.

20　H. Paul Santmire, *The Travail of Nature: The Ambiguous Ecological Promise of Christian Theology* (Minneapolis, MN: Fortress Press, 1985), 122.

이원론적인 사고가 환경 파괴를 초래했다고 비판한다.[21]

생태계 파괴의 원인이 기독교에 있다는 생태학계의 이런 비판은 부인하기 어렵다. 본래의 기독교는 인간 중심주의나 이원론을 지지하지 않았지만, 전통적인 기독교 신학이 지나치게 인간 중심적이고 이원론적이었던 것은 사실이기 때문이다. 그렇다고 해서 생태계 파괴의 원인이 전적으로 기독교에 있다는 비판은 정당하지 않다. 동물의 멸절이나 자연의 파괴는 기독교가 전해지지 않았던 때에도 발생했던 일이며 비기독교 세계에서도 지속되어온 일이기 때문이다.

IV. 기후/생태 위기 극복을 위한 생태 목회의 신학적 과제

생태 목회란 기후/생태 위기 상황 속에서 기후/생태 위기를 극복하기 위해 생태적 가치,[22] 녹색의 가치를 가지고 지구 돌봄의 책임, 생태적 책임을 다하고자 하는 목회를 말한다. 필자는 생태 목회의 신학적 과제로 ① 삼위일체론 회복의 과제, ② 생태학적 창조론 회복의 과제, ③ 생태학적 회심의 과제, ④ 통전적 구원론 회복의 과제, ⑤ 통전적 생명 선교론 회복의 과제를 제시하고자 한다.

---

21 James A. Nash, *Loving Nature: Ecological Integrity and Christian Responsibility*, 72-73.
22 생태적 가치에 대해서는 V-2에서 다루었고, 녹색 가치에 대해서는 V-1에서 소개하였다.

1. 삼위일체론 회복

생태 목회를 위해서는 무엇보다도 삼위일체론을 회복하여 목회의 중요한 근거로 삼아야 한다. 생태학자들은 기후/생태 위기의 원인이 잘못된 인간관, 잘못된 자연관에 있다고 비판한다. 그런데 잘못된 인간관과 자연관은 잘못된 신관과 밀접하게 연결되어 있다. 다시 말해 생태계 파괴는 자연에 대한 인간의 관계를 지배와 정복의 관점으로 바라보는 데서 비롯되었고, 이런 지배와 정복의 관점은 하나님을 고독한 지배자로 바라보는 인식과 관련되어 있다고 할 수 있다. 그러므로 기후 위기를 극복하고자 하는 생태 목회를 하려면 삼위일체 신관을 바르게 정립함으로써 올바른 신관을 세우는 것이 무엇보다 중요하다. 삼위일체 신관은 하나님을 일신론적·군주론적 하나님, 즉 지상의 독재자나 하늘에 계신 고독한 지배자가 아니라 풍부하게 관계 맺기를 원하는 공동체적인 하나님으로 이해하게 하여 우리의 의식 속에서 공동체성과 생명을 강화하는 역할을 함으로써 생태 위기를 극복하는 데 크게 기여할 수 있는 매우 중요한 신학적 토대를 제공한다.[23] 삼위일체 하나님은 지배와 피지배, 억압과 눌림의 원리가 아니라 사귐, 협동, 나눔의 공동체적인 원리로 일하신다.[24] 따라서 삼위일체론은 생태 위기를 극복하는 가장 중요한 근거를 제공하는 토대다.

---

23   J. Moltmann, 채수일 역, 『그리스도가 계신 곳에 생명이 있습니다』(서울: 대한기독교
      서회, 1997), 141-142.
24   김균진, 『생태학의 위기와 신학』(서울: 대한기독교서회, 1992), 77.

뿐만 아니라 "하나님이 성령 안에서 성자를 통해 창조자가 된다"
는 삼위일체론(삼위일체적 창조론)은 ① 창조세계에 대한 하나님의 초
월성(하나님은 창조세계를 초월하시는 분, 세계를 초월하시는 하나님)과 내재
성(하나님은 창조세계에 현존하며 활동하시는 분, 세계 안에 내재하시는 하나님)
을 결합한다는 점에서, ② 세계의 통일성과 다양성을 성부, 성자, 성
령의 통일성과 차이성에서 발견한다는 점에서, ③ 창조의 선함, 창조
의 신음, 창조의 갱신과 완성에 대한 소망을 강조한다는 점에서 생태
적 창조론(생태 신학)을 위한 자원을 제공한다.[25] 그러므로 생태 위기,
기후 위기를 극복하고자 하는 생태 목회를 하기 위해서는 무엇보다
도 삼위일체론의 회복이 중요하다고 하겠다.

2. 생태적 창조론 회복

기후/생태 위기를 극복하며 생태적 책임을 다하고자 하는 생태 목회
는 성경의 창조론이 생태적 창조론임을 재발견해야 한다. 성경의 창
조론이 생태적 창조론이라는 주장의 근거는 다음과 같다.[26]

첫째, 세상을 하나님이 창조하신 결과물이라고 말하는 것은 하
나님을 창조자로, 세상을 구성하는 모든 것을 피조물이라고 보는 시
각이다. 이런 관점은 하나님의 초월성 및 주권성을 강조함으로써 창

---

25   Daniel Migliore, 신옥수·백충현 역, 『기독교 조직신학 개론』, 192-194.
26   위의 책, 175-195.

조자와 창조세계 사이에 존재론적 차이가 있음을 증거한다. 또한 하나님을 창조자로 고백하는 것은 초월적인 하나님이 자비롭고 은혜 베풀기를 좋아하는 분이며 타자에게 생명을 주시고 타자로 하여금 자신과 함께 사랑의 교제를 나누기를 원하시는 분임을 인정하는 행위다.

둘째, 하나님은 창조자이고 우리는 피조물임을 고백하는 것은 세상의 모든 존재와 우리가 철저하게 하나님께 의존한다는 사실을 인정하는 것이다. 여기서 말하는 하나님에 대한 철저한 의존성은 노예적 의존성을 뜻하는 것이 아니다. 하나님은 우리를 불러서 자유롭지만 책임적인 존재가 되도록 만드시는 분이기 때문에, 그분에 대한 의존은 모든 노예적인 의존으로부터의 철저한 해방을 의미한다.

셋째, 성경의 창조론은 하나님의 창조가 그 유한성에도 불구하고 선하다는 점을 증거한다. ① 창조가 선하다는 진술은 "영적인 것은 선하지만 물질적인 것은 악하고, 인간은 선하지만 자연 환경은 악하다"는 이원론에 대한 거부다. ② 창조가 선하다는 진술은 우리에게 유용하든 아니든 하나님이 모든 피조물에게 가치를 부여하셨음을 의미한다. 창조가 선하다고 말하는 것은 모든 존재에 대한 존중의 근거가 된다. 인간뿐 아니라 생물계, 무생물계도 하나님의 창조이기 때문에 모든 피조물은 존중을 받을 자격이 있다. 우주는 사람을 위해서만 창조된 것이 아니다. 모든 동물도 번성하는 복을 받았으며 "생육하고 번성"하라는 명령을 받았다.[27] "하나님의 가치 평가는 단순히 혹은 주로 인간 중심적인 것이 아니라 우주 중심적이고 생명체 중심적이다."[28] 따라서 하나님과 인간에 대해서만 초점을 맞추어왔던 전통적인 기독교식 사고는 올바른 성서적 사고가 아니다.[29] 그도 그럴 것이 "하나님은 세계를 그의 영광 때문에 창조하였고 창조의 왕관은 인간이 아니라 안식일이기 때문이다."[30]

넷째, "하나님은 나와 존재하는 모든 것을 창조했다"는 루터의 진술은 모든 피조물이 창조, 죄, 구원에 있어서 인간과 분리될 수 없는 동료 피조물[31]임을 말한다. 성경에 따르면 "창조세계 전체가 죄와 구원의 드라마에 신비스럽게 연관되어 있으며 도래하는 하나님의 나라의 소망에 포함되어 있다고 간주한다. 인간과 다른 피조물들은 고통과 소망으로 함께 묶여 있다."[32] 다시 말해 인간과 모든 만물이 하나님의 피조물이라는 사실은 모든 피조물의 공존성과 상호 의존성을 강조한다.

27 James A. Nash, *Loving Nature: Ecological Integrity and Christian Responsibility*, 이문균 역, 『기독교 생태윤리』(서울: 한국장로교출판사, 1997), 153.

28 위의 책, 154.

29 H. Paul Santmire, *Nature Reborn: The Ecological and Cosmic Promise of Christian Theology* (Minneapolis, MN: Fortress Press, 2000), 13, 17. Santmire는 "특히 미국의 개신교적 표현에 있어서 기독교는 청교도시대 이래로 자연에 대한 인간의 지배론을 지지했다"고 비판한다(같은 책, 16).

30 J. Moltmann, 김균진 역, 『창조 안에 계신 하나님』, 47.

31 "하나님은 모든 만물의 원천이기 때문에 모든 만물은 공동의 관계 가운데 있다고 말할 수 있다. 모든 피조물의 친족 관계는 창세기 2장의 창조 이야기에 상징적으로 표현되어 있다"(James A. Nash, 이문균 역, 『기독교 생태윤리』, 151).

32 Daniel Migliore, 신옥수·백충현 역, 『기독교 조직신학 개론』, 178.

다섯째, 생태적 창조론은 성경 용어의 올바른 해석을 요구한다. ① 하나님은 피조물 전체에 대해 "좋았다"고 말씀하신다. 이는 하나님이 모든 피조물에 가치를 두고 그것을 기뻐하심을 의미한다. 또한 성경은 인간뿐 아니라 모든 피조물이 하나님께 영광 돌릴 수 있다고 증언한다(시 19:1). ② "정복하라", "다스리라"는 명령은 하나님의 은혜로운 통치 방식에 따라 창조세계에 대한 존중과 사랑과 돌봄의 통치를 하라는 것이지 타자를 지배하고 억압하고 착취하라는 뜻이 아니다. 이 명령을 주신 삼위일체 하나님은 창세기 2장에서 파괴하고 억압하는 지배자가 아니라 창조세계를 위하여 "노동하는 자", "땀 흘리는 자", "섬기는 자"로 나타난다. 따라서 인간의 "지배"[33]와 "정복"의 의미는 하나님이 다스리시는 방식에 따라 하나님의 피조물을 잘 돌보기 위해 땀 흘리고 노동하는 돌봄의 통치를 하라는 의미다.[34] 달리 말하면 "하나님이 기뻐하시는 세계는 삼위일체 하나님에게 상응하여 사귐과 협동과 나눔이 지배하는 세계다. 인간이 인간을, 인간이 자연을 억압하고 착취하며 파괴하는 것은 하나님의 삼위일체적 존재에 모순된다. 하나님이 기뻐하시는 세계는 모든 피조물이 한 몸을 이룬 가운데서 모든 기쁨과 어려움과 고난을 함께 나누는 세계다. 그것은 하나님의 공의와 자비와 평화가 다스리며 그분의 영광이 모든 피

---

[33] "역사에 걸쳐 이 시대의 정사와 권세처럼 성서적 언어로서 여겨질 수 있는 지배의 구조들은 힘없는 자들(노예, 어린이, 노동자)의 지위 격하를 지지했다.…또한 지배의 구조들은 자연에 대한 조직적인 착취를 뒷받침했다."(H. Paul Santmire, *Nature Reborn: The Ecological and Cosmic Promise of Christian Theology*, 13).

[34] 김균진, 『생태학의 위기와 신학』, 104-107.

조물 안에서 나타나는 곳이기도 하다."[35]

3. 생태학적 회심

생태 목회를 실천하기 위해서는 자연 세계를 향해 저지른 죄를 회개해야 한다. 생태 위기를 극복하고 지구를 잘 돌보는 책임을 수행하기 위해서는 우리 내면에서 관점의 변화, 가치의 전환이 일어나야 하는데 이를 일컬어 생태학적 회심이라고 표현할 수 있다. 매거릿 불릿-조너스에 따르면 생태학적 회심은 창조, 십자가, 부활이라는 세 단계로 나타난다.[36] 첫 단계는 하나님의 창조세계의 아름다움에 흠뻑 빠져서 놀라움, 감사, 경이, 경외감을 느끼는 단계로서 이때 창조세계를 거룩한 것으로 경험하게 되는 위대한 발견이 이루어진다. 이에 대해 캐나다의 주교들은 "눈 앞에 펼쳐진 장관에서부터 가장 미소한 생명체에 이르기까지, 자연은 끊임없는 경탄과 경외를 불러일으키는 원천이며 자연 역시 끊임없이 (그분의) 신성을 제시하고 있다"고 하였고, 일본의 주교들 역시 "각각의 창조물은 언제나 노래를 부르고 있다. 그들의 현존이 바로 노랫말이다. 우리가 그것을 감지한다는 것은 곧 하

---

35   김균진, 『생태학의 위기와 신학』, 77-78.
36   David Rhoads (ed.), *Earth and Word: Classic Sermons on Saving the Planet*, 전현식·손승우 역, 『지구와 말씀: 창조세계를 향한 하나님의 긴급한 메시지』(서울: 동연, 2015), 138-144.

느님의 사랑과 희망 속에서 기쁘게 산다는 것이다"라고 고백하였다.[37] 또한 정교회 신학자 필립 셰러드는 "창조세계는 하나님의 감추어진 존재의 현현이다"[38]라고 표현하였다.

두 번째는 "창조세계가 드러내는 하나님의 사랑을 우리가 온전히 경험할수록, 자연 세계를 향한 무자비한 폭력(깔끔하게 베어져 나가는 숲, 멸종하는 생물들, 사라지는 흙, 바다의 생물이 살 수 없는 지역, 점점 없어지는 습지, 산성비, 더워지고 불안정해지는 기후)을 보고 느끼지 않을 수 없"[39]는 단계다. 이 단계에 이르게 되면 우리는 마침내 고통을 느끼고 우리가 잃은 것들과 우리의 자녀들이 보지 못할 것들에 대해 애도할 용기를 얻게 되고 저항감과 비통함을 경험하게 된다. 이와 동시에 우리는 십자가 아래서 슬픔을 표현할 뿐만 아니라 죄를 고백하기도 하고 우리가 지구를 파괴함으로써 누렸던 것들을 고백하게 된다. 이에 따라 그리스 정교회의 총대주교 바르톨로메오(Bartholomew) 1세는 "자연 세계를 향해 범행을 저지르는 것은 죄입니다. 인간이 다른 종들을 멸종에 이르게 하는 것, 하나님의 창조세계의 생물 다양성을 파괴하는 것, 인간이 자연이 만들어낸 삼림을 모조리 벗겨내고 습지를 파괴함으로써 기후 변화를 야기해 지구의 보전을 해치는 것, 인간이 질병으로 다른 인간을 해치는 것, 인간이 독성 물질로 지구의 물, 땅, 공

---

37 Pope Francis, *Laudato si'*, 박동호 역, 『찬미받으소서』(서울: 한국천주교중앙협의회, 2015), 76.
38 David Rhoads (ed.), 전현식·손승우 역, 『지구와 말씀: 창조세계를 향한 하나님의 긴급한 메시지』, 101.
39 위의 책, 140.

기, 생명을 더럽히는 것…이 모든 것이 죄"[40]라고 말한다.

세 번째는 부활의 단계로서 우리는 부활로 인도될 때 비로소 세상으로 나가 창조세계를 위한 돌봄의 과업에 참여하게 된다. 매거릿 불릿-조너스에 따르면 "이 단계에 들어서면 부활하신 그리스도의 능력으로 우리가 정의를 추구하는 자들이 되고 치유의 행위자들이 될 때 확실한 표지가 나타난다. 지구를 돌보기 위한 헌신은 우리가 무엇을 사고 또 사지 말아야 할지, 우리가 차를 타고 갈지 말아야 할지, 가정에서 난방을 얼마나 할지, 어떤 물건을 얼마나 재생하고 재활용할지, 소형 형광등으로 바꾸는 것 같은 사소한 행동들을 기꺼이 할지, 투표를 할지, 한다면 누구를 뽑을지, 더 나아가 대중적인 시위와 시민 불복종 운동에 동참할지에 영향을 미친다"[41]고 말한다.

4. 통전적 구원론의 회복

기후/생태 위기를 극복하며 생태적 책임을 다하고자 하는 생태 목회를 위해 우리는 통전적 구원론을 회복해야 한다. 전통적인 신학은 "개인의 구원의 문제에 집중함으로써 세계에 대한 인간의 인식과 지배로부터 분리되었"고 "신학의 영역은 내면성 속에 있는 영적인 구원의 확실성에만 몰두하게 되었"으며 "세계 전체를 구원하기 위한 지상

---

40   위의 책, 436.
41   위의 책, 142.

적·신체적·우주적 차원은 간과되었"기 때문이다.[42] 그러나 "하나님께서는 오직 인간의 구원만을 위해 아들을 보내신 것이 아니며, 우리에게 부분적인 구원을 주신 것도 아니다. 오히려 복음은 창조세계의 모든 부분과 우리의 삶과 사회의 모든 면에 좋은 소식이다. 그러므로 하나님의 선교를 우주적인 의미에서 인식하는 것과 모든 생명 곧 온 세상(oikoumene)이 하나님의 생명의 그물망 안에 서로 연결되었다는 사실을 확언하는 것은 매우 중요하다."[43] 다시 말해 "우리는 이 땅(the earth)은 폐기되고 오직 영혼만 구원받는다는 것을 믿지 않는다. 땅과 우리의 몸들은 모두 성령의 은혜를 통해 변화되어야 한다. 이사야의 비전과 요한계시록이 증언하는 것처럼 하늘과 땅은 새로워질 것(사 11:1-9; 25:6-10; 66:22; 계 21:1-4)이다."[44]

5. 통전적 생명 선교론의 회복

마지막으로 기후/생태 위기를 극복하며 생태적 책임을 다하고자 하는 생태 목회는 통전적 생명 선교론을 회복해야 한다. 예수 그리스도의 구원 사역은 세상 안으로 온전한 생명, 풍성한 생명, 충만한 생명을 가져오는 것이기 때문이다. 하나님의 선교, 예수님의 선교, 성령의

---

42   J. Moltmann, 김균진 역, 『창조 안에 계신 하나님』, 52.

43   Kenneth R. Ross, et al. (eds.), *Ecumenical Missiology*, 한국에큐메니컬학회 역, 『에큐메니컬 선교학』(서울: 대한기독교서회, 2018), 538.

44   위의 책, 543.

선교는 처음부터 생명을 살리고 풍성케 하는 통전적 생명의 선교다. 그래서 "예수가 있는 곳에 생명이 있고 병자들이 치유되며 애통하는 자들이 위로받고 버림 받은 자들이 용납되며 죽음의 마귀들이 추방된다고 공관복음서는 증언한다. 성령이 임재하는 곳에 생명이 있다고 사도행전과 사도들의 편지들은 말한다. 여기서 죽음을 이기는 생명의 기쁨과 영원한 생명의 능력이 체험되기 때문이다."[45] 뿐만 아니라 "예수 그리스도는 생명을 부정하는 모든 것과 대결하시고 그것들을 변혁하기 위해 사회에서 가장 주변화된 사람들과 관계를 맺고 그들을 끌어안는다. 그렇게 함으로써 빈곤, 차별, 비인간화를 초래하며 유지시키고 사람과 땅을 착취하고 파괴하는 문화들과 제도들을 포함한다. 주변부로부터의 선교는 권력의 역학, 글로벌 제도와 구조 및 지역의 상황과 현실이 빚어내는 복합성들을 이해할 것을 요청한다."[46]

여기서 우리는 생명 선교가 단순히 영혼의 구원만을 추구하는 데서 벗어나 사회 정의, 경제 정의, 생태 정의를 추구하는 통전적인 형태로 발전되어야 함을 알 수 있다. 다시 말해 생태학적 관점에서 생명 선교는 생태의 사회, 문화, 정치, 경제의 총체적 차원에서 정의를 추구하는 일이라고 할 수 있다.[47] 따라서 생명 선교는 "모든 생명을 파

---

45   J. Moltmann, *Die Quelle des Lebens. Der heilige Geist und die Theologie des Lebens*, 이신건 역, 『생명의 샘』(서울: 대한기독교서회, 2000), 34.

46   Kenneth R. Ross, et al. (eds.), 한국에큐메니컬학회 역, 『에큐메니컬 선교학』, 548.

47   프란치스코 교황의 회칙 『찬미받으소서』는 생태학에 환경, 정치, 경제, 사회, 문화의 차원이 결부되어 있다는 점을 의식하면서 환경적 생태학, 경제적 생태학, 사회적 생태학, 문화적 생태학, 일상생활의 생태학이란 용어를 사용한다.

괴하는 가치와 제도가 우리의 경제와 정치 안에, 심지어 우리의 교회 안에서 활동하고 있는 곳곳에서 그에 저항하고 변혁을 이끌어내기 위해 노력한다. '하나님에 대한 우리의 신실함과 그분이 주시는 값없는 생명의 은사는 우상숭배적 가정, 불의한 제도, 현 세계 경제 질서 안에 만연한 지배 및 착취의 정치와 대결하도록 강권한다. 경제와 경제 정의는 창조세계를 위한 하나님의 의지의 핵심에 닿아 있기 때문에 항상 신앙의 문제가 된다.'"[48]

V. 기후/생태 위기 극복을 위한 생태 목회의 목회적 과제

필자는 생태 목회의 목회적 과제로 ① 녹색교회 형성의 과제, ② 성경적 생태 의식 고취의 과제, ③ 생태 영성 추구의 과제, ④ 생태 예배 회복의 과제, ⑤ 생태적 삶 실천의 과제, ⑥ 마을 목회 추구의 과제 등 여섯 가지 과제를 제시하고자 한다.

1. 녹색교회 형성

첫째, 기후/생태 위기 상황 속에서 생태적 책임을 다하고자 하는 생태 목회는 무엇보다도 우리의 교회를 녹색교회로 만들어야 한다. 녹

---

48   Kenneth R. Ross, et al. (eds.), 한국에큐메니컬학회 역, 『에큐메니컬 선교학』, 546.

색교회를 정의하기 전에 먼저 녹색의 의미를 살펴보자. 색상 심리학에서는 녹색을 균형과 조화 및 성장의 색상으로 본다. 또한 머리와 가슴, 가슴과 정서의 균형을 잡아주며 사랑과 양육의 능력을 주는 색상으로 정의하기도 한다. 실제로 녹색은 고갈된 에너지를 갱신하고 회복함으로써 현대인이 삶의 스트레스에서 벗어날 수 있도록 돕고 행복감(a sense of well-being)을 회복시켜주는 성소의 역할을 한다. 하나님이 지구를 녹색으로 채우신 이유가 바로 여기에 있다. 뿐만 아니라 녹색은 옳고 그름에 대한 강한 의식을 의미함으로써 인간을 선한 판단으로 초대하기도 하고, 자연 사랑, 정원 사랑, 가족 사랑, 친구 사랑을 증진하기도 하며, 관대함과 친절 및 나눔을 촉진하는 색상이기도 하다. 또한 안정성, 인내심, 지속성, 역경에 대한 대처 능력과도 연관성을 갖고 있으며, 번영, 풍부, 물질적 부를 상징하기도 한다.[49]

이런 상징적 의미에 바탕을 두고 생태학적 위기 상황에서 나온 말들이 바로 녹색 가치, 녹색 사유, 녹색 운동, 녹색 정치, 녹색당, 녹색 경제, 녹색 세상, 녹색교회, 녹색 신앙, 녹색 영성 등이다. 이 용어들은 생태 위기를 인지한 사람들이 그 위기를 만들어낸 잘못된 사고 체계와 사회 체제를 거부하면서 새로운 사고와 사회 체제를 형성하고자 하는 의지를 갖고 제시한 말들이라고 할 수 있다. 이런 점에서 녹색은 환경 운동, 생태주의를 상징하는 색상이 되었다.

---

49   "The Color Green," Empower Yourself with Color Psychology. https://www.empower-yourself-with-color-psychology.com/color-green.html.

그렇다면 녹색교회란 무엇인가? "녹색교회 21"이라는 의제가 세워지고 녹색교회 운동이 본격적으로 시작된 것은 1998년부터다. 예장녹색교회협의회는 녹색교회를 "하나님의 창조세계의 보존과 생명 문화 운동에 앞장서는 교회"[50]라고 설명한다. 양재성은 녹색교회를 가리켜 "생명과 평화의 나라인 하나님 나라 건설을 위해 환경 운동에 나서는 모델 교회", "생명을 살리고 평화로운 세상을 세우는" 교회라고 정의하였고, 유미호는 "부활의 주님을 모시고 기뻐하며 잔치에 참여하는 예배와 생명을 살리는 선교, 생명을 양육하는 교육, 생명을 섬기는 봉사, 생명을 나누는 친교가 균형을 이루는 생명 공동체"[51]라고 구체화한다. 이런 정의에 근거하여 녹색교회의 이상적인 모습을 묘사하면 다음과 같다.[52]

무엇보다 녹색교회는 교회 성장에 연연해하지 않는다. 그들이 말하는 성장은 교인 수의 증가가 아니라 한 생명의 행복감이 높아지는 것을 말한다. 따라서 건물을 키우거나 주차장을 넓히기보다는 함께 살아가는 자연과 이웃이 정말로 원하는 게 무엇인지 살핀다. 병들어 신음하는 생명들에게 가장 필요한 것이 무엇인지에 관심을 두고, 모든 생명들이 평화롭게 공존하는 세상을 위해 아낌없이 예산을 쓴다. 교회의 이익을 위

---

50   예장 녹색교회 협의회 한국교회환경연구소, 『녹색교회와 생명목회』(서울: 동연, 2013), 219.
51   기독교 환경 운동 연대, 「녹색교회 사례 모음집」. hthttp://www.greenchrist.org/bbs/board.php?bo_table=ref_3&wr_id=100
52   위의 자료.

해 투기하는 일은 절대 없다. 오히려 교회가 보유하고 있는 땅을 공동의 자산으로 내놓거나 보호해야 할 가치가 있는 것을 구입해서 자연으로 돌려보낸다. 막힌 부분을 터주는 일이 생기면 숨쉬기 힘들어하는 생명들을 찾아가 주님께서 자신을 내주셨듯이 기쁨으로 헌신한다.

이들 녹색교회는 사람에만 관심을 두고 사람의 구원에만 관여하는 하나님은 상상하지 못한다. 향기로운 꽃, 맑게 노래하는 온갖 새와 벌레들, 아니 모든 생명 안에서 하늘과 땅, 비와 바람, 온 우주 그리고 하나님의 얼굴을 본다. 모두가 그들에게 거룩하게 다가선다. 모든 생명 안에는 하나님이 부여하신 동일한 생명의 가치가 있음을 알기 때문이다. 그래서 위험에 처한 생명의 외침을 듣고 그를 위해 기도하며 헌신한다. 주님이 그랬듯이 그들과 함께 호흡하길 희망하기 때문이다.

이상의 논의를 토대로 생태학적 관점에서 다시 정의하는 녹색교회는 생명, 생태, 성장, 사랑, 양육, 회복, 치유, 새롭게 함, 다시 태어남, 관대함, 조화, 균형 등의 녹색 가치를 소중히 여기며, 생태적 책임, 지구 돌봄의 책임을 다하고자 하는 교회다. 또한 신학적 관점에서 재정의되는 녹색교회는 하나님 사랑, 생명 사랑(생명 존중), 이웃 사랑, 자연 사랑의 정신을 가지고 인간과 자연, 인간과 인간이 공존하는 정의롭고 평화로운 세상, 아름다운 세상을 만들어나가는 하나님 나라 공동체다. 이런 점에서 녹색교회 운동이 곧 하나님 나라 운동이 된다고 할 수 있겠다.

2. 성경적 생태 의식 고취

둘째, 기후/생태 위기 상황 속에서 생태적 책임을 다하고자 하는 생태목회는 성경적 토대 위에서 생태 의식을 고취해야 한다. 생태학자들 가운데는 성경이 생태계 위기를 낳은 주요 원인이라고 생각하는 사람들이 있다. 물론 인간이 성경을 잘못 해석함으로써 생태계 파괴를 부추기고 정당화한 면이 있음을 부인할 수는 없다. 실제로 기독교는 역사적으로 원주민 학살, 제국주의, 노예 제도, 불의한 권력의 지지, 여성 차별, 자연 파괴 등을 정당화하기 위해 성경을 편협하고 그릇되게 해석하는 오류를 범했다. 따라서 올바른 성경 해석의 중요성은 아무리 강조해도 지나침이 없다.

성경이 자연 적대적인 책이라는 비난도 존재하지만, 성경 그 어디에서도 자연을 인간 마음대로 훼손하거나 파괴해도 된다는 기록을 찾아볼 수 없다. 시편 19:1-4 등 성경의 여러 본문을 보면 자연은 하나님의 창조물로서 하나님의 영광과 능력을 증거하는 놀라운 역할을 수행하고 있다. 또한 자연은 하나님을 찬양하는 존재이고(시 148:3-13), 하나님이 즐기시는 대상이며(잠 8:30-31), 모든 생명을 유지하기 위한 자원이다.[53] 그리고 성경은 인간이 하나님으로부터 지구 동산을 돌보는 정원사로서 부름 받은 자라고 규정한다. 이런 점에서 성경은 자연 적대적인 책이 아니라 오히려 자연 친화적인 생태학의 보고라

---

53   정원범, 『신학적 윤리와 현실』(서울: 쿰란, 2004), 157-161.

고 할 수 있다.

　이런 이해를 토대로 교회는 그리스도인들이 지구 정원사로서의 책임을 다하도록 생태적 의식을 고취함으로써 생태학적 가치를 내면화시켜야 한다. 기독교환경교육센터 살림은 생태학적 가치를 25가지로 세분화하여 제시하였는데, 구체적으로 감사 감수성, 겸손, 동료 피조물들의 소리를 경청하는 태도, 피조물의 고통에 대한 공감, 공생·공존의 가치, 희망, 창조세계와의 관계 치유, 생태와 문명의 조화를 통한 균형, 공동체적 나눔, 창조주에게 시선을 돌리는 멈춤, 분별력, 비움, 창조성, 사랑, 풍성함, 공동체와 필요에 대한 감수성, 아름다움, 용기, 하나님의 정의, 지혜, 책임감, 평화, 내면적 성숙, 배려, 봉사, 신뢰 등이 여기에 속한다.[54]

3. 생태 영성 추구

셋째, 기후/생태 위기 상황 속에서 생태적 책임을 다하고자 하는 생태 목회는 생태 영성을 고취해야 한다. 생태 영성이 없다면 생태적인 삶을 살아갈 수 있도록 격려하고 동기를 부여하고 의미를 부여하는 추진력이 생기기가 어렵다.[55] 잘못된 인간관, 잘못된 자연관, 인간의 자기중심적이고 이기적이고 탐욕적인 삶의 방식이 지구에 생태학적 위

54　정경호 저/기독교환경교육센터 교육연구소 살림 편, 『지구 정원사 가치 사전』(서울: 동연, 2021).

55　Pope Francis, 박동호 역, 『찬미받으소서』, 177.

기를 초래했다는 사실을 고려하면, 생태학은 곧 영성의 문제일 수밖에 없다.

그렇다면 생태 영성이란 무엇인가?

① 생태 영성은 생태학적 위기 상황에 대한 인식에서 출발하는 영성으로서 생명 파괴적인 죽임의 현실을 자각하는 죽음 자각의 영성이자 죽임의 세력에 저항하는 생명의 영성이다. 오늘날 우리는 대량 학살과 갖가지 테러와 폭력으로 인해 무고한 생명이 수없이 살해되고 수많은 동물과 생물종이 멸종되어가는 현실 속에서 살아가고 있으면서도 특별한 감각 없이 생명 파괴 현상을 받아들이고 있다. 그러나 "생명의 영성은 이런 내면적 마비 곧 마음의 무관심의 갑옷과 다른 사람들의 고통에 대한 냉정함을 깨뜨린다."[56]

② 생태 영성은 생명 사랑의 영성이다. 몰트만에 따르면 참된 영성이란 충만하고 나누어지지 않는 생명 사랑을 회복하는 것이다.[57] 이에 대해 그는 다음과 같이 고백한다.

내가 하나님을 사랑할 때, 나는 육체의 아름다움과 율동의 리듬, 눈빛, 포옹, 이 오색찬란한 창조세계의 온갖 느낌, 향기, 소리를 사랑합니다. 나의 하나님, 내가 당신을 사랑할 때, 나는 모든 것과 포옹하고 싶습니다. 왜냐하면 나는 당신의 사랑스러운 창조세계 안에서 내 모든 감각으

---

56   Jürgen Moltmann, 이신건 역, 『생명의 샘』, 115.
57   위의 책, 115.

로써 당신을 사랑하기 때문입니다. 당신은 내가 만나는 모든 것들 안에
서 나를 기다리고 계십니다.

이처럼 생태 영성은 하나님이 지으신 모든 창조세계를 사랑하는 생
명 사랑의 영성이다. 이 영성 운동에서 하나님 체험은 곧 생명 체험이
요, 하나님 사랑은 곧 생명 사랑이다.

③ 생태 영성은 인간과 자연의 영성을 아우르는 통전적 영성이
다.[58] 전통적인 신학과 영성은 하나님의 구원을 주로 하나님과 인간
간의 관계에서만 찾았다. 그리하여 하나님은 자연을, 자연은 하나님
을 결여하게 되었다. 자연의 영역이 구원의 영역, 신학적 논의의 영역
에서 배제된 것이다. 그 결과 오랫동안 기독교는 자연을 인간이 지배
해야 할 대상으로 간주하고 그것이 하나님의 사랑의 대상이자 구원
의 대상이 된다는 생각을 하지 못했다. 그러나 하나님의 사랑과 구원
은 자연을 배제한 인간에게만 있지 않다. 오히려 참된 영성은 인간과
자연의 모든 차원에서 하나님의 존재와 아름다움을 느끼게 되는 생
태 영성이어야 한다. 이에 대해 아우구스티누스와 마르틴 루터는 각
각 다음과 같이 주장하였다.[59]

---

58 Stanley J. Grenz, *Revisioning Evangelical Theology: A Fresh Agenda for 21st Century* (Downers Grove, IL: Intervarsity Press, 1993), 45-55; Simon Chan, *Spiritual Theology*, 김병오 역, 『영성신학』(서울: IVP, 2002), 28-29 참고.

59 총회한국교회연구원 편, 『지구 생명체의 위기와 기독교의 복음』(서울: 나눔사, 2019), 209-210.

어떤 사람은 하나님을 발견하기 위해 책을 읽습니다. 그러나 여기 위대한 책 – 창조세계의 책이 있습니다. 위를 보십시오! 아래를 보십시오. 그리고 이 책을 읽으십시오. 우리가 발견하기 원하는 하나님은 결코 잉크로 쓰여진 책 안에 있지 않습니다. 대신 하나님은 높으신 당신께서 만드신 것들을 우리 눈앞에 두셨습니다. 그것보다 더 큰 목소리를 청할 수 있겠습니까?

하나님은 단지 성경책에만 복음을 기록하지 않았습니다. 그분은 또한 무한한 나무와 꽃과 구름과 별 위에 복음을 기록하였습니다.…모든 창조세계는 가장 아름다운 성경입니다. 그 안에서 하나님은 당신 자신을 묘사하고 그리셨습니다.

이처럼 생태 영성은 자연 만물이 하나님의 존재와 아름다움을 드러내는 계시의 책이라는 점을 자각하는 영성이며, 동시에 하나님과 인간과 자연 만물의 상호 연관성을 자각하는 영성이라 할 수 있다. 바울이 "한 지체가 고통을 겪으면 모든 지체가 함께 고통을 겪습니다. 한 지체가 영광을 받으면 모든 지체가 함께 기뻐합니다"(고전 12:26)라고 말한 것처럼, 지구의 모든 창조물은 상호 긴밀한 관계 속에 존재하고 있다. 따라서 그리스도인들은 모든 만물의 상호 의존성과 상호 연관성을 새롭게 인식함으로써 인간도 자연의 일부이며 모든 피조물 역시 하나님을 찬양하는 동료 피조물이라는 사실을 바탕으로 다른 피조물의 가치와 권리를 무시하거나 함부로 파괴하는 오만을 버리고, 단순함, 소박함, 지속 가능성, 자연과의 조화 등 생태학적 삶의 태도를

견지하면서 하나님의 창조세계인 생태계의 아름다움을 가꿔나가야
할 것이다.

4. 생태 예배 회복

넷째, 기후/생태 위기 상황 속에서 생태적 책임을 다하고자 하는 생태
목회는 생태학적 예배를 회복해야 한다. 우리의 예배는 창조주 하나
님에 대한 예배인 동시에 구속주 하나님에 대한 예배여야 하는데 그
동안의 예배를 보면 주로 구속주 하나님에 대한 예배에만 기울어 있
었다. 루터에 따르면 "하나님을 예배한다는 말은 내적 혹은 외적 이중
의 의미를 지니고 있다. 즉 하나님의 은혜를 인정하면서 그에게 감사
하는 것이다."[60] 다시 말해 예배란 하나님이 베푸신 구속의 은혜뿐 아
니라 창조의 은혜에도 감사하고 하나님께 영광을 올려드리는 것이라
할 수 있다. 그런데 그동안의 예배는 주로 구속의 은혜만 강조했지 창
조 역시 하나님의 은혜의 행위임을 인정하고 감사하며 영광을 돌리
는 데는 소홀했다.

　　따라서 심각한 기후 위기 상황 속에서 우리는 "하나님을 창조자
로 고백하는 것은…하나님이 선하시며 타자에게 생명을 주는 분임을
기억하고 타자로 하여금 자신과 함께 교제함으로써 존재하도록 타자

60　　M. Luther, *Table Talk*, 708. 김영한 편역, 『루터신학 개요』, 대한예수교장로회총회출
　　　판국, 1991, 198에서 재인용.

에게 공간을 마련하는 분임을 고백하는 것"[61]이라는 사실을 다시 강조해야 한다. 또한 "하나님을 창조자로 고백하는 것은 그분이 자비롭고 베풀기를 좋아하는 분임을 고백하는 것이다.…창조는 하나님의 자기 비움의 행동"[62]이라는 점을 마음에 품은 채로 생태 예배를 드려야 한다. 맥쿼리가 말한 대로 예배란 그리스도인의 신앙을 행위와 실천으로 생명력 있게 이어주는 중요한 원동력이기 때문이다.[63]

5. 생태적 삶의 실천

다섯째, 기후/생태 위기 상황 속에서 생태적 책임을 다하고자 하는 생태 목회는 교회와 그리스도인들이 생태적 삶을 실천하게 하는 일에 힘을 쏟아야 한다. "지금까지 자본주의적 산업 사회 안에서 우리가 추구해온 삶의 방식(에너지를 과다하게 사용하는 소비지향적인 삶-필자 삽입)은 세계를 위협하는 생태학적 재앙의 근본 원인"[64]이 되었다. 따라서 생태 위기를 극복하기 위해서는 소비지향적인 삶의 방식을 지구 생태계와 조화를 이루는 생태적 삶으로 전환해야 한다. 『찬미받으소서』는 생태적인 삶을 실천하기 위한 구체적인 방법을 다음과 같이 제안한다.[65]

---

61   Daniel Migliore, 신옥수·백충현 역, 『기독교 조직신학 개론』, 180.

62   위의 책, 181.

63   J. Macquarrie, *Finding My Way Home*, 장기천 역, 『영성에의 길』(서울: 전망사, 1986), 24, 28.

64   J. Moltmann, *Ethik der Hoffnung*, 곽혜원 역, 『희망의 윤리』, 271.

65   Pope Francis, 박동호 역, 『찬미받으소서』, 174, 151.

에너지를 보전하는 방식들을 촉진하는 일과 같이 국가와 지역의 수준에서 해야 할 일은 여전히 많습니다. 그런 방식에는 에너지 효율성을 극대화하고 원료 사용을 줄이는 생산 형태의 산업을 장려하고, 에너지 효율성이 떨어지거나 더 많이 오염시키는 상품을 시장에서 퇴출시키며, 운송 체계들을 향상시키고, 에너지 소비와 오염 수준을 감축시키기 위한 목적으로 하는 건축과 개축을 권장하는 일이 포함될 것입니다. 지역 수준의 정치 활동 역시 소비를 조절하고, 폐기물 처리 및 재활용의 경제를 발전시키며, 특정 종들을 보호하고, 다양화시킨 농업과 작물 순환의 계획을 수립하는 것으로 방향을 잡을 수 있습니다.

환경에 대한 책임 교육은 다음과 같이 주변 세상에 직접적으로 그리고 의미 있게 영향을 주는 행동 방식들을 장려할 수 있습니다. 플라스틱과 종이 사용을 피하기, 물 소비를 줄이기, 찌꺼기를 분리하기, 합리적으로 소비될 수 있는 것만 조리하기, 다른 생물에 대한 보살핌을 보여주기, 대중교통 이용하기나 자동차 함께 타기, 나무 심기, 불필요한 전등 끄기, 혹은 다른 어떤 실천이든 말입니다.

6. 마을 목회 추구

여섯째, 기후/생태 위기 상황 속에서 생태적 책임을 다하고자 하는 생태 목회는 마을 목회를 추구해야 한다. 오늘날은 그 어느 때보다도 전 지구적이고 총체적인 생태/생명 위기의 시대이기 때문이다. 한국일에 따르면 "마을 목회란 잃어버린 지역 사회와의 관계를 회복하고 그것을 기초로 교회와 목회의 본질을 회복하자는 운동이다."[66] 이에 더해 황홍렬은 "마을 목회란 목회자가 교회의 교인들을 돌보는 목회를 넘어서서 교회/기독교 기관과 그리스도인들이 마을의 주민들과 마을 공동체의 회복 및 성장을 위해 다양한 모습―마을을 살리는 학교, 마을 기업, 마을을 살리는 문화, 생태 마을, 마을을 살리는 생활 정치 등―으로 돌보고 섬김으로써 하나님 나라를 마을에 이루는 그분의 선교에 동참하는 목회"라고 정의한다.[67] 한마디로 마을 목회란 자연과 문명의 재앙을 초래하고 있는 기후/생태 위기 상황 속에서 생명을 살리고 마을을 공동체로 변화시키는 하나님 나라 목회다.[68]

VI. 나가는 글

오늘날 인류가 당면한 가장 큰 위기는 무엇일까? 아마도 많은 사람은 코로나19 팬데믹이라고 답할 것이다. 그러나 세계 경제 전문가 100인을 대상으로 한 설문 조사를 보면 기후 위기야말로 우리 인류가 당면한 가장 큰 위협이라는 답변이 월등히 많다. 세계 경제 포럼이 발간한 2021년 글로벌 리스크 보고서 역시 같은 진단을 내렸다. 이처럼 기후

---

66 예장마을만들기네트워크, 「마을 만들기를 위한 신문 자료집」(홍성: 마을목회연구소 농촌, 2016), 25.
67 강성열·백명기 편, 『한국교회의 미래와 마을 목회』(서울: 한들, 2016), 159.
68 이에 대해서는 정원범, 『세상 속 하나님 나라 공동체』(논산: 대장간, 2021)의 1부 4장 "마을 목회와 한국교회"를 참고할 수 있음.

위기가 인류가 당면한 가장 큰 위협으로 인식되는 이유는 너무도 분명하다. 현재 나타나고 있는 기후 재난은 생물과 인간을 포함한 지구 생명 공동체가 멸종할 수도 있음을 보여주는 징후이기 때문이다. 지구의 파멸을 향해가는 이런 시대에 우리에게 주어진 긴급한 사명이 있다면 그것은 바로 인류 생존의 터전이고 하나님의 창조물인 지구 생명 공동체를 살리는 일일 것이다. 바라기는 우리 교회가 하나님과 이웃을 사랑하고 지구를 잘 돌보라는 시대적 사명을 잘 수행함으로써 탄식하고 있는 지구 세계와 힘겨운 삶을 이어가고 있는 사회적 약자들에게 희망의 메신저로 거듭나는 역사가 일어나기를 소망한다.

생명 목회와 녹색교회 이야기

Ⅰ. 들어가는 글

고난으로 얼룩진 성경의 역사와 가장 낮은 자리에서 시작된 기독교의 처음을 돌아보면 어떤 어려움이나 시련도 문제가 될 수 없다고 생각하지만, 오늘날 우리가 느끼는 목회 현장의 위기나 기독교의 현실을 목도하고 있노라면 의구심이 든다. 예수 신앙의 정체성은 점점 예수와 관련 없는 것들로 정의되고 있으며 교회와 기독교의 존재감 역시 예전 같지 않다. 이제는 예수 그리스도와 초기 기독교가 추구한 정신과 본질은 사라진 채 온갖 세속적이고 인간적인 바벨론의 문명이 교회와 세상의 중심 자리를 차지하고 있다.

기독교는 그동안 십자가의 은총과 구원의 복음으로 내달려왔다. 그만한 복음이 없었고 이를 능가할 다른 메시지가 없는 듯했다. 그렇게 기독교는 부흥과 성장을 이루었고 사회 전반에 적지 않은 영향력을 미쳐왔다. 하지만 이면에선 인간의 욕망을 부추기면서 더 많은 부와 소유를 얻는 것이 축복과 성공이라고 가르쳐왔다. 그 결과 기후 위기를 비롯한 총체적인 난국을 앞두게 된 기독교는 이제 심각하고 진지하게 자신을 대면하면서 성찰해야 한다. 기독교 영성은 생태적 감수성을 가지고 예언자 역할을 하면서 시대와 모든 피조물에 희망을 전해야 한다. 하나님의 창조는 모든 생명에 대한 것이고 구원은 온전한 회복과 살림이기 때문이다.

지금은 그 어느 때보다도 생태적 회심과 녹색 영성이 절실한 시기다. 지구 안에서 인류가 잘못 걸어온 길을 회개하고 하나님의 뜻을 되찾아야 한다. 우리는 그동안 소비가 미덕이라고 주장하면서 대책도 없이 쓰레기를 쏟아냈다. 이처럼 풍성한 축복이라는 미명으로 욕망의 경쟁에 앞장섰다. 하지만 이제는 살림살이의 문법을 배우며 생태 문명으로 전환하는 길만이 유일한 선택지가 되었다. 인류는 그 길과 답을 성경에서 찾은 다음 하나님의 은혜를 구하며 나가야 한다.

이 글에서는 필자가 목회를 맡고 있는 쌍샘 자연 교회의 이야기를 나누고자 한다. 앞서 언급한 위기에 대한 문제의식을 갖고 녹색교회를 지향하며 실행해본 생명 목회의 소소한 이야기를 자세히 소개해보겠다.

Ⅱ. 쌍샘 자연 교회의 소신과 원칙

1. 수와 크기를 넘어서는 교회(목회)여야 한다

우리 주님께서는 수와 크기에 관심을 보이신 적이 없다. 예수님은 생명을 화두로 삼고 사람의 영혼에 관심을 집중하셨다. 하지만 얼마나 많은 목회자와 교회가 이 수와 크기의 올무에 묶여 있었는가. 수와 크기는 본질이 아니며 부수적인 것이다. "한 영혼이 천하보다도 귀하다"고 하신 주님의 말씀을 우리는 기억해야 한다. "천하보다 귀하다"는 표현은 얼마나 적극적이고 민감한 수적 반응인가. 또한 주님이 생각하신 "하나님 나라"의 크기는 그 어떤 나라나 제국의 크기에도 견줄 수 없다. 그러므로 교회는 어린 소자 하나를 귀히 보고 생명(영혼)에 관심을 두어야 한다. 제아무리 작은 교회라 할지라도 당당해야 하며, 큰 교회일수록 겸손해야 한다. 이 수에 대한 집착과 고정 관념을 넘어서지 못하는 교회는 결국 세상의 논리와 평가에 놀아날 것이다. 우리 교회는 이 숫자로부터 자유로운, 진정한 예수 그리스도의 교회가 되고자 한다.

2. 무명의 삶으로 나(자신)를 넘어서는 교회(목회)여야 한다

시작은 아마 누구나 그렇게 출발했을 것이다. 하지만 시간이 지나면서 그러질 못했다. 우리는 주님이 공명심과 인기에 자극받아 움직이는 것을 보지 못했다. 주님은 오직 하늘 아버지의 뜻을 강조하셨고 아버지의 뜻대로 되어야 한다고 자신을 낮추셨다. 교회는 나를 넘어서야 한다. 내가 문제가 되면 흔들리면서 중심을 잃게 되지만, 나를 넘어서면 주님이 보인다("그는 흥하여야 하겠고 나는 쇠하여야 하리라", 요 3:30). 우리는 유명해지고 높임을 받을 때일수록 자신을 경계하고 조심해야 한다.

그런데 사람들에 둘러싸여 인기와 관심을 얻는 것이 성공인 양 착각하는 경우가 많다. 나를 넘어서고 교회를 넘어서고 유명세를 넘어서야 비로소 아버지의 것이 보일 것이다. 얼마나 많은 교회와 성도들이 자신을 드러내려는 욕망에 휩싸여 인정을 갈구하고 있는지 모른다. 예수께서는 "누구든지 나를 따라오려거든 자기를 부인하고… 나를 따를 것이니"(마 16:24)라고 말씀하셨다. 우리 교회는 사람의 칭찬이 아닌 하나님의 인정을 믿고 누가 보든 안 보든 자신에게 주어진 일에 성실히 임하는 교회가 되고자 한다.

3. 생명을 향한 끝없는 목마름의 교회(목회)여야 한다

목회자는 생명에 관심을 두신 예수님을 본받아 생명을 살리고 지키는 일에 힘써야 한다. 농업은 생명이다. 그러나 요즘 농업에 생명이 있을까? 농업에서도 생명보다는 돈이 우선인 시대다. 경제, 교육, 정치에도 생명이 있어야 하지만 그렇지 못한 것이 현실이다. 그럼에도 불구하고 우리는 생명이 있는 경제, 생명이 있는 교육, 생명이 있는 정치와 종교와 신앙을 지향해야 한다. 그런 목표를 두고 사람을 살리는 경제, 사람을 살려내는 정치를 추구해야 한다. 우리는 그것이 하나님의 뜻이라고 믿는다.

농부 시인으로 알려진 서정홍이 지은 "농부"라는 시가 있다.

농부는

땅을 일구며 날마다 별을 노래하는 시인입니다.

논밭에서 살아 있는 그림을 그리는 화가입니다.

지렁이 한 마리 귀하게 여기는 환경 운동가입니다.

하늘을 보고 심고 거둘 때를 아는 천문학자입니다.

생명을 기르면서 깨달음을 찾아가는 철학자입니다.

건강한 음식으로 사람을 섬기고 살리는 의사입니다.

이웃과 함께 사는 법을 아는 시민 사회 운동가입니다.

온 겨레를 먹여 살리는 자랑스러운 국가 대표입니다.

땀과 정성으로 삶을 배우고 가르치는 참된 교사입니다.

많은 이야기를 가슴에 안고 사는 이야기꾼입니다.

여린 새싹 앞에서도 머리 숙일 줄 아는 수도자입니다.

사람 힘으로 안 되는 일이 있는 줄 아는 성직자입니다.

모든 생명을 따뜻하게 품어 살리는 어머니입니다.

고르게 가난하게 사는 법을 실천하는 "희망"입니다.

농부의 일이 이럴진대 하물며 목회는 어때야 하겠는가. 목회는 생명의 목마름을 어루만지는 일이어야 한다. 세상은 영혼의 목마름에 시달리면서 온갖 것으로 인해 신음하고 아파하며 절규하고 있다. 그 가운데서 생명을 살리고 영혼을 치유하며 삶을 건강하게 회복하는 것이 바로 목회다.

생명은 "살라는 명령"이다. 그 살라는 명령을 방해하는 모든 것이 죄악이다. 생명은 단지 목숨 자체만이 아니다. 생명은 살아 있는 모든 것과 유기적인 관계를 맺고 있다. 그것이 진짜 온전한 생명이다. 그러므로 생명을 사랑한다는 것은 존재하는 모든 것을 사랑하고 그와 함께한다는 말이다. 사람과 자연은 물론 사회적이고 우주적이며 더 나아가 보이지 않는 영적인 세계까지 끌어안는다는 말이다. 이처럼 우리 교회는 통전적인 하나님의 역사를 믿으며 그 안에 살고 있음을 고백하는 한편, 그 중심에 생명의 소중함을 위해 오신 예수께서 함께 계시는 교회가 되고자 한다.

우리는 이런 원칙과 소신을 가지고 교회 공동체를 이뤄가려는 노력을 지속하고 있다. 그래서 교회가 작거나 유명하지 않다는 사실에 속상해하거나 상처받지 않는다. 오히려 성도 각자가 하는 일에 자부심을 느끼고 그저 감사할 뿐이다.

우리는 곧잘 하나님의 인도를 믿는다고 말하면서도 전혀 그렇게 살지 못할 때가 많다. 농촌이라고 한숨 쉬고 교회가 작다고 실망하고 알아주지 않는다고 기죽어 살 때가 많다. 쌍샘 교회는 청주 모충동 쌍샘이라는 동네에서 개척할 때 소위 달동네에서 시작했고, 평생 전세 교회(당시엔 월세)로 있어도 좋다고 마음먹었다. 우리는 지역 사회 선교를 생각했기 때문에 교회의 부흥이나 성장에 큰 기대를 하지 않았다. 그저 이웃과 함께하는 교회가 되어 지역으로부터 주어진 교회의 역할을 넉넉히 감당할 수 있으면 그것만으로도 충분하다고 생각했다.

그렇게 시작한 교회는 마을에서 필요한 공부방과 주민 도서실, 지역 사회 학교, 건강 교실 등을 운영하며 삶의 자리를 만들어왔다. 그러던 중 동네에 개발 계획이 진행되면서 지역의 아이들과 주민이 마을을 떠나는 변화가 찾아왔다. 우리는 고민에 빠졌고 당황했다. 마을이 개발되는 것은 좋은 일이었지만 그곳을 찾아 들어간 우리에게는 아주 큰 변화였다.

마침내 우리 교회는 그곳에 남을 이유도 없고 시내의 다른 곳으로 옮기는 것도 답이 아니라는 생각을 하면서 자연이 있는 농촌으로 들어가 일종의 대안 교회(공동체)를 꿈꿔보기로 결심하고 뜻을 모았다. 처음에는 교우들이 술렁거리며 이해하지 못했고 납득하지 않았다. 하지만 1년여간 함께 기도하고 논의하면서 생각과 마음을 모았다. 교우들이 합의한 후에는 가나안을 향하듯 새로운 삶의 자리를 찾으며 하나님의 인도를 구했다.

그렇게 뜻을 모은 이후 지금의 이 자리로 오게 되었고 쌍샘 교회는 새로운 시대를 맞았다. 시골로 들어온 우리는 이름을 "쌍샘 자연교회"로 정하고 새로운 환경에서 목회와 교회의 방향을 놓고 깊은 사색의 시간을 가졌다. 우리를 이곳으로 부르고 이끄신 하나님의 뜻을 찾고 살펴야 했다. 마침내 우리는 "영성, 자연, 문화의 삶을 일구는 쌍샘 자연 교회"라는 주제를 얻고 감사를 올렸다. 이제 이곳에 들어온

지도 19년을 넘어 20년을 향하고 있지만, 날마다 처음의 마음을 잃지 않겠다는 각오를 다지며 교우들과 함께하고 있다.

III. 쌍샘 자연 교회 목회의 세 가지 특징

1. 생명, 영성 목회

여기서 "생명"이란 영혼과 육체를 말한다. 그러니까 영적인 생명과 육체적 생명 모두를 포괄하는 개념인 것이다. 사실 기독교는 그동안 영혼 또는 영적인 것만 중요시하고 강조하면서 굳은 믿음을 갖고 성령 충만한 상태로 열심히 기도하는 것만이 모범적인 신앙생활이라고 가르쳐왔다.

하지만 그렇게 영적 생명과 영적 충만을 강조하면서 얻고자 한 것은 무엇이었을까? 진심으로 영적인 충만함이나 성숙한 믿음을 얻고자 했던 것일까? 진정으로 예수를 닮은 삶을 살고자 했던 것일까? 이에 대한 대답은 매우 아쉽고 궁색할 수밖에 없다. 우리는 결국 물질적이고 육신적인 축복을 더 필요로 했다. 세상 사람들의 눈에는 이런 모습이 매우 모순적으로 보였을 것이다.

진짜 영적인 축복을 원하고 주님 안에서 고상한 가치를 말한다면 눈에 보이고 만져지는 물질적인 것보다 내적 충만과 소박함을 추구하며 사는 것이 맞다. 하지만 천국을 소망한다면서 세상에 대한 애착과 미련을 넘어서지 못하는 그리스도인들이 허다하다.

생명 목회는 말 그대로 생명을 살리고 지키는 사역이다. 교회는 하나님의 말씀과 주님의 보혈로 죄악에 물든 영혼을 정하게 함으로써 성도들의 심령을 새롭게 해야 하는 것은 물론이고, 그들이 먹는 것, 마시는 것, 입는 것, 자는 것에도 관심을 두어야 한다.

그래서 건강한 영혼에 건강한 몸을, 건강한 몸에 건강한 영혼을 가질 수 있게 해야 한다. 그런 차원에서 접근하고 고민하며 기도하는 것이 생명 목회다. 즉 이제 교회는 영혼의 문제에만 치중하면서 그 외의 세상적이고 육신적인 것을 멀리할 것이 아니라 성도들의 일상을 신앙 안에서 더욱 적극적으로 다루어야 한다.

나는 이것을 "삶의 목회"라고 표현하고 싶다. 사는 문제, 삶의 문제를 논하고 기도하며 함께하는 것이다. 죽음을 말하고 죽자는 것이 아니라 살자는 삶의 목회다. 그 삶이란 무조건 사는 게 아니고, 세상과 자본의 방식이 아닌 하나님의 가르침에 따라 정말로 잘 사는 것을 말한다.

2. 생태, 자연 목회

생태 목회는 자연 중심의 자연 친화적인 목회다. 이미 기업이나 교육, 정치권에서 녹색이니 친환경이니 하는 말을 흔히 쓸 정도로 현대인들에게 생태는 아주 중요한 화두로 자리를 잡았다. 또한 환경 생태의 문제가 기후 위기로 집약되어 모습을 드러냄에 따라 세계 모든 나라와 수많은 사람들이 그 심각한 상황 앞에 긴장하고 있다.

하지만 교회는 하나님의 창조를 말하면서도 자연과 생태에 무관심하고 핵 발전, 탈성장, 탄소 중립 등에 대한 논의를 귀담아듣지 않고 있다. 생태 목회라는 말에는 생태 자연이란 의미는 물론 자연스러움이라는 뜻도 포함되어 있다. 이것은 하나님이 행하신 창조의 원리와 질서를 신뢰하고 따르면서 인간의 인위적인 행동을 그치고 욕심을 부리지 않는다는 의미기도 하다.

인류는 그동안 개발, 성장, 풍요를 추구한다는 핑계로 지구를 무자비하게 파헤치고 다루어왔다. 돈이 되고 득이 된다면 무엇이든 상품을 만들어 팔아치운 후에 편리한 세상이 되었다며 자축했다. 계절과 밤낮을 바꿔버림으로써 창조와 자연의 질서가 만들어놓은 평화를 모조리 흩어놓았다. 인간은 세상의 모든 것의 주인이 되었다. 과연 하나님의 것이 있는가? 모든 것이 물신(物神)의 손아귀에 놓이고 자본이 최고가 된 세상에서는 하나님의 자리가 없다.

생태와 자연 목회란 자연의 순리와 하나님의 은혜에 감사하며 순종하는 목회다. 하나님이 우리에게 "관리하고 다스리라"는 청지기의 사명을 주셨다면 우리는 책임을 피할 수 없다. 사람과 더불어 평화롭고 안락한 삶을 이루어 가는 것은 물론 그것이 자연과 생태 안에 있음을 알고 지구와 모든 생명과 함께해야 한다.

3. 삶, 관계의 목회

생명 목회란 관계를 중요시하는 목회다. 누군가를 만나 이야기하다 보면 아는 사람과 연결된 사이임을 금방 알게 된다. 한 번 보고 안 볼 그런 사람은 세상에 없다. 사람뿐만 아니라 세상 모든 것이 이처럼 촘촘히 짜여진 그물망 속에 어우러져 존재한다.

우리는 살면서 간혹 나와 전혀 상관없는 일이나 사람이 있다고 생각하곤 하지만 실제로는 그렇지 않다. 우리는 모든 존재나 사건과 연관되어 있다. 도시에 살면 농사나 농부와 상관이 없을까? 내가 서울에 산다고 지방과는 아무런 관계가 없을까? 전혀 그렇지 않다. 일례로 우리집에서 멀찍이 떨어진 곳에 쓰레기를 갖다 버린 후에 그 쓰레기가 나와 상관없는 것이 되었다고 착각하지만, 그것은 말 그대로 어리석은 착각일 뿐이다.

생명 목회란 관계를 통한 삶을 소중히 여기는 목회다. 사람이 내게 올 때나 함께해서 득이 되는 경우뿐만 아니라 사람이 내게서 갈 때나 함께하지 않아도 관계만큼은 함부로 하지 않는 것이 상식이다. 하지만 교회에서조차 그렇지 않은 모습을 흔히 볼 수 있다. 들어올 때는 환영하고 반기지만 나갈 때는 언제 갔는지 소리 소문이 없다. 우리 교회는 무슨 이유로든 교회를 나갈 때도 반드시 인사를 나눔으로써 좋은 모습으로 관계를 마무리하고자 했다. 교회보다 중요한 것이 그리스도이시고 신앙은 그분을 향한 것이기 때문에 우리는 그럴 수 있고 그래야 한다.

세상 모든 것이 창조주 하나님의 것이라면 필요 없는 것이 없고 버릴 것 또한 없다. 훌륭한 목수는 버리는 나무가 없고 사람들이 내다 버리는 것에서도 쓸모를 찾아 사용한다고 한다. 예수님께서도 오병이어의 기적을 통해 많은 사람을 먹이신 후에 남은 것을 거두고 "버리는 것이 없게 하라"(요 6:12)고 하셨다.

우리는 이렇게 생명을 중심에 두고 관계를 무시하지 않는 목회를 하는 것이 하나님 나라를 이 땅 가운데 이루는 일이라고 믿는다. 세상은 별것도 아닌 것을 가지고 비교하고 차별하며 줄을 세우지만, 그리스도 안에는 그 모든 것이 조화를 이루며 큰 하나가 될 수 있는 은혜와 비결이 있다. 이런 기본적이면서도 중요한 신앙의 원리만 잘 지켜갈 수 있다면 생명 목회와 녹색교회가 시대의 등불이자 희망이 될 수 있다고 믿는다. 예수님의 삶과 복음의 내용이 실제로 얼마나 생태적이고 생명 중심이었는가는 아무리 강조해도 지나침이 없을 것이다. 그런 목회의 모습을 지향하다 보면 가난하고 검박한 삶을 영위하더라도 예수님처럼 천하를 가진 듯 당당하고 행복하게 살 수 있을 것이다.

우리는 청주 외진 구석의 달동네에서 평생 세를 주며 살더라도 지역 사회에 필요한 교회로 서겠다는 다짐을 품었다. 그렇게 시작한 쌍샘 교회는 동네의 변화로 인해 10년간의 모충동 생활을 정리하고 2002년에 현재 낭성 호정리에 터를 마련한 후 입주하였다. 지금 동네는 아홉 가구 정도의 주민들이 남아서 마을을 지키며 사는 전형적인 시골 산촌이었다. 한때는 제법 동네가 컸지만 젊은 사람과 자녀들 대부분이 고향을 떠난 뒤에는 종일 고요와 적막이 일상이 된 그런 산골 마을이었다.

그러던 이곳에 한 교회가 예배당을 짓고 이사해 들어온 것이다. 건축 당시 주민들은 이런 외지고 작은 산골 마을에 교회가 들어오는 것을 이해할 수 없다며 "무슨 이상한 기도원이나 사이비 종교 단체가 틀림없다"며 공사를 반대했었다. 그렇지 않다고 설명했지만 막무가 내였다. 그렇다면 어떻게 해주길 원하냐고 묻자 주민들도 딱히 답을 내놓지 못했다. 불법 건축물도 아니고 종교의 자유가 없는 것도 아니니 공사를 막으면서도 뾰족한 수가 없었을 것이다. 그래서 우리는 "각서"에 이렇게 적어드렸다. "교회는 마을에 해가 되는 일은 하지 않을 것이며 주민들이 원치 않으면 이곳을 떠나겠다. 무엇보다 지역에 필요한 교회가 되겠다."

우리는 이런 각서를 쓰고 지금까지 왔다. 이 각서는 당시 건축을 마무리하기 위해 임시로 쓴 게 아니다. 적어도 복음을 전하러 들어가는 교회가 마을에 해가 되거나 나쁜 영향을 줄 수는 없다는 확고한 믿음으로 쓴 것이다. 생명을 살리고 사람들을 구원으로 인도해야 하는 교회가 마을에 짐이나 걸림돌이 되어선 안 된다고 생각했다. 오히려 힘이 되고 디딤돌이 되어야 한다고 믿어왔다. 그래서 우리 교회가 들어오면 이 마을은 틀림없이 더 좋아질 것이고 그래야만 한다고 여겼다. 실제로 그 말과 약속은 현실이 되었다.

IV. 쌍샘 자연 교회의 구심점

하나의 공동체가 세워지고 운영되려면 어떤 정신적인 힘이나 정체성
이 반드시 필요하다. 그 기반이 공고할수록 든든히 세워질 것이고 부
흥하겠지만 그렇지 못하면 시작은 요란할지라도 결국 오래가지 못할
것이다. 아주 작은 공동체로 시작한 쌍샘 자연 교회의 구심점은 당연
히 예수 그리스도요 하나님이시다. 공동체의 여러 지체를 하나로 모
아가는 성령께서는 교회 공동체의 구심점이 되어주셨다.

이렇게 예수 그리스도를 중심으로 모인 쌍샘 자연 교회는 신앙
과 영성, 생명과 자연, 문화와 사회의 영역을 담당하는 세 개의 위원
회가 교회의 중심과 뼈대 역할을 하면서 신앙 공동체, 살림 공동체,
문화 공동체를 추구하고 있다.

1. 말씀, 영성, 평화를 지향하는 예수 그리스도의 신앙 공동체

쌍샘 자연 교회는 예수를 그리스도로 고백하는 신앙 공동체다. 교회
가 아무리 많은 활동을 열심히 하더라도 이런 신앙에 근거를 두어야
한다. 우리는 자연과 생태를 중요하게 여기고 문화와 사회를 논하는
와중에도 언제나 예수 그리스도가 중심에 계심을 믿는다.

그렇게 때문에 우리는 신앙 공동체로서의 소임과 역할을 다하고
자 한다. 교회에는 "신앙, 선교, 영성 위원회"가 있어 이와 관련된 여
러 일을 다룬다. 정기적으로 모이고 있지만 상황에 따라 회의를 열어

서 목회자들끼리 협력하고 때로는 제직과 부서장 및 책임을 맡은 분들이 일을 주도하기도 한다.

신앙 공동체에서는 다양한 성서 교실과 영성 훈련, 교회의 크고 작은 행사 및 프로그램을 함께 한다. 교회의 성장과 교우의 영적 성숙을 위한 일이라면 신앙 선교 영성 위원회가 움직인다. 교우들은 곧 나의 지체이기 때문에 그들이 기도하는 일과 성경을 읽는 일, 공동체에 참여하며 배우고 나누고 함께하는 일이 결국 우리 모두를 위한 것이라고 생각한다.

2. 생명과 생태적 삶을 신앙으로 이해하고 자연 교육을 추구하는 살림 공동체

우리는 구속적 신앙을 추구하기에 앞서 창조 신앙을 고백하면서 세상은 하나님이 만드신 그분의 세상이라는 점을 분명히 한다. 그러기에 생명과 생태적 삶을 신앙으로 이해하고 자연 생태 교육을 추구한다. 왜냐하면 하나님 앞에서 이웃과 자연과 조화를 이루는 온전한 삶을 사는 것이 바로 하나님 나라를 실현하는 일임을 믿기 때문이다.

살림 공동체에서는 자연 친화적인 삶을 안내하고 소박하고 검소한 생활을 통해 생태적 삶을 공유하게 한다. 이는 하나님이 만드신 세상을 아름답게 지키고 보존할 뿐 아니라 그 안에 주신 모든 은총과 선물을 소중하게 간직하기 위함이다.

이제는 자연과 생태의 소중함이나 가치를 인식하고 있는 사람들이 많다. 아마도 자연과 생태계가 병들고 오염된 현실을 몸으로 체감하면서 그 안에 사는 인간도 결코 예외일 수 없음을 깨달은 결과일 것이다.

이렇게 쌍샘 자연 교회는 "생명, 자연 생태 위원회"를 통해 자연과 하나가 되려는 노력을 지속하고 있다. 이 위원회는 구체적으로 자연 학교와 생태 자연 도서관과 같은 사역과 프로그램을 진행하고 있다.

3. 건강한 놀이, 더불어 살아가는 삶의 가치를 일궈내는 문화 공동체

교회뿐만 아니라 우리가 살아가는 모든 삶의 자리는 공동체의 형태로 드러난다. 교회가 지역 사회 중심에서 형성하는 공동체의 문화는 원하든 원치 않든 자연스럽게 마을로 흘러간다. 그렇기 때문에 교회는 우리의 삶을 건강하게 하고 풍요롭게 만드는 좋은 문화 운동을 형성할 책임을 갖고 있다.

교회의 "문화, 사회, 공동체 위원회"에서는 교회 안팎의 다양한 문화 관련 사역과 프로그램을 기획하고 운영한다. 세상의 건강하지 못한 문화 운동과 해악을 끼치는 악한 요소들이 시시각각 우리의 자녀는 물론 가정과 교회에까지 침투해 들어오는 상황에 맞서 자발적·적극적으로 우리의 삶을 지키고 만들어가야 한다. 문화가 꼭 거창하고 대단한 것일 필요는 없다. 문화란 곧 삶이고 소통이기 때문에 우리의 일상과 공동체 생활 속에서 형성되는 흐름도 문화라고 할 수 있다.

나아가 문화는 우리 삶의 예술성이다. 인간이 이런 예술성을 잃는다면 맛을 잃은 음식과 같다. 그리스도인에게는 하나님께서 주신 특별한 예술적 감각과 재능을 삶의 자리에서 잘 풀어냄으로써 건강하고 멋을 아는 아름다운 삶을 이루어갈 소명이 주어졌다.

이와 같은 세 축을 중심으로 교회의 사역과 활동이 전개된다. "영성", "자연", "문화", 이 얼마나 거창하고 대단한 주제인가? 사실 어느 것 하나도 제대로 감당하기 어려울 만큼 큰 주제다. 하지만 매우 중요한 주제이자 내용임을 알기 때문에 우리는 부족하더라도 이것을 끌어안고 씨름하면서 주님의 교회를 세우고 신앙 공동체를 만들어가려고 한다.

V. 쌍샘 자연 교회의 공동 사역

쌍샘 자연 교회는 "영성, 자연, 문화의 삶을 일구는 교회"라는 주제를 가지고 예수 그리스도의 신앙 공동체로서 삶의 신앙, 삶의 선교, 삶의 은총을 이뤄가고자 한다. 이것은 궁극적으로 하나님 나라를 지향하는 일이라고 할 수 있다.

이제 앞서 언급한 영성, 자연, 문화 영역의 세 위원회를 중심으로 교회 사역을 간단하게 소개한다.

1. 신앙 영성 선교 위원회

1) 온 교우가 함께 드리는 "주일 공동 예배"

교회는 기본적으로 공동체이자 더불어 함께하는 곳이기 때문에 우리는 20년 가까이 남녀노소가 함께 예배를 드린다. 물론 부분적으로 부서나 교회학교 모임이 진행되지만 주일 예배만큼은 공동 예배로 드린다. 예배를 통해 서로가 서로에게 배우고 각자의 지체됨을 확인함으로써 함께 하나님을 향해 나아가는 교회, 주일, 성도가 어떤 모습인지를 학습한다. 이런 방식을 사용함으로써 세대 간의 단절을 자연스럽게 보완하고 유기적인 신앙 공동체의 정체성을 확립한다.

2) 우리의 심령을 새롭게 하소서 "겨울 신앙 사경회"

1월이나 2월 초에는 온 교우가 함께 말씀으로 자신을 돌아보고 신앙으로 다짐과 결심을 하는 신앙 사경회를 가진다. 이때는 오롯이 말씀과 기도의 시간을 가짐으로써 우리가 모두 소명을 지닌 영적인 존재임을 확인하고 은혜를 나눈다. 이때만큼은 평소의 분주함을 내려놓을 수 있도록 적어도 1박 2일 정도의 시간을 확보한 다음 쉽게 초대하기 어려운 분들을 모시고 깊은 말씀의 시간을 갖는다.

3) 모두가 신나고 재밌는 "여름 신앙 공동체"

여름 방학 기간에는 영성, 자연, 문화의 틀 안에서 아주 다양한 프로그램을 실행한다. 꼭 신앙적인 내용이 아니어도 좋다. 건강한 삶을 추구하고 생명과 자연, 문화와 사회 영역의 소중한 내용을 신앙으로 이해하고 수용하며 나눌 기회다. 남녀노소가 함께 어우러져 신앙 공동체로서의 여름 생활을 공유한다. 다양한 주제를 통해 우리가 어떻게 세상을 보고 교회 밖의 많은 것을 대해야 하는지 등을 나누게 된다.

4) 하나님이 기뻐하실 "예배의 변화와 갱신"

매년 11월에는 설문을 통한 피드백의 시간을 가진다. 무기명으로 비교적 자유롭고 솔직하게 지난 한 해의 삶과 공동체를 돌아보면서 아쉽고 미진했던 부분을 살피고 더 나은 새해를 위해 의견을 모으며 기도한다. 이때는 예배를 포함해서 공동 식사, 모임, 사역 등 전반을 살피고 더 진실하고 진지하게 살고자 하는 신앙의 기회로 삼는다. 그리고 새해에는 예배를 변화시킨다. 틀에 박힌 고정된 예배가 아니라 변화와 고백과 참여를 통해 산 예배를 드리기 위함이다.

5) "쌍샘 공동체의 밤"과 공동체 회의

교회는 매월 마지막 주 토요일 저녁을 공동체의 밤으로 정하여 평소에 시간상 함께하지 못한 것을 나누고 살피며 하나 되는 자리를 가진다. 이때는 회의를 하거나 공동 식사를 하며 마을 영화 상영이나 특별 프로그램을 진행하기도 한다. 돌이켜보면 우리 교회는 이 시간을 통해 도시에서 시골로 와서 정착할 수 있게 되었다. 한 달에 한 번 공동체로서 충분한 시간을 갖고 함께하는 이 시간에 아이들과 숨바꼭질 같은 놀이를 하며 추억을 만들기도 한다.

6) 공동체 애찬식과 성찬 예식

매월 홀수 달에는 담임 목사가 성찬 예식을 집례한다. 성찬의 의미와 내용을 나누고 성도들은 그리스도의 성찬에 거룩한 마음으로 참여한다. 주님의 모든 것이 담긴 성찬은 예배와 말씀, 은혜의 꽃이다. 그리고 짝수 달에는 공동체 애찬식이 있다. 애찬식은 쌍샘 가족 누구나 참여할 수 있으며 진행 역시 교우들이 한다. 특정 부서나 위원회 또는 가정에서 맡기도 한다. 격식 없이 애찬을 진행하며 오직 예수 안에서 함께 만나 믿음의 가족을 이루고 공동체의 식구가 됨을 감사한다.

7) 금요 사랑방 모임

매 주일 오후에는 사랑방 모임을 열어 교회 안의 작은 공동체들이 모인다. 첫 주는 구역 모임으로, 둘째 주는 부서별 모임으로, 셋째 주는 영성, 자연, 문화의 위원회별로 모이고, 넷째 주는 기타 위원회 모임을 가진다. 소그룹 모임이 활성화될 때 비로소 교회 안의 작은 공동체들이 건강해질 수 있다. 간혹 다섯째 주일이 있는 경우는 전체 교우가 교회에 모여 그동안의 삶을 나누고 자랑하는 시간을 갖는다. 모임에서는 찬양, 기도, 말씀을 나누고 구역과 부서, 위원회에 관련된 이야기를 하게 된다.

8) 신앙 공동체로서의 "1전(傳), 1소(素), 1감(感)" 실천

쌍샘 자연 교회는 1전, 1소, 1감의 신앙을 교우들과 함께 다짐한다. 1전이란 하나님 앞에 다짐하고 기도하는 것이다. 올 한해 누구를 위해 기도하며 섬길 것인지를 정한다. 1소는 자신을 위한 결심으로 올 한 해 일상의 삶에서 좀 더 소박하고 검소한 삶을 위해 절제하거나 지켜야 할 것을 정한다. 1감은 이웃이나 형제를 위한 것으로 올 한해 어떻게 배려하고 나누며 함께할 것인지를 정하는 것이다. 송구 영신 예배나 새해 첫 주일에는 온 교우가 함께 참여한다. 1전은 영성, 1소는 자연, 1감은 문화의 영역으로 구분한다.

2. 생명 자연 생태 위원회

1) 가슴 펴고 어깨 거는 "쌍샘 자연 학교"

쌍샘 자연 학교는 현재 계절에 따라 주말을 중심으로 운영하며, 주말 농장, 생태 학습, 자연 활동, 생태 체험 등의 일정으로 구성되어 있다. 흙과 물, 나무와 식물, 계절과 순환 등 다양한 내용으로 채워지는 자연 학교는 산과 들을 곧 학교이자 놀며 배우는 곳으로 삼는다. 자연 학교의 커리큘럼은 무궁무진하다. 20년째 운영 중인 자연 학교는 교회의 아이들은 물론 지역의 아이들에게까지 자연의 소중함, 생명의 가치, 삶의 아름다움을 가르치며 나누고 있다.

2) 아이들의 세상 "신나는 겨울 놀이 학교"

이 프로그램은 겨울 방학을 이용하여 1박 2일로 운영되는 전형적인 놀이 학교로서 이곳에서 아이들은 자연에서 공동체 중심으로 왜 놀고 어떻게 놀아야 하는지를 배우고 익힌다. 실컷 놀고 나면 자신감도 생기고 몸도 건강해지며 친구들과 함께하는 것이 얼마나 좋은 것인지를 알게 된다. 처음에는 어색하고 머뭇거리지만 이내 친구들과 사이좋게 어우러진다. 놀이는 혼자 하는 컴퓨터나 오락이 아닌 공동체 놀이와 자연 놀이로 진행된다.

3) 사람과 자연을 살리는 "생태 자연 도서관"

1993년부터 지역에서 작은 도서관 운동을 해온 쌍샘 자연 교회는 시골에 들어오면서 부지를 마련하고 작지만 전문적인 생태 자연 도서관 "봄눈"을 세웠다. 생태와 자연, 환경 등을 전문으로 하는 이 도서관에서는 다양한 강좌와 문화, 교육의 장을 열어가고 있다. 언젠가부터 특화된 도서관, 찾아가고 찾아오는 도서관으로 알려져서 주변 다른 프로그램과 연계하여 이곳을 찾는 가족과 개인 소모임이 늘었다. 생태 자연 도서관은 생태와 자연의 세계가 얼마나 놀랍고 신비로운지, 이 모든 것을 누가 지으셨고 운영하시는지를 보여주고 알아가는 공간으로 자리매김함으로써 하나님의 창조 신앙을 고백하는 교회 교육에 큰 역할을 담당하고 있다.

4) "착한 살림"에서 "산촌 책방"으로

"착한 살림"은 지역 농산물과 생활 문화 장터를 아우르는 동네의 생명 창고다. 착한 살림은 지역 소농의 삶을 챙기는 것은 물론 지역 주민과 일반 소비자들에게도 더욱 안전하고 믿을 수 있는 먹을거리를 제공한다. 또한 상품 판매를 넘어 새로운 삶의 방식을 열어감으로써 금전적 이익보다 정신적 가치와 건강한 삶의 부가 가치를 우선시하고자 했다. 하지만 지역 소재지에 로컬 푸드가 생기면서 그곳에 "착한 살림"의 원래 역할을 양보하고 우리는 대신 산촌 생태 책방을 열었다.

산촌 책방 돌베개에는 생태 자연 관련 책이 70%, 인문, 사회, 어린이 관련 책이 30% 정도 구비되어 있다. 이는 모든 면에서 자연과 생명을 존중하고 우선시하는 사회가 되어야 한다는 생각을 기본으로 책방과 북 스테이에 오시는 모든 분에게 생태와 자연의 소중함을 나누고자 고민한 결과다.

5) 맛있는 밥집에서 "제로 웨이스트" 상점으로

본래 밥상은 생명을 공급하고 에너지를 채우는 매우 소중한 공간이다. 하지만 오늘날의 밥상은 오히려 생명을 위협하고 에너지를 소진하는 경우가 많다. 자본과 돈의 이해관계에 따라 밥의 위상이 크게 훼손당했다. 교회에서 운영하던 "야곱의 식탁"은 소박한 밥상을 제공하는 식당이었는데, 코로나19로 인해 잠시 잠시 문을 닫았다가 이제는 "제로 웨이스트" 상점으로 모습을 바꿔서 다시 꾸리게 되었다.

제로 웨이스트는 기후와 환경 문제를 인식하여 플라스틱 없고 쓰레기를 줄이자는 개념에서 나온 행동 원칙이다. 우리는 이런 시각을 바탕으로 제로 웨이스트 상점(알맹 상점)을 운영한다. 구체적으로 자연에서 얻은 친환경 제품들을 취급하고 용기를 가져와 내용물만 담아가는 식으로 세제나 샴푸 등을 판매함으로써 쓰레기를 줄이거나 없애는 삶을 지향한다. 뿐만 아니라 재생용지, 종이 연필과 일회용품

안 쓰기 등 다양한 삶의 실천이 있다.

6) 땅과 땀의 거룩한 만남 "주말 농장"

이곳에 들어오던 해부터 지금까지 주말농장과 농사를 계속하고 있다. 농사를 통해 하나님을 만나고 지역 주민들과 함께하며, 주말농장을 통해 새로운 이웃들을 맞이했다. 땅과 땀의 거룩한 만남인 농사는 노동에 대한 결과를 정직하게 우리에게 돌려줌으로써 삶이 얼마나 많은 신비와 은총으로 둘러싸여 있는지를 경험할 수 있게 한다. 주말 농장은 교회와 생명 자연 위원회, 자연 학교, 민들레 학교, 그 외 주말 농장 신청자 가정 등에서 모두가 함께한다.

3. 문화 사회 공동체 위원회

1) 생명과 꿈을 노래하는 교육 문화 공동체 "단비"

교회 시작을 공부방과 함께한 우리 교회는 이곳에 와서도 지역 아이들과 성도 가정의 아이들을 위한 민들레 학교를 운영했다. 아이들의 책 읽는 소리, 웃음소리, 노는 소리로 시끌벅적한 곳일수록 살아 있는 동네라고 믿기 때문이다. 다음 세대라 불리는 아이들이 없으면 미래도 없고 사람 사는 곳이 아니다. 이것이 발전하면서 지금은 교육 문화 공동체 "단비"라는 사회적 협동조합을 꾸려나가게 되었다. 대안 교육과 산촌 유학을 꿈꾸며, 지역 아이들을 위한 마을 특색 프로그램과 대안 위탁 교육 기관 운영을 통해 청소년들을 돌보고 있다. 결국 사람을 길러내는 일처럼 중요한 게 없고, 지속 가능한 마을로 가는 길에 교육과 아이들은 필수 요소다.

2) 뚝딱뚝딱 "노아 공방 협동조합"

교우들과 함께하는 가운데 여러 이웃의 참여로 "노아 공방"을 운영하고 있다. 이는 협동조합 형태로 설립된 마을 공방으로서, 여기서는 누구나 자신의 재주와 재능을 나누면서 함께할 수 있다. 목공, 도예, 서각, 염색, 바느질 등 어떤 예술 분야라도 상관없다. 노아 공방의 정신은 가능하면 버리지 말고 고쳐 쓰고 만들어 쓰자는 것이다. 자신의 재능을 되살린 솜씨를 발휘하여 직접 만든 작품을 전시하고 생활 문화 장터에서 판매하기도 한다. 교회 행사가 있는 경우에는 외부에서 기념품이나 선물을 구매하지 않고 공방에서 만든 물건을 나눈다.

3) 더불어 살아갈 "도토실 생태 문화 마을"

교회가 이곳으로 이전한 지 3년째부터 교우들이 교회 근처로 이사해오기 시작했고, 지금은 총 열여덟 가정이 집을 짓고 들어와 함께 살고 있다. 함께 마을을 이루어 사는 교우들은 자주 모여 공동의 삶을 나누기도 한다. 왜 모여 사는 것인지, 함께 살면서 해야 할 일은 무엇인지를 논의하기도 한다. 우리는 열악하고 피폐해진 농촌 마을이 생기를 회복함으로서 사람이 사는 마을로 발전해가기를 원한다. 농촌이 살아야 도시도 산다. 불균형한 세상이 아니라 도시와 농촌, 큰 것과 작은 것, 나와 네가 함께 어우러지는 그런 세상이어야 한다.

4) 황토로 지어 무인으로 운영되는 "사랑방 카페"

교우들이 직접 지은 "사랑방 카페"는 무인으로 운영되는 쉼터이자 문화 사랑방이다. 누구든 언제나 자유로이 이용할 수 있으며 먹고 싶은 차를 타 마신 후 갈 때는 제자리에 씻어 놓는다. 각종 소모임도 가능하며 한 달에 한 번씩 사랑방 인문 학당이 열리기도 한다. 카페 이용료는 자율적으로 지불하게 되어 있고 수익금은 지역의 어려운 이웃을 위해 사용된다. 사랑방 카페에는 지역에서 나는 다양한 꽃차들이 준비되어 있다.

5) 삶을 출판하는 "도서출판 꽃잠"

소중한 삶의 이야기를 나누자는 취지에서 시작한 "꽃잠"은 소수 한정판으로 책을 만들어서 독자가 정하는 가격을 받고 판다. 그래서 저자도 원고료를 받지 않으며 주신 은사와 재능을 나누는 데 목적을 둔다. 꽃잠은 시집, 묵상집, 교회 달력, 다이어리 등을 제작하는 과정에서도 돈보다 사람을 우선시하고자 하며, 이 취지에 따라 연관된 모든 사람을 소중히 여기면서 일을 만들어가려고 노력한다. 이에 많은 분이 응원하고 지지해주셔서 잘 운영되고 있다.

6) 세상을 만나는 새로운 창 "갤러리 마을"

잘 사용되지 않는 2층의 원두막을 리모델링하여 만든 갤러리에서는 때에 따라 다양한 그림, 사진, 도예 등의 작품을 전시한다. 이곳은 세상을 만나고 소통하는 또 다른 창이고 세계다. 작품과 작가를 통해 새로운 예술과 문화를 보고 작가의 세계를 본다. 갤러리는 누구든지 이용할 수 있으며 특히 청년 작가나 무명의 예술인 또는 자라나는 청소년에게 희망과 용기를 주는 공간이기도 하다. 그동안 많은 분이 갤러리를 이용하셨는데 자연의 품에 있는 갤러리가 주는 색다른 분위기와 연출에 많은 분이 행복해하셨다.

7) 책과 자연과 함께 쉼을 "돌베개 북 스테이"

도서관 앞쪽에는 개인이나 가족이 와서 책과 별들과 함께 쉬어갈 수 있도록 네 개의 방을 마련하였다. 이곳은 지치고 힘든 이들이 몸과 마음의 따스함을 느끼면서 새 힘을 얻을 수 있게끔 책, 자연, 정성으로 그들을 축복하고 섬기는 공간이다. 야곱이 노숙 중에 돌베개를 베고 꿈속에 하나님을 만난 것과 같은, 그런 쉼과 희망을 얻어가길 바라며 만든 공간이다. 운영은 도서관 운영 위원회에서 하며 이용료로 얻는 수익은 생태 자연 도서관의 운영비로 쓰인다.

8) "사랑방 학교", "사랑방 인문 학당"

20년 가까이 운영해 온 사랑방 학교와 인문 학당은 오늘날의 쌍샘 자연 교회를 있게 한 주역이다. 이를 통해 꾸준히 사람을 만나고 책을 보면서 우리의 눈이 열렸다. 우리는 사랑방 학교와 인문 학당에서 사람을 만나고 주제별 공부를 진행하면서 한층 관심 어린 눈으로 세상을 볼 수 있게 되었다. 또한 이곳에서 사회와 현장의 다양한 사람을 만나면서 많은 도전과 감동을 받았다.

하나님의 교회는 생명력이 있으며 복음의 능력을 지니고 있기 때문에 어떤 모양으로든 성장하고 그 존재감을 나타내게 되어 있다. 우리가 마음을 잘 붙잡고 치우치지 않는다면 하나님은 틀림없이 우리를 통해 그분의 역사를 이루어가신다는 것을 경험했다.

쌍샘이 청주를 떠나 지금의 자리로 오기 전 작고 가난했던 우리 교회는 청주 변두리의 작은 땅에서 천막을 쳐 놓고 히브리 민족의 광야 교회처럼 그렇게 지내자고 했다. 나중에 여력이 될때 소박하게 교회를 지으면 된다고 생각했다. 주어진 상황에 불평하기보다는 감사했고 우리를 통해 이루어가실 하나님의 뜻을 믿었다.

그런데 하나님은 생각했던 것보다 훨씬 큰 땅을 주셨고 여러 손길을 통해 엄두도 내지 못하고 있었던 사택과 교회 건축까지 마무리할 수 있는 은혜를 주셨다. 그리고 지금까지 19년이 넘도록 영성과 자연, 문화의 교회가 될 수 있도록 도우시고 이끌어주셨다.

생명 목회와 녹색교회를 가슴에 품은 우리 교회는 가장 먼저 신앙 공동체를 놓고 고민하면서 "영성, 자연, 문화의 교회"가 되고자 했다. 또한 지역 사회 선교는 물론 마을 공동체를 이루는 일에 교회가 역할을 해야 한다고 생각했으며, 이제는 더 나아가 4차 산업, 코로나, 기후 위기 등 변화하는 시대 속에서 신앙의 본질에 입각한 삶의 대안이 무엇인지를 고민하고 있다.

특히 생태와 자연, 문화와 사회 영역의 일은 대부분 삶의 자리인 마을을 염두에 둔 일들이었다. 예컨대 이곳에 들어온 후 우리는 운영해왔던 도서관을 놓고 고민에 빠졌다. 책을 볼 사람도 없고 유동 인구도 없기 때문에 도서관은 정말 필요가 없다고 생각하고 책을 정리하던 중 문득 다른 생각이 든 것이다. 사람이 사는 마을에 그래도 도서관 하나쯤은 있어야 하지 않을까? 그래도 명색이 마을인데 판잣집같이 작고 초라한 모습이더라도 도서관이 있어야 한다는 마음에 결국 도서관을 유지하기로 했다. 대신 모든 종류의 책을 다 다룰 수는 없으니 어린이 도서와 생태 자연 도서를 전문으로 하는 도서관으로 만들기로 했다.

그런 뜻을 가지고 부지를 마련한 다음 기금을 모아 2016년에 2층 규모의 90평 건물을 짓고 내용을 갖추어 생태 자연 도서관 "봄눈"의 재개관식을 했다. 돌아보니 10년간 도서관을 준비한 셈이었고 "야곱의 식탁"과 게스트하우스 "돌베개" 등을 건축하는 데도 오랜 시간과 많은 예산이 들었지만, 궁극적으로 하나님께서 마음을 같이한 사람들의 후원과 참여를 사용하셔서 일을 시작하고 마무리해주셨다고 생각한다.

마을이 시들해지고 죽어가는데 교회만 잘 될 수는 없다. 마을 안에서 마을과 함께 존재하는 교회라면 마을이 활기차게 변화되고 성장하는 일에 교회가 빠질 수 없다. 우리는 교회와 마을을 함께 보면서 더 큰 공동체 의식을 갖고 그 안에서 하나님의 나라를 꿈꾸며 복음의 삶을 나누고자 한다.

우리가 지향하는 마을은 삶의 자리로서의 생명 마을이다. 생태 또는 생명 마을의 필요는 한마디로 생태적 위기에 빠진 시대의 요청이자 성경의 복음이 요구하는 하늘의 명령이다. 본질적인 죄와 절망에서 비롯된 왜곡된 욕망, 그로 인한 현대 문명의 한계와 모순 때문에 발생한 생태 위기와 불안이 그 심각성을 날로 더해가고 있기 때문이다. 도시는 도시대로 절망하고 농촌은 농촌대로 희망 없이 숨 가쁜 호흡을 이어가고 있다.

따라서 교회는 삶의 자리인 마을을 생명 마을로 만들어갈 책임을 갖고 있다. 교회와 마을이라는 삶의 자리는 하나님이 주신 것이며 이 공동체를 하나님이 매우 귀중하게 여기시기 때문이다. 교회는 결코 교회만을 생각할 수 없다. 교회는 마을을 위한 존재가 되어 생명 마을로서의 삶의 자리를 만들어가야 한다.

우리가 생각하는 생명 마을이란 다음과 같다.

첫째, 공동체로서의 마을이다. 생명 마을이란 공동체성을 건강하게 유지하는 마을을 말한다. 도시 공동체가 수와 크기, 물량 등의 측면에서는 차고 넘침에도 많은 문제와 상처를 드러내는 것은 그만큼 건강하지 못하고 공동체로서의 기능이 취약하기 때문이다. 하지만 같은 도시라도 공동체로서의 정신과 기능을 잘 살린 지역의 주민들은 삶의 자리와 질에 대해 만족감을 느낀다.

한편 농촌 지역이라거나 작다는 이유만으로 마을이 건강하거나 행복하다고 볼 수는 없다. 중요한 것은 마을이 삶의 자리로서 얼마만큼 공동체성을 유지하고 있으며 서로 함께하는가에 달려 있다. 따라서 생명 마을이란 공동체로서의 마을이다. 서로에 대한 배려와 이해, 마을의 애경사와 크고 작은 일에 대한 협동심이 가득한 곳이 생명 마을이다.

홀로 존재하는 생명체는 없다. 존재하는 모든 것은 서로를 필요로 함으로써 상호 보완적인 관계를 이룬다. 그러니까 공존과 협동의 원칙을 존중하고 전체를 하나로 보는 인식 안에서 공동체를 이루는 마을이 곧 생명 마을이라고 할 수 있다.

둘째, 지속 가능한 마을이다. 여기서 말하는 "지속 가능한" 마을에는 여러 의미가 담겨 있다. 우선 경제적 자급이 되는지, 인구의 분포가 지속 가능한 상태인지를 살펴야 한다. 지속 가능한 생명 마을이 되려면 생산과 소비의 자급자족 체제를 갖춤으로써 외부 의존을 줄여나갈 수 있어야 한다. 물론 현대 사회에서 이것이 가능하겠는가 하는 반문도 있겠지만, 진정 생명 마을을 꿈꾼다면 지속 가능한 마을의 형태를 고민하지 않을 수 없다. 또한 지속 가능한 마을을 구축하는 것은 얼마든지 실현해낼 수 있는 일이다.

그리고 마을 공동체는 인구(주민) 분포의 다양성을 갖춰야 한다. 현재 농촌 주민의 대부분이 노령 인구이고 젊은 사람이 없다는 것은 그만큼 지속 가능하지 않은 상태라는 뜻이 된다. 그런데 최근 들어 귀촌이나 귀농을 하려는 사람들이 점점 늘고 있다. 농촌 마을도 이런 추세에 맞춰 그 지역으로 들어오는 사람들을 열린 마음으로 배려하고 도와주어야 한다. 사람이 점점 줄어들고 젊은이나 아이들이 없는 마을은 지속 가능한 마을일 수 없다.

지방 자치 단체에서 가장 먼저 이런 문제를 고민하겠지만, 마을 단위로서의 주민들도 함께 문제 해결에 나서야 하며, 특히 텃세를 앞세워 외지인의 귀촌이나 귀농을 방해해서는 안 된다. 이 외에도 에너지, 교육, 문화, 신앙 등 다양한 분야에서 지속 가능한 마을을 만드는 것이 생명 마을로 가는 길이다.

셋째, 꿈과 희망이 있는 마을이다. 꿈과 희망이 있는 마을이란 눈에 보이는 것을 전부로 여기지 않고 정신적이고 영적인 것의 가치와 의미를 높이 평가하는 마을을 말한다. 세상 사람들은 경제나 교육의 측면에서 잘사는 마을을 말하지만 우리는 그런 세속적 기준을 넘어 생태와 자연의 소중함과 가치를 아는 마을, 성공, 부, 권력이 판을 치는 세상에서 무엇보다 사람됨을 중요시하는 그런 마을을 만들어야 한다.

이는 수나 크기에 좌우되지 않고 건강하고 행복한 마을을 만드는 일에 비중을 두어야 한다는 뜻이다. 한 개인이나 가정이 꿈과 희망을 품듯이 마을 공동체에도 꿈과 희망이 있어야 한다. 이렇게 마을 공동체 안에서 서로가 희망을 말하며 공동의 꿈을 품는다면 그런 곳은 충분히 생명 마을이라 할 수 있다. 이런 생명 마을을 형성한 구체적 사례들은 주변에서 많이 확인할 수 있다.

VI. 나가는 글

글을 맺으면서 우리가 마음 깊이 간직하고 있는 두 가지 생각을 강조하고 싶다. 우선 우리는 큰 것과 많은 것을 경계한다. 이는 교회의 규모와 상관없이 그리스도인이라면 누구나 조심해야 하는 것이다. 물질과 권력은 크기와 많음으로 승부하려는 속성을 갖고 있지만, 예수님은 이 모든 것에서 진정 자유로운 분이셨다.

우리는 수와 크기의 허상에 얽매이지 않고 예수님을 따라 생명과 복음이라는 하나님 나라의 본질에 충실해야 한다고 믿는다. 또한 영성과 자연, 문화의 의미와 가치를 인식하고 그것을 삶의 자리에서 풀어내는 일이 목회의 본질이자 교회의 모습이라고 여기며 나아가고자 한다.

다른 하나는 감사와 자족에 대한 생각이다. 누구든 처음에는 감사함을 느끼다가도 점점 그것을 당연시하면서 왜 나에게 더 좋은 것이 주어지지 않냐고 불평하고 원망하게 된다. 그럼으로써 불화와 파멸의 길을 걷게 된다. 우리는 그런 인류의 역사를 되새기면서 자연의 질서와 섭리에 따라 살아가는 하나님의 백성이 되고자 한다. "들의 꽃과 공중의 새를 보라"고 하신 주님의 말씀에 따라 하늘 아버지를 믿으며 소박하지만 감사하고 행복한 일상을 소중히 여기는 것이 우리 삶의 구체적인 목표다.

앞으로도 쌍샘은 교회의 공동체성을 중요시하며 우리가 그리스도의 교회임을 분명히 할 것이다. 우리 교회를 통해 하나님의 말씀이 옹달샘처럼 흘러넘치고 예수의 사랑이 공기처럼 소통되기를 바라며, 궁극적으로 우리가 한 몸의 지체처럼 유기적으로 하나가 되어 그분의 몸을 세워갈 수 있기를 소망한다.

창조의 부르심과 모두를 위한 생태 환경 교육[1]

유미호

1. 아름다운, 그러나 위기에 처한 지구

지구 동산은 하나님이 보시고 "참 좋다"(창 1:31)고 하시며 환히 웃으셨던 곳이다. 인간이 하나님과 함께 거닐던 곳이기도 하다. 삶이 힘들어도 주께서 쉬시면 인간도 함께 쉼으로 모두의 필요를 채울 수 있는 거룩한 장소였다. 그런데 그곳이 지금 회생하지 못할 마지막 숨을 쉬듯 헐떡이고 있다. 미세먼지로 숨쉬기 힘든 날들이 계속되고 플라스틱이 땅과 바다에 쌓이면서 "생육하고 번성하는 복"(창 1:22, 28; 9:1)을 누리지 못할 처지에 놓였다. UN 보고서에 따르면 현재 전체 생물 종의 1/8에 해당하는 100만 종 이상이 멸종 위기에 처했으며[2] 적지 않

---

1 이 글은 2021년에 개최된 기독교교육학회 춘계학술대회 때 발표한 글을 수정·보완한 것임.
2 김용래, "유엔 '생물 100만 종 이상 멸종 위기…인간이 주 위협'", 「매일경제」(2019. 5 6). https://www.mk.co.kr/news/society/view/2019/05/295366.

은 생물 종들이 서식지 침해나 기후 변동으로 서식지를 이동하면서 면역력이 없는 질병에 무방비 상태로 노출되어 있다.

　　지난 2020년 3월에는 세계 보건 기구(WHO)가 코로나19의 유행을 전 지구적 전염병 대유행, 즉 팬데믹으로 선언했다. 코로나19는 홍콩 독감(1968년)과 신종 인플루엔자(2009년)에 이은 세 번째 팬데믹이다. 이처럼 동물에게 있던 바이러스가 종의 벽을 넘어 벌써 몇 년 동안 인간을 위협하고 있다. 이는 인수 공통 감염병의 대부분이 그렇듯이 인간이 개발과 경제 성장의 과정에서 동물과 그들이 사는 세상을 건드림으로써 발생한 것이다. 특히 지구 온도 상승이 이 위기를 부추기고 있는데,[3] 이상 기후로 야생 동물의 서식지가 파괴되고 그로 인해 살 공간을 잃은 야생 동물이 인간 거주지나 목축지로 이동하면서 인간의 감염 가능성을 높이고 있다. 에볼라, 에이즈, 사스, 뎅기, 지카 바이러스 등 지난 80년간 유행한 전염병의 70%가 그런 과정에서 생긴 것들이다. 현재 산업화 이전 대비 1.1도 상승한 지구 기온이 이대로 2도까지 올라가게 되면 극지방 동토 속 고대 바이러스까지 나와서 우리를 위협하게 될 것이다. 지구 온도 상승으로 인한 해수면 상승으로 이미 국가 위기를 선포하고 환경 난민의 길을 선택한 나라들도 있다. 오래전부터 환경 난민의 수가 전쟁으로 인한 난민의 수보다 많아졌으며, 2050년에는 약 1억 4,000만 명의 환경 난민이 발생해 세계 인

3　　그린피스, "과학자들의 경고, '기후 변화가 전염병 확산을 부른다'"(2020. 2. 25). https://www.greenpeace.org/korea/update/12074/blog-health-climate-virus.

구의 1%가 세계를 유랑하게 될 것으로 예측되고 있다.[4] 기후 위기는 이제 우리 모두의 생존이 걸린 문제가 된 것이다.

지구가 얼마나 더 버틸 수 있을까? 전문가들은 지구의 회복력을 지킬 수 있는 시간이 이제 7년밖에 남지 않았다고 한다. 기후 변화에 관한 정부 간 협의체(IPCC)는 「지구 온난화 1.5도 특별 보고서」[5]를 통해 지구의 평균 온도 상승치를 1.5도로 제한해야 한다고 지적하면서, 그러기 위해서는 2030년까지 이산화탄소 배출량을 2010년 대비 45%로 줄이고 2050년까지 순 배출량 제로를 달성해야 한다고 말한다. 시급하게 조치하지 않으면 지구는 더 이상 버티지 못할 것이기 때문이다.

인류가 기후 위기 상황에 직면했음을 입증해온 자료는 헤아릴 수 없이 많다. 기후 위기로 인한 현상들이 자연 생태계 및 인간 삶에 큰 영향을 미칠 것이라는 연구 결과도 수없이 발표되었다. 그런데도 우리는 이런 상황을 소홀히 여기면서 여전히 남아 있는 것들을 최대한으로 사용할 생각에만 젖어 있다. 살인적인 폭염과 폭풍, 가뭄과 홍수, 해수면 상승뿐만 아니라 숲의 절반을 태우고 수많은 야생 동식물을 타 죽게 한 호주 산불과 같은 현상이 발생함으로써 기후 위기의 경고등이 수도 없이 켜졌지만 소용없었다. 심지어 이번 코로나19를 비

---

4   김종화, "[과학을 읽다] 물에 잠기는 지구-① 온실가스와 환경 난민", 「아시아경제」
    (2019. 12. 4). https://www.asiae.co.kr/article/2019120415184165861.
5   천권필, "0.5도에 지구 운명 바뀐다…IPCC '1.5도 특별 보고서' 채택", 「중앙일보」
    (2018. 10. 8). https://news.joins.com/article/23028237.

롯해 에너지, 먹을거리, 폐기물 문제로 우리의 건강과 안전한 삶이 직접적으로 위협당하고 있지만 여전히 위기감은 높지 않은 듯하다.

2. 위기를 인정하게 하는 기독교 생태 환경 교육

온난화 속도를 늦추는 완충 장치인 바다와 숲은 이미 제 기능을 발휘하지 못하고 있고, 지금 당장 온실가스의 배출 증가율이 멈춘다고 해도 향후 최소 1,000년간 지구의 기온은 계속 높아질 것이다. 서둘러 지구 생태 용량⁶에 맞는 삶으로 전환하는 것은 물론 사회 시스템의 혁신까지 시도해야 하는 상황이지만, 대부분의 사람들은 여전히 삶의 방식을 바꾸지 않으려는 핑곗거리를 찾는 데 몰두하고 있거나 지금 당장 할 수 있는 일이 없으니 그저 기다릴 수밖에 없다는 식으로 책임을 회피하기에 바쁘다. 지금 당장 태도를 바꾸어 함께 본격적인 대처에 나서도 부족한데, 사람들의 위기 감지 능력에 이상이 생긴 것이 분명하다.

그런 의미에서 위기를 인식하고 인정하는 것은 생태 환경 교육의 기본이 된다. 어떻게 하면 위기를 인식하게 할 수 있을까? 어떻게 해야 변화된 행동을 이끌어낼 수 있을까? 이것이 교육의 최우선 과제다. 우리는 "아직도 알지 못하며 깨닫지 못하느냐? 너희 마음이 둔하

---

6   곽노필, "코로나가 지구 생태 용량 초과일을 3주 늦췄다", 「한겨레신문」(2020. 6. 7).
     https://www.hani.co.kr/arti/science/future/948212.html.

냐?"(막 8:17)라고 말씀하시는 주님의 음성을 강조함으로써 사람들이 귀를 기울이고 감각을 깨울 수 있도록 최선을 다해야 한다.

특히 태초에 하나님께서 아담과 가인에게 "네가 어디 있느냐?"(창 3:9), "네 아우가 어디 있느냐?"(창 4:9)라고 하신 두 질문을 깊이 성찰함으로써 우리의 의식과 행동을 바꾸는 데 도움을 얻을 수 있을 것이다. 또 이런 질문을 좀 더 구체화[7]하여 함께하는 공동체 안에서 나눈다면, 위기를 부인하고 회피하고 침묵하는 대신 생명 사랑의 마음으로 위기를 마주할 수 있을 것이다. 지금껏 추구하던 "풍요, 편리함, 성장"에서 돌아설 용기를 내게 될 것이며 고통 중에 울부짖으며 사라져간 생명의 소리[8]가 하나님의 자녀에게 보내는 구조 신호임을 깨닫고 그들에게 고통을 더하는 행동을 삼가며 사회의 변화까지 도모하게 될 것이다. 더불어 지금 겪고 있는 고통이 나뿐만 아니라 하나님의 창조세계

---

[7]   "오늘 나는 어디서 창조주 하나님이 함께하셨다고 느꼈는가?"
      "나는 창조의 아름다움과 땅의 울부짖음, 가난한 사람의 울음소리를 듣고 있는가?"
      "오늘 하루 동안 내가 한 선택들은 하나님의 생명들과 가난한 이들에게 어떤 영향을 미쳤을까?"
      "하나님이 지으신 창조의 자리와 지구 이웃을 돌보는데 부족한 것은 없었는가? 어떻게 해야 하나님 안에서 인간과 자연이 다시 평화로운 관계를 회복하는 선택을 할 수 있을까?"
      - 코로나 이후의 생명평화, 「교육교회」(2020/7-8).

[8]   2019년 UN 보고서에 따르면 기후 위기로 사라지는 생물종이 백만 종에 이른다. 그중 10가지 생물종은 지구의 날 네트워크에서 인간 활동과 기후 위기로 인해 멸종 위기에 처한 종으로 뽑아 알리고 있다. 해당 생물종은 북대서양참고래, 아홀로틀(멕시코도롱뇽/우파루파), 제왕나비(군주나비), 장수거북, 큰귀상어, 아시아코끼리, 자이언트세쿼이아, 아프리카펭귄, 산호초, 아마존 열대림이며, 이 밖의 생물종 멸종 관련 자료는 「기후위기와 생물종의 멸종 이야기」(https://blog.daum.net/ecochrist/642)를 참고하라.

전체가 겪고 있는 고통임을 깨달음으로써 "모두의 풍성한 삶을 위해서 필요만큼 누리겠노라"라는 선언을 하게 될 것이다.

물론 위기를 인정하더라도 두려움에 사로잡힌 채 이기심, 탐욕, 편리함에 주저하면서 계속 책임을 전가할 수도 있다. 태초에 그랬듯 우리는 수도 없이 "하나님이 주셔서 나와 함께 있게 하신 여자가", "뱀이 나를 꾀므로 내가" 한 것이라는 식으로 변명하거나 합리화하는 데 익숙하기 때문이다. 하지만 그렇게 해서는 문제가 해결되지 않는다. 우리에게는 그렇게 우물쭈물할 시간이 없다. 오늘 주님은 우리에게 "너와 네 후손이 잘 살려거든 생명을 택하라"(신 30:19)고 말씀하시면서, 혼자가 아니라 자신이 속한 공동체와 함께 오라고 손짓하고 계신다. 또한 "두세 사람이 내 이름으로 모인 곳에 나도 있으니"(마 18:20)라는 말씀을 통해 우리를 다독이시면서, 용기를 내어 우리 자신 및 공동체의 방향과 목표를 바꾸어 행동하라고 권면하신다. 바로 여기에 기독교 생태 환경 교육, 아니 기독교 교육이 감당해야 할 몫이 있다.

3. 모두의 필요를 알아채게 하는 기독교 생태 환경 교육

우리는 왜 교육하며 무엇을 교육하는가? 교육을 통해 그리는 인간상은 어떤 것인가? 여기에 한마디로 답하긴 어려우나 분명한 건 누구나 "잘 살게" 하는 교육을 원한다는 것이다. 문제는 과연 그 교육이 모두가 함께 잘 살게 하는 교육이냐는 것인데, 이는 곧 "잘 산다"라는 말에 담긴 생태 환경적 가치와 교육이 그리고 있는 인간상을 묻는 질문이 된다. 과연 우리는 교육을 통해 각 사람에게 "생명 하나하나를 존중하고 자연을 사랑하며 전 지구적 생태 환경의 문제 해결에 참여할 것"을[9] 권면하고 있는가?

생명은 결코 혼자서는 살 수 없다. 하나님이 "참 좋다"고 하셨던 순간부터 그랬다. 모든 생명은 서로 기대어 필요를 채우도록 만들어졌다. 이번 코로나19도 모두가 창조주 하나님 안에서 서로 연결되어 있음을 깨닫게 함으로써 한 개인이 살기 위해서는 타인뿐만 아니라 자연까지 살려야 한다는 사실을 명백히 드러냈다. 우리는 이제라도 서둘러 기독교 생태 환경 교육을 통하여 삶을 지속 불가능하게 하는 것들을 되돌릴 수 있도록, 성찰의 시간을 가져야 한다. 사람만이 아니라 동식물은 물론 숨 쉬는 공기, 마시는 물, 온갖 것들을 내는 땅까지도 살펴야 한다.

상황이 이토록 위급해지기까지 교육은 어떤 역할을 소홀히 했던 것일까? 첫째로 기존 교육은 우리 안에 있는 "하나님의 씨(하나님의 형상)와 생명의 마음"을 발견하고 그것을 성장시키는 일을 소홀히 했다. 둘째로 생태 환경의 위기 현실과 적절히 소통할 수 있는 방법을 가르치지 못했다.

우선 생명의 마음은 하나님이 정하신 때를 알고 그에 맞는 삶을 연습하다 보면 발견할 수 있으며, 또 연습을 반복함으로써 그것을 삶

---

9   유미호, 『생명을 살리는 교회 환경 교육』(서울: 동연, 2018).

으로 드러낼 수 있다. 언 땅이 부드러운 봄비에 푸른 움을 내듯, 하나님이 때를 따라 주시는 것에 의지해 먹고 입고 쓰고 버리는 연습을 하면서 하루에 한 번 이상 우리를 살아 있게 하는 하나님의 숨을 의식하고 그것을 살핀다면 가능할 것이다. 그리고 그 생명의 마음을 품게 되면 자연스럽게 다음의 위기 상황을 인정하게 될 것이다.

① 지금의 기후 위기는 인간의 활동으로 인한 것이다.[10]

② 기후 변화는 해수면을 상승시키고 극단적인 기상 현상을 일으킴으로써 인간을 비롯한 수많은 생명의 생존을 위협하고 있다.[11]

③ 기후 위기는 생태 환경의 위기이자 경제적 위기다. 미국 중앙은행인 연방 준비 제도(Fed)는 그것을 2008년 금융 위기의 기폭제 역할을 한 리먼브러더스 파산 사태에 준한 위협으로 인식하고 대비하고 있다.[12]

④ 지구 온도 상승을 1.5도 이내로 묶어야 하고 2030년까지 온실가스를 40-60% 감축하며 2050년에는 배출량 제로 목표를 성취해야 한다.

---

10 IPCC 보고서는 기후 변화에 대한 인간의 책임 정도를 달리 기술하고 있는데, 시간이 지남에 따라 다음과 같이 인간의 책임을 강조하는 양상을 보인다. 1차 보고서(1990, 확실하지 않음), 2차 보고서(1995, 원인 중의 하나), 3차 보고서(2001, 인간 책임 66% 이상), 4차 보고서(2007, 인간 책임 90% 이상), 5차 보고서(인간 책임 95% 이상), 6차 보고서(명백한 사실).

11 David Wallace-Wells, *The Uninhabitable Earth*, 김재경 역, 『2050 거주불능 지구』(서울: 청림출판, 2020)

12 나건웅, "美 연준의 경고 '기후 변화로 리먼 사태급 위기 올 수도'", 「매일경제」(2021. 3. 29). https://www.mk.co.kr/news/business/view/2021/03/296272.

이와 같은 사실을 인정한 사람은 자신이 살기 위해서라도 모두의 필요를 채우는 행동을 하게 될 것이다. 위기에 대한 인정이 생태적 자각을 일으켜 "모든 생명과 함께하는 세상을 살겠다는 의지"를 불러일으키는 것이다. 그렇게 될 때 그리스도인 한 사람 한 사람이 자신이 속해 있는 공동체에 소속감을 느끼고 다른 생명을 존중하는 삶을 살아낼 뿐 아니라 더불어 사는 사회를 만드는 일에 헌신할 수 있을 것이다.

다행히 이미 많은 이들이 누구나 같은 공기와 물을 마시며 하나로 연결되어 있음을 의식하기 시작했다. 교육이 아니라 코로나19라는 팬데믹의 위협이 가져온 두려움의 결과이긴 하지만, 이런 인식을 이어갈 수 있도록 좀 더 분명한 교육이 필요하다. 지난 수십 년 동안 인간이 일으킨 기후 변화가 지구 평균 온도를 상승시키고 기후 재앙을 초래할 것이라는 과학자들의 경고를 무심히 흘려듣던 이들이 2년여 가까이나 강제된 멈춤을 할 수 있었던 것을 보면 인류는 다른 삶을 충분히 살아낼 수 있을 것이다. 물론 앞으로 어떻게 교육하느냐에 따라 미래의 모습이 달라질 수 있다.

이런 변화를 추구할 때는 과연 얼마나 자발성에 근거한 교육을 할 수 있는가를 고려해야 하는데, 현재 상태로는 자발성을 끌어내기가 쉽지 않다. 마치 백신과 치료제에만 의존하여 작금의 팬데믹 위기에 맞서다 보면 "문제 해결은커녕 기후 위기를 초래하는 온실가스 배출이 전보다 더 증가"할 수밖에 없는 것처럼,[13] 삶과 사회 시스템의 근본적인 변화 없이는 사회를 변화시킬 동력을 만들어내기 어렵다.

비대면의 상황일지라도 기독교 생태 환경 교육이 서둘러 신앙 공동체 안에서 지금의 위기를 신앙으로 마주하게 하고, 그에 대한 응답으로 혼자만이 아닌 사회의 변화를 도모하도록 권면해야 할 필요성이 여기에 있다. 동료 피조물의 신음을 경청하며 치유하는 행동을 따로 또 같이하다 보면, 그들은 고통에서 벗어나 "하나님의 자녀가 누릴 영광된 자유"(롬 8:21)를 함께 누리게 될 것이다.

4. 모두의 필요를 채우게 하는 생활 영성 훈련

자신의 필요를 채우되 모두의 필요를 배려할 줄 아는 사람은 하나님이 "참 좋다"고 하신 순간에 대한 기억을 떠올릴 줄 안다. 또한 그 기억에 맞춰 다른 생명과의 관계를 회복하면서 코로나19는 물론 기후 위기를 넘어서는 연습을 한다. 모두가 겪고 있는 고통의 원인을 보고

---

13 UN 환경 계획(UNEP)이 2020년 12월 9일 발표한 「배출 격차 보고서 2020」에 의하면 2020년 온실가스의 경우 코로나19에 따른 여행 감소, 산업 활동 감소 등의 영향으로 전년보다 최대 7%까지 감소할 것으로 예상했다. 그러나 이에 따른 지구 온난화 억제 효과는 세기말까지 지구 평균 온도를 0.01도 떨어뜨리는 데 불과한 것으로 나타나 기후 변화 대응에 큰 영향을 주지 못한 것으로 평가됐다. 게다가 세계 곳곳에서 일어난 대규모 산불의 영향 등으로 온실가스 배출량 증가 속도가 예년보다 오히려 두 배가량 빨랐다는 보고도 있다. 김정수, "산불 때문에…작년 세계 온실가스 증가율 2배 빨랐다", 「한겨레신문」(2020. 12. 10). https://www.hani.co.kr/arti/society/environment/973705.html.

지금보다 나은 사회를 만들기 위해 다양한 실험도 할 터인데, 그 무엇보다도 위기에 취약한 이들을 배려하고 나누는 행동에 나설 것이다. 이와 더불어 먹고 마시고 이동하는 일상은 물론 산업, 발전 및 산·강·바다의 개발로 배출되는 온실가스를 줄이는 일에도 힘쓸 것이다. 석탄 발전과 원전에서 벗어나 재생 에너지 100%의 사회를 꿈꾸고 "2050 탄소 중립 도시(지역 사회)"를 이루기 위한 개인적인 목표를 세워 최선을 다할 것인데, 그것이 모두의 필요를 채우는 길임을 알기 때문이다.

다음으로 기독교 생태 환경 교육을 하려고 할 때 도움이 될 수 있는 몇 가지 방법을 소개한다.[14]

1) 창조세계 안에서 성경 읽기(Lectio Divina)

기독교 생태 환경 교육은 창조 신앙의 관점에서 성경을 읽는 것에서 출발한다. 이를 통해 천지를 지으신 창조주 하나님의 부르심을 듣게 하는 것이다. 특히 성경 속에 나오는 창조에 관한 구절들을 중심으로 말씀을 묵상한다면, 천지 만물을 지으신 창조주 하나님의 부르심을 듣고 지금의 생태 환경 위기에 신앙적으로 응답하는 데 큰 도움이 될

---

14 관련 콘텐츠의 상세 내용은 괄호 안의 웹페이지(https://bit.ly/2XtAon4탄소제로녹색교회자료받기)를 참고하면 된다.

것이다.[15]

특별히 창조세계의 풍성함이나 고통을 느낄 수 있는 곳에 직접 방문하거나 그런 감정을 불러일으키는 사진 또는 이미지를 참고하면서 말씀을 묵상하다 보면, 자신의 필요 이상으로 빈자와 다음 세대와 다른 생명에 속한 몫까지 마구 사용함으로써 지구를 지속 불가능하게 한 죄를 회개하게 될 것이다. "도둑이 오는 것은 도둑질하고 죽이고 멸망시키려는 것뿐이요, 내가 온 것은 양으로 생명을 얻게 하고 더 풍성히 얻게 하려는 것이라"(요 10:10)라고 하신 말씀을 통해 주님이 세상에 오신 이유를 다시 한번 깨닫고 모두가 골고루 풍성한 삶을 누릴 수 있는 방법을 고민해야 한다.

2) 창조 묵상을 위한 "계절에 말 걸기"와 "교회 나무 소유하기·마을 교회 숲(정원) 조성"

"이제 모든 짐승에게 물어보라. 그것들이 네게 가르치리라. 공중의 새에게 물어보라. 그것들이 또한 네게 말하리라. 땅에게 말하라. 네게 가르치리라. 바다의 고기도 네게 설명하리라"(욥 12:7-8). 이런 말씀을 기억하면서 변화하는 계절(자연)에 말을 거는 시간을 가져보는 것도 좋다. 교회 안팎에 있는 숲길, 물길, 마을 길을 거닐며 각 생명으로부터 전해지는 하나님의 숨결을 느낌으로써 창조의 영성이 깊어질 것

---

15 『주님의 마음으로 자연을 보는 말씀 묵상』,『성경 속 나무로 느끼는 하나님의 현존』,『창조의 부르심, 말씀 묵상』 이상 세 권은 기독교환경교육센터 살림이 기획하고 도서출판 동연이 발간한 생명 살림 말씀 묵상집이다. E-book으로도 구입하여 읽을 수 있다.

이다. 가정과 교회, 마을 안에 하나님의 정원을 맛볼 수 있는 미니 정원(텃밭, 화단, 모퉁이 숲)을 만들어 마을 숲과 연결하되, 주변의 식물 최소 열 가지 정도는 이름을 알고 돌보도록 해도 좋다. 교회의 수목은 물론 교인 가정의 수목을 지정하여 지키고 돌보면서 하나님의 정원으로서의 지구를 복원해간다면, 자연과의 연결성을 다시 회복할 수 있게 되고 창조주 하나님과도 더 가까워지게 될 것이다.

3) 절기에 따른 신앙 실천 교육 캠페인

일상의 생태 영성 훈련을 시행하는 데 가장 좋은 시기는 사순절, 대림절과 같은 신앙의 절기다.

(1) 경건한 40일 생태 영성 훈련, "탄소 금식"

재의 수요일로 시작되는 사순절 동안 일상에서 매일 기도하며 탄소 배출을 줄이는 훈련을 할 수 있다. 이 40일의 실천은 언제 어디서든 할 수 있지만 특별히 주님의 고난을 묵상하며 절제하는 사순 절기를 잘 활용하면 변화를 더욱 잘 이끌어낼 수 있다. 훈련 내용은 "매주 하나씩 7주간"[16] 실천하는 것과 "하루 하나씩 주일을 뺀 40일" 동안 묵상하고 실천하는 교육 콘텐츠를 활용하면 된다. 이 프로그램은 어린

---

16 매주 하나씩 7주간 실천하는 "탄소 금식" 캠페인의 실천 내용은 다음과 같다. 1주: 기후 위기 증인 되기, 2주: 남김없이 먹고 채식하기, 3주: 전기 사용량 줄이기, 4주: 이동 수단 바꾸기, 5주: 용기 내어 새 활용품(업사이클링) 사용하기, 6주: 새 옷 사지 않기, 7주: 나무 심고 기후 약자 돌보기.

이용으로도 제작되어 있다(https://blog.daum.net/ecochrist/1052). 우리는 이 훈련을 통해 신음하는 지구와 기후 약자들을 이웃으로 여기고 내 몸처럼 사랑하는 영적 여정을 함께 밟아나갈 수 있다. 비록 작은 것이지만 천천히 욕심껏 살아온 삶을 회개하고 "이만하면 충분하다"고 고백함으로 우리 안의 욕망을 비우고 지구의 아픔을 더는 연습을 한다면, 부활의 아침에 신음하는 자연과 이웃 앞에 하나님의 자녀로서 조금은 당당히 설 수 있을 것이다. 때론 "플라스틱 감축 생활 영성 훈련"을 40일간 실천할 수도 있다. 플라스틱 역시 전 세계를 깊이 신음하게 하는 것으로서 이 생활 영성 훈련은 원천 감량, 즉 쓰레기 제로를 향한 걸음을 내딛게 해준다. 바다로 흘러 들어간 플라스틱에 해마다 생명을 잃는 바닷새가 100만 마리, 해양 포유류가 10만 마리나 되고, 작아진 플라스틱은 우리가 마실 물과 먹을 음식까지 오염시켜 우리 몸을 위협한다. "플라스틱 감축 생활 영성 훈련"은 우리의 습관적인 행동이 "생육하고 번성하여 바다와 땅에 충만"(창 1:22)해야 할 물고기와 새들은 물론 우리가 누려야 할 복을 빼앗은 것임을 인식하고 우리에게 필요한만큼 누리는 연습을 하도록 돕는다. 40일의 실천을 함께 하고 나면 쓰레기 제로의 일상을 살게 하는 거점 공간으로서 "쓰레기 없애기-숍"(혹은 교회 리필 스테이션)을 만들고 이것을 지속적인 친환경 생활-지원 공간으로 삼아봐도 좋다.

(2) 지구 이웃과 부활의 기쁨을 나누는 "기쁨의 50일"

부활 주일과 오순절 성령 강림 주일을 잇는 부활 절기에는 초기 교회 교인이 이웃을 초대해 잔치를 베풀며 부활의 기쁨을 나눈 것처럼 지구 이웃과 함께하는 행동을 시도해보는 것도 좋다. 우리 사회에 필요한 것은 성장이 아니라 위기에 처한 지구를 구할 적절한 삶의 방식을 선택할 수 있는 용기임을 생각한다면, 7주간의 실천[17]으로 "먹고 마시고 입을 것"에서 자유로워져서 덜 가지고 덜 쓰고 덜 먹고 덜 버리는 삶을 살아볼 가치가 충분하다.

(3) 대림절(그린 크리스마스)

대림절 4주 동안에는 만물의 화해자로 오시는 주님을 기쁨으로 맞이하는 묵상을 한다. 우선은 나무를 베거나 전력을 소비하는 방식이 아닌, LED 꼬마전구, 태양광 충전기, 보조 배터리를 준비해서 태양광 크리스마스트리를 준비한다. 또한 나누는 음식은 물론 주고받는 선물까지 될 수 있으면 자연적인 것으로 준비한다. 그런 선물을 받는 사람은 생명에 더 호의적인 마음을 가지게 될 것이다. 풀꽃, 나무, 씨앗을

---

17 매주 하나씩 7주간 실천하는 지구 이웃과 함께 하는 "기쁨의 50일" 캠페인의 실천 내용은 다음과 같다(매년 교회력에 따라 약간의 변동이 있으며 다음은 2021년을 기준으로 한 예다). 1주(4/4-10): 포장 없는 부활절 달걀 나누기, 2주(4/11-4/17): 일회용품 없는 봄나들이, 3주(4/18-24): 지구를 구하는 문화생활 하기, 4주(4/25-5/1): 정원 숲에서 다양한 생명의 숨결 느끼기, 5주 (5/2-8): 녹색(모두를 위한) 선물 주고받기, 6주(5/9-15): 건강한 지구를 위한 살림 밥상 차리고 나누기, 7주(5/16-22): 지구를 구하는 기쁨을 함께할 공동체 만들기.

준비하고 나눔으로써 다음 해 봄에 작은 정원을 만들어 돌보는 기쁨을 누릴 수도 있을 것이다.

(4) 창조절

교회에서 공식적으로 지키는 절기는 아니지만, 기존 교회력에 성령 하나님을 기억하는 절기가 빠져 있어서 근래 들어 지켜지고 있는 절기다. 이는 하나님의 창조 섭리와 인간 구원의 역사를 신앙적으로 되새기며 그분께서 세상을 아름답게 지으셨음을 고백하고 축하하는 절기다. 대개 9월에 시작하여 대림절 전까지 이어진다. 이 기간에는 생명 하나하나를 자세히 들여다보고[18] 창조주 안에 온전히 머묾으로써 자신과 이웃을 이해하며 지키고 돌보는 일을 한다.

(5) 환경 주일, 지구 (묵상) 주일, 크리스천 어스 아워

매년 6월 첫째 혹은 둘째 주일을 환경 주일로 지킨다. 이 시기는 전 세계인이 함께 고민하는 주제를 깊이 성찰하면서 예배하고, 또 각자 서 있는 자리에서 자신(개인, 모임, 교회)의 목소리를 내는 시간으로 활용하면 좋다. 지구 (묵상) 주일은 한 달에 한 번 첫째 주일이나 그달의 환경 기념일 즈음에 그 의미를 살려 창조의 때에 맞는 예배를 드린다. 관련된 장소를 직접 찾아가도 좋지만 불가능할 경우에는 묵상과 기

---

18   김민수 글·사진, "50가지 나무와 들꽃 묵상"(서울: 기독교환경교육센터 살림, 2019, 2020). https://blog.daum.net/ecochrist/category/살림신앙캠페인/창조절_50가지_들꽃과나무묵상.

도를 위한 내용을 교회 주보나 예배 전 전체 스크린에 게시함으로써 공유한다. 실천을 강조하려면 주제에 맞는 물건을 하나씩 정해 "지구를 위해 없이 지내는 주일(주간)"[19]로 진행해도 좋다. "크리스천 어스 아워"(Christian Earth Hour, 지구를 위한 기도 시간)[20] 캠페인에 따라 지구를 위한 기도를 생활화할 수도 있다. 매달 환경력에 맞는 주제를 알려 매일 기도하고 행동하되, 특별히 마지막 주 금요일 8시에는 15분씩 시간을 내어 서로를 존중하고 지속 가능한 세상을 이루어가는 일을 놓고 기도한다.

---

19 예를 들어 일회용 컵 없는 주일, 비닐 없는 주일, 고기 없는 주일, 종이 없는 주일, 쓰레기 없는 주일, 남은 음식물 없는 주일, 전기 없는 주일, 차 없는 주일, 첨가물 없는 주일, 낭비(소비) 없는 주일, 말 없는 주일 등을 들 수 있다.

20 기독교환경교육센터 살림은 환경력에 맞춰 첫 주일을 지구 (묵상) 주일로 지키되 각 주제에 따른 성경 말씀과 기도문, 묵상 이미지를 제공하고 있다(https://blog.daum.net/ecochrist/1045 참고). 1월(눅 12:29, 지구 가족의 날 1/1), 2월(약 5:10-11, 습지의 날 2/2), 3월(겔 47:9, 물의 날 3/22, "은총의 선물, 물"), 4월(눅 13:19, 종이 안 쓰는 날 4/4, 지구의 날 4/22, "반려식물"), 5월(창 1:22, 생물 다양성의 날 5/22, 바다의 날 5/31, "충만한 바다"), 6월(롬 8:19, 세계 환경의 날 6/5일, "녹색 그리스도인"), 7월(고전 8:9; 롬 8:21, 비닐봉지 없는 날 7/3, "플라스틱 프리"), 8월(시 37:5, 에너지의 날 8/22, "쉼과 힘"), 9월(행 9:3, 자원 순환의 날 9/6, 차 없는 날 9/22, "에너지 전환"), 10월(창 1:25, 세계 채식인의 날 10/1, 세계 동물의 날 10/4, "반려동물"), 11월(히 13:5/ 환경 착취 예방의 날 11/6, 아무것도 사지 않는 날 11/29, "녹색 구매"), 12월(사 11:1, 세계 토양의 날 12/5, 성탄절 12/25, "그린 크리스마스").

5. 모두를 위한 "지구 돌봄 서클"과 기독교 생태 환경 교육

지금의 생태 환경 위기는 별개의 현상으로 보일 수 있지만 그렇게 인식해서는 문제를 근본적으로 해결할 수 없다. 『환경윤리』의 저자 데자르뎅에 의하면 "환경 문제는 인간으로서 우리는 무엇을 소중히 여길 것인가, 우리는 과연 어떤 존재인가, 우리는 어떠한 삶을 살아야 하는가, 자연에서 우리의 위치는 어떤 것인가, 우리는 어떤 세계에 살아야 하는가 하는 문제와 관련되기 때문에 자연스럽게 윤리학과 철학의 근본 질문으로 이어진다.[21]

사실 생태 환경 위기 시대에는 생명, 공감, 공생, 균형, 멈춤, 비움, 창조성, 풍성함, 필요, 정의, 책임감, 평화, 배려, 봉사 등과 같은 가치교육이 선행되어야 한다. 현재의 위기는 인간의 탐욕, 소비, 개발을 부추기는 사회 구조는 물론 착취와 확장을 중시하는 지배 문화에 그 근원을 두고 있으며, 대부분의 인류가 곧 직접적으로 겪게 될 일이다. 따라서 교육은 동서고금의 인간과 자연에 대한 다양한 입장, 세계를 이해하기 위한 존재론, 인식론, 가치론을 비롯한 여러 논의를 통해 사람들이 현대 사회를 깊이 이해할 수 있도록 도와야 한다. 그리고 기독교 생태 환경 교육에 있어서 중요한 것은 이 가치들을 신앙의 관점에서

---

21 장미정, "지속 가능한 사회와 교육", 기독교환경교육센터 살림 "환경 선교사 과정" 강의안(2019).

새로 성찰하고 그에 바탕을 둔 실천적 삶을 살도록 돕는 일이다.[22]

　　무엇보다 창조주 하나님 안에서 생명이 있는 모든 것이 하나의 공동체로 연결되어 있음을 자각하게 하는 것이 중요하다. 그리고 그 과정에서 단순히 지식을 전달하거나 실천을 강요하기보다, 생명 하나하나를 예민하게 느끼고 그에 반응하며 그와 소통하도록 배려하는 방식을 활용해야 한다. 소통은 생태 환경 문제를 근본적으로 풀기 위한 필수 요소다. 비폭력평화물결의 박성용 대표에 따르면 "대화는 전에는 경험하지 못한 문제들에 대한 살아 있는 집단 지성을 갖게 해 줄 뿐 아니라 시스템적으로 집단 지성과 핵심 역량들이 함께 어우러지는 소통의 리더십이 발휘되게 만든다." 또한 그는 "코로나 질병과 기후 재난의 시대에서 '대화' 실천의 긴급성"(2020)이라는 글을 통해 "대화는 옳고 그름과 정당함으로 인한 강요와 주장 그리고 설득이 아니라 서로의 이야기를 경청하고 자기 진심을 말하게 함으로써 통제와 자율의 긴장을 내려놓고 공유된 선(善) 즉 모두를 위한 공동의 지혜와 노력을 기울이게 한다"고 말하기도 했다.

　　아쉽게도 대부분의 교육이 주장과 확신을 일방적으로 가르치려는 경향이 짙다. 기독교 교육도 크게 다르지 않은데, 그리스도인 가운데 소통 능력을 갖춘 이들이 부족한 것도 혹시 그 때문은 아닐까 싶

22　정경호 저/기독교환경교육센터 교육연구소 살림 편, 『지구 정원사 가치 사전』(서울: 동연, 2021)과 토론 툴킷 참고. 여기서 이야기되는 가치 단어로는 감사, 겸손, 경청, 공감, 공생, 희망, 균형, 나눔, 멈춤, 분별력, 비움, 창조성, 사랑, 풍성함, 필요, 아름다움, 용기, 정의, 지혜, 책임감, 평화, 내면적 성숙, 배려, 봉사, 신뢰 등이 있다.

다. 특히 소통의 리더십이 절실히 요청되는 생태 환경 문제 해결에 그리스도인과 교회가 주도적으로 나서지 못하는 이유도 여기에 있을 것이다.

이런 문제의식을 바탕으로 2020년부터 "지구 돌봄 서클"이라는 기독교 생태 환경 교육이 새롭게 시작되었다.[23] 이 교육은 원으로 둘러앉아 서로를 존중하면서 이야기를 나누는 방식으로 진행된다. 지구 돌봄 서클에서는 위기 그 자체나 감당해야 할 책임에 관한 내용뿐만 아니라 위기를 함께 겪고 있는 이들의 생각과 감정을 살피며 마음을 다해 듣고 말하는 것을 중요하게 여긴다. 그러다 보니 문제를 회피하거나 책임을 전가하지 않고 서로를 충분히 이해하고 지지하면서 함께 행동할 수 있다. 그 과정에서 아픈 지구를 바라보며 사랑 어린 마음으로 우리를 애타게 부르고 계신 주님을 만날 수 있다. 이 교육은 또한 나와 우리는 물론 후손을 위해 생명을 선택하는(신 30:19) 행동을 하게 한다. "긍정적인 변화를 위해 필요한 모든 것이 나와 우리 안에 있음을 확신하며 모두가 선하고 지혜롭고 좋은 관계에 대해 깊이 갈망하고 있음"[24]을 공유하는 가운데 함께 묻고 답하는 일을 반복하기

---

23 지구 돌봄 서클은 2020년 기독교환경교육센터 살림이 비폭력 평화 물결의 도움으로 개발한 프로그램으로서 원으로 둘러앉아(때로는 온라인) 자신의 생각과 감정 등을 나누며 서로 신뢰하며 지지하는 공동체를 만들어간다(자세한 진행도는 blog.naver.com/ecochrist/222096167041 참고).

24 이것은 지구 돌봄 서클을 함께하는 이들의 마음가짐으로서 Carolyn Boyes, Kay Pranis, *Circle Forward*, 이병주·안은경, 『서클로 나아가기』(논산: 대장간, 2018)에 나오는 서클의 7가지 핵심을 인용하였다.

때문이다. 그로 인해 미래를 책임 있고 건강하게 변화시킴으로써 "참 좋았던" 지구의 복원을 이루는 신앙 공동체를 튼튼하게 세워간다.

6. 모두를 위한 지속 가능한 발전과 마을 교회 교육

하나님이 우리 모두에게 허락해주신 지구의 지속성과 풍성함을 누리는 것, 우리 안의 두려움을 사랑으로 걷어 내고 부추겨진 욕망을 씻어 내는 것은 코로나19의 상처를 안은 우리가 기후 변화와 종의 멸종이라는 위기를 어떻게 받아들이고 기도하며 행동하는가에 달렸다.

다행히 코로나19의 세계적 대유행을 통해 전 세계의 많은 이들이 지구의 생태 환경적 위기를 좀 더 분명히 인식하고 지속 가능한 세상을 향한 걸음을 내딛고 있다.

2016년 시작된 "세계의 변혁: 지속 가능 발전을 위한 2030 아젠다"의 발걸음은 2030년까지 계속된다. 17개 목표와 169개의 세부 목표로 구성된 이 지속 가능 발전 목표(SDGs, sustainable development goals)는 사람(people), 지구(planet), 번영(prosperity), 평화(peace), 파트너십(partnership)의 5P를 근간으로 하는데, 국제 기구나 각국 정부가 추진하는 다양한 시도와도 연결되어 있다. 그만큼 다양한 주체의 참여와 파트너십이 중요한데, 교회도 예외는 아니다. 교회도 교우들과 더불어 삶의 각 영역에서 서로 연결되어가는 기독교 생태 환경 교육을 시도해볼 필요가 있다.

사실 교회만큼 지속 가능한 발전으로 가는 전 세계적 행보에 강력한 원동력이 되는 곳도 없다. 성경은 "지속 가능 발전 목표"[25]를 이루는 데 도움이 될 원리와 힘을 제시하는 좋은 교육 자료다. 성경 안에는 "불균형을 없애고 우리가 사는 지구의 영속성을 높이는" 안식년이나 희년의 전통과 같은 "지속 가능한 발전"의 원형이 있다. 자연과 공존하면서 풍요로운 삶을 누려야 하는 이유도 주님이 오신 목적을 통해 분명히 드러났다. "생명을 주고 또 그 생명을 더 풍성하게 하시기 위해 이 땅에 오신"(요 10:10) 주님의 제자로서 우리가 자신의 필요를 넘어 다른 생명과 후손의 것까지 앞당겨 소비함으로써 지구를 지속 불가능하게 만들어서는 곤란하다. 기후 변화와 자연재해, 극심한 가뭄과 심각한 물 오염으로 수많은 생명을 고통으로 몰아넣고 죽게 하는 것은 빼앗고 멸망케 만드는 도둑이 하는 일이다.

다행히 이런 위기 상황 속에서도 희망을 놓지 않을 수 있는 이유는 생명 살림을 고민하며 실천하는 교회들이 늘고 있기 때문이다. 마을 안에서 스스로 변화를 추구하고 이웃과 함께 생명 살림의 공동체를 세워가는 녹색교회들이 있다. 이들 교회는 스스로 변하여 마을을 기본 단위로 생명의 관계를 회복하고, 그 안에서 모두가 골고루 풍성한 삶을 누릴 수 있도록 끊임없이 변화를 도모하고 있다.

또한 이런 녹색교회들은 건강한 먹거리, 에너지, 소비, 쓰레기와 같은 마을 안의 일상과 관련해 다양한 교육을 진행한다. 마을에서의

---

25 「지속 가능 발전 교육(ESD) 안내서 모음집」(2020/6). https://ncsd.go.kr/education?content=1&post=2433.

활동이나 교육을 고려하고 있다면, 우선 마을 지도를 구해 수질, 토지, 소음, 대기, 쓰레기 등의 오염 상태를 오염원과 함께 표시해두면 좋다. 마을 안에서 자라고 있는 식물과 그 영향도 관련 사진이나 정보와 함께 기록해둔다. 마을 숲, 공원, 텃밭, 하천 등의 생태 공간과 마을 내 주요 시설들(카페, 생협, 중고 가게, 도서관, 복지관, 주민 센터와 구청, 지역 아동 센터와 초중고등학교, 재활용 정거장이나 자원 회수 시설 등 환경 시설, 교회 등 종교 시설)도 표시하되, 긴 시간을 두고 그곳 사람들을 만나면서 그런 작업을 진행하는 것도 의미 있는 교육이 될 것이다. 그리고 마을의 "생태 발자국"[26] 지수를 살펴본 다음 그에 따라 마을의 지속 가능성을 위한 방안을 찾는 것도 필요하다.

한편 마을 안에서 다양한 공동체 모임을 만들고 그것에 참여하도록 하는 것은 그 자체로 의미 있는 삶의 교육이 된다. 마을에서 직접 먹거리를 생산하거나 직거래하게 하고 지역 에너지 계획을 수립해 에너지의 자립을 이루는 등의 "지속 가능한 마을(전환 마을) 만들

---

26 2021년 기준으로 전 세계 평균 생태 용량 초과의 날은 7월 29일이 된다. 2020년에 코로나로 인해 3주 늦춰졌던 것이 다시 앞당겨졌다. 이는 우리가 지구 1.7개를 사용하고 있다는 뜻이다. 참고로 우리나라가 "지구 생태 용량"을 초과하는 날은 4월 5일이며, 이 수치는 하나뿐인 지구를 3.5개나 사용하고 있다는 의미다(GFN, Global Footprint Network).

기"활동[27]을 펼친다면 구성원들의 삶이 변화될 수 있는 계기가 생긴다. 이를 위해 마을 학교를 세워 마을 공동체를 세워갈 지도자를 뽑아 훈련할 수도 있는데, 이런 교육은 "나와 우리의 삶을 어떻게 살 것인가?"라는 물음에서 출발함으로써 생태적 관점에서 대안이 되는 삶을 모색하는 상상력을 충분히 펼칠 수 있도록 열어두는 것이 좋다. 교육 내용은 지도자로서 지녀야 할 생태 철학, 마을 생태 이해, 지역 에너지와 먹을거리, 지역 내 자원 순환, 일상 기술 등에 관한 강의와 소통의 기술을 익히는 워크숍으로 구성하면 된다. 교육받은 이들은 숲해설가, 정원사, 마을 교사, 원예 치료사, 자연 및 건강 요리사, 태양광 기능사, 목수, 단열공, 생태 건축가 등으로 활동함과 동시에 소통을 촉진하는 일을 하게 될 것이다. 이들은 단순히 기술만을 익힌 사람으로서 활동하는 것이 아니라, 지속 가능한 삶과 공동체 의식을 밑바탕에 깔고 공동체 내에서 역동적 상호 작용을 일으키며 관계를 회복시켜갈 것이다. 결국 마을 전체가 커다란 학교가 될 것이며 사람들은 그 속에서 서로 관계를 맺으면서 성장하고 또 마을을 지속 가능한 곳으로 전환해갈 것이다.

---

27 유미호, 『생명 살림 마을 교회』(서울: 나눔사, 2020), 지속 가능한 (전환) 마을 만들기 프로젝트 활동의 예: ① 지역 먹을거리 전환 프로젝트, ② 마을 정원(텃밭)과 도농 상생 프로젝트, ③ 지역 에너지 전환 프로젝트, ④ 쓰레기 제로(자원 순환) 마을 프로젝트, ⑤ 생태 감수성 높이기 프로젝트, ⑥ 일상 속 환경 교육 프로젝트, ⑦ 탄소 중립 선언 및 전환 마을 프로젝트; "탄소 중립 마을 교회 3인3색 토크,「마을 교회가 지구를 구한다」다시보기", 기독교환경교육센터 살림 영상 및 자료. https://blog.daum.net/ecochrist/973.

7. 지구 복원을 꿈꾸는 기독교 생태 환경 교육과 "탄소 제로 녹색교회"

요즘 교회마다 미래 세대로의 신앙 전수가 초미의 관심사다. 이런 신앙 전수에 있어서도 생태 환경 교육이 필수적이다. 한겨레와 초록 우산 어린이 재단이 공동 조사한 바에 따르면 청소년의 기후 위기 체감도가 성인에 비해 두 배나 높게 나타났다.[28] 그만큼 청소년들은 주거와 건강, 직업과 노동에 있어서 더욱 위협을 받으면서 기후 위기를 일상으로 안고 살아가고 있는 것이다.

그렇기 때문에 미래 세대 스스로 생명권을 주장할 수 있도록 하는 교육을 시급히 실시해야 한다. 그들에게 전해지는 교육의 내용은 팬데믹과 기후 위기라는 위험 사회를 담대히 마주하고, 신음하는 피조물과 함께 받은 생명을 누리는 하나님의 자녀가 되게 하는 것이어야 한다. 단 하나의 생명도 소외됨 없이, 받은 생명을 온전히 누리게 하는 지구 복원의 꿈을 꾸고 이루어가게 하는 신앙 교육이어야 한다.

이와 더불어 빠뜨릴 수 없는 것은 그 꿈을 이루어갈 수 있는 실질적인 능력을 갖춰줄 교육이다. 우리나라가 "기후 악당"이라는 오명에서 벗어나 실제로 "2050 탄소 중립"을 이루기 위해서는, 각 개인부터 탄소 배출과 관련한 책임을 되돌아보고 원인을 찾아 구체적인 기후 행동을 실천해야 한다. 저탄소 부문의 다양한 일을 할 수 있는 역량을

---

28   최우리, "'코로나 시대, 기후 위기 체감' 청소년이 성인의 2배",「한겨레신문」(2021. 1. 5).

키우며 이를 위한 삶의 기반을 만들어가는 것도 필요하다.[29]

1) 모두를 위한 생태 시민(생태 영성) 및 생태 교육 전문가 양성

교우들만이 아니라 지역 주민들을 대상으로 하여, 정의와 배려라는
덕성을 동기로 시공간의 경계를 넘어 비인간 존재에 대해서까지 책
임 있게 공적·사적 활동을 하는 생태 시민의 소양을 갖추게 하되, 가
난한 자, 미래 세대, 신음하는 자연에 진 빚을 청산할 수 있게 돕는다.
특별히 탄소 제로 녹색교회를 위한 환경 선교사 리더십 과정[30], 온라
인 그린 스쿨, 온라인 성서와 환경(생태 영성) 아카데미,[31] 생태 영성 의
식 성찰 기도, 생태 리트릿, 세계의 환경 교육, 생태 환경 교육을 위한
기독교 퍼실리테이션, 지역 사회와 마을 환경 선교 전문가 교육(마을
생태 자원을 기반으로 한 생애 주기 환경 교육), 생태 전환을 위한 지구 정원
사 가치 사전 토크 가운데 몇 가지 과정을 연계하여 이수하면 교회와

---

29 2050 탄소 중립의 목표를 이루기 위해서는 온실가스를 다량 배출하는 발전·에너
    지, 철강, 석유화학, 시멘트의 4개 업종에 대한 전환이 필수적이다. 우리나라 온실가
    스 배출량 기준 상위 1% 업체는 10곳 이내인데 이들이 전체 배출량의 절반 이상을
    차지하고 있으며, 상위 10%에 해당하는 업체에서 배출하는 온실가스의 비중은 전체
    의 87.2%에 이른다. 이들 업체는 대부분 에너지와 철강, 시멘트 등의 업종에 속해 있
    다. 이를 반영하면 발전·에너지, 철강, 석유화학, 시멘트의 4개 업종이 전체 배출량의
    86%를 차지하고 있다는 결론이 나온다.
30 "탄소 제로 녹색교회를 위한 '환경 선교사' 과정(온라인)"과 "온라인 그린 스쿨",
    "지구 돌봄 서클"은 환경부 지정 우수 환경 교육 프로그램으로 진행하고 있는 것
    으로서 다음 링크를 통해 참여하거나 협력 개최할 수 있다(https://blog.daum.net/
    ecochrist/1046).
31 "온라인 '성서와 환경', '생태 영성' 공부로 '탄소 제로 녹색교회' 시작해요!", 기독교
    환경교육센터 살림 공지. https://pf.kakao.com/_rmExdC/82769445.

지역 사회 안에서 활동할 수 있는 환경 선교 전문가로 임명한다.

2) 생활 속 오염 물질을 줄이는 일상 교육

2020년 서울 지역 3개 교회의 다음 세대가 머무는 공간을 중심으로 유해 물질을 검사한 결과, 환경 호르몬과 같은 유해 물질이 꽤 많이 검출됐다. 특히 조사한 791건 가운데 21%에 달하는 167건이 중금속 함유량 위험 단계로 확인되었고, 구체적으로는 PVC 재질인 시트지, 어린이용 책상과 의자, 슬리퍼 등에서 중금속이 많이 검출되었다. 또한 유아용 의자나 책걸상에서 납이 많이 발견되기도 했는데, 바닥 매트와 더불어 아이들이 오랜 시간 머물면서 활동하는 공간인 만큼 우선적으로 교체해야 할 필요가 있다고 여겨진다. 눈여겨볼 필요가 있는 것은 출입문 등에 바른 시트지와 뾰족한 모서리에 덧댄 몰딩, 어린이용 매트, 장판 같은 바닥재에 PVC 재질이 많이 사용되었다는 점이다. 교회가 환경에 대한 교우들의 관심을 높이고 구체적인 실천을 이끌어내기 위해서는, 예배당과 아이들이 머무는 교육 공간을 유해 물질에서 자유로운 공간으로 만들 필요가 있다.

3) 지구 복원 10년을 향한 "지구(기후) 중보기도" 교육

UN은 2021-2030년을 "생태계 복원의 10년"으로 선포한 이후 2021년 총회를 통해 황량하고 오염 물질로 가득한 자연을 후손에게 물려주지 않기 위한 구체적인 생물 다양성 목표를 수립하고 시행해가고 있다.

코로나 팬데믹 상황에서 우리는 일시적으로나마 잃어버렸던 자연이 회복되는 것을 보았다. 지구상에 존재하는 동식물의 1/4은 멸종에 직면했고 상당수는 이미 멸종했다. 따라서 점점 심각해져 가는 생물 다양성 문제에 관심을 두고 대처 방안을 강구하는 기도 행동이 필요하다. 하나님이 창조하시고 보기 좋다고 선언하신 동료 피조물과 지구를 향한 우리의 시선[32]을 바꾸어 "지구(기후) 중보기도"[33]를 드린다면, 두려움과 절망을 넘어 하나님에 대한 전적인 신뢰 가운데 희망

---

32 유미호, "위기에 처한 '하나님의 피조물' 동물", 「교육교회」 488(2019/10) 참고. "동물과 자연에 대한 시선"을 바로잡기 위한 프로그램의 예:
① 낮 시간 산책하면서 햇볕의 따스함을 느끼며 잠시 눈을 감고 머물라(밤이라면 작은 촛불 하나 켜두고 침묵 가운데 밤하늘을 바라보며 해돋이와 해넘이를 상상해보라). "내 어둠 속의 빛은 누구신가?"
② 자신의 숨을 느끼며 구름을 바라보며 (가을) 바람을 느껴보라. "바람은 어디서 와서 어디로 부는가?"
③ 신선한 공기를 마시면서 맨발로 흙을 밟아보라. 흙을 만져보고 흙내음을 맡아 보라. 정원에 꽃을 가꾸어보라. 수많은 과일들과 빛깔들을 유심히 관찰해보라. "우리가 와서 돌아갈 흙은 내게 어떤 의미가 있는 걸까?"
④ 내 품에 안겨 있는 몸집이 작고 약한 동물을 상상해보라. 강한 습격자나 격렬한 자연으로부터 자신을 숨겨 굴이나 바위틈에 있는 토끼나 너구리를 상상해보라. 우리 밥상에 오르는 가축들이 태어나서 도축되기까지를 상상해보라. "이 동물들은 나에게 어떤 존재들인가? '새들에게 설교하는 프란치스코'(Giotto di Bondone, 〈새들에게 설교하는 성 프란치스코〉 그림 참고)의 자리에 자신이 선다면 새(동물)들에게 어떤 말을 하게 될까?"
33 기독교환경교육센터 살림 블로그(https://blog.naver.com/ecochrist)의 "기후 중보기도" 카테고리에 2021년 11월 1일부터 2주간 진행되는 COP-26의 개최 소식과 더불어 창조세계의 돌봄을 위한 기후 중보기도문 26편이 올라 있다. 또한 2021년 6월부터는 UN 지구 생태계 복원 10년 선포를 잇는 "지구 복원 10년을 향한 살림 기도"가 "살림 기도(for 지구 복원 10년)" 카테고리(https://blog.naver.com/ecochrist/222387972522)에 올려지고 있다.

적인 행동을 이어갈 수 있을 것이다. 마을 안의 숲길, 물길, 동네 길을 걸으며 기도할 때 손상된 지역을 보게 된다면 복원으로 이어가고, 아직 손상되지 않은 곳이 있다면 토착 생물이 살 수 있도록 보호 지역으로 지정하는 일을 추진할 수도 있다. 지구와 거기에 살고 있는 수많은 생명을 끌어안고 하는 중보기도는 하나님의 피조물을 지켜내고 위기에 처한 지구를 복원할 수 있는 가장 기본적인 교육 행동이 된다.

4) 마을에서 하는 기후 재난 훈련 교육

마을 안에서는 기후 재난이 발생했을 때 신속히 대응할 수 있도록 재난 훈련을 실시해보면 좋다. 이제는 사회 기반 시설이 잘 갖춰진 부유한 국가도 기후 재난을 피해갈 수 없다. 기후 위기 앞에서는 누구도 안전하지 않다는 이야기다. 따라서 기후 재난에 대한 대응은 단순히 생활 환경 운동의 차원을 넘어서 단 한 사람도 재난의 벼랑 끝에 내몰리지 않도록 사회 기반 시설을 갖추는 일을 포함해야 하며, 평소 서로의 안전을 살펴 돌보게 하는 마을 공동체를 만드는 등의 방법을 활용하여 모두를 위한 사회 안전망을 갖추는 방향으로 추진되어야 한다. 주님도 마을과 도시를 두루 다니며 가르치고 복음을 전하면서 병을 고치고 악한 것을 물리치셨으니, 우리 그리스도인들도 마을에서 지속 가능한 기후에 관해 공부하며 기후 적응 능력을 최대한 키우는 노력을 해야 한다.

　　마을 안에 교회 건물이나 별도의 공간을 정하여 소규모 분산 전원으로서의 햇빛 발전소를 설치해서 공유해도 좋고, 가까운 곳에 먹거리와 채식을 즐길 수 있는 마을 식당을 만들거나 옥상 정원 또는 도시 농업을 활성화하는 것도 돌봄 공동체를 형성하는 좋은 방법이다. 기후 재난의 상황에서 활용할 수 있는 재활용 방재 적정 기술을 익히거나, 긴급 상황 시 스스로 대처할 수 있도록 훈련하는 마을 재난 학교를 정기적으로 가져보는 것도 좋다. 플로깅, 방재 캠핑, 방재 운동회 등의 이름으로 마을 내 학교나 기업, 지자체와 연계하여 방재 활동을 일상화하는 계획을 수립하고 시행해봐도 좋다. 마을 내 교회는 물론 여러 자원봉사, 주민 자치 활동, 사회적 경제 조직들이 서로 연결되는 새로운 공공의 영역을 만드는 것도 도움이 될 수 있다. 무엇보다 중요한 것은 모두를 위한 공존의 마을을 상상하며 만들어가는 것이다. 특히 기후 재난의 상황에서 가장 힘겨울 이들, 즉 장애인과 고령자 등의 사회적 약자는 물론 기후 약자들에게 물리적·심리적 장애가 되는 것들을 고민해보고 그것을 없애기 위해 계속 논의하면서 민관이 협력해야 한다. 주민 참여 예산 등을 활용하여 기존의 공원, 놀이터, 캠프장 등을 방재형 생활 SOC로 접목해볼 수도 있는데, 이런 일을 위해서라도 마을 환경 선교사를 지정하고 양성할 필요가 있다.

5) "탄소 제로 녹색교회" 선언 및 실천 워크숍

전 세계가 "탄소 중립" 계획을 세워, 화석 연료 등의 사용으로 배출되는 온실가스를 최대한 줄이고 불가피하게 배출된 온실가스는 산림, 습지 등에 흡수시키거나 제거하여 실질적 배출량을 0으로 만들기 위해 애쓰고 있다. 그런데도 지구 온도 상승폭을 1.5도로 제한한다는 목표는 요원하기만 하다. 우리나라의 온도 상승은 전 세계 평균 상승치인 1도보다 많은 1.5도나 되니 더 책임 있는 행동이 요청된다. 다행히 우리나라는 226개 기초 지방 자치 단체가 "기후 위기 비상 선언"을 했고, 전국 80개 지자체(광역 17개, 기초 63개)도 "탄소 중립 지방 정부 실천 연대"를 발족하여 2050년까지 탄소 중립 달성을 선언했다.

자신이 소속된 교회가 있는 지역에서 이런 선언을 했는지, 했다면 구체적으로 어떤 약속을 하고 구체적인 방안을 이행하고 있는지 확인해볼 필요가 있다. 그리고 교회라면 더더욱 그에 걸맞은 목표와 전략을 세워 실행해야 한다. 그런 노력에 따라 우리의 미래가 달라질 것이기 때문이다.

상황이 위급한 것은 알지만 누구와 어디서부터 시작해야 할지 막막하다면 다음 순서에 따라 실천해볼 것을 제안한다.

첫 번째 단계는 자기가 소속된 교회 안에서의 위치나 모임 인원에 상관없이 "탄소 제로 녹색교회"를 결심하고 선언하는 것이다. 탄소 제로 녹색교회는 멀리 있지 않다. 녹색교회는 누군가에 의해 선정되는 것이 아니다. 창조주 하나님을 인식하는 교우들이 늘어가면 자연스럽게 창조의 빛이 드러나는 녹색교회로 세워질 것이다. 그런 의미에서 모든 교회는 잠재적 녹색교회인데, 이를 드러내도록 돕는 것이 바로 자기 선언이다. 누구든 모임을 만들고 비전에 동의하는 사람을 모아 "탄소 제로 녹색교회" 선언을 하면 된다. 교회와 사회의 핵심 리더를 비롯한 다양한 사람을 만나 폭넓은 공감대를 만들어가는 것이 과제인데, 창조세계의 탄식 속에서 하나님의 음성을 들으며 소통을 계속한다면 기꺼이 함께 걷겠다는 이들이 나올 것이다.

두 번째 단계는 교회의 탄소 배출량을 산출하고 그 출처를 분석하는 것이다. 건물 에너지(전기, 가스), 교통, 물, 먹을거리, 종이 사용량 및 쓰레기 배출량 등을 산출하되, 단순히 확인만 하는 것이 아니라 감축 목표를 정하고 이행 전략을 수립해야 한다. 이는 지금의 기후 위기에 대한 자기 책임을 확인하게 해줌으로써 지금껏 지구에 부담을 준데 대한 회개와 이후의 책임 있는 행동을 도울 것이다. 스스로 탄소 배출량을 측정하는 저울 위에 올라선다는 것은, 교회가 줄일 수 있는 배출량이 어느 정도고 이를 위해 치러야 할 대가는 얼마인지, 시간은 얼마나 걸릴지, 의미 있는 성과를 위해서는 자원과 노력을 어디에 집중하는 것이 좋은지, 목표에 이르는 진행 과정을 측정할 척도는 무엇이고 순조로운 진행은 누가 보장할 수 있는지 등을 살핌으로써 목표 지점까지 부단히 노력하겠다는 결심을 드러내는 행위가 된다.

세 번째 단계는 탄소 배출을 줄이거나 멈추기 위해 교회가 할 일을 구체적으로 선택하고 행동하는 것이다. 진행 중 체계적인 모니터링은 필수다. 그래야 추후 거둔 성과를 평가하고 아쉬운 점을 되짚어 보면서 보다 나은 실천으로 나아갈 수 있다. 여기서도 중요한 일은 전교회의 지지를 얻는 것이다. 실천에 따른 효과를 공유함으로" 참여를 독려하고 지속적 실천을 이끌 수도 있는데, 이 과정에서 소외되거나 힘겨워지는 사람은 없는지 살피고 배려해야 한다.

8. "탄소 제로 녹색교회" 선언을 넘어, "영성-교육-실천"으로 창조세계 돌봄을

선언에 이어 "탄소 제로 녹색교회"를 위한 교육과 실천을 지속해갈 때는 다음과 같은 세 과정으로 진행해보면 좋다. 앞서 설명한 기독교 생태 환경 교육의 내용과 중복되는 사항이 있지만, "탄소 제로 녹색교회" 선언에 따른 프로그램으로 순서를 다시 정리해보면 다음과 같다.

첫 번째 프로그램 주제는 "영성"이다. "성서와 환경", "생태 영성"에 대해 공부하면서[34] 창조세계의 모든 것 안에서 하나님을 발견하고 하나님 안에서 모든 것을 다시 보는 훈련을 한다. 이에 기초해 "지구를 위한 중보기도 시간"(Christian Earth Hour)을 가진다면 위기를 넘어서게 하는 담대한 행동으로 나아갈 수 있을 것이다. 생태 영성 훈련을 통해 창조주 하나님의 사랑을 믿으며 창조의 선물인 자연의 가치와 아름다움에 깊이 감사할 줄 알게 된다면 우리는 마침내 지속 가능한 삶을 살아낼 수 있을 것이다. 더구나 사순절(혹은 고난 주간) 등의 신앙 절기에 맞춰 "경건한 40일 탄소 금식"이나 "플라스틱 감축 40일의 생활 영성 훈련"을 한다면,[35] 이를 기초로 창조세계를 돌보는 방식의 예배·교육·선교를 해나갈 수 있을 것이다.

두 번째 프로그램 주제는 "교육"이다. 녹색교회(학교) 교육은 창

---

34   온라인 살림 아카데미 신현태 교수의 "성서와 환경", 최광선 목사의 "생태 영성" 활용 가능(https://blog.daum.net/ecochrist/900).

35   40일간의 생활 영성 훈련(2021년의 예, https://blog.naver.com/ecochrist/ 222200866246).

조의 부르심과 신음하는 동료 피조물을 기억하며 다량의 탄소를 배출하던 옛 습관을 버리고 탐욕에서 자유로운 새처럼 가볍게 살도록 만드는 것이어야 한다. 뿐만 아니라 가난한 이웃이나 동식물을 대신하여 목소리를 내고, 지속 가능하고 에너지 효율이 높은 생활을 하며, 창조세계와 더불어 정원을 가꾸고, 가볍게 먹고 입고 머물면서 쓰레기 없는 삶을 살며, 지역 사회는 물론 지구의 이웃이 될 수 있게 가르치는 교육이어야 한다.

탄소 중립이란 결코 개인적 실천으로만 되는 것이 아니라 개인적 삶이나 사회에 지대한 영향이 미쳐진 후에야 이룰 수 있는 것이므로 계속해서 함께 공부하며 공동체를 단단히 세워가야 할 것이다. "탄소 제로 녹색교회를 위한 환경 선교사 과정"[36]이나 "온라인 그린 스쿨"과 같은 교육을 활용해보는 것도 방법이다. 또 원으로 둘러앉아서 (온라인도 가능) "지구 돌봄 서클" 모임을 반복한다면 좀 더 신뢰하며 서로를 지지하는 공동체로 성장할 수 있을 것이다.

특별히 교육 중에서도 다음 세대 교육이 중요한데, 다음 세대가 현재의 위기에 대해 자기 목소리를 내게 하되 환경력에 따라 매월 한 번의 주일만큼은 지구를 기억하는 지구 (묵상) 주일로 지키면서 신음하는 피조물 앞에 당당한 하나님의 자녀이자 만물의 화해자 되신 예수의 제자로 자랄 수 있게 도와야 한다. 교회 학교나 부서(환경부) 차원에서 마을 안의 생태 환경 자원을 발굴하여 교회 숲 지도를 만들고

---

36   환경부 지정 우수 환경 교육 프로그램임(https://blog.daum.net/ecochrist/865).

그것을 토대로 숲(자연) 학교를 운영하는 것도 마을 교회로서 지역의 유·청소년을 위해 진행할 수 있는 좋은 프로그램이다[37]. 이는 다음 세대가 창조 안에 계신 하나님 및 동료 피조물과 다시 연결되게 하여, 매주 예배를 드리고 교육받고 봉사하는 것은 물론, 일상에서 전기, 가스, 물을 사용하거나 물건을 구매할 때 환경을 배려한 다른 선택을 함으로써 공존하는 삶을 살게 해줄 것이다.

세 번째 프로그램 주제는 "실천"이다. 교육을 통해 행동할 준비가 된 신앙 공동체가 세워졌다면 작은 실천 프로젝트라도 실행해볼 일이다. 앞서 설명한 선언으로 시작되는 "탄소 제로 녹색교회" 프로젝트가 그 대표적 예인데, 이처럼 교회가 온실가스 배출량과 배출원을 조사해 "온실가스 인벤토리"[38]를 구축하는 데서 출발해 지역 사회의 탄소 중립을 실질적으로 이뤄가는 것은 기후 위기 시대를 사는 마을 교회가 감당해야 할 중요한 과제 중 하나다. 교회도 탄소 중립을 하려면 탄소 발자국을 통해 에너지 소비 습관을 점검한 다음 모임 시 적절한 규모의 공간을 선택하고, 전자 기기 선택 및 단열 등을 통해 에너지 효율을 향상시켜야 할 것이다. 탄소 중립을 실질적으로 이루려면 태양광을 통한 전기 생산은 필수다. 또한 "탄소 사냥" 걷기 캠페인을 시행하여 걸은 거리에 선교비를 매칭하거나 기금을 조성하여

---

37   2021년 서울지역에 있는 열 곳의 교회 안팎에 있는 수목 조사를 토대로 진행할 수 있는 생태 환경 교육 제안서 작성 중.

38   온실가스 인벤토리란 온실가스 배출량을 계산할 수 있도록 교회 안의 배출원을 파악한 후 배출원별로 배출량을 체계적으로 작성한 리스트를 말한다.

"환경 살림 나눔 발전소"를 세울 수도 있다(2019년 금산 간디고 옥상에 20kW의 발전소를 건립한 일과 속초시의 탄소 사냥 프로그램, 전농감리교회의 탄소 사냥 걷기 프로그램 참고).

교회 입구에는 자전거 거치대를 두어 세상과 교회를 오가게 하되, 가까운 버스나 지하철역을 알려주어 대중교통 이용 활성화를 꾀해도 좋다. 차 없는 주일을 지키는 한편 교통수단이 없는 노인 등 교통 약자들을 돕는 것을 잊어서는 안 된다.

교회 안의 쓰레기를 살펴 물건의 낭비를 줄이거나 친환경 제품으로 바꾸고, 지역 주민 사이에서 물건 공유나 재사용 문화를 확산하며, 재활용 가능 자원을 찾아 직접 그 순환을 돕는 제로 웨이스트 샵을 운영하는 등 새 활용 활동을 할 수도 있다. 교회 내 정수기나 화장실 등에는 물 절약이나 자기 컵 또는 손수건 사용을 권장하는 포스터를 붙여두고 환경 의식을 높여도 좋다.

먹는 것은 창조세계를 돌보는 윤리적 식사로 하되 지역에서 생산된 안전한 먹거리를 공정한 가격으로 구매해 필요한 만큼 직접 차려 먹게 한다. 교회 숲이나 밭(정원)을 만들어 공동으로 심고 가꾸고 수확하게 하는 것은, 공동체 안의 어려운 이웃에 대한 돌봄으로서도 의미가 크다. 필요하다면 한 달에 한 번 정도 농촌 교회 생산물이나 공정 무역 제품을 거래함으로써 상생의 관계를 형성하는 것도 좋다.

9. 창조의 부르심과 기독교 생태 환경 교육의 남은 과제

말씀에 따르면 모두가 골고루 풍성한 삶을 누리는 "하나님 나라는 우리 안에 있고"(눅 17:21), "그 뜻대로 부르심을 입은 자들에게는 모든 일이 서로 협력하여 선을 이룬다"(롬 8:28). 규모가 어떻든 기독교 생태 환경 교육을 통해 각 그리스도인이 창조세계 안에서 깊이 연결되고 창조의 부르심에 응답함으로써 신음하는 피조물을 사랑하고 지구를 돌보는 사명을 온전히 감당할 수 있길 소망해본다.

중요한 점은 기후 위기 등 지구 절멸의 위기 한복판에서 교육하는 이들이 먼저 하나님의 성소인 지구를 바라봐야 한다는 것이다. 성소에서 흘러나오는 물에 의해 자신을 비롯한 모두의 탐욕을 씻어낼 때 비로소 신음하는 피조물 앞에 하나님의 자녀로서 함께 당당히 설 수 있기 때문이다.

2018년에 그리스도인을 대상으로 한 조사[39]를 보면 교회 교육에서 생태 환경 교육이 중요하게 여겨지는 만큼 실제 교육으로 이어지지는 않고 있음이 확인되었다. 당시 조사에 의하면 200여 명의 교회학교 사역자 중 93.2%가 생태 환경 교육이 중요하다(매우 중요 62.3%)고 답변했지만 실제로 다음 세대에게 교육하고 있는 사람은 60%도 채 되지 않았다. 대다수가 지도자의 무관심 및 생태 신학(창조 신앙)에

---

[39] 기독교환경교육센터 살림, "지구 위기 시대의 교회 학교를 위한 설문"(2018) 조사 결과.

대한 교양 부족, 생태 환경 교육을 이끌어갈 역량 있는 교사와 콘텐츠의 부족으로 교육을 진행하지 못했거나 진행상 어려움을 겪고 있다고 응답했다. 안타깝게도 2021년 현재 우리는 지구의 한 부분이 아닌 전체가 파괴되어 자정 능력을 완전히 상실하기 직전의 상황을 목도하고 있다. 우물쭈물할 시간이 없다는 뜻이다. 지금 당장 문제를 해결하기 위해 가던 길을 멈추고, 생태 환경 교육이 지향해가야 할 다음의 네 가지 가치[40]로 의식을 전환할 수 있길 소망한다.

· 물질적 집착에서 벗어나 정신적 풍요를 소중히 여기는 생활의 방식으로 바꾸는 것
· 인간 중심에서 벗어나 자연과의 조화를 먼저 생각하는 것
· 환경 문제에 있어 우리 가족, 우리 동네라는 한정된 생각에서 벗어나 범세계적 사고로 전환하는 것
· 우리 세대만의 생각에서 벗어나 후손을 함께 생각하는 것

이는 교회(학교)의 생태 환경 교육이 감당해야 할 몫이다.

그 땅은 그 주민의 행위의 열매로 말미암아 황폐하리로다(미 7:13).

그들이 살던 땅은, 거기에 사는 악한 자들의 죄 때문에, 사막이 되고 말

---

40   종교인 평화 회의가 환경 보전을 위해 정한 윤리적 강령.

것이다(미 7:13, 새번역).

인류가 교육을 시작한 이유를 생각해보자. 그건 아마도 자연의 섭리를 깨달아 자연 안에서 더불어 살아가는 지혜를 나누게 하려는 의도에서 비롯된 일이 아니었을까? 기독교 생태 환경 교육의 목표는 하나님께 생명을 부여받은 다양한 생명체 모두가 골고루 풍성한 삶을 누리게 하는 것이다. 하나님은 "물들은 생물을 번성하게 하라. 땅 위 하늘의 궁창에는 새가 날으라"(창 1:20)고 선언하셨다. 사람만이 아니라 땅에 있는 모든 생명에게 생육함 곧 풍성함을 명령하신 것이다(창 1:22). 물고기뿐 아니라 익충, 해충, 잡초까지도 모두 제 몫을 하며 한데 어울려 사는 세상이야말로 건강한 세상이자 공동체일 것이다. 하나님이 처음 지으시고 "참 좋다"고 긍정하신 세상은 모든 피조물이 조화를 이루고 창조주의 뜻이 온 땅에 충만한 곳이었다. 교회는 물론 학교, 기업, 시민 단체, 정부 등이 모두 합심하여 팬데믹과 기후 위기 시대의 생태 환경 교육을 활성화함으로써 이 땅이 새 하늘과 새 땅으로 회복되길 바란다.

생태 공명과 생태 영성 훈련

김오성

I. 들어가는 글

생태계 문제에 대한 지적은 고전적인 「로마 클럽 보고서」 이후로 수십 년 동안 반복되어왔다. 하지만 여전히 사람들의 삶은 바뀌지 않았다. 생태계 파괴 현상을 문제로 받아들이는 사람이라도 삶의 구체적인 모습을 바꾸기는 쉽지 않다. 물론 생태계 문제를 고민하고 그에 대한 해법을 제시하는 신학자와 과학자들의 다양한 글을 통해 삶을 변화시키려는 동기를 부여받는 것은 무척 중요한 일이다. 그러나 우리의 삶은 그렇게 얻은 자극을 일상의 실천으로 전환할 때 비로소 바뀔수 있다. 따라서 이 글은 생태계의 아름다움과 파괴의 현장을 바라보며 사람들이 공명할 수 있게끔 만드는 영성 훈련에 초점을 맞추고 있다. 하나님, 창조세계, 사람의 관계에 대한 지성적인 이해를 넘어서 실제 변화를 이끌어내는 것은 전통적으로 영성 훈련이 추구하는 목표였다. 여기서는 생태 위기 시대에 영성 훈련이 어떻게 사람들의 삶과 관계를 변화시켜낼 수 있는가에 주목하면서, 이를 위한 구체적 훈련 방법을 제시하고자 한다.

이 글에서 말하는 생태 영성 훈련은 2012년 미국 샬렘 영성 훈련원에서 진행된 "개인 영성 심화 프로그램 지도자 워크숍"(Personal Spiritual Deepening Program Leadership Workshop)을 통해 창조세계와의 관계 전환이 중요한 영성 훈련의 주제임을 깨닫게 되면서 시작되었다. 이후 필자는 한국에서 개인 영성 심화 과정을 인도하면서 시대적으로 생태 영성에 관한 주제를 더 특화시켜 훈련할 필요가 있음을 인식하게 되었다. 이에 따라 기독교환경교육센터 살림과 한국 샬렘 영성 훈련원은 2년 넘게 생태 영성 동역자 모임으로 함께 모여 기도하며 생태 영성 훈련을 진행해오고 있다. 이때 모인 동역자들과 함께한 생태 영성 훈련, 생태 중보기도회, 생태 리트릿이 소중한 경험이 되어 이 글에 영향을 줬다는 사실을 밝혀둔다. 아울러 한 가지 더 강조하고 싶은 것은 여기서 말하는 "훈련"이란 하나님의 뜻을 분별하고 거기에 반응하면서 성숙해져 가는 과정을 의미한다는 점이다. 또한 여기서 언급하는 훈련이 하나님과 깊이 사귀기 위한 과정이라는 점에서 곧 "기도"를 뜻한다는 사실도 미리 밝혀둔다.

II. 생태 공명

"공명"(resonance)이란 어떤 물체의 고유 진동수와 일치하는 파동이 그 물체를 통과할 때 물체의 진동이 커지는 현상을 말한다. 모든 물체에는 고유한 진동이 있다. 이런 고유한 진동들이 겹쳐질 때 진동 에너지의 방향이 서로 반대면 에너지가 상쇄되어 줄어들고, 진동 에너지의 방향이 일치하면 증폭된다. 생태계에 존재하는 모든 것이 이런 공명 현상으로 서로 영향을 주고받는다고 상상해보면 어떻게 될까? 근대화 이후 생태계가 지닌 고유한 진동과 인간의 활동으로 생겨난 진동 사이의 간섭을 살펴보면, 생태 에너지가 증폭되지 않고 오히려 감소·소멸되는 현상을 발견하게 된다. 생태계 속에 존재하는 인간의 활동을 생태 공명이라는 시각에서 살펴본다면 인간이 어떻게 살아가야 하는지를 통찰해볼 수 있지 않을까?

해방 신학자 레오나르도 보프는 『생태 공명』(대전가톨릭대학출판부 역간, 2018)이라는 책에서 "억눌린 이들의 울부짖음과 지구의 울부짖음을 연결"하는 것을 목적으로 글을 쓴다고 밝힌다. 그에 따르면 고통받고 소외되고 억압받는 사람이 존재하게 하는 힘과 지구 생태계를 약탈하고 파괴하는 힘이 서로 다르지 않다. 사람들의 고통과 생태계의 고통이 서로 고통 가운데 공명하고 있음에도, 이들을 착취하고 약탈하는 존재들은 이런 상황 속에서 공명을 일으키지 못하고 있다. 공명을 일으키지 못하는 이유는 다양한 방식으로 분석 또는 해석될 수 있을 것이다. 또 이런 작업을 통해 다시 고통 받는 현실을 극복하기 위한 다양한 시도들이 이루어져야 할 것이다. 하지만 이 글에서는 그보다 생태 공명을 위한 영성적인 접근이 어떻게 가능할지를 모색하고 이를 위한 생태 영성 훈련을 제안하고자 한다.

생태 공명은 생태계의 창조와 파괴, 아름다움과 고통, 탄생과 죽음 등으로 대별되는 모든 과정에 민감하게 반응하는 것이라고 볼 수 있다. 생태 공명을 이렇게 정의한다면 현재의 생태계 파괴는 생태계의 움직임에 사람들이 제대로 반응하지 못해 일어난 현상이라고 말할 수 있다. 사람들이 제대로 반응하지 못하는 이유 중 하나는 생태계와 사람들이 분리되어 존재한다는 착각이다. 이런 착각은 하나님과 우리가 분리되어 있다는 착각과도 동근원적이며, 언어를 통해 사유하는 인간이 겪어야 하는 부작용이라고 할 수도 있을 것이다. 미국에 초교파적 영성 훈련을 위한 샬렘 영성 훈련원(Shalem Institute for Spiritual Formation)을 설립한 틸든 에드워드는 『관상으로의 초대』(한국샬렘 역간, 2021)라는 책에서 이렇게 말한다. "그때까지 나는 실재란 내가 실재를 설명하기 위해 사용했던 언어와 동일하다고 보는 편이었다. '진정한 실재'란 내가 실제로 경험한 것이 아니라, 오히려 그 경험을 내가 지성적으로 해석한 것이라고 보았다. 그 경험은 나의 지성적인 해석으로 복원될 수 있는 것 같이 보였다. 그리고 그 해석은 내 경험의 실체 자체를 온전히 전달한다고 생각하였다." 사실 언어는 실재를 온전히 전달하지 못한다. 하지만 인간은 실재의 방향을 가리키기 위해서라도 언어를 사용할 수밖에 없다. 그래서 이 글을 읽는 독자들이 단지 언어를 통해 지성적으로 전달된 내용에 얽매이기보다는 영성 훈련을 통한 체험을 통해 실재를 경험할 수 있게 되기를 바란다.

III. 생태 영성

생태 영성 훈련을 설명하기 위해 "영성"이라는 말에서 출발해보고자
한다. 영성은 확정적으로 표현하기 어려운 말로서 각자의 관심사에
따라 다양하게 정의되고 있다. 이 글은 영성에 대한 정의보다는 영성
의 어원을 살펴보면서 생태 공명을 위한 생태 영성 훈련의 토대로 삼
고자 한다. 영성을 어떻게 정의하든 간에, 기독교 관점에서의 영성은
성경에서 나오는 "영"이라는 단어에 토대를 두고 있다. 영을 의미하
는 영어 단어인 스피릿(spirit)은 라틴어 스피리투알리타스(*spiritualitas*)
에서 유래한다. 이 스피리투알리타스는 히브리어 루아흐(*ruach*)와 그
리스어 프뉴마(*pnema*)를 번역하는 과정에서 나온 말이다. "영"으로 번
역하는 히브리어 루아흐나 그리스어 프뉴마는 모두 "숨"과 "바람"이
라는 뜻을 지니고 있다. 숨과 바람은 모두 눈에는 잘 보이지 않지만
생명을 살아 있게 하는 힘과 만물의 보이지 않는 움직임을 나타낸다.

창세기 1장의 세상 만물을 창조하신 하나님께서 창세기 2장에서
는 보다 구체적으로 사람을 창조하는 행위를 하신다. 창세기 2:7에는
"주 하나님이 땅의 흙으로 사람을 지으시고, 그의 코에 생명의 기운
을 불어넣으시니, 사람이 생명체가 되었다"(새번역)라고 기록되어 있
다. 하나님이 사람의 코에 불어 넣으신 "생명의 기운"이 바로 숨이자

바람이며 영이라고 이해할 수 있을 것이다. 이런 점에서 사람의 숨은 사람의 것이 아니라 본래 하나님의 것이다. 또한 이 숨은 사람만의 것이 아니라 하나님께서 창조하신 모든 창조계에 어려 있는 하나님의 바람, 하나님의 숨, 하나님의 기운, 하나님의 영으로 이해할 수 있다. 그런 점에서 하나님이 창조하신 모든 생태계와 인간은 이 숨으로 깊이 연결되어 있다. 내가 쉬는 숨이 나의 것이 아니라 하나님의 것임을 기억하는 일은 사람이 생태계와 근원적으로 연결됨을 알아차리는 중요한 기반이다. 영성 역시 생태계와 분리할 수 없다는 사실을 깨닫게 되면 모든 영성이 생태 영성임을 이해할 수 있게 된다. 사람들은 이런 생태 영성을 자각하지 못한 결과로 하나님 및 생태계와 분리되었고, 결국 생태계의 아름다움과 고통에 공명하지 못하는 존재가 되어버렸다. 즉 생태 영성 훈련은 하나님, 생태계, 사람이 분리되어 있다는 이런 착각에서 벗어나는 과정이라고 할 수 있겠다.

IV. 생태 영성 훈련

모든 생태 영성 훈련은 훈련을 위해 적당한 시간과 공간을 찾는 것으로 시작된다. 훈련 장소를 집으로 선택할 경우에는 훈련하는 동안 다른 사람의 방해를 받지 않을만한 시간과 공간을 마련하는 것이 좋다. 어떤 시간대에 어떤 장소가 적절한지 찾아보도록 하자. 그리고 가능하면 지속적으로 훈련할 수 있는 장소로 정하는 것이 좋다. 훈련하는 장소를 찾았다면 그 장소에 하나님과 만나는 장소임을 상징하는 물건을 가져다 놓는다. 단순하지만 하나님과 깊이 연관된 성경, 십자가, 촛불 같은 것을 사용할 수 있다. 그리고 장소가 결정되면 훈련 시간도 되도록 동일한 시간으로 정하는 것이 좋다. 반복되는 훈련은 훈련하는 시공간을 일상의 시공간과는 다른 시공간으로 느끼게 한다. 또한 일상생활 가운데 그 장소를 떠올리는 것만으로도 하나님과 자신이 깊이 만나고 있음을 기억하는 데 도움이 될 수 있다.

예비 작업

① 머리끝부터 발끝까지 몸의 상태를 자세히 살피면서 혹시 긴장하거나 뭉친 데가 없는지 알아본다. 긴장되거나 묵직한 감각이 느껴지는 부분이 있으면 부드럽게 몸을 몇 차례 돌리거나 근육을 수축하고 이완하는 동작을 반복하면서 가볍게 풀어준다.

② 바닥에 앉을 때는 자신의 몸 상태에 따라 가부좌나 반가부좌 혹은 평좌를 한다. 의자에 앉을 때는 발바닥을 바닥에 온전히 붙이고 허리는 의자에 기대지 않고 꼿꼿하게 세우는 것이 좋다. 바닥이나 의자에 앉은 상태에서 엉덩이, 허리, 목, 머리가 일직선이 되었는지 살핀다. 그렇게 앉은 상태에서 턱을 자기 몸쪽으로 조금 끌어당긴다. 이렇게 몸 상태를 살필 때 핵심은 특정한 자세를 만드는 것이 아니라, 몸이 훈련하는 시간 동안 불편하지 않도록 하는 것이다.

③ 처음 하는 사람은 어떤 자세가 좋은지 잘 모를 수도 있다. 하

지만 몇 차례 반복하다 보면 자신에게 맞는 자세를 취할 수 있다. 몸 상태에 따라 눕거나 서서 또는 천천히 걸으면서 훈련을 진행할 수도 있다. 그러나 훈련을 시작하면 끝날 때까지 몸의 자세를 바꾸지 않는 것이 좋다. 같은 회기 내에서 자세를 변화시키지 않는 것은 이런 훈련에 미성숙한 작은 에고가 변덕을 부리지 않도록 만들어주는 것이다. 우리의 에고는 작은 변화가 생길 때 자신에게 이익이 된다고 판단되면 그것을 선택하려는 경향이 있다. 같은 회기 내에 변화를 허락하지 않는 것은 작은 이익에 재빠르게 변덕을 부리는 에고를 제어함으로써 넓고 긴 안목을 유지하도록 하는 데 도움이 된다.

④ 적절한 자세를 취한 다음에는 서너 차례 심호흡한다.

*예비 작업은 대부분의 훈련을 시작하기 전에 충분히 해주는 것이 좋다. 하지만 상황과 여건상 하기가 힘들다면, 가볍게 심호흡을 몇 차례하고 몸 상태를 살펴 긴장을 풀어주는 정도로 한다.

훈련 1: "숨"을 통한 생태 영성 훈련

우리의 숨이 하나님의 숨과 연결되어 있음을 깊이 있게 알아차리는 생태 영성 훈련은 숙련된 사람이 인도해주는 것이 좋다. 하지만 주변에 그런 사람이 없다면 생태 영성 훈련에 대한 안내를 읽고 훈련하거나, 스스로 훈련 과정을 녹음하여 그 내용을 들으면서 진행하는 것도 좋다. 여기에 제안된 시간은 훈련하는 사람에 따라 조금씩 달라질 수 있다. 가장 좋은 훈련 방식은 한 번에 긴 시간 동안 하는 것이 아니라, 짧은 시간이라도 반복해서 여러 번 하는 것이다. 반복의 과정을 통해 자신에게 적절한 훈련 방법을 찾아가는 것도 하나의 중요한 훈련이다.

① 부드럽게 눈을 감고 심호흡하면서 나의 온 삶이 하나님 안에 살아 숨 쉬는 존재임을 자각하려는 열망을 떠올린다.

② 시작하기 전에 다음 내용을 충분히 읽어 숙지한 후 마음속으로 떠올리거나 미리 스스로 녹음한 음성을 듣고 따라 하면 좋다. 그룹으로 진행할 경우 인도자가 읽어도 좋다. 한 항목을 읽은 다음 3-5분 정도 묵상한다. 가능하면 순서대로 모든 항목을 읽고 묵상하는 것이 좋지만, 필요에 따라 한두 가지를 선택해서 묵상할 수도 있다.

- 우리의 숨은 하나님의 것입니다. 하나님께서 생명의 숨을 불어넣지 않으셨다면 우리는 흙에 불과합니다.

- 우리가 들이마시고 내쉬는 숨은 지구상의 모든 생명체가 함께하는 숨입니다. 하나님께서 창조하신 살아 있는 모든 피조물은 이 숨으로 연결되어 있습니다. 이 숨은 어떤 사람들이 쉬었던 호흡이고, 어떤 동물과 식물들이 쉬었던 호흡이며, 보이지 않는 미생물들이 쉬었던 호흡입니다. 우리가 다른 사람들, 다른 동물들, 다른 식물들 및 보이지 않는 미생물들과 이 숨으로 연결되어 있다는 것을 알아차려보시기 바랍니다.

• 지금 우리가 들이마시고 내쉬는 숨은 다른 사람들, 다른 동물들, 다른 식물들, 다른 미생물들하고만 공유하는 것이 아닙니다. 이 숨은 1년 전, 10년 전, 100년 전, 아니 수천, 수만 년 전부터 살아 있는 모든 생명체가 호흡하던 숨입니다. 그리고 이 숨은 이 땅에서 살아갈 모든 생명체가 함께 공유할 숨입니다. 지금 우리가 호흡하는 이 숨이 하나님께서 이 생명을 창조하시던 때부터 하나님의 나라가 도래할 그때까지 모든 생명이 공유할 숨임을 알아차려보시기 바랍니다.

• 이 숨이 존재하기 위해서는 태양의 에너지와 땅의 에너지와 물의 에너지와 모든 존재의 에너지가 서로 협력해야만 합니다. 하나님께서 창조하신 모든 피조물이 내가 쉬는 숨으로 서로 연결되어 있다는 것을 알아차려보시기 바랍니다.

• 내가 들이마시고 내쉬는 숨에 보이지 않게 연결된 수많은 신비를 느껴보시기 바랍니다. 그리고 말로 다 표현할 수 없는 이 신비에 대해 마음속 깊은 곳에서 우러나오는 반응을 살펴보시기 바랍니다.

③ 위의 묵상이 끝난 후 아주 단순한 문장으로 하나님께 감사 기도를 드린다. 아니면 주기도문을 암송할 수도 있다.
④ 마지막 기도를 드린 후에는 한두 차례 심호흡을 한 후 부드럽게 눈을 뜨고 마친다.

마무리 작업 : 영성 일지와 나눔

① 훈련이 끝난 후에는 훈련 중에 체험한 내용을 글로 정리하는 것이 좋다. 노트를 하나 준비한 후에 훈련의 예비 과정과 훈련 과정 중에 마음속에 일어났던 생각이나 느낌, 이미지 등 감각을 통해서 느껴진 것을 적고, 감각을 넘어선 것이 있었다면 무엇이든 떠오르는 대로 기록해둔다. 기록 방식은 다양하게 할 수 있다. 그림이나 시와 같은 형태가 될 수도 있고 기도문 형식이 될 수도 있다. 자신에게 적합한 방식으로 기록한다.

② 이 훈련을 그룹으로 모여서 하는 경우에는 글로 정리하는 작업이 끝난 후 소그룹으로 모여 각자의 체험을 나누는 것도 좋다. 그룹이 크지 않다면 전체가 같이 나눠도 좋다.

③ 나눔을 할 때는 다른 사람이 체험한 내용을 해석하거나 비평하지 않는다. 각자의 영적 여정은 고유한 것이기 때문에 그 여정에 대해 해석이나 비평을 하는 것은 나눔에 방해가 되는 경우가 많다. 그저 온전하게 듣고, 그를 위해 침묵으로 짧은 기도를 드리도록 한다.

"숨"을 통한 생태 영성 훈련은 사람들이 근원적으로 모든 것과 연결된 존재임을 깨닫게 하는 데 도움이 된다. 이런 훈련이 반복되면 일상 가운데 잠시 숨 쉬는 것에 주목하는 것만으로도 하나님과 생태계, 창조와 새 창조의 날까지 떠올리면서 묵상할 수 있게 된다. 모든 것이 근원적으로 연결되어 있다는 것을 감각으로 느끼게 되면 일상생활의 결이 달라지는 것을 체험할 수 있다.

훈련 2: 생태계에서 듣는 하나님의 말씀

창세기 1장은 우리가 살고 있는 모든 세계가 하나님이 말씀으로 만드신 곳이라고 기록하고 있다. 이런 창조 신앙을 가지고 생태계를 바라보면 눈에 보이는 표면만이 아니라 그 깊은 곳에서도 하나님의 말씀이 함께하고 있음을 고백할 수밖에 없다. 그래서 근대 이전 사람들은 하나님께서 기록하신 두 권의 책이 있다고 말했다. 즉 문자로 기록되어 사람들이 읽을 수 있는 성경책은 작은 책이고, 하나님의 말씀으로 창조하신 모든 창조세계는 큰 책이라는 것이다. 이렇듯 큰 책인 생태계 안에서 하나님의 말씀을 묵상하려면, 전통적인 영성 훈련법인 "렉시오 디비나"(Lectio Divina) 방식을 사용할 수 있다. "렉시오 디비나"는 성경으로 영성 훈련을 하는 전통적인 방식으로 읽기(lectio), 묵상(meditatio), 기도(oratio), 관상(contemplatio)의 네 단계로 진행된다. 먼저 성경 말씀을 읽고, 읽은 말씀 중 마음에 다가오는 문장을 선택해서 깊이 묵상한 다음 묵상 가운데 하나님께 아뢰고 싶은 것을 짧게 기도드린 후 마지막으로 하나님께서 주시는 사랑 가운데 쉰다. 작은 책인 성경을 이렇게 묵상할 수 있다면, 큰 책인 자연도 이런 식으로 묵상할 수 있을 것이다. 여기 나오는 "생태계에서 듣는 하나님의 말씀" 훈련은 미국 워싱턴 D.C.에 있는 초교파적 영성 훈련 단체인 샬렘 영성 훈련원에서 사용하는 훈련 내용을 한국 상황에 맞게 필자가 변형한 것이다. 이 훈련은 자연 속에서 충분한 시간을 가지고 하면 좋다. 자연으로 깊이 들어가기 어려운 경우에는 집 주변을 거닐면서 해도 좋다. 이 훈련은 나중에 진행할 생태 의식 성찰을 깊이 할 수 있도록 돕는다. 이 훈련은 반나절 혹은 한나절 등 시간을 충분히 들여서 진행하며 읽기, 묵상, 하나님 안에서 쉬기를 상황에 따라 반복해도 좋다.

① 침묵하며 하나님의 말씀을 들을 수 있도록 성령님의 도움을 청한다. 천천히 심호흡을 반복하면서 만물 가운데, 모든 살아 있는 것 가운데 살아 계신 말씀의 신비에 가슴을 온전히 연다. 하나님과의 거룩한 친밀함(intimacy)을 알아차릴 수 있도록 짧게 기도한다. 필요하다면 성경에서 창조세계를 잘 드러내는 구절을 읽고 묵상하는 것으로 시작할 수도 있다.

> 그러나 이제 짐승들에게 물어보아라. 그것들이 가르쳐 줄 것이다. 공중의 새들에게 물어보아라. 그것들이 일러줄 것이다. 땅에게 물어보아라. 땅이 가르쳐 줄 것이다. 바다의 고기들도 일러줄 것이다. 주님께서 손수 이렇게 하신 것을, 이것들 가운데서 그 무엇이 모르겠느냐? 모든 생물의 생명이 하나님의 손 안에 있고, 사람의 목숨 또한 모두 그분의 능력 안에 있지 않느냐?(욥기 12:7-10, 새번역)

② 읽기(*Lectio*)

모든 감각을 부드럽게 열고 마주치는 모든 것을 마음속으로 받아들인다. 그것이 아름다운 것이든 흉한 것이든 가치 있는 것이든 가치 없는 것이든, 다 온전히 받아들여라. 천천히 걸으면서 눈길과 마음을 멈추게 하는 어떤 것, 특별한 에너지를 가지고 솟아오는 어떤 것이

나타나는지 살펴본다. 멈추게 하는 것 앞에 서서 그것을 주의 깊게 들여다보고 느껴본다.

③ 묵상(*Meditatio*)

나의 눈길과 마음을 머물게 한 대상 가운데 하나님께서 하시는 말씀이 무엇인지를 깊이 묵상한다. 묵상 가운데 무엇을 보고 무엇을 듣고 무엇을 느끼는가? 그 말씀이 지금 이 순간 나에게 무슨 말을 건네고 있는지 주의를 기울이라. 무슨 말씀을 하고 있는가? 구체적인 말씀이 떠오르지 않아도 좋다. 그저 그 대상을 마주하면서 자신의 내면에 주목해보라. 어떤 움직임이 있는가?

④ 기도(*Oratio*)

들은 말씀에 대해 하나님께 전하고 싶은 말로 기도한다. 특별히 들은 말씀이 없다고 해도 내면의 움직임을 통해 하나님께 말씀드리고 싶은 것을 솔직하게 전해보라. 그리고 하나님과 더 깊은 대화를 이어 나갈 수도 있다.

⑤ 하나님 안에 쉬기(*Contemplatio*)

이제 대화나 생각, 상상이나 이미지보다도 더 깊이, 하나님 안에서 단순하고 고요하게 머물 수 있기를 청한다. 자신의 마음과 생각과 몸이 하나님 안에서 그저 고요히 머물도록 한다.

⑥ 마무리 작업

모든 과정을 마쳤다면 훈련 중에 마음에 남는 것을 원하는 방식으로 기록해본다.

훈련 3: 주기도문을 생태적으로 확장하기

그리스도인이 공동으로 드리는 기도 중 가장 많이 반복하는 기도는 예수님이 가르쳐주신 주기도문일 것이다. 이 주기도문을 함께 드리는 것도 생태 공명을 일깨우는 생태 영성 훈련이 될 수 있다. 주기도문의 각 문장을 생태계와 연결해 묵상하는 것도 도움이 된다.

　① 눈을 부드럽게 감고 서너 차례 천천히 심호흡한다.

　② 주기도문을 깊이 묵상하면서 예수님께서 우리에게 기도를 가르쳐주신 의미를 깨달을 수 있게 해달라고 짧게 기도드린다.

　③ 주기도문으로 천천히 기도를 드린다. 다시 기도하면서 "하늘에 계신 '우리' 아버지"라는 문장에 머물러본다. "우리 아버지"라고 기도드릴 때 '우리'라는 말에서 어떤 생각이나 마음이 드는가? 이렇게 기도할 때 어디까지를 '우리'라고 생각하는가? 이에 대해 깊이 묵상해보라.

　④ 가족, 내가 소속된 교회, 공동체, 사회, 국가, 전 세계, 생물계, 생태계, 온 우주, 창조와 하나님 나라…. "우리"의 범주는 어디까지 확장되는가? "우리"라는 말을 듣고 일차적으로 자기가 소속된 "가족"을 떠올리는 사람이 많다. 가족으로 번역되는 영어 단어 "패밀리"(family)는 라틴어 "파밀리아"(*familia*)에서 유래한다. 라틴어 파밀리아는 혈연으로서의 가족뿐 아니라 자기 집안에 몸 붙이고 사는 모든 사람, 동물과 식물, 가구와 도구까지 포함한다고 한다. 가족을 이렇게 확장한다면 우리는 가족을 어디까지 확장할 수 있을까?

⑤ "우리"라는 범주가 변형되면서, 이어지는 주기도문의 의미가 어떻게 확장되거나 변화되는지 묵상해본다. 한 문장 한 문장을 묵상하면서 특별히 더 마음을 건드리는 문장에 머무른다. 이렇게 나의 마음을 건드리는 문장들을 깊이 묵상해본다. 예를 들어 "일용할 양식"이 주어져야 할 대상은 누구인가? 우리가 "죄"를 지은 대상은 누구인가? 우리가 "용서"해야 할 일은 무엇인가? 이런 것들을 깊이 묵상해보라.

⑥ 주기도문을 깊이 묵상했다면 주기도문을 통해 새롭게 깨달은 것에 대해 하나님께 감사드리고 잠시 하나님 품 안에서 쉰다.

⑦ 묵상을 드린 후 마음에 남는 것을 원하는 방식으로 기록해본다.

주기도문을 이렇게 생태적으로 깊이 묵상하고 재해석하여 함께 기도드리는 것은 생태 공명을 일으키는 훌륭한 생태 영성 훈련이 될 수 있다. 교회에서는 이런 훈련 과정을 "생태 주기도문 작성을 위한 워크숍" 형태로 진행할 수도 있다.

훈련 4: 의식 성찰 기도

다음으로 전통적인 영성 훈련 중에 매일 일상의 삶을 성찰하며 하나님과 동행하는 삶을 살았는지 되돌아보는 "의식 성찰"의 기도가 있다. 최근 "의식"이라는 말로 많이 번역되는 스페인어 conscientia에는 "양심"과 "의식"이라는 의미가 모두 포함되어 있기 때문에, 초기에는 "양심 성찰"이라는 말로 많이 사용되었다. 하지만 "양심"이라는 말의 함의가 주로 부정적 행동과 도덕적 잘못으로 이해되는 한계 때문에 "의식"이라는 용어로 사용되기 시작했다. "성찰"은 초기 교회에서부터 사용되어왔으며, 피타고라스 학파나 스토아 학파에서도 비슷한 방식의 성찰을 권장하였다. 세네카는 잠들기 전 자신의 영혼에게 "오늘 어떤 악을 치유했는가? 어떤 악덕과 싸웠는가? 어떤 면에서 더 나은 사람이 되었는가?"를 질문했다고 한다.

사막의 교부/교모와 같은 수도사들은 하나님과 멀어지는 잘못된 습관을 교정하기 위해 자기 생활을 되돌아보며 하루의 삶을 성찰했다고 한다. 이들이 습관적인 결점을 교정하기 위해서 사용했던 것은 작은 조약돌이다. 아침에 오른쪽 주머니에 작은 조약돌 열 개를 넣고 다니다가, 스스로 교정하기 원하는 잘못된 행동이나 생각을 할 때마다 왼쪽 주머니로 하나씩 옮겼다. 그리고는 오후가 시작되거나 잠들기 직전에 주머니에 있는 조약돌을 헤아려보았다. 이런 성찰을 반복함으로써 더 이상 조약돌을 다른 주머니로 옮길 행동이나 생각을 하지 않게 되면, 다른 결점을 교정하는 것으로 넘어갔다고 한다.

이런 성찰의 방식은 로욜라의 이냐시오가 쓴『영신 수련』(이냐시오영성연구소 역간, 2010)에 잘 정리되어 있다. 이냐시오는 하루에 두 번, 점심 무렵이나 잠들기 전에 의식 성찰 기도를 하라고 가르친다. 특히 너무 바빠서 기도할 틈이 없을 때 어떻게 하는 것이 좋을지 질문하는 수도사에게 다른 기도는 생략해도 좋으나 의식 성찰 기도만은 빼먹지 말라고 권면할 정도로 그 중요성을 강조했다고 한다. 여기서는 의식 성찰 기도 방법을 간략히 소개하고, 이를 생태적으로 확장한 생태

의식 성찰 기도를 소개하고자 한다. 이 내용은 생태 의식 성찰 홈페이지(www.ecologicalexamen.org)에 나와 있다. 하루를 되돌아보는 것을 두고 의식 성찰 "기도"라고 한 것은 단순히 하루를 회고하거나 반성하는 것이 아니라 하나님과 더불어 되돌아본다는 점 때문이다.

① **하나님의 인도하심을 구하는 기도를 드린다.** 하나님께서 나를 어디로 이끌고 계시는지, 하나님이 언제 나의 생각과 행동 중에 계셨는지 혹은 언제 계시지 않았는지를 알아차릴 수 있도록, 성령님의 도우심을 요청하는 기도를 드린다. 우리가 의식 성찰을 통해 구하는 것은 단순히 하루를 다시 떠올리는 기억이 아니라 하나님의 은총에 따라 얻게 되는 이해다.

② **감사함으로 하루를 되돌아본다.** 하루를 되돌아보는 작업은 지난 의식 성찰 이후 현재 의식 성찰까지의 삶을 성찰하는 것이다. 지난 하루의 일정을 마치 짧은 단편 영화처럼 되돌아보는 것이 도움이 된다. 자신의 나쁜 행동이나 죄를 돌아보는 것도 중요하지만, 매일 부정적인 행동이나 생각에 주목한다면 머지않아 지치게 되어 포기하게 된다. 하지만 누구나 선물 상자를 받게 되면 그 상자에 들어 있는 선물이 무엇인지 확인하고 싶어진다. 그러므로 내가 깨어난 시간부터 지금까지의 시간을 시간별, 장소별, 일별 혹은 만난 사람별로 되돌아보면서 그 속에서 하나님이 내게 주신 선물을 만날 때마다 이에 대해 감사드린다. 이냐시오는 감사할 줄 모르는 것이 모든 죄악의 원인이라고 했다. 또한 "사랑을 얻기 위한 관상"의 둘째 길잡이에서(『당신 벗으로 삼아주소서: 영신 수련 현대적 해석』[데이비드 플레밍 저, 김용운, 손어진,

정제천 역, 이냐시오영성연구소, 2008], 233번) "···하나님께서 사랑으로 나누어주신 모든 좋은 것들에 대해 깊이 깨닫는 선물을 청한다. 그리하여 감사하는 마음으로 주님을 온전히 사랑하고 섬길 수 있게 되기를 바란다"라고 적고 있다.

③ **하루를 돌아보는 동안 떠오르는 느낌을 살펴본다.** 고통 또는 즐거움, 긍정적인 느낌이나 부정적인 느낌은 하루 동안 어디서 어떤 일이 일어났는지를 알려주는 명백한 신호다. 하루를 되돌아볼 때 떠오르는 느낌에 단순히 주의를 기울인다. 기쁨, 지루함, 두려움, 기대, 거부감, 분노, 희망, 만족, 초조함, 동정, 역겨움, 욕망, 희망, 후회, 수치, 불안, 동정, 역겨움, 감사, 자신, 분노, 의문, 확신, 찬미, 부끄러움 등 어떤 느낌이든지 상관없이 그 모두에 대해 주의를 기울인다. 의식 성찰은 자기 성취를 위한 과정이 아니라 모든 것 안에서 하나님을 만나기 위한 것이다. 의식 성찰은 나에 대한 하나님의 큰 사랑이 지난 하루 동안 나의 구체적인 삶 안에서 어떻게 나타났는지를 알아보려는 행위다. 그러므로 여기서 나의 경험은 나 중심적인 생각을 위한 것이 아닌 하나님께 우리를 인도하는 과정으로 이해할 때 매우 중요한 것이 된다. 여기서 나는 하나님이 나의 가슴과 마음의 움직임 속에서 스스로를 드러내신다는 사실을 배우며 모든 것뿐 아니라 나의 내적 경험 속에서도 하나님을 만날 수 있다는 것을 발견하게 된다. 나의 느낌에 귀 기울이는 것은 나 스스로를 받아들이고 참 자아로 나아가는 수련이 된다. 나의 느낌을 억누르는 것은 스스로를 속이는 것이다. 나의 느낌이 올라오도록 허용하고 이 느낌이 올라올 때 이를 고요히 바

라보려고 노력한다. 느낌 자체는 좋거나 나쁜 것이 아니라 실재다. 특정한 종류의 느낌만을 골라서 느낄 수는 없다. 내가 할 수 있는 일은 그 느낌들을 있는 그대로 주의 깊게 바라보고 이를 인정한 후, 거기에 어떻게 대처할 것인지를 선택하는 것이다. 이런 느낌들은 내 삶을 끌고 가는 동력이자 내 삶에 무슨 일이 일어나고 있는지를 보여주는 살아 있는 지표다.

④ **긍정적이거나 부정적인 감정 가운데 하나를 선택하여 기도한다.** 떠오르는 느낌 중 가장 내 마음을 움직이는 느낌을 선택해 그것이 어디서 왔는지를 깊이 바라본다. 이 느낌의 원천을 바라보는 동안에 자연스럽게 우러나오는 기도를 한다. 이 기도는 하나님께 대한 감사와 찬양, 청원, 참회 등 종류에 제한이 없다. 느낌을 가지고 기도하는 것은 느낌으로부터 해방되는 것이다. 성찰되지 않은 느낌은 우리를 지배하고 속일 수 있다. 특정한 느낌을 가져온 사람이나 상황을 바라보고 이들로 인해 또는 이들에 대해 기도하게 되면 우리가 이런 느낌의 노예가 되지 않는 데 도움이 된다.

⑤ **감사함으로 내일의 도움을 요청하며 의식 성찰 기도를 마친다.** 다가오는 내일을 바라본다. 내일의 일, 회의, 약속, 만날 사람 등을 바라볼 때 떠오르는 느낌에 주의를 기울인다. 두려움, 설렘, 자기 불신, 유혹, 활기, 후회, 연약함 등 어떤 것이라도 상관없다. 어떤 느낌이건 하나님께 감사한 마음을 유지한 채 자연스럽게 기도로 전환한다. 느낌으로부터 자연스럽게 따라오는 것이라면 그 기도가 도움을 청하는 기도이든 치유를 청하는 기도이든 다른 어떤 종류의 기도든 상관

없다. 의식 성찰 기도를 주기도문으로 마무리한다.

⑥ **마무리 과정으로 의식 성찰 기도 중에 마음속에 남은 것들을 자신의 방식으로 기록한다.**

훈련 5: 생태 의식 성찰

생태 의식 성찰은 의식 성찰을 하되 생태적 측면에 주목하면서 하루를 어떻게 살았는지를 살펴보는 것이다. 생태 의식 성찰에는 여섯 단계가 있다. 이 단계들을 자신에게 맞게 진행하면 된다. 여섯 단계를 살펴보면서 더 자세히 성찰하고 싶은 단계가 있으면 거기에 잠시 더 머무른다. 여럿이 함께 모여서 진행하고 있다면, 개인 성찰을 마친 후에 모임에서 나눔을 하는 것도 좋다.

① 감사

경이롭게 모든 존재를 창조해주신 하나님께 감사드립니다. 오늘 창조물 가운데 하나님께서 어디서 함께 하신다고 느꼈습니까?

성령께서는 우리의 존재 모든 것, 현재 우리의 존재, 우리가 앞으로 되는 존재, 우리가 가지고 있는 소유물, 우리가 살아가는 지구 등이 모든 것이 사랑이 충만한 창조주로부터 받은 선물임을 인식하도록 우리를 초대합니다. 무조건적인 사랑과 무한한 창조의 하나님 한가운데에 온 마음을 쏟음으로써 성찰을 시작합니다. 사랑의 하나님께서 어떻게 우주의 아름다움을 창조했는지 상상해봅니다.

우주는 그것을 완전히 채우시는 하나님 안에서 펼쳐집니다. 나뭇잎, 산길, 이슬 방울, 가난한 사람의 얼굴에서 발견되는 신비한 의미가 있습니다. 외면에서 내면으로 들어가 영혼 속에서 하나님의 활동을 발견할 뿐 아니라, 모든 것에서 하나님을 발견하는 것이 가장 이상적입니다. 하나님께서는 작은 유기체에서 큰 산맥에 이르기까지, 이 세계에서 활동하는 모든 창조물과 함께하심을 알아차립니다.

지구와 지구 위의 모든 생명체, 바다의 물고기, 하늘을 날아오르는 새, 우리에게 생명을 주는 물, 모든 인류를 창조하신 하나님께 감사드립니다.

어머니 뱃속에서 나를 빚어 주시고 현재의 나로 만드신 하나님께 감사드립니다. 이 삶을 지탱할 수 있도록 내게 주신 모든 것에 대해 하나님께 감사드립니다. 나의 모든 존재와 나를 둘러싼 모든 창조물은 하나님이 주신 선물임을 알아차립니다.

② 각성

창조의 모든 아름다움과 고통 속에서, 하나님이 보시는 것처럼 창조물을 볼 수 있도록 성령님의 도움을 요청합니다. 나는 창조의 아름다움을 보고 땅의 울부짖음과 가난한 사람들의 울음소리를 듣고 있습니까?

성령께서는 삼위일체 하나님의 눈으로 세상을 보도록 우리를 초대합니다. 하나님은 세상의 엄청난 다양성과 모든 피조물의 선함을 보시고 오늘날 세상에 사는 서로 다른 사람들을 살피십니다. 하나님께서 세상을 보시는 것처럼 무한한 선함과 다양성, 상호 연결성 속에서 세상을 바라볼 수 있는 은총을 구합니다.

"모든 것에 편만하신 하나님 안에서 우주가 펼쳐집니다. 그러므로 나뭇잎 한 장에서도 신비로운 뜻이 발견됩니다."

나는 모든 생물과 우리 공동의 집 사이에 긴밀한 관계가 있음을 알아차리고, 우리가 서로의 행복을 위해 어떻게 상호 의존하는지를 봅니다. 나는 하나님처럼 땅과 거기 사는 피조물과 사람들이 모두 경이롭게 만들어진 것을 기뻐합니다. 그러나 동시에 하나님처럼 "땅의 울부짖음과 가난한 자의 울부짖음"도 듣습니다. 하나님께서 주신 재화를 무책임하게 사용하고 남용하여 해를 끼쳤기 때문에 이제 그 울부짖음을 우리가 듣습니다.

나는 "흙, 물, 공기, 모든 형태의 생명에서 [나타나는] 명백한 질병의 증상"에 반영된 우리 죄의 징조를 봅니다. 토착 원주민들이 어떻게 그들의 땅에서 쫓겨났으며 그곳의 물이 어떻게 사람과 공익을 위한다는 명목으로 오염되는지를 보았습니다. "일회용 소비 문화"가 사물뿐만 아니라 사람들을 "쓰레기"로 취급해 버리게 하고 있으며, 기후 변화로 인해 가난하고 취약한 이들이 가장 고통 받고 있음을 인식합니다. 도시든 시골이든 아마존 같이 귀중한 자연 생태 구역이든 오염과 폐기물을 생산하는 공장 근처든지 간에, 가난한 사람들과 유색 인종이 얼마나 불평등하게 살고 있는지를 봅니다. 가난, 불평등, 세계화가 "사회적 배제, 에너지 및 기타 서비스의 불공평한 분배와 소비"에 어떻게 기여하는지 알고 있습니다. 세계화가 지구와 인류에 미치는 부정적인 영향이 증가한다는 사실이 우리를 고통스럽게 합니다. 우리는 "가장 버려지고 학대받는 가난한 사람 중 하나"인 창조물의 울부짖음, 가난한 사람의 울부짖음, 그리고 지구의 울부짖음을 무시할 수 없습니다.

③ 이해

내가 하는 선택이 창조물과 가난하고 취약한 사람들에게 어떤 영향을 미치는지 알아차릴 수 있는 은총을 요청합니다. 창조에 대한 생각을 떠올리면 어떤 도전이나 기쁨을 경험하게 됩니까? 어떻게 하면 일회용품 사용 문화에서 벗어나 창조의 의미를 되살리고 가난한 사람들과 연대할 수 있습니까?

내 삶과 내가 내린 결정을 자세히 살펴볼 수 있는 은총을 구합니다. 전 세계의 자매 형제와 미래 세대를 포함하여 모든 사람의 이익을 위한 것인 창조의 선물과 지구의 자원을 어떻게 돌보아야 할까요? 나의 선택은 내 지역 사회와 국가는 물론이고 전 세계 사람들, 특히 가난하고 취약한 사람들과 그들의 환경에 어떤 영향을 미칠까요?

이 기도를 할 때마다 다음 목록 중 함께 성찰할 질문 1-2개를 선택합니다.

- 나를 둘러싼 세상에서 나는 어떻게 존재하고 있습니까?

- 어떻게 하면 창조물과 이웃에 대한 존중을 통해 하나님을 위한 사랑을 나타낼 수 있습니까?

- 나의 환경이 내 이웃 또는 내 공동체의 일부라고 생각하는 사람을 어

떻게 형성하고 있습니까? 이 안에 빠진 사람이 있습니까?

• 일회용 소비 문화에서 어떻게 벗어날 수 있습니까?

• 우리는 어떻게 창조물을 돌보고 자매 형제 및 가장 취약한 사람들과의 연대를 이뤄낼 수 있습니까?

• 우리 지역 사회와 세계에서 가장 오염된 곳은 어디입니까?

• 거기 사는 사람은 누구입니까?

• 일상생활에서 물을 어떻게 사용하고 있습니까?

• 어떻게 하면 내가 이 선물의 책임 있는 청지기가 될 수 있을까요?

• 내 소비 패턴과 에너지 소비가 우리나라와 전 세계 지역 사회의 깨끗한 물 이용에 어떤 영향을 미칩니까?

• 깨끗한 물, 기본적인 인권에 접근할 수 있는 사람은 누구이고, 그렇지 않은 사람은 누구입니까?

• 여기에서 내가 전력을 사용하면 다른 곳의 환경이 무력해진다는 것

을 알고 있습니까?

• 석탄, 석유, 가스로 인한 탄소 배출 증가, 삼림 벌채의 증가 또는 지역 사회의 깨끗한 물 접근의 잠재적 오염 등의 현상이 에너지 수요에 미치는 영향을 어떻게 더 잘 인식할 수 있습니까?

• 더 적은 에너지로 살 수 있습니까?

• 나는 먹는 것이 도덕적 행위이며 "내가 음식을 대하는 방법이 내 집을 대하는 방법"이라는 것을 알고 있습니까?

• 내가 먹을 수 있는 것보다 더 많이 먹습니까?

• 내가 많은 음식을 낭비할 때 세계의 수많은 사람이 기아로 허덕이는 것은 아닙니까?

• 내 음식이 어디서 재배되고 어떤 조건에서 재배되는지 알고 있습니까?

• 식품 생산을 위한 에너지와 물 사용이 환경에 미치는 영향을 알고 있습니까?

④ 회개

생태적 정의와 화해를 향한 회개의 은총을 구합니다. 창조물과 자매 형제를 돌보는 데 부족했던 부분은 어디입니까? 어떻게 하면 회개할 수 있습니까?

창조세계와의 화해를 바라는 마음으로 하나님께 용서를 청하며 생태적 회개의 은총을 구합니다.

내가 생태적 정의, 사회적 정의보다 편의, 이기심, 탐욕을 선택하며 살아온 것을 인정합니다. 나는 또한 죄의 구조, 죄의 패턴, 죄의 문화가 나와 주변 사람들의 삶과 땅에 영향을 미쳤음을 인정합니다. 내가 창조물과 자매 형제를 돌보는 데 부족한 부분이 있음을 인식하고 하나님의 자비로 마음의 회개를 통해 내 삶의 방식을 고쳐달라고 기도합니다. 나의 기도와 행동을 통해 하나님, 창조물, 인류와 화해하기 위해 노력합니다.

소외된 사람들의 눈으로 세상을 바라보고 더욱 생태적으로 공정한 사회를 만드는 데 공헌하는 사람이 될 수 있도록 은총을 구합니다. 지구와 지구 전역의 피조물과 전 세계 사람들의 기쁨과 고통을 보면서, 하나님이 그리스도 안에서 시작하셨고 정의의 왕국, 평화와 성실성의 왕국으로 성취하실 하나님의 위대한 화해 사역의 징표를 봅니다.

⑤ 화해

하나님과의 관계를 회복하고 창조물과 인류의 관계를 복원하며 내 행동을 통해 연대할 수 있는 은총을 요청합니다. 어떻게 하면 창조물과의 관계를 회복하고 그렇게 하려는 욕구와 일치하는 선택을 할 수 있습니까?

하나님께서는 단순히 우리가 자신의 이익을 위해 지구의 자원을 쓰는 것이 아니라, 하나님을 찬양하고 경외하며 섬기는 데 쓰기 위한 목표를 갖고 땅을 돌보는 사람으로 우리를 부르십니다. 환경 정의와 창조물과의 화해를 위해 일함으로써 사랑의 하나님을 경외하고 화해와 사랑이라는 그리스도 자신의 사명을 위해 하나님과 협력합니다. 우리는 연대와 만남의 문화를 수용함으로써 "파괴된 세상을 치유하도록" 부름 받았습니다. 이것은 지속 가능한 새로운 경로를 통해 앞으로 나아가는 것이며 "하나님의 창조를 중심에 두고 생산하고 소비하는 새로운 방법"을 수용하는 것을 의미합니다.

하나님, 창조물, 인류와의 관계가 조화를 이루도록 은총을 요청합니다. 그리스도인 가족 전체와 함께 더욱 지속 가능한 삶을 살기 위한 구체적인 개인 행동을 분별하기 시작합니다. 창조물과 화해하고 생태적인 정의를 수용하기 위한 마음의 회심을 위해 가정에서, 그리고 다른 사람들과 함께 어떻게 기도할 수 있습니까? 가정과 공동체에서 더 단순하게 살고, 창조물과 화해하고자 하는 열망과 일치하는 선택을 하기 위해 어떤 노력을 할 수 있습니까? 환경 위기의 영향을 가장 많이 받는 취약한 사람들과 연대하기 위해 나는 어떤 행동을 해야 합니까? 모든 창조물과 가장 취약한 이들을 돌보는 환경 정책을 어떻게 옹호할 수 있습니까?

⑥ 중보기도

지구와 사회의 연약한 사람들을 위해 중보기도로 이 시간을 마칩니다.

생태 의식 성찰을 마치며 창조의 선물을 주신 하나님께 감사드립니다. 우리가 창조물을 돌보고, 우리 가운데 가장 취약한 사람들을 배려하며, 생태 정의를 위해 공동 수행을 강화할 수 있도록 하나님의 도움과 인도를 요청합니다.

훈련 6. 걸으면서 하는 생태 의식 성찰 기도

걸으면서 하는 생태 의식 성찰 기도는 "훈련 2. 생태계 안에서 듣는 하나님의 말씀"과 "훈련 5. 생태 의식 성찰"과 깊이 연관되어 있다. 이 기도는 자연 깊은 곳에 있는 특정 장소나 일상적으로 마주치는 환경 속에서 하면 좋다. 앞에서 나왔듯이 생태 의식 성찰은 감사, 각성, 이해, 회개, 화해, 기도의 여섯 단계로 이루어진다. 자신이 거주하는 마을을 걸어 다니면서 각 단계를 떠올릴 수 있는 여섯 지점을 잠정적으로 결정한다. 이 여섯 지점은 생태 의식 성찰의 내용을 깊이 묵상할 수 있는 장소로서, 각 장소의 의미를 깊이 묵상하면서 결정하는 것이 좋다. 그리고 이런 지점을 정하기 전에 각 장소의 사진을 보면서 충분히 묵상한 후 결정하는 것이 좋다. 이렇게 사진을 찍어놓으면 이후에 이런 형태의 기도를 할 수 없는 상황에서도 사진을 보면서 기도할 수 있다. 이렇게 여섯 지점을 결정하고 나서 본격적으로 기도를 드린다.

① 감사

집에서 출발하면서 모든 존재를 창조하신 하나님께 깊이 감사드린다. 하나님의 사랑 가운데 오늘까지 살 수 있게 해주심에 감사드린다. 걷는 기도를 시작하면서 성령님의 인도에 힘입어 우리가 살고 있는 공간 안에서 하나님이 함께하심을 알아차릴 수 있게 해달라는 기도를 드린다. 감사하는 마음을 간직하면서 "각성" 단계를 진행할 수 있는 장소로 천천히 걸어간다.

② 각성

생태계의 아름다움과 고통 가운데 하나님께서 이 세상을 보신 것처럼 우리도 생태계를 보기 위해 성령님의 도움을 요청하는 기도를 드린다. 창조의 아름다움을 보고 있는가? 그 아름다움 속에서 함께하시는 하나님이 함께하심을 알아차리고 있는가? 창조의 아름다움 속에서 땅의 비명과 가난하고 소외된 사람들의 울부짖음을 듣고 있는가? 각성을 위해 선택한 이 장소에서 특별히 하나님이 나에게 하시는 말씀이 무엇인지 느껴본다. 충분히 묵상한 후에 다음 장소로 천천히 걸어간다.

③ 이해

내가 하는 선택이 다른 창조물들과 가난하고 취약한 이들에게 어떤 영향을 미치는지 알아차릴 수 있는 은총을 요청한다. 창조에 대한 생각을 떠올릴 때 어떤 도전이나 기쁨을 경험하는가? 어떻게 하면 일회용품 사용 문화에서 벗어나 창조와 연대하며 가난한 사람들과 연대할 수 있는가? 이 장소에서는 사람들의 행동이 생태계에 어떤 영향을 미칠 수 있는지를 깊이 묵상한다. 우리가 하는 행동이 생태계에 미치는 영향은 무엇인가? 또 가난하고 취약한 환경에 놓여 있는 사람들에게는 어떤 영향을 미치고 있는가? 충분히 묵상한 후에 다음 장소로 천천히 걸어간다.

④ 회개

생태적 정의와 화해를 향한 회개의 은총을 구한다. 프란치스코가 말했듯이, 우리의 자매이며 형제인 생태계를 돌보는 데 부족했던 점은 무엇인가? 생태계의 파괴로 인해 고통 받는 사람들에 대해 어떤 노력을 했는가? 충분히 묵상한 후에 다음 장소로 천천히 걸어간다.

⑤ 화해

하나님과의 관계를 회복하고 창조물과 인류의 관계를 회복하며 나의 행동을 통해 그들과 연대할 수 있는 은총을 구한다. 어떻게 하면 창조물과의 관계를 회복하고 그렇게 하고자 하는 욕구와 일치하는 선택을 할 수 있는가? 하나님, 창조물, 인류의 관계를 회복하기 위한 화해의 행동은 다차원적 접근이 필요하다. 개인의 외면적인 활동뿐 아니라 내면적 가치와 태도, 자신이 소속된 공동체가 활동하는 가운데 발생하는 일, 생태계에 대한 그 공동체의 관심과 태도, 생태계 전반을 대하는 사회 구조와 그 구조가 지향하는 가치 등에 대해 깊이 묵상해보라. 화해는 개인적 차원, 공동체적 차원, 사회적 차원, 정치적·국가적 차원 모두에서 일어나야 한다. 이런 화해를 위해 내가 구체적으로 할 수 있는 일이나 행동으로 연대해야 하는 일이 있는가? 충분히 묵상한 후에 다음 장소로 천천히 걸어간다.

⑥ 중보기도

지구와 사회의 연약한 사람들을 위해 중보기도한다. 우리는 창조물을 돌보고 취약한 사람들과 함께함으로써 생태 정의를 위한 공동 수행을 할 수 있다. 이런 공동 수행의 과정은 각자 처한 상황과 맥락에 따라 다를 수 있다. 개인의 고유한 영적 여정 속에서 선택하는 일들이 생태 정의를 위한 공동 수행의 과정에 연결되고 강화될 수 있는지 깊이 묵상해보라. 충분히 묵상한 후에 다음 장소로 천천히 걸어간다.

⑦ 하나님 안에서 쉼

시작한 장소로 돌아온다. 시작한 장소는 걸으면서 하는 생태 의식 성찰 기도를 출발한 장소지만, 다시 돌아가 하나님과 머무는 장소이기도 하다. 마무리하는 장소에 들어서면서 하나님의 품 안에 안긴 자신의 모습을 상상해본다. 하나님 안에서 쉬는 것은 새로운 출발을 준비하는 것이기도 하지만, 그 자체만으로도 충분한 의미를 지닌다. 세상적 가치는 쉼을 쓸데없는 낭비로 여기도록 우리를 닦달하지만, 하나님 안에서의 쉼은 세상적 가치에 저항하는 "거룩한 낭비"의 시간이자 "위대한 저항"의 시간이 된다.

⑧ 마무리

걸으면서 하는 생태 의식 성찰 기도를 마친 후 마음에 남는 내용을 자신의 방식으로 기록한다.

V. 나가는 글

여기서 이야기한 내용은 생태 공명의 방향을 가리키는 표지판에 불과하다. 그 표지판이 대체로 정확한 방향을 향하고 있기를 희망한다. 하지만 상황이 계속해서 급변하는 바다 위에서는 나침반도 끊임없이 변침하기 마련이다. 그런 점에서 자신이 위치한 상황과 맥락 속에서 나침반이 가리키는 방향을 분별할 사람은 그 나침반을 보고 있는 본인일 수밖에 없다. 나침반을 적극적으로 활용해서 나아갈 방향을 정하고 실행을 결단할 수 있기를 바란다. 그 과정에서 분명 같은 진동과 주파수를 지닌 사람들을 만나게 되어 더욱 큰 맞울림을 이뤄냄으로써 성령님의 인도하심을 분별할 수 있을 것이다.

진행 프로그램 예시

지구 이웃과 함께 하는 생태 영성 기도회
    https://blog.daum.net/ecochrist/818

생태 영성 의식 성찰 기도 모임
    https://blog.daum.net/ecochrist/779

침묵으로 드리는 기후 위기 중보기도회
    https://blog.daum.net/ecochrist/759

생태 리트릿
• 창조 안에서 하나님의 현존을!

https://blog.daum.net/ecochrist/397
- 우주 만물 안에서 하나님의 현존을!
  https://blog.daum.net/ecochrist/665
- 기후 위기 시대를 사는 이의 온라인 생태 리트릿
  https://blog.daum.net/ecochrist/908

생태 영성 훈련(플라스틱 감축 부분)
  https://blog.daum.net/ecochrist/359

추천 도서 및 자료

레오나르도 보프, 황종열 역, 『생태 공명』, 대전가톨릭대학교출판부, 2018.
틸든 에드워즈, 양혜란 역, 『관상으로의 초대』, 한국샬렘, 2021.
서정오 외, 『오늘부터 시작하는 영성 훈련』, 두란노, 2017.
데이비드 L. 플레밍, 김용운·손어진·정체천 역, 『영신수련 현대적 해석 : 당신 벗으로 삼아 주소서』, 이냐시오영성연구소, 2008.
기독교환경교육센터 살림, 『탄소 제로 걷기기도 가이드』, 출간 예정.
샬렘영성훈련원, 「침묵 기도 및 침묵 수련회 인도자 양성 자료집」.
생태 영성 의식 성찰 기도 안내 카드
  https://blog.naver.com/ecochrist/222535438275

전인 치유와 생명 목회 현장 이야기

이박행

인생은 만남의 연속이다. 만남을 통해 역사가 이루어진다. 1989년 3월 총신대 신학 대학원에 입학한 내게 하나님께서는 중요한 만남을 예비해두셨다. 『새벽을 깨우리로다』(1982)로 잘 알려진 두레 마을의 김진홍 목사님을 만나게 된 것이다. 당시 김 목사님은 청계천 활빈 교회 개척 시대를 마감하고 남양만으로 이주하여 두레 마을이라는 공동체를 운영하고 계셨다. 평소 개교회의 울타리를 넘어 역사와 민족을 섬기는 대안적인 신앙 운동에 관심이 깊던 나는 김 목사님의 삶과 그의 신앙 노선에 사로잡혔다.

마침 김 목사님은 한국교회의 미래가 인재 양성에 달려 있다고 판단하시고 "두레 장학 재단"을 설립하셨던 상황이었다. 장학 재단은 각 교단의 신학 대학원생 중 인재를 발굴해 재정적·신앙적으로 뒷바라지를 하는 한편, 일반 학문을 전공하는 기독 학생 가운데서도 복음주의적 신앙이 투철한 일꾼들을 선발하여 하나님 나라를 위해 헌신할 수 있도록 도움을 주고 있었다. 운영 기금은 믿음으로 동참한 후원자들이 마련했다. 나는 이런 귀한 비전을 품은 장학 재단의 장학생으로 선발되는 기쁨을 누리게 되었다.

　장학 재단 설립 초기에는 몇몇 장학생이 남양만에 있는 김 목사님의 서재에 모여 허물없이 대화를 나눴다. 한국교회의 갱신, 성경적인 민족 공동체, 통일 한국에 대한 전망, 자연과 신앙의 관계 등을 주제로 토론한 뒤 함께 기도를 하곤 했다. 서로 다른 교단을 배경으로 성장한 청년들이었기 때문에 생각에 차이가 있었지만 상호 존중의 원칙을 지키며 일치점을 찾아나갔다. 한여름에는 뙤약볕 아래서 밭일을 하고 겨울에는 냄새나는 닭똥을 치워가면서, 머리만으로 얻는 사변적 지식이 아닌 밑바닥 체험을 통해 얻어지는 지혜를 체득해나갔다. 한번은 홍수로 유실된 길을 복구하기 위해 들것을 만들어 돌덩이 운반 작업을 한 적이 있다. 허리가 끊어질 듯한 통증을 느꼈지만 김 목사님이 강조하셨던 이사야서 말씀을 떠올리며 이겨냈다.

　　네게서 날 자들이 오래 황폐된 곳들을 다시 세울 것이며 너는 역대의 파괴된 기초를 쌓으리니 너를 일컬어 무너진 데를 보수하는 자라 할 것이며 길을 수축하여 거할 곳이 되게 하는 자라 하리라(사 58:12).

김 목사님은 해외 집회에 나가실 때면 자주 격려의 엽서를 보내주셨다. 영성과 지성을 잘 연마하여 한국교회를 위해 영적 지도력을 발휘하길 바란다는 내용이 담겨 있었다. 또 내 아내를 위해 향수나 기념품을 선물해주시면서 우리 부부를 응원해주셨다. 우리 집을 방문하실 때마다 아내를 잘 얻었다면서 우리 부부를 축복해주시기도 했다. 내가 총신대 신학 대학원 원우회장에 출마했을 때도 김 목사님은 한국 교회가 갱신되려면 신학교가 바로 서야 한다며 격려해주셨다. 경북 청송에서 태어난 김 목사님은 호남 출신인 나와 다른 장학생들에게 각별한 관심을 보이시며 "오월 광주"의 역사적 의의와 신앙인의 올바른 자세를 강조하시곤 했다.

졸업과 동시에 나는 장학 재단에 속한 "두레 연구원"의 설립 실무 책임자로 일해달라는 제안을 받았다. 나 역시 지금까지 장학생으로 은혜를 입었으니 후배들에게 도움을 주는 것이 마땅하다는 생각으로 장학 재단 총무 간사를 맡았다. 그리고 도시 공동체 생활에 대한 실험의 일환으로 서울대 옆 관악산 언덕에 "두레 학숙"을 건립한 다음 그곳에 연구원생들을 중심으로 여덟 가정이 함께 모여 살게 되었다. 건물 4층에는 자료실이 들어섰다. 그야말로 눈코 뜰 새 없이 바쁜 나날이었다. 그러나 내 몸은 서서히 망가지고 있었다.

어느 날 아침에 일어나려는데 몸이 천근처럼 무거웠다. 보통 한나절 쉬고 나면 피로가 풀렸는데 이번에는 며칠이 지나도 몸이 나아지지 않았다. 잠도 제대로 잘 수 없었고 신경이 예민해지면서 몸이 점점 쇠약해지는 것을 느꼈다. 전화 통화만 해도 겨드랑이에서 식은땀이 주르륵 흘러내리는 상태가 되자 예삿일이 아님을 느끼고 고려대학교 병원을 찾아가 정밀 진단을 받았다.

의사는 간염이 재발해 간의 상당 부분이 굳어져 가고 있다는 검사 결과를 전해주면서 절대 안정을 취하라고 신신당부했다. 나는 그 길로 휴직하고 입원 치료를 받았으나 별 차도가 없었다. 퇴원 이후 자연 식이 요법과 산책을 하며 지내 봤지만 상태는 더 악화될 뿐이었다. 급기야 얼굴이 새까맣게 변하는 지경에 이르렀다. 주변의 모든 사람과 심지어 아내까지도 내 건강에 대해 회의적인 생각을 가지기 시작했다. 그러나 단 한 분만은 예외였다. 당시 "두레 치유원"을 준비하고 계시던 재미 교포 김영준 박사님이었다. 어느 날 김 박사님께서 건강 프로그램을 지도하시던 실로암 요양원에 함께 가자는 제안을 하셨다.

나는 그곳에서 처음으로 김 박사님의 건강 강의를 듣게 되었다. 박사님은 최첨단 의학 지식과 성경의 진리를 제시하시면서 창조주 하나님께서 인체의 생리를 어떻게 주관하시고 병을 고치시는지에 대해 확신을 갖고 증거하셨다.

"인체는 약 60조 개나 되는 세포로 구성되어 있습니다. 사람이 병이 들었다는 것은 세포가 제 기능을 못 한다는 것입니다. 그러므로 건강해지려면 병든 세포를 건강한 세포로 대체시켜야 합니다. 살길은 그것밖에 없습니다. 인체의 세포는 끊임없이 재생하는 능력이 있으므로 좋은 환경을 마련해주면 건강한 세포가 만들어집니다. 특히 모든 질병은 세포의 유전자 변이로 인해 발생하므로 유전자 기능을 정상적으로 돌릴 수 있다면 불치의 병은 존재할 수 없습니다. 그런데 유전자 기능 회복은 외부 물질이 아닌 마음의 태도를 통해 결정됩니다. 생명의 최소 단위인 세포의 유전자는 우연히 형성된 것이 아닙니다. 창조주 하나님께서 말씀하실 때 원소들이 질서 있게 조화를 이루어 생명체가 된 것입니다. 질병에 걸렸을 때는 먼저 창조주 하나님 앞에 나아가 영성 치유를 통해 변이된 유전자를 고침 받아야 합니다. 그리고 적절한 의료적 치료를 병행해야 합니다."

20여 일 동안 계속된 실로암 요양 프로그램을 마친 뒤, 나는 지리산 산청의 건강 마을을 찾았다. 지리산 기슭의 좋은 공기를 마음껏 호흡할 수 있는 곳이었다. 10여 가구가 환자들을 돕기 위해 가족 단위로 헌신한, 말하자면 가정 요양원이었다. 나는 매일 아침 산책로를 따라 등산했다. 인적이 드문 길이어서 풀들이 제법 자라 있었다. 그런데 어느 날 아침 산책을 하는데 길가의 풀들이 말끔히 정리되어 있는 것이었다. 누가 그랬는지 궁금했다. 알고 보니 산등성이에 살고 계신 노부부가 정리한 것이었다. 비록 자기 집에 머무는 손님은 아니지만 내가 불편할까 봐 긴 산책로를 정비해놓은 것이다.

나는 모태 신앙이라는 이력을 은근히 자랑했던 적이 많았다. 하지만 정작 하나님과 동행하는 삶을 살지는 못했다. 신앙이 삶에 녹아들지 않은 채 구호만 남발하며 살아왔던 나 자신이 그렇게 부끄러울 수 없었다. 나는 그렇게 지리산 골짜기에서 조용하지만 엄청난 영혼의 격변을 겪은 뒤로 마음속에 사랑이 식는 것을 느낄 때마다 그 시절을 떠올리곤 한다. 지리산 기슭의 작은 마을은 잠든 내 영성을 깨워준 영혼의 고향이었다.

I. 암 환우들의 작은 천국

복내 전인 치유 센터는 전라남도 보성군 복내면 천봉산 깊은 산자락에 자리 잡고 있다. 바람 한 자락, 햇빛 한 줄기까지도 평화로운 천봉산은 에덴동산의 원시성이 그대로 보존되어 있는 우리나라 청정 지역 중 한 곳이다. 해가 떨어지면 지나가는 차가 몇 대 없을 정도로 고요하다. 복내는 수려한 주암 호수와 울창한 산림에 둘러싸여 있는 지역으로서 건강 회복을 위한 최고의 휴양지라고 하겠다. 목사 안수를 받자마자 천봉산에 들어와 1995년에 센터를 개척하였으니 올해로 27년이 되었다.

나는 어린 시절 사구체 신장염을 앓고 사경을 헤맸다. 신유 체험으로 일시적으로 건강을 회복하는 듯했으나 청년 시절 간염까지 앓고 만성 질환에 시달리면서 다섯 차례 휴학과 휴직을 반복하다가 결국 간경화라는 진단을 받게 된 것이다. 나는 자연 속에서 휴양을 누리면서 희년 정신을 공동체적 삶으로 구현하고자 하는 소망을 품고 복내 천봉산 골짜기에 자리를 잡았다. 그렇게 속도를 멈추고 자아를 성찰하는 가운데 하나님의 "창조 질서"와 공동체의 "사랑" 안에서 무너진 건강을 서서히 회복할 수 있었다. 질병으로 인한 몇 차례의 멈춤을 통해 갖게 된 생명(生命) 그 자체에 대한 관심은 생명 위기에 대한 다양한 대응으로서의 전인 치유 센터 설립, 마을 목회, 교회 자립 운동, 생명 신학 포럼 등으로 이어졌다.

1. 복내 전인 치유 교실 개최

나는 이곳에서 생사를 넘나드는 말기 암 환우들과 사랑의 공동체를 이루고 함께 희망을 일구어왔다. 생태 마을 개념으로 조성된 치유 센터는 교회, 편백나무 산책로, 표고버섯과 채소 재배지, 치료실 등을 갖추고 있다. 숯, 천일염, 황토 등을 사용해 바닥을 만든 숙소에는 맥반석으로 특수 제작한 침대와 환경 호르몬이 없는 목재 가구를 들여놓았다. 이곳은 생태와 사랑의 영성을 접목한 공동체적 치유의 현장이다.[1]

앞서 설명했듯이 나는 복내에 내려오기 전에 두레 마을 김진홍 목사님을 도와서 두레 장학 재단과 도시 공동체인 두레 학숙을 운영했었다. 김 목사님의 소개로 알게 된 재미 교포 의사 김영준 박사님[2]께서 나의 근황이 궁금해 복내를 방문하셨다가, 복내의 청정한 환경에 감탄하시며 이곳에서 전인 치유 사역을 시작하자는 제안을 하셨다. 그리고 나의 질병이 전인 치유 사역의 출발점이 될 것이라고 위로해주셨다. 박사님은 당시 69세 연세에도 불구하고 조국의 교회와 환우들을 위해 전인 치유를 전파하시기로 결단하신 이래 20여 년 가까이 암 환우들에게 사랑의 인술을 베푸셨다. 그분은 영성과 과학 그리고 자연을 통합한 전인 치유 사역으로 나를 이끌어주셨다. 그분이 전

---

1   이박행, 『전인치유목회 이야기』(서울: 홍성사, 2004).
2   김영준, 『사랑받는 세포는 암을 이긴다』(구리: 두레시대, 1995).

하신 통전적 가르침은 당시 영·육 이원론에 길든 기독 의료인과 개신
교 지도자들에게 엄청난 도전이었다.[3]

전인 치유는 인간의 육체적·정신적·영적·사회적 질병을 전인
격적으로 치유함으로써 하나님이 창조한 처음의 형상대로 온전해지
게 하는 것이다. 동시에 창조 때의 사회 질서와 규범 그리고 생태와의
관계 회복을 이루는 것이다. 따라서 전인 치유란 인간과 사회와 생태
의 구원이라고 정의할 수 있다.

1995년 12월 8일, 광주 기독 병원 예배실에서 120명의 의료진과
종교 지도자들을 모시고 전인 치유 사역의 공식적인 출발을 알렸다.
그리고 한줄기 소망의 빛을 바라면서 찾아온 암 환우들을 위해 "복내
전인 치유 교실" 107회 차를 진행했다. 치유 교실은 전인 건강에 대한
강의, 개별적 상담, 자연 건강 식사, 규칙적인 체조와 산책, 풍욕, 맥반
석 찜질, 유기농 채소 재배, 성경 강해 및 통독, 찬양과 명상, 다양한
예술 활동, 녹차 밭 관광 및 냉·온욕 체험으로 진행되었다.[4] 특히 아내
는 "나와 지구를 살리는 자연 건강식"이라는 강의와 개별 상담을 통
해 암 환우들의 식이 섭취에 큰 도움을 주었다.[5]

효과적인 암 재활을 위해 전남대학교 화순 암 센터, 광주 기독 병
원, 한국 누가회(CMF) 및 건강 관련 전문가들과 다양한 협력을 했다.
통합 암 치료의 선진국인 독일의 여러 병원 현장을 방문하였으며, 그

3   김영준, 『자생력, 하나님의 선물』(서울: 국민일보출판사, 2000).
4   이박행, 『복내 마을 이야기』(서울: 홍성사, 2012).
5   최금옥, 『암을 이기는 복내 영양요법』(서울: 홍성사, 2012).

후로도 다양한 교류를 통해 암과 관련된 다학제적인 식견을 넓혔다. 나는 이런 과정을 거쳐 암 환우를 돌보면서 전인 치유 사역의 중요한 다섯 가지 원칙을 세우게 되었다.

- 참된 생명의 가치를 깨닫도록 돕는 영성 회복을 최우선 순위에 둔다.
- 창조 질서에 순응하는 생활 방식을 체득시켜 자연 치유 면역력을 강화하도록 한다.
- 다양한 문화·예술적 활동을 생활화하여 전인격적 치유를 도모한다.
- 양·한방을 비롯한 현대 의학과 보완 통합 의료의 적절한 도움을 받게 한다.
- 사랑의 공동체를 통해 지상에서부터 영생(永生)을 누리게 한다.

한 마디로 천혜의 자연 속에서 교회의 영적 기능, 병원의 치료적 기능, 공동체적 생활 영성을 통합한 의료 사역을 펼침으로써 환우의 전인적인 회복을 돕는 것이다. 개신교 내에 이런 모델이 없는 국내 현실을 감안할 때, 전인 치유 적인 통합 의료 사역은 무모하기도 했고 개척 정신이 없이는 불가능한 분야였다. 하지만 시간이 지나면서 서서히 그 결실을 조금씩 보기 시작했다. 그 결과 2007년 5월에 열린 전인 건강 학회 창립 대회에서 암 재활의 표준 모델로 복내 전인 치유 센터가 선정되어 사례 발표를 했다. 연이어 한국 기독교 총 연합회가 추천하고 문화 관광부가 선정한 "천봉산 자연 건강 문화 한마당"이 지역 주민 350여 명을 모시고 뜻깊은 행사를 했다.

2009년에는 암 관련 민간 단체 최초로 전남대학교 암 센터와 의료 협력 체결을 맺었고, 이 사역에 공감하시는 분이 늘어 급기야는 한국교회 호스피스 협회가 한국교회 호스피스·전인 치유 협회로 개칭하기에 이르렀다. 모임을 발족하는 첫 모임에서 주제 강의를 할 때 실로 감회가 깊었다. 또한 전라남도는 통합 의학 분야에 관심을 가지고 매년 박람회를 개최하는데, 통합 의학 박람회의 조직 위원으로 위촉되어 정책 추진에 일정한 역할을 맡았으며 박람회 명사로 선정되어 최신 지견을 대중과 나눌 기회를 얻기도 했다.

마침내 통합적인 암 재활 정책 협의를 위해 보건 복지부 담당 사무관이 본 센터를 방문했다. 국립 암 센터 연구 책임자도 통합적인 암 재활 센터 모델 연구를 위해 수차례 내방했다. 그는 말기 암 환우들이 활기 있게 생활하는 것을 보고 놀라움을 금치 못했다. 동일 조건의 다른 암 환우들과 대비했을 때 삶의 질이 현격히 높다는 것이었다. 입소해 있는 암 환우들과 자세한 개별 면담도 했다. 연구자들은 자연 환경과 건강한 생활 습관이 회복에 큰 영향을 준다는 것에 깊이 공감했다.

결국 국가 암 정책에서도 통합적 암 재활 서비스 지지 분야가 공식적인 영역으로 채택되어, 지역 암 센터를 거점으로 시스템이 구축되기 시작했다. 초기 무렵 국립 암 센터의 암 재활 관련 연구 프로젝트에 대해 자문 위원을 제안받기도 했었다. 그렇게 권역별 거점 암 센터마다 통합지지 센터가 설치된 후 지금까지 암 생존자들의 동반자가 되어주고 있다.

2. 몸, 다시 보다

"태초에 하나님이 천지를 창조하셨다." 성경 첫 구절은 이렇게 시작
된다. 창조주께서는 식물, 동물, 인간에게 복을 주시면서 동일한 생명
권을 부여하셨다. 하나님께서는 피조물을 보시며 "좋다"고 말씀하시
며 즐거워하셨다. 모든 생명체의 유전자에 생명의 설계도를 넣어두신
창조주께서는 그들이 조화와 질서를 이루며 번성하게 하셨다. 그 관
계를 잇고 계대하는 주체가 바로 "몸"이다. 몸 안에는 우주와 똑같은
원리가 작동하여 생명 현상이 유지된다. 그래서 몸을 소우주라고도
부른다. 몸은 자신의 존재와 우주가 교차하는 지점이기도 하다. 따라
서 "몸"에 대한 관심은 "내가 우주 안에서 어떤 존재이며, 어떻게 삶
을 살아야 하는가?"로 변주되는 것이다.

　　몇 가지 관점에서 생명을 살펴보자. 성경은 인간의 생명을 이분
설(영혼, 육체) 또는 삼분설(영, 정신, 육체)로 설명한다. 양자 생물학이
이를 뒷받침한다. 하버드, 스탠퍼드 의대에서 교수를 역임했던 글렌
라인(Glen Rein)은 인체 구조를 육체-에너지-마음으로 이뤄지는 삼중
구조로 보고, 이런 구조는 삼위일체라고 설명한다. 육체 구조는 말 그
대로 눈으로 볼 수 있는 장기, 조직, 세포. 분자를, 에너지 구조는 육체
구조에 부속된 눈에 보이지 않는 파동을 뜻한다. 그리고 마음 구조란
눈에 보이지 않지만, 육체와 별개이면서 중첩된 4차원 이상의 구조를
의미한다. 삼중 구조는 한의학에서 말하는 정(精, 질료: 진액, 골수, 신장,
생식), 기(氣, 에너지: 호흡[숨], 폐[肺], 폐기), 신(神, 변화: 정신 활동, 심장, 마

음 활동) 이론과도 일치한다. 결론적으로 생명은 기능에 따라 세 가지로 구분할 수 있되 분리할 수는 없는 전인적인 존재다.

봄(Bohm)의 양자 물리학에서는 존재하는 모든 것이 입자와 파동의 이중 구조로 되어있고, 그것은 동전 양면과도 같다. 인간의 육체도 각각 입자와 파동, 다시 말해 입자와 에너지장의 양면 구조로 되어 있다. 몸의 질병이란 에너지장의 교란이 몇 년 혹은 몇십 년에 걸쳐 쌓이고 쌓여 나비 효과를 일으켜 나타나는 현상이라고 할 수 있다. 그렇다면 에너지장을 교란하는 원인은 무엇일까?

- 바이러스, 곰팡이, 꽃가루, 음식 알레르기 등의 생물학적 원인
- 농약, 금속, 식품 첨가물, 산업 폐기물 등 화학적 원인
- 원자·방사선, 전자기파 등의 물리학적 원인
- 슬픔, 불안, 공포, 분노 등 정신적 원인
- 노동, 운동 부족이 에너지를 정체시킴

위의 요인들은 복합적으로 작용하면서 에너지장을 교란해 몸을 병들게 한다. 먹고 보고 들은 것의 에너지는 자신의 몸에 영향을 끼친다. 디지털 시대에 사는 우리는 에너지장을 교란하는 것에 완전히 둘러싸여 있다. 요즘 코로나로 한 집에 갇히게 된 가족들은 각자의 방에서 스마트 폰으로 외부와 소통한다. 많은 사람과 정보를 접하고 있지만 가족, 친구, 동료와 친밀한 관계 맺기를 어려워한다. 디지털 문명은 인간에게 편리함과 쾌락을 주었지만 몸을 소외시키고 말았다.

현대인들이 앓는 병은 대부분 몸의 소외로부터 비롯된다. 정신적으로는 욕망과 자신의 능력 사이 간극에서 오는 불안에 떨고 있다. 타인의 능력과 초라한 내 능력이 극단적으로 대조될 때 몸은 스트레스를 느낀다. 외부의 시선에 반응하려는 자의식 과잉의 결과로 몸이 병든다. 한편 자아 정체성을 상실한 채 타인의 기준인 "돈, 외모, 스펙"에 맞추기 위해 청춘을 소모한다. 그런 스펙은 연애, 결혼 및 직업 선택의 기준이되기도 한다. 치유와 존재의 변환을 가능하게 하는 나의 몸과 마음에 대해 당장 탐구를 시작해야 하는 이유다.[6]

어떻게 하면 다시 몸의 건강을 되찾을 수 있을까? 모든 창조세계는 하나님이 거하시는 성전이다. 우선 우리 몸은 하나님의 성전의 일부라는 인식을 하도록 하자. 말씀 속에서 만물을 새롭게 하시는 우주적 그리스도론(cosmic christology)을 발견함으로써 하나님의 광대한 사랑을 경험하자. 생명을 창조하셨던 그 말씀을 날마다 묵상하고 창조세계와 공생 공존의 삶을 살아가자. 또한 미니멀 라이프, 마을 공동체, 지역 순환 경제, 지구 공동체 돌봄 등, 창조 질서 보전에 힘을 기울여야 한다. 이는 인간이 생명의 망(the web of life)의 일원이라는 것을 깨닫는 것에서부터 시작된다.

---

6   고미숙, "우리 시대 인문학의 세 가지 키워드: 몸, 돈, 사랑", 플라톤 아카데미 TV(2013년).

3. 통전적 영성 훈련의 장을 마련해야

사역 초기 시절부터 신학적인 교류를 나누어온 노영상 원장(총회 한
국교회 연구원)은 복내 현장을 이렇게 평가한다. "이곳에서는 신학과
의학이, 과학과 종교가, 신앙과 실천이, 마음과 몸이, 목사와 의사가
만나는 장이 마련되고 있다."[7] 선교계의 큰 어른이신 이태웅 박사(전
GMTC 원장)는 "한국적이면서 세계적인 선교 자원이 될 것"이라고 평
해주셨고, 이승장 목사(학복 협의 상임 회장)도 복내는 "전 세계적으로
유일하고 독특한 사역 형태"라고 말씀해주셨다.

그렇다면 왜 암 환우들이 생활하고 있는 작은 공동체에 대해 이
토록 다양한 분야의 전문가들이 큰 관심을 쏟는 것일까? 아마도 이곳
의 사역 철학이 기존 교회나 병원이 고수하고 있는 고정된 사고와 다
른, 전인적인 인간 이해와 근원적인 문제 인식을 기반으로 한 총체적
인 방식을 제시하고 있기 때문일 것이다.

예수께서는 하나님 나라 증거와 확장 사역의 가장 교과서적인
모범을 보여주셨다. 공생애 기간에 친히 환자들을 고치신 것은 물론
이고 제자를 양육하실 때 가장 중요하게 가르치셨던 전략 또한 치유
가 아니었는가? 하지만 안타깝게도 현재의 한국 개신교는 영육 이원
론에 갇혀 인간을 전인적으로 보지 못한 채 영적인 구원에만 매달려
있다. 몸을 영혼과 육체로 분리하지만, 육체 역시 하나님의 작품이자

---

7   이박행, 『전인치유목회 이야기』, 추천사 중에서.

거룩한 성전이다. 교회는 성도들이 생명의 원리에 따라 살도록 가르칠 책임을 갖고 있다. 생활 영성은 하나님이 창조한 모든 피조 생명체들과 더불어 화평을 누리는 삶을 살 때 비로소 이루어지는 것이다.

따라서 교단 차원에서도 관심을 가지고 전인 치유 회복 프로그램에 대한 매뉴얼을 개발하여 보급해야 한다. 아울러 이를 실행할 수 있는 전인 치유 센터를 지역별로 건립하여 생명을 살리는 일을 위해 지역 교회들과 네트워크를 이뤄야 한다. 성도들이 그 현장에 들어가 사랑을 실천하는 영성 훈련을 받게 해야 한다. 신학 대학원 과정에 전인적 임상 목회 과목을 개설하고 복내와 같은 곳에서 자연 중심의 생활 습관을 체득할 수 있도록 하는 훈련 과정도 필요하다. 전인 치유 목회를 위해 좋은 지도자를 양성하는 것이야말로 생명 회복 사역의 관건이기 때문이다.

최근 각 지역 사회는 코로나19 확진자들이 입원할 병원이 부족해 위기를 겪었다. 이때 정부는 대안으로 생활 치료 센터를 운영하여 큰 성과를 거두면서 세계의 주목을 받았다. 이런 개념의 전인 치유 센터를 전국 곳곳에 설립하여 운영할 수 있다면, 감염병이 일상화될 미래의 국민 보건 증진에도 기여할 수 있을 것이다. 생태 위기 시대에 "창조 질서"와 "사랑"의 회복을 통해 교회 공동체가 세상의 빛과 소금으로서의 사명을 감당할 수 있기를 희망한다.

II. 지역과 함께하는 복내 산촌 생태 마을

1. 소멸되는 농촌 사회

내가 살고 있는 보성 복내면 일봉리는 전형적인 농산촌 마을로서 25가구 정도로 구성되어 있고 거주하는 주민은 40명 정도다. 2015년 한 해 동안에 일곱 분의 어르신이 노환으로 하늘나라로 가셨다. 초고령화 사회에 진입한 지 오래되어 생산 노동 인구는 현저히 줄어들고 돌봐드려야 할 어르신이 태반이다.

농촌 현실은 정말 녹록지 않다. 논농사 경작으로는 별로 순수익이 나지 않는다. 예를 들어 말하자면 6,000평(20마지기) 논농사 수입으로 연간 500만 원 정도의 순수익을 올리는 형편이다. 한 달 순수익이 대략 40만 원 정도인 것이다. 심지어 이 정도면 대농으로 분류된다. 직접 농사를 지을 수 없는 연로하신 분들은 대리 경작을 시켜 수(收)를 받아 생활비에 보태고 있다. 지금의 농촌 현실로는 농사를 지을수록 빚더미에 올라앉는다.

사실 농촌의 위기는 오래전부터 켜켜이 쌓여왔다. 값싼 수입 농산물로 인해 국내산 농산물은 생산 원가를 맞추기가 어렵다. 유전자 조작 식품 GMO와 다국적 식량 회사의 종자 독점으로 식량 주권을 상실해가고 있으며, 과다한 화학 비료와 무차별적 제초제 사용으로 땅이 죽어가고 있다. 도시인들은 죽은 땅에서 생산된 농산물을 먹고 원인을 알 수 없는 수많은 질병으로 신음하고 있다. 또한 농촌은 이미 시작된 4차 산업 혁명의 파고를 피할 수 없다. 이에 대처할 수 없는 대부분의 농민은 빈농으로 전락하여 부익부 빈익빈이 극도로 심화될 것이다. 지금 농촌은 총체적인 위기를 맞고 있다! 그렇다면 농촌 교회는 이런 변화에 대해 어떤 응전을 해야 할까?

2. 행정 자치부 마을 기업 선정

2010년에 복내면 일봉리가 산촌 생태 마을로 지정되어 4년에 걸쳐 산책길과 상수도를 정비하고 휴양형 펜션 및 절임 배추 공장을 구축하였다. 치유 센터 산책로 주변으로 편백나무를 식재하여 38만 평에 이르는 삼림욕을 위한 둘레길을 조성하였다. 이후 펜션을 꾸준히 이용하는 분들을 통해 소득에 도움을 얻고 있으며, 7년 전부터 주력 사업인 절임 배추 공장을 가동함으로써 지역 내에 일자리 창출과 경제 활성화에 기여하고 있다.

절임 배추 사업을 활성화하기 위해, 개인 소유의 복내 마을 영농 조합 법인을 10명의 주민이 참여하는 마을 기업으로 전환하였다. 마을 기업은 특정인의 기업 소유를 막기 위해 1인당 30% 이상 지분을 소유할 수 없게 되어 있다. 또한 특수 관계 친인척이 50% 이상의 지분을 가질 수도 없다. 이처럼 마을의 공동체성을 유지하는 것이 매우 중요한 조건이다. 우리 사업은 2015년도에 전라남도 예비형 마을 기업에 선정되면서 부족한 시설을 보완하였다. 다양한 기업 운영 관련 교육을 받고 전문가의 컨설팅을 통해 경영 지원도 받았다. 천연 식이

유황으로 친환경 농자재를 개발하여 특허 출원한 엘바이오텍의 물품과 기술 지원을 받아 "유황 절임 배추"를 생산하였다. 일 년 내내 무르지 않는 아삭함과 당도로 소비자의 반응이 폭발적이었다. 주문이 집중적으로 모일 때는 일손이 부족하여 주민 모두가 동원되어 밤샘으로 물량을 생산하기도 했다.

2016년에는 절임 배추 3,300박스(1박스당 20kg/총 66t)를 생산하였다. 배추 및 양념 재료 생산 농가는 4,000만 원 정도의 소득을 올렸는데, 이는 동일 면적 벼농사 대비 3-4배의 수익률이라고 한다. 계약 재배로 생산자는 판로 확보 걱정이 없고, 마을 기업은 믿을만한 배추를 납품받을 수 있었다. 절임 작업을 하신 분들은 한 달여 동안 400만 원 정도의 큰 소득을 올렸다. 이는 논농사를 일 년 내내 지어야 올릴 수 있는 소득과 맞먹는 수준이다. 출자하셨던 분들에게는 이익 배당을 해드렸다.

어느 해 사업을 구상하던 중에 마을 이장님께서 땅도 장비도 없는 마을 분들에게 자신의 땅에 배추 농사를 지으라고 제안하셨다. 그러면서 배추 재배에서부터 납품에 이르기까지 성심껏 봉사하시겠다고 말씀하셨다. 이는 생산 이익을 골고루 분배하자는 취지였고, 이 일을 계기로 온 마을 주민들 사이에 인정 넘치는 공동체가 복원되기 시작했다. 보성 관내 중학생 전원에게 도서를 기증하고 관내 장학 및 다문화 가족 지원을 위해 기금을 출연했다. 이를 통해 마을 분들은 보람과 자긍심을 가지게 되었다.

그러다가 기존 임대했던 공장으로는 물량을 소화할 수 없는 상황에 이르렀는데, 마침 2016년 행정 자치부 마을 기업에 선정되어 출자금을 추가로 모집함으로써 절임 배추 및 김치 가공 공장을 확장 신축할 수 있었다. 2017년에는 보성 농업 기술 센터에서 주도하는 전통 음식 개발 체험관에 선정되어 김치 담그기 체험 공간을 건축하였다.

이어 2018년에는 김치 공장을 건축하고 HACCP 인증을 받았다. 제품명은 암 환우를 위해 27년 동안 자연식 요리를 해온 아내의 이름을 활용해 건강 품은 "최금옥 김치"로 정했다. 2019년 6월에는 복내 마을 영농 조합이 전라남도, 전남 식품 연구원과 함께 MOU를 체결하고 지역 특산물 녹차를 이용한 기능성 김치 연구를 시작했다. 유황 배추 김치에 유기농 녹차와 특수 유산균 ML7을 첨가하여 품질을 높였다. 연구 결과 김치에 함유된 녹차의 카테킨 성분이 항산화, 항염 등 면역력 강화에 도움을 주는 것으로 입증되었고, 블라인드로 실시한 소비자 기호도 조사에서도 일반 김치에 비해 압도적인 선호도를 보였다.

2020년 5월 13일에는 김치 발효 종균을 이용한 "보성 愛 녹차 김치" 생산 특허 기술을 이전받았다. 우리는 앞으로도 이런 기술과 상품을 잘 활용하여 생명을 살리는 먹을거리를 생산함으로써 국민의 생명과 안전을 지키는 일에 최선을 다할 것이다.

법인에서는 매년 마을 기업 취지에 따라 사회 공헌 사업으로 장학금 기탁, 보성군 관내 중학생 전원 도서 기증, 독거 노인 김치 제공, 녹차 김치 출시 기념 암 환우 무료 김치 나눔을 했다. 작년에는 기독교 사회적 기업 지원 센터가 주최하는 "사회적 기업과 함께하는 몰래 산타 이웃 사랑 나눔 행사" 운동에 참여하여 마을 주민들에게 기쁨을 드렸다. 한편 산촌 생태 마을 위원회에서는 한 해 동안 수익금을 전 주민에게 보성 사랑 상품권으로 배분해드렸다. 오랫동안 마을 목회를 위해 인내하며 힘겨웠던 어깨의 짐이 조금은 홀가분해지는 순간이었다.

3. 시련과 소명

산촌 생태 마을과 마을 기업을 운영하면서 당연히 좋은 일만 있었던 것은 아니다. 영농과 기업 경영에 전문 지식이 없었기 때문에 수많은 시행착오를 겪었다. 마을 분들과 의사소통이 제대로 이루어지지 않아 서로 등질 뻔한 일도 있었다. 무리한 계획과 실행으로 자금 압박을 받으면서 대출 서류를 만들 때는 도끼로 발등을 찍고 싶은 심정이었다. 일손이 부족해 발을 동동 구를 때가 다반사였다. 성직자가 김치 공장을 세워 경영자로 사는 것에 대해 곱지 않은 시선을 보내는 것도 나를 힘들게 했다. 오지 환경 때문에 아이들도 어렸을 때 부모를 떠나 스스로 삶의 어려움을 헤쳐나갈 수밖에 없었다. 아내도 나의 뜻을 온몸으로 뒷바라지하다가 몸과 마음이 많이 상했다.

그때마다 나는 "예수님이라면 어떻게 하셨을까?"라고 자문자답하곤 했다. 예수님께서는 한 영혼을 천하보다 더 귀히 여기셨다. 이 뜻을 실천하기 위해 마을을 두루 다니며 가난하고 병든 이들의 친구로 사셨다. 예수님은 소멸해가는 농촌과 농촌 교회를 포기하지 않으셨을 것이다. 또한 교회와 목회자가 마을을 지키고 생명의 터전을 일굼으로써 새 하늘과 새 땅을 열어가는 남은 자들이 되기를 바라셨을 것이다.

마을 기업의 궁극적인 목표는 복내면 일봉리 일대를 생명 농업 단지로 조성해 믿을만한 먹을거리를 생산하는 것이다. 언급했듯이 계약 재배를 통해 믿을만한 농산물을 확보할 수 있으며 농가 입장에서는 판로 걱정을 하지 않아도 된다. 그리고 이 혜택은 안전한 먹거리의 형태로 바뀌어 고스란히 도시민들에게 전달됨으로써 결국 생명의 선순환을 이루고 공생 공존의 공동체를 세워가는 데 도움을 줄 것이다. 마을 기업 운동은 자본주의의 폐해로 갈수록 황폐해져 가는 이 사회를 되살릴 수 있는 대안이다. 마을을 살리면 작게는 우리가 행복할 수 있고, 크게는 지구를 살리는 일을 함께 만들어갈 수 있다.

4. 변화해야 하는 농촌 교회!

복음과 상황은 분리될 수 없다. 상호 순환을 통해 하나님 나라의 생명력이 충만케 된다. 현재 한국의 농촌은 위기 앞에 선 땅끝 선교지처럼 보이지만 동시에 새로운 기회를 앞둔 곳이기도 하다. 농촌은 경제적 가치로만 환산할 수 없는 생명 망의 근간이기 때문이다. "변화하는 농촌과 변화해야 하는 농촌 교회"를 생각해야 할 중요한 시점이다. 지금의 선택이 미래를 결정할 것이다. 그래서 나는 2019년 예장 합동 총회 농어촌 목회자 세미나에서 다음과 같이 제안했다.[8]

---

8   이박행, 「교육 자료집」, 총회 농어촌위원회 발제문.

- 목회자가 교회 안에서 종교적 제의를 주관하는 일에만 자신의 역할을 가두어서는 안 된다. 이는 농촌이 강도를 만나 죽어가는데 목회자들이 그 고통에 아랑곳하지 않고 지나치는 격이다. 이제라도 지붕 없는 교회인 마을로 들어가 주민들과 함께 마을 공동체 재건에 힘써야 한다.

- 사회적 경제 조직에 적극 관심을 기울여야 한다. 정부는 빈부 양극화의 폐해를 극복하기 위해 사회적 경제 조직 활성화와 마을 공동체 회복에 심혈을 기울이고 있다. 이에 농촌 교회 지도자들은 공공 신학에 기반을 두고 필요한 정보를 확보하여 마을 내에서 선교적 교회로서의 사명을 감당해야 한다.

- 도시 교회가 농어촌 교회를 돕는 방식이 변화해야 한다. 목회자 생활비 보조를 넘어 자비량 목회를 할 수 있도록 현장 교육과 콘텐츠 개발에 집중 후원해야 한다. 권역별로 의지가 있는 교회를 선택해 집중 지원함으로써 좋은 모델을 만들어야 한다.

- 변화된 농촌 상황에 맞는 선교 전문가를 양성해야 한다. 농촌 교회 시니어 목회자들이 은퇴하면 다음 세대를 이어갈 목회자가 없는 실정이다. 목회자들은 농촌 교회를 도시 교회로 가기 위해 잠시 머무는 정거장쯤으로 생각하는 경향이 있다. 적어도 농촌이 가까운 지방 신학교에는 농어촌 목회 전문 과정을 서둘러 개설해야 한다.

하나님께서는 교회가 타자를 위한 사명을 감당할 때 기뻐하신다. 따라서 우리는 교회 울타리를 넘어 인간과 동물, 생태가 공생 공존하는 마을 공동체 만들기에 온 힘을 다해야 한다. 더 나아가 기후 위기로 심화된 빈부 양극화 극복을 위한 생태 정의 회복과 사회적 경제 활동, 지역 사회 디아코니아에도 관심을 가져야 한다. 교회가 포함된 마을 목회는 "자급·자전·자치"로 대표되는 현대판 네비우스 선교 정책을 필요로 한다. 이를 위해 총회는 기후 환경 대응 위원회를 설치하여 생태 및 일터 신학을 필수 교과목으로 개설하고 생명 생태 목회를 위한 교육 매뉴얼 등을 시급히 마련해야 한다.

교회를 넘어 농촌 마을 전체를 살려야 한다. 코로나19로 체감하고 있는 기후 위기, 먹을거리 위기, 지역 소멸 위기에 대응하여 무엇을 해야 할까? 그 답은 단순하다. 농촌에 사람이 살아야 한다. 이에 대해 도올 김용옥은 국민 총 행복을 위한 "농산어촌 개벽 대행진"에서 다음과 같은 해법을 제안한다.[9]

- 농촌 주민의 행복권을 보장해야 한다. 농촌 주민들에게 의료, 교육, 주거, 돌봄, 교통 등 기본적인 사회 서비스가 제공되어야 한다.
- 공익적 직접 지불을 확대해야 한다. 경쟁력 향상을 명분으로 한 기존의 농림어업 생산 보조금을 줄이고, 농림어업의 생태적 발전을 위한 공익적 직접 지불을 대폭 확대해야 한다.
- 먹거리 기본법을 제정해야 한다. 세계적인 식량 위기에 대비하여 건강한 먹거리의 국내 생산을 늘려 식량 주권을 확보하고, 국민 누구나

---

9   김용옥, 『동경대전』 강의 "농산촌 개벽 대행진 선언문".

질 높고 풍요로운 식생활을 영위할 수 있는 먹거리 기본권을 보장해야 한다.

- 농촌 주민 수당을 지급해야 한다. 지역 개발 사업 예산을 대폭 줄이고, 그 재정을 농촌 주민들에게 "국토·환경·문화·지역 지킴이" 수당으로 지급하여 빈사 상태의 농촌 경제와 주민의 생활을 안정시켜야 한다. 농촌 경제가 살아나야 지역 경제가 살아난다.

- 농촌 주민 자치를 실현해야 한다. 농촌 주민 스스로 농업 농촌의 다원적 기능과 공익적 가치를 높이고 지역의 운명을 결정하며 책임지도록 해야 한다. 5·16 이후 중단된 읍·면·동 자치를 부활시키고 마을 자치를 활성화해야 한다.

코로나19는 쉽게 종식되지 않을 태세다. 또 다른 감염병 펜데믹이 계속 올 것이라는 경고가 울려 퍼진다. 기후 위기로 6차 지구 대멸종을 코앞에 두고 있는데도 한국교회는 위기의식이 없다. 기독교가 환경 보전 사역에 뒤처진 이유로는 내세 구원만을 앞세우는 근본주의 신학의 폐해가 꼽힌다. 생태적 회심을 미룰수록 교회와 세계의 미래는 더욱 암울할 수밖에 없다.

코로나19는 종교 중독에서 벗어나 진정한 비움의 영성과 생활을 추구할 기회를 제공하고 있다. 하나님 나라에서는 강자가 약자를 자기 생존을 위한 수단이나 도구로 삼지 않으며 오히려 약자를 위해 자신의 생명을 내어준다. 하나님 나라의 생태계에서는 서로를 위해 자신을 비우는 "베풂의 잔치"가 벌어진다. 안타깝게도 한국교회는 흩어진 상태로 일상의 영성을 살아낼 준비가 부족하다. 교회가 지역 사회 내에서 돌봄 커뮤니티를 형성하고 생명 망의 구심점 역할을 해야 한다. 종교적 제의에 집중하는 것에서 벗어나 마을을 살리고 행동하는 목회를 해야 한다. 코로나는 우리에게 더 지체할 시간이 없다고 말하고 있다. 교회 울타리를 넘어 마을로 나가 생명의 플랫폼을 든든히 세워가야 한다. "너희는 세상의 소금과 빛"이라는 예수님의 정언 명령에 따르기 바란다.

III. 생명의 그물망, 한국교회 생명 신학 포럼

총체적인 생명의 위기 시대를 맞아 새로운 문명사적 전환이 요구되고 있다. 이에 따라 생태 신학적 성찰, 순환 경제, 공중 보건, 교회 목회, 복지 선교, 세계 선교, 환경 운동, 시민 사회 운동의 영역을 고찰함으로써 생태적 삶에 대한 전망을 갖출 필요가 있다. 나는 2017년에 이런 문제의식을 바탕으로 생명 분야의 전문가 50인과 함께 인간과 사회 그리고 창조세계가 지속 가능한 삶을 영위할 수 있는 방안을 모색하고자 한국교회 생명 신학 포럼을 창립한 후 총 5회에 걸쳐 "다시 생명이다", "생명의 터, 마을 공동체", "기독교와 경제", "COVID19 이후 한국 사회와 기독교", "위드 COVID19와 통전적 목회 대응"을 주제로 포럼을 개최했다. 이제는 보수 교단을 포함한 개신교 30여 교회와 단체가 공동 연대하는 생명 생태 운동으로 자리를 잡아가고 있으며, 환경 운동 유관 단체들과 연구, 집필, 교육, 재정 등의 측면에서 협력하고 있다. 여기에 이르기까지 정원범 교수(교회와 사회 연구소), 유미호 센터장(기독교환경교육센터 살림)의 동역이 큰 힘이 되었다. 나는 포럼 창립 공동 준비 위원장으로서 생명 신학 포럼 활동의 목적을 다음과 같이 제시했다.

- 성경적 준거에 기반하여 생명 신학을 정립한다.
- 인간과 사회 그리고 창조세계의 전 영역을 성경적 가치로 해석하고 적용한다.
- 창조 질서 보존을 위해 생태주의적인 생활을 영위하도록 방향을 제시한다.

창조세계 안에서 창조주의 질서를 깨닫고, 그 안에서 모든 생명과 공생 공존하는 삶이야말로 하나님이 즐겨 받으실 참된 예배일 것이다. 이제는 하나님의 몸으로서 하나의 지구(one earth) 안에 사는 모든 생명체는 하나의 건강(one health)을 추구해야 한다. 신음하는 지구촌에 참평화와 안식이 회복되기를 간절히 바란다. 여기서는 한국교회 생명 신학 포럼 발기 취지문과 실천 과제를 요약하여 소개하고자 한다.[10]

---

10 한국교회 생명 신학 포럼 창립 선언문에서 발췌.

1. 생명의 총체적 위기 시대

21세기는 거대한 조류를 뜻하는 메가트렌드(megatrend)의 시대로서 세계화와 초고령 사회, 가치 및 기후 변화, 4차 산업 혁명, 자본주의 진화 등의 격동이 일어나고 있다. 이 위기는 인간 위기, 생태 위기, 영적 위기로 그 얼굴을 달리하며 모습을 드러내고 있다. 위기의 뿌리는 자유주의에 기반한 세계화 정신과 과학 기술이 제공하는 장밋빛 생각들로 무장한 약탈적인 경제 체제에 있다. 신자유주의 세계화는 인간의 존재를 황폐하게 만들어 정신적·신체적 질병을 초래했다. 부의 양극화와 전통적 가치관의 붕괴는 경쟁에서 도태될 수 있다는 불안과 상대적 빈곤감을 자극함으로써 인해 우울증, 자폐증의 뿌리가 된다.

과학의 발달로 인한 산업화와 도시화는 인간의 생활 수준을 향상시켰지만 동시에 생활 방식을 급격하게 바꾸어놓았다. 경제적 풍요를 누리게 되자 인간의 주된 관심사는 의식주 해결에서 삶의 질로 바뀌었다. 이른바 "생리적" 생활 양식이 "사회적" 생활 양식으로 바뀐 것이다. 그러나 우리 삶의 방식은 대기 오염, 수질 오염, 녹지 감소, 에너지 고갈을 일으킬 뿐 아니라 생명의 둥지인 지구 공동체를 근본적으로 파괴하고 있다. 특히 지구 온난화 등의 기후 변화에 대한 경각심을 가지지 않는다면, 우리는 결국 생태적 종말의 벼랑 끝에 서게 될 것이다. 미래에 대한 예측과 대응을 소홀히 한다면 생명 멸절의 세기가 될 수도 있다. 혹자는 인류와 지구 공동체가 이미 되돌리기 어려운 생명의 총체적 위기 앞에 놓여 있다고 주장한다.

이런 21세기의 현실 속에서 기독교가 정신적·영적 차원에서 중요한 역할을 하려면, 전 영역에서 생태적인 신앙을 재발견해야 한다. "생태"는 단순히 자연이나 환경을 의미하기보다 자연의 한계 안에서 서로 연결된 인간과 자연, 인간과 인간이 모두 공존 공생해야 한다는 원리를 가리킨다. 한국교회는 이런 시대정신에 걸맞게 마을 및 생명 목회에 관심을 가지고 현대 문명의 폐해를 극복하는 일에 앞장서야 한다. 또한 생명의 가치를 재인식하고 생명 문화를 창달하는 것을 목회와 선교의 우선순위로 삼아야 한다. 더 나아가 생명 중심의 하나님 나라 운동이 삶의 모든 분야에서 총체적으로 전개되어야 한다.

인간이 하나님의 원칙에 따라 살도록 인도하는 것이 포괄적 의미의 선교라고 본다면, 교회는 금송아지를 섬기고 있는 이 세계를 향해 신학적인 응답을 할 필요가 있다. 성경적 핵심 가치인 "생명"을 회복하고 그것이 온 세상에 충만하도록 일깨우는 예언자적 사명을 감당하는 것보다 더 시급한 과제는 없을 것이다.

2. 창조세계 회복을 위한 생명 신학 제언

① 개교회주의, 교파주의로 게토화되어 가는 현실에서 벗어나 교회의 우주적 연대성을 회복해야 한다. 창조세계와 합일을 이루는 삶을 위해 그리스도의 몸인 교회뿐만 아니라 하나님의 지문이 새겨진 창조세계 전체를 인식하는 우주적인 신학이 필요하다.

② 세계를 지배하는 거대 담론인 신자유주의 경제 체제의 병폐

를 신학적·목회적 차원에서 분석하고 이를 극복할 수 있는 대안을 모색해야 한다. 동시에 교회와 사회 공동체가 사랑으로 하나가 되고 평화가 지속될 수 있는 방안을 제시할 수 있는 하나님 나라 신학이 강조되어야 한다. 이를 위해 인문·사회 및 자연 과학과의 통섭적 연구를 시도해야 한다.

③ 산업화와 과학화로 인해 탈영성화 되고 있는 시대의 흐름을 분석하여 인간이 전인적 영성을 회복하도록 돕는 전인 치유 신학과 영성 프로그램을 제시해야 한다. 아울러 성도들이 자신의 몸을 성전으로 인식하고 청지기로서 건강을 지속적으로 유지할 수 있도록 생활 영성을 강조하고 그것을 구체적으로 실천할 수 있는 방안을 제시하는 실사구시적인 접근이 필요하다.

④ 우리의 영성은 내면주의와 피안주의로 도피하는 것이 아니라, 창조주의 섭리를 이해하고 그분의 창조 질서에 순종하며 본능적 자아에서 해방되어 이웃을 대한 책임적 사랑을 추구하는 영성이 되어야 한다.

⑤ 복음을 총체적으로 이해하는 신학적 준거 위에서 하나님의 창조 질서와 사랑의 가치를 인식함으로써 생명과 평화가 충만한 하나님의 나라가 도래하도록 노력해야 한다. 이를 위해 인간의 생명과 교회와 더불어 사회의 온 영역과 창조세계가 하나님의 통치를 받을 수 있도록 돕는 신학적인 노력이 필요하다.

V. 나가는 글

현대 사회는 그동안 과학 문명으로 인한 편의를 과도하게 누려온 대가를 톡톡히 치러야 할 운명에 놓였다. 코로나19 확산, 삭막한 인간관계, 물질주의, 전 환경의 심각한 오염 등으로 인해 사람들은 고통을 겪고 있다. 그럼에도 불구하고 거리마다 즐비한 병원과 교회가 현대인들이 겪는 공허함의 문제를 본질적으로 다뤄주지 못하고 있는 현실을 보면 그 안타까움이 크다. 앞으로 인간의 이기심과 이로 인한 환경 오염의 폐해로 인해 고통 받는 이들은 더욱 늘어갈 것이다.

우리는 생명의 총체적인 위기를 어떻게 극복할 수 있을 것인가? 이제라도 다시 본질인 "생명"으로 돌아가야 한다. 성도의 궁극적인 가치는 통전적 영성을 통해 생명을 회복하며 하나님 나라를 건설해 가는 과정에서 드러날 것이다. 그렇기 때문에 인간의 교만으로 무너진 하나님의 창조 질서를 회복하는 일에 관심을 가져야 한다. 동시에 욕심을 비우면서 하나님과 깊은 사랑의 연합을 이루어야 한다. 더 나아가 세상 가운데서 예수님의 사랑을 순수하게 실천함으로써 빛과 소금의 사명을 감당해야 한다.

전인 건강 운동의 최종 목표는 고통당하는 이웃을 진정으로 돌아보는 사랑과 봉사의 삶을 살자고 촉구하는 데 있다. 마지막 때가 이를수록 사랑이 식어가고 있기 때문이다. 또한 마음과 몸을 병들게 하는 생활 문화를 개혁하고 사회와 환경의 건강을 회복하는 일에도 관심을 넓혀가야 할 것이다. 이 일은 광범위한 일이므로 각 분야의 전문가들이 겸손히 연합하여 주님의 사랑을 실천할 때 실현될 수 있을 것이다. 관련된 사람들이 힘을 모아 하나님의 뜻이 이 땅 위에 임하기를 바라며 사랑으로 행동해야 한다.

나는 아무리 척박한 환경일지라도 그곳에 세워진 교회 하나를 통해 마을과 주민들과 환경에까지 하나님의 평강이 임하도록 하는 것이 전인 치유 사역을 통한 생명 선교 목회의 사명이라고 생각한다. 하나님께서는 예나 지금이나 교회를 통해 구속의 경륜을 이루어가고 계신다. "창조"와 "사랑"으로 펼쳐지는 생명의 향연이 "샬롬의 문명"을 향도하는 희망의 등대가 될 수 있기를 기대한다.[11]

추천 도서

노영상 외, 『마을목회개론』, 킹덤북스, 2020.

오충현 외, 『코로나 팬데믹과 기후 위기 시대, 생물 다양성에 주목하다』, 대장간, 2020.

박성철, 『생명의 미학』, 생각의나무, 2009.

김영준, 『생명의 설계도를 따르라』, 노란숲, 2015.

프란츠 알츠, 손성현 역, 『생태주의자 예수』, 나무심는사람, 2003.

기독교환경교육센터 살림, 『성경 속 나무로 느끼는 하나님의 현존』, 동연, 2020.

기독교환경교육센터 살림, 『지구정원사 가치 사전』, 동연, 2021.

윌리엄 코키, 이승무 역, 『제국 문화의 종말과 흙의 생태학』, 순환경제연구소, 2020.

---

11 복내 전인 치유 선교 센터 홈페이지(boknaehealing.modoo.at) 참고.

4부

녹색 비전을 향한 신앙고백과 기도

창조 생태학적 신앙고백과 기도

한기채

코로나19 사태는 우리에게 종말을 준비하라는 경고의 음성으로 들린다. 생태계가 하나님의 메신저가 되어 종말의 메시지를 전하는 것 같다. 하지만 우리가 어떻게 반응하느냐에 따라 이 위기도 은혜와 회복의 기회가 될 수 있다. 최근 지구촌에서는 화산 폭발, 지진, 태풍, 황사, 한파, 가뭄, 홍수와 같은 각종 기상 이변과 자연재해가 끊이지 않고 있다. 한편 우리가 당하는 생명 위기의 양상을 보면 인간이 인간을 위협하는 직접적인 상황 외에도 인간이 자연을 파괴한 결과로 자연이 인간에게 재난을 되돌려주는 간접적인 상황이 발생하고 있음을 알 수 있다. 자연에 대한 폭력은 결국 인간에 대한 폭력으로 되돌아온다. 코로나19 역시 인간이 자연을 학대하지 않았다면 발생하지 않았을 일이다. 자원 고갈, 대기 오염, 수질 오염, 오존층 파괴, 온실가스 배출, 지구 온난화 같은 문제로 지금 지구는 위험에 빠져 있다. 우리가 직면하고 있는 생태계 위기는 문명이 가져온 위기다. 지금까지 인류가 누려온 번영은 생태계를 파괴한 대가로 얻은 것이기 때문이다.

유한한 자원으로 무한한 성장을 달성한다는 인류의 꿈은 애초부터 불가능한 것이었다. 자연의 자정 능력은 한계 상황에 달했고 자연 생태계는 균형을 잃어버린 지 오래다.

세계 자연 기금(WWF)이 발간한 「지구 생명 보고서」에 따르면 1970년까지는 지구의 자원 및 에너지 소비량이 재생산 능력보다 적었지만 이제는 재생산 능력의 50% 이상을 더 소비하고 있다고 한다. 야생 동물의 2/3가 사라졌으며 전체 육지의 3/4, 바다의 40%가 심각하게 훼손되었다. 서식지 감소로 동물과 접촉할 기회가 많아지면서 인수 공통 감염병이 발생할 가능성도 커졌다. 빠른 속도로 이뤄지는 삼림 벌채는 신종 코로나바이러스를 비롯하여 동물을 매개로 감염이 일어나는 질병이 확산되는 주요한 원인이다. 지구상의 삼림이 1초에 2,000㎡씩 파괴되면서 생태계의 재생 능력도 함께 사라지고 있다. 또한 빙하가 사라짐에 따라 동토의 땅이 녹으면서 배출되는 이산화탄소로 인해 기후 변화가 가속화되고 있다. 코로나19 사태는 피조물과 창조주의 단절이 얼마나 깊은지를 단적으로 보여준다. 인간의 죄로 인해 손상된 세계에서는 그 누구도 고통과 고난을 피할 수 없다. 그런데도 인류는 군비 증강에만 관심을 두고 있을 뿐 전 생명권(biosphere)이 처한 생태계 위기에는 적절하게 대처하지 못하고 있다.

바울이 로마서 8:19-23에서 피력한 바와 같이 피조물들은 인간의 탐욕 때문에 탄식하며 함께 고통을 겪고 있다. "피조물이 다 이제까지 함께 탄식하며 함께 고통을 겪고 있는 것을 우리가 아느니라"(롬 8:22). 마치 이스라엘이 하나님을 향해 이집트의 종노릇에서 해방해

주시기를 갈구한 것처럼 이제 모든 피조물이 죽음의 고통에서 벗어나기를 갈구하고 있다. 자연 만물이 예언자가 되어 인간들에게 회개의 메시지를 전하고 있는 것이다.

성경의 창조 이야기는 창조-생태주의적 신앙고백에 근원적인 틀을 제공해준다. 창조 기사는 특정한 공간과 시간에 사는 만물의 관계를 보여주면서 세계를 하나님 중심의 관계성 안에서 고안하고, 외부 구조에서 내부 내용을 채우는 방식으로 진행되는 창조 작업의 단계를 제시해준다. 이때 개별 생명은 더 큰 의미의 맥락 안에서 서로 연관되어 설명된다. 하나님과 피조물의 관계성, 만물의 상호 관련성이 나오면서 이 모두는 생명 공동체(community of life)를 이룬다. 모든 피조물은 창조주 하나님을 중심으로 친족 관계를 이룬다. 창조 과정에서 드러나는 연속성은 시간과 공간 안에 발생하는 모든 피조물의 연대성과 친족 의식을 보여준다. 처음부터 만물은 근본적으로 친척이었다. 만물은 시간과 공간을 공유하면서 동일한 생명 그물망의 일부를 이루고 있다. 인간도 자연의 일부이며(동물의 일종이며), 자연과 별도로 존재하는 외부인이 아니다. 우리는 인간의 생명이 수없이 다양한 형태의 생명체로 구성된 생태계의 일부임을 알아야 한다. 자연을 더 이상 인간을 위해 존재하는 환경으로 이해해서는 안 된다. 그것은 우리와 공생적인 세계다.

생태계의 위기는 무엇보다 "가치의 위기"다. 작금의 상황을 볼 때 오늘을 위한 신학과 신앙고백에는 창조-생태주의적 세계관이 담겨야 한다. 지금까지 우리가 견지해온 세계관에 대한 반성 없이는 근본적인 해결을 이룰 수 없다. 인간 중심적·물질주의적 세계관에서 창조-생태주의적 세계관으로 패러다임을 전환해야 한다. 인간 중심에서 하나님 중심으로, 도구적 사고에서 공생적 사고로, 진보주의 사고에서 한계선 존중의 사고로, 물질주의적 가치관에서 생명적 가치관으로, 이기주의적 사고에서 공동선 존중의 사고로, 단기적 사고에서 장기적 사고로, 성장 위주에서 성숙으로, 탐욕적 인생관에서 절제의 인생관으로, 기계론적 자연관에서 유기체적 자연관으로 전환해야 한다. 이와 더불어 합리성·정확성·효율성을 중시하는 태도보다 상상력·정감·인간성이 조화를 이루는 세계를 만들어가야겠다는 태도를 갖춰야 하고, 그런 자세를 기반으로 윤리적 책임을 배제하는 과학에서 윤리적 책임을 자각하는 과학으로, 인간을 지배하는 기술에서 인간성에 기여하는 기술 공학으로, 자연을 파괴하는 산업에서 자연과 공생하는 산업으로 전환하려는 노력을 해야 한다.

창조 기사는 인간 됨이 무엇을 의미하는지를 설명해준다. 인간은 인간 이외의 세계인 대지, 바다, 대기, 식물, 물고기, 동물과 적절한 관계를 맺어야 한다. 인간은 하나님 및 자연 만물과 바른 관계를 설정하고 살아야 비로소 하나님의 창조 목적에 부합한 삶을 영위할 수 있기 때문이다. 창조론은 성속(聖俗)의 이분법을 허용하지 않는다. 하나님이 지으신 세계는 하나님과 긴밀한 연관을 맺으며 그분의 신성과 거룩성의 연장선상에 존재하기 때문이다. 모든 생명은 창조주 하나님의 소유다. 따라서 자연에 대해 절대적인 입장에 섰던 인간은 상대적인 위치로 물러나야 한다. 하나님만이 절대자시기 때문이다. 기술 문명 이전의 원시적 자연주의와 같이 자연이 절대적인 존재가 되어서도 안 되지만, 기술 문명 이후의 현대적 세속주의처럼 인간이 절대적인 자리를 차지해서도 안 된다.

하나님께서는 제6일 즉 "같은 날"에 생물, 육축, 짐승, 인간을 만드시면서, 흙을 재료로 인간과 동물을 만드셨다(창 2:19). 본래 지구, 표토, 땅(adama)을 의미하는 "아담"은 흙, 짐승, 인간 사이의 연속성과 연대성을 보여주는 이름이다. 창세기 2장의 창조 이야기는 식물, 동물, 인간이 한 분 하나님을 아버지로 하는 친족 관계(kinship)임을 보여주고 있다. 이처럼 "온 생명"(global life)이 유기적으로 연결되어 하나님의 생명체를 이룬다. 생태학의 기초가 되는 엔트로피의 법칙에 따르면 생명계에서는 순환이 중요하다. 생명체는 물 순환, 대기 순환, 생물 순환을 통해 온전한 생명을 이룰 수 있기 때문이다. 이것이 바로 생명의 황금 사슬이다.

"하나님의 형상"대로 지음을 받은 인간은 생명에 있어서 특별한 지위를 부여받았다. 인간만이 지닌 하나님의 형상은 인간의 특별한 역할과 소명을 보여준다. 하나님의 형상은 인간 생명의 존엄성과 더불어 인간의 책임성을 나타내는 것이다. 인간이 위대한 이유는 오직 인간만이 생명을 경외할 수 있는 지혜를 부여받았기 때문이다. 이에 따라 인간에게는 "높은 지위에 따른 도덕적 의무"(noblesse oblige)가 부여되었다. 인간은 동물보다 훨씬 높은 존재이므로 동물을 최대한 세심하게 보살필 수 있고 보살펴야 하며, 할 수 있는 모든 방식으로 동물에게 선행을 베풀 수 있고 베풀어야 한다. 인간은 모든 생명의 지킴이다. 그런데 생명의 지킴이가 되기 위해 요구되는 덕목들이 있다. 우선 생명의 연대성을 깨닫고 지속 가능한 지구를 만들기 위한 생활 양식을 개발해야 하며, 생명 앞에 겸손하게 서로 섬기며 양육하고 돌보는 것을 생활화해야 한다. 또한 인간에게 주어진 하나님의 형상과 통치권이 억압과 착취가 아닌 양육과 돌봄에 대한 책임을 의미한다는 사실을 잘 알고 있어야 한다.

창세기 1:26에 언급된 인간의 "다스림"은 지배와 통치보다는 조화로운 생활을 뜻하며, 여기서 주어진 명령은 하늘, 땅, 바다 세 영역의 대표적인 생명체들에 대한 하나님의 통치권을 대행하라는 것이다. 또한 28절의 "땅을 정복하라"는 말은 "땅에 충만하라"는 말로 해석해야 한다. 인간의 통치권은 관리자, 보호자, 후견인, 보존자와 연관되어 있다. 이것이 바로 생태주의적 청지기 또는 창조 청지기(creation stewardship)다. 인간은 "자연에 대한 다스림"이 하나님과 연관되어 있다는 것을 종종 잊곤 하는데, 창세기 2:15에 "다스리며 지키라"(개역한글)라고 번역된 명령은 히브리어로 보면 "섬기고 보존하라"는 뜻이다. 이를 고려하면 청지기에 이 땅의 보호자, 관리인, 보존자라는 의미가 담겨 있음이 분명해진다. 인간은 주인이 아니라 하나님께 책임을 지는 청지기로서 자연과의 관계를 재정립해야 한다. 인간의 통치권은 절대적인 것이 아니라 하나님의 권위 아래서 위임받은 책임이다. 청지기에 대한 이런 관점은 형태를 지닌 모든 생명과 자연 자원에까지 확장된다. 청지기직을 맡는다는 것은 하나님에 대한 책임을 갖고 다른 피조물들의 안녕에 관심을 보인다는 뜻이다. 즉 청지기 정신은 돌봄과 책임의 윤리다.

인간에게 주어지는 실용적인 가치를 따라 자연을 평가하는 것은 인간 중심의 환경관이다. 자연은 인간의 필요를 채우기 위해 존재하는 것이 아니다. 그것은 인간에게 주는 유용성 여부와 관계없이 하나님 앞에 그 자체로 아름다움과 가치를 지닌다. 하나님 중심의 생태학적 세계관은 하나님이 창조하신 피조물 모두가 각각의 목적을 지니고 있으며 하나님 보시기에 좋은 가치를 지니고 있다고 본다. 하나님의 "좋다"는 말씀은 인간 창조 이전부터 지어진 세계를 보시고 하신 것이다. 하나님의 가치 평가는 인간 중심적이 아니라 우주 중심적이고 생명체 중심적이다. 창세기는 인간의 타락으로 인해 발생한 하나님과 인간, 인간과 인간, 인간과 자연의 관계 단절과 자연재해에 대해 말하면서 인간의 타락이 생태계에도 영향을 미쳤다는 점을 강조한다. 대홍수 이야기는 인간의 타락에 대한 실제적 서술이며, 홍수 심판의 생태학적 재앙은 인간 타락의 결과였다. 노아의 방주에 함께 거주하던 생명체들은 작은 우주로서 생명 종의 연대성과 다양성을 보여준다. 홍수 이야기에서 등장하는 인간과 동물들은 공동 운명체로서 언약의 파트너이자 구원의 동반자가 된다. 하나님의 구속사와 무지개 언약의 범위에는 인간뿐만 아니라 생명을 가진 모든 것이 포함된다. 또한 하나님이 우주 만물과 맺은 무지개 언약으로 상징되는 생태학적 계약은 미래 세대에 대한 인간의 책임을 전제하고 있다. 이제는 성경의 이런 내용을 되새기면서 인간과 자연 만물이 함께 누릴 구원을 위해 지혜를 모아야 할 때다.

지혜 문학의 전통에는 "성례전적 우주론"(sacramental cosmology)이 스며 있다. 이 우주는 하나님을 드러내고 그분의 은혜를 전달하는 통로다. 성경은 자연신 숭배나 다신론으로 빠지지 않는다. 대신 자연을 하나님의 지혜와 능력이 표현된 위대한 작품이자 신비롭고 경탄해야 할 것으로 여긴다. "이는 하나님을 알 만한 것이 그들 속에 보임이라. 하나님께서 이를 그들에게 보이셨느니라. 창세로부터 그의 보이지 아니하는 것들, 곧 그의 영원하신 능력과 신성이 그가 만드신 만물에 분명히 보여 알려졌나니, 그러므로 그들이 핑계하지 못할지니라"(롬 1:19-20). 우리는 신구약성경에 기록되어 있는 특별 계시를 통해 하나님을 알게 되었지만, 하나님이 창조하신 우주 만물에 드러난 자연 계시를 통해 하나님의 신성과 능력과 영광과 온전함을 알 수도 있다(행 14:17; 롬 1:20; 시 19:1; 104).

생태계가 위기를 맞고 있는 오늘날의 상황에서는 전통적인 신학의 많은 개념이 재해석되거나 그 의미가 확장되고 수정되어야 한다. 기독교는 생태계 보존과 인류의 생존을 위한 새로운 신학과 윤리의 기초를 마련해야 할 책무가 있다. 하나님의 초월성만을 강조하면 하나님과 세계 사이의 거리가 점점 멀어진다. 이에 대안으로 샐리 맥페이그(Sallie McFague)가 제안한 것이 "하나님의 몸"(body of God)으로서의 우주다. 우주는 하나님 안에 있으며, 눈에 보이는 하나님의 자기표현이다. 그렇다고 하나님이 우주와 동일시되거나 우주에 한정되는 것은 아니다. 그런데 예수님으로 성육신하신 하나님이 인간에게 위협을 받으신 것처럼, 우주의 몸이 되신 하나님은 인간의 손에 의해 위험에 처했다. 우리는 세계의 몸 안에 있는 하나님을 죽이려 하고 있다. 따라서 이제는 하나님의 몸인 우주의 일부를 이루고 있다는 의식을 갖고 그분의 몸인 세계를 책임지고 보살펴야 한다. 세상은 그 자체로 고귀할 뿐만 아니라 조심스럽게 돌봄 받고 양육되어야 할 생명을 가진 모든 것의 몸이기 때문이다.

기독교는 오랜 기간에 걸쳐 성령의 역사를 개별 신자의 삶이나 신앙 공동체의 생활에 국한하여 사용하거나 오순절주의적 은사하고만 연관 지으면서, 모든 만물에 거하시며 생명을 주시는 성령의 역사에 주목하지 못했다. 마크 월러스(Mark Wallace)의 "녹색 성령론"(green pneumatology)에 따르면 성령은 생명의 숨이요 치유의 바람이자 생명의 물이며 깨끗하게 하는 불로서, 모든 피조물을 창조하고 보존하며 새롭게 하는 생명의 영이다. 그리고 하나님은 성령을 통해 모든 피조물에 내재하신다. 생명의 영이신 성령은 모든 생명의 우주적인 에너지로서 만물 가운데 내재한다. 이것이 우주적인 성령론이다. 삼위일체 하나님은 이런 방식으로 창조세계와 관계를 맺으신다.

따라서 우리는 회심을 통해 인간 중심적인 사고에서 벗어남으로써 하나님 중심, 생명 중심, 우주 중심의 사고로 회귀해야 한다. 죄는 인간의 자기중심주의가 극명히 드러난 것으로서 결과적으로 하나님, 타인, 자연 세계로부터의 분리와 이탈을 야기한다. 생명체 간의 소외와 분리가 바로 죄의 현상이다. 그래서 우리는 하나님과 인간, 인간과 인간, 인간과 자연 사이에 맺어지는 상호 관계의 단절과 회복이라는 차원에서 죄와 회개를 논의할 수 있다. 생명(life)에 역행하는 것이 다름 아닌 악(evil)이다. 인간의 타락과 죄로 인한 고통은 인간에서 끝나지 않고 자연 만물에까지 이어진다. 또한 인간은 피조물의 제사장 역할을 잘 수행함으로써 하나님과 자연 사이의 중보자 역할도 잘 수행해야 한다. 그러기 위해서는 분리수거를 소홀히 하는 것, 자원을 낭비하는 행위, 생태계를 오염시키는 일 등을 구체적인 죄의 목록에 추가해야 한다. 이 땅에 드리워진 죽음의 문화 전반에 죄의 개념을 확대 적용해야 한다. 땅을 독점하거나 하나님의 몸인 세계의 일부가 되기를 거절하는 것은 생태학적인 죄에 해당한다. 죄는 하나님께 충성하기를 거부하는 것이 아니라, 하나님의 몸을 돌보거나 사랑할 책임을 거부하는 것이다. 또 죄는 생명이 서로에 대한 상호 의존의 의무를 거부하는 것이다. 그것은 다른 것으로부터 자신을 분리하려는 욕망이다. 결국 죄는 우주라는 몸의 일부가 되는 것에 대한 거부다.

전통적인 신학과 설교 및 예전은 창조의 교리보다 구속의 교리에 더 강조점을 두면서, 구속을 창조의 완성(the fulfillment of creation)이 아닌 벗어남(an escape from creation)으로 간주하곤 했다. 그러나 창조론이 결여된 구원론은 오늘날 생태계 문제를 해결하는 데 공헌할 수 없다. 이제는 창조된 질서의 단절과 소외 그리고 창조의 완성으로서의 구원을 논해야 한다. 구원에 대한 성경의 예언적인 비전은 인간뿐만 아니라 창조물 전체의 조화, 온전함, 평화를 말하기 때문이다(호 2:18; 4:3; 롬 8:22; 골 1:16-17). 또한 미래에 있을 창조세계의 회복과 치유에 대한 종말론적 비전은 현재 우리의 행동에 목표와 방향을 제시해준다. 그리고 이제 새로운 신학은 종말론과 생태학의 화해를 주문하고 있다. 사실 이런 예는 바울이 로마서 8:22-23에서 복음을 생태학적으로 해석할 때 이미 드러났다. 이는 현재 드러난 창조세계의 연속선상에서 하나님 나라를 보는 것이다. 우리는 우주적인 조화의 모습 속에서 하나님 나라의 전형을 보는 것처럼 만물이 함께 어우러져 지내는 우주적인 구속의 희망을 키워가야 한다. 구약의 가족 개념은 종이나 가축까지 포함하는 확대된 가족이었다. 예수께서 "누가 내 어머니이며 동생들이냐?"(마 12:48)라고 하신 대목 역시 확대된 가족관을 피력한 것이다. 예수님이 가시는 곳마다 생명이 약동하고 병자가 치유되었다. 치유는 하나님과 인간, 인간과 인간, 인간과 자연의 단절되었던 관계가 회복되는 것을 의미한다. 이는 파괴된 생명이 회복되고 생명의 매트릭스가 복원되는 것이라고 표현할 수도 있다. 예수께서는 고난과 부활을 통해 피조물들을 고통에서 풀어주고 풍성한 생명의 힘에 결합시키신다. 예수께서는 모든 피조물을 죽음에서 생명으로 인도하기 위해 성육신하심으로써 피조물들의 고통과 연대하시고 부활의 새 생명을 부여하신다.

지금까지 우리는 예수의 보혈을 통해 주어지는 적색 은총을 강조했다. 그러나 창조 때 하나님이 베푸신 처음 은총은 녹색 은총이었다. 녹색 은총은 원초적인 은총이었으나 적색 은총은 죄에 빠진 인간을 회복시키는 이차적인 은총이었다. 녹색 은총은 하나님의 창조에서 드러났고, 적색 은총은 예수의 십자가 구속 사건에서 나타났다. 창조주와 구속자로서의 하나님은 녹색 은총과 적색 은총을 우주 만물에게 베푸신다. 물론 타락한 현 세상에서는 적색 은총을 통해 녹색 은총을 되살려내야 한다. 구속은 창조에 이바지한다. 구속은 부서지거나 강탈당하거나 불완전한 피조물들의 생명을 새롭게 회복시킴으로써 창조에 이바지한다. 또한 구속은 하나님의 창조를 파괴하는 반창조적 세력에 맞서는 행위로서, 만물에 깃든 잠재적인 생명을 온전하게 실현하는 힘이 된다. 이제 기독교는 적색 은총과 더불어 녹색 은총을 전파해야 온전한 복음을 전할 수 있다. 녹색 은총은 우리가 자연의 희생을 거룩하고 감사한 것으로 받아들이면서 자연의 희생을 최소화하려고 노력할 때 비로소 얻을 수 있는 것이다. 창조 영성의 핵심은 이 녹색 은총을 힘입는 데 있다.

생태계는 하나님께서 정하신 거룩한 교제의 장소로서 이곳에서 하나님과 인간과 만물이 서로 만난다. 여기서 자연 만물의 성례전적 특성을 엿볼 수 있다. 성례전은 단순한 예전에서 벗어나 하나님의 창조와 재창조를 역동적으로 경험하는 장이 되어야 한다. 성례전에 쓰이는 빵, 포도주, 물뿐만 아니라 모든 자연 만물이 하나님의 은혜를 매개하는 수단이 될 수 있다. 성례전에 대한 역동적 이해를 갖추면 자연을 과도하게 신격화하지 않으면서도 그 안에 내재된 성스럽고 신비한 가치를 제대로 볼 수 있다. 하나님은 또한 생명을 허락해주는 물질적인 재화들 속의 생명으로서 성례전적으로 임재하신다. 성례전은 영적인 것과 물질적인 것을 구분하여 육체, 물질, 세상을 경시하는 이원론적인 경향을 극복하도록 도와준다. 성례전에 쓰이는 물은 자연이 베풀어준 것인데, 기도로 인해 죄를 씻기는 은혜의 수단이 된다. 포도주와 빵은 식물과 대지와 햇빛과 공기가 준 것을 바탕으로 인간이 땀 흘려 만든 것으로서, 기도 가운데 예수의 몸과 피가 되어 참된 생명을 전하는 은혜가 된다. 성찬에 쓰이는 음식은 우리를 예수의 희생과 고난으로 연결해준다.

안식일 준수는 인간 중심이 아닌 하나님 중심의 창조-생태학적 세계관을 강화하는 데 도움을 준다. 하나님이 주신 자유는 이스라엘 사람뿐만 아니라 종이나 나그네, 육축, 들짐승, 토지에도 적용되어 모두가 함께 누릴 수 있는 우주적인 복이다. 안식일 준수는 종이나 짐승까지도 노동으로부터 휴식하는 공동체를 만들기 위한 사회 윤리이지만 이 안에는 생태 윤리도 포함한다. 안식일이 규정하는 가족 개념은 아들, 딸에서 더 나아가 남종, 여종, 나그네, 육축에까지 확장, 적용된다. 이로부터 인권과 동물권(animal right)에 대한 생각을 유추할 수 있다. 안식일 준수는 이웃을 향한 공간적 확장에 그치지 않고 시간적으로도 확장되어 안식년, 희년으로 정착되었다. 그리고 이것이 계약법의 전통을 이룬다. 안식일은 새로운 도덕 공동체의 질서와 자유를 실제 시간과 공간에서 경험하는 것이다. 또한 안식일은 생명과 창조의 복을 베풀어 주신 것에 대해 감사하는 날이며, 이때는 하나님과 인간뿐만 아니라 모든 피조물이 함께 쉰다. 안식은 창조와 함께 시작되었으며 창조의 리듬을 유지하게 한다. 더 나아가 창조를 축복하고 거룩하게 만들며 완성에 이르게 한다(창 2:2; 출 20:8, 10). 안식일을 거룩하게 지킬 때 노동도 거룩해지고 비로소 은혜가 된다. 안식은 모든 생물권(biosphere)이 서로 연결되어 있다는 것을 보여준다. 안식년에는 휴경을 실시함으로써 대지에 대한 경의를 표하게 된다(레 25:1-5). 우리는 여기서 대지를 살아 있는 유기체로 보는 성경적 관점을 엿볼 수 있다. 폐수를 방출해 땅을 오염시키고 무분별한 개발로 대지를 약탈하거나 남용하는 것은 대지를 죽이는 일이다. 우리는 하나님께 속한 대지가 생명 있는 모든 것의 삶의 터전이 될 수 있도록 잘 보호해야 한다.

코로나19 사태를 통해 우리가 그동안 무시해왔던 자연 생태계의 중요성과 함께 자연 신학과 녹색 은총을 되돌아보게 하신 하나님께 감사를 드린다. 인류 즉 아담과 하와에게 주셨던 청지기직의 온전한 회복을 이루라는 것이 오늘 우리에게 들려주시는 하나님의 음성임을 확신한다. 코로나19로 인해 우리가 겪는 아픔은 우리를 창조의 목적으로 되돌리려는 하나님의 은혜의 손길임을 깨닫고 회개하게 만든다. 새 생각과 관점을 갖고 그동안 견지해온 신학과 신앙고백의 중추를 옮길 때 우리는 비로소 생명의 하나님께 한 발자국 다가설 수 있을 것이다. 하나님이 지으신 모든 것은 선하다. 하나님은 모든 것이 합력하여 선을 이루게 하는 전능자이시다. 이제 기독교는 그 사실을 의지하여 이 땅에 생명 운동을 일으켜야 한다. 모든 생명을 존중하는 운동을 통해 사회 생명력을 복원함으로써 사고, 질병, 재난, 전염병, 심판으로 신음하는 이 땅을 구해야 할 것이다.

함께 드리는 기도

① 생명의 주님께 드리는 기도
생명(生命)의 창조자요 공급자요 유지자요 주관자 되신 "생명의

주님", 하나님은 그 풍성한 생명을 나누고자 우리와 만물을 창조하셨습니다. 모든 생명에는 하나님의 선하심과 거룩하심이 깃들어 있고 주님의 신비로움과 아름다움이 충만합니다. 우리는 우리에게 주신 생명을 통해 "하나님의 영광"을 향유합니다. 주님은 인간에게 "하나님의 형상"이라는 과분한 선물을 주시고 생명의 청지기로 삼으시면서 이웃과 만유의 생명을 잘 건사하라고 신신당부하셨습니다. 예수님을 이 땅에 보내심도 인간의 죄와 타락으로 잃어버린 온 지구의 생명을 회복시키기 위함이었습니다. 주님, 온 천하보다 귀한 생명이라고 하셨으니 생명보다 더 소중한 것이 세상 어디에 있겠습니까! 온 세상을 다 주고도 바꿀 수 없어서 독생자 예수님의 십자가 희생으로 우리 모두를 구하셨습니다. 우리는 주님의 생명 싸개로 보호받는 소중한 존재입니다.

② 생명들을 돌보지 못함에 대한 일반 회개

하지만 우리는 어리석게도 주님이 주신 생명을 귀하게 돌보지 못했습니다. 생명의 가치를 드높이기보다는 생명을 도구화하며 생명 외의 것들을 갈구했습니다. 어리석게도 존재를 소유로 바꾸고 생명보다 물질을 중시하면서 구원을 세상으로 대체했습니다. 성공을 위해 생명을 희생했고 현세를 위해 영원을 저버렸습니다. 세상에 보암직하고 먹음직하고 지혜롭게 할 만큼 탐스러운 것들이 어찌 그리 많은지요! 선악과를 따 먹느라 생명의 나무를 잃어버렸습니다. 반짝이는 것들을 쫓아다니느라 주님께 속한 영롱한 생명의 빛을 보지 못했습니다. 참된 생명을 위해 울부짖는 영혼의 절규를 묵살하면서 온 생명을 혹사해왔습니다. 생명과 영혼을 팔아 세상을 다 얻은들 무슨 소용이 있겠습니까! 우리 마음을 주님의 생명으로 돌이키게 하시고, 우리의 눈에 생명의 길을 밝혀주소서.

사랑과 배려와 섬김의 대상인 이웃의 생명을 돌보지 못했음을 회개합니다. 가까운 이웃은 내 욕심과 야망의 도구로 삼고, 먼 이웃은 무관심으로 외면했습니다. 하나님이 돌보라고 주신 대지와 바다와 대기를 오염시키고 착취하였습니다. 미움과 이기심으로 온갖 종류의 생명력을 약화한 죄를 용서해 주옵소서. 주님, 확대된 가족과 이웃을 진심을 다해 사랑하지 못했음을 용서하여 주옵소서. 주변을 살피는 영적 민감성과 통찰력을 허락하셔서 우리가 그들을 돌보고 사랑할 수 있게 도와주시옵소서.

창조세계가 우리 인류 때문에 신음하고 탄식하고 있습니다. 무한한 탐욕과 착취로 자연이 파괴되고 만물이 황폐해지고 있습니다. 하늘과 땅과 바다와 대기와 그 가운데 사는 모든 피조물이 인간의 죄로 인해 고통 받고 있습니다. 온 생태계는 모든 생명이 더불어 살아야 하는 공동의 집이며, 미래의 세대에게 잠시 빌려 쓰고 되돌려주어야 하는 세상인 것을 인간들이 모르고 살고 있습니다. 이 지구가 하나님의 것이 아니라 마치 자신의 소유인 것처럼 주제넘게 행동하고 있습니다. 만물이 보기에 인간의 손은 목자의 손이 아닌 마수(魔手)처럼 느껴질 것입니다. 코로나19를 비롯한 생태계 재앙은 사지에 몰린 자연이 인간에게 하는 푸념이요 하소연입니다. 지구상의 온 생명이 생명의 황금 사슬로 연결되어 있음을 알게 하시고, 땅과 바다와 하늘과 그 안에 존재하는 모든 생명체가 한 가족이며 형제와 자매들인 것을 깨닫게 하옵소서. 자연 만물이 흘리는 눈물을 보고 고통을 호소하는 소리를 들을 수 있는 눈과 귀를 주옵소서. 저희에게 회개의 영을 부어 주셔서 자연에 대해 부끄러운 마음과 미안함을 갖게 하시고, 저희의 사명을 새롭게 하셔서 창조 본연의 질서로 회복하게 하옵소서. 인간 중심의 탐욕적 물질주의에서 온 생태계 중심의 생명 존중 세계관을 가지게 하옵소서. 우리는 결코 생명의 저자가 아닙니다. 생명의 주관 자도 아닙니다. 생명을 규정할 수 있는 자도 아닙니다. 하나님의 섭리 에 따라 주어진 생명을 아름답게 향유하며 다른 생명체를 돌보는 생 명 지킴이의 역할을 잘 감당하게 하옵소서.

③ 생명을 위한 다짐

생명의 주님, 이 땅 위에 생명의 꽃을 피워주옵소서. 죽음의 영이 소멸되게 하시고, 오직 생명의 성령이 충만하게 하옵소서. 생명의 숨 결을 다시 한번 불어넣으셔서 이 땅에 약화된 사회 생명력과 생태계를 소생시켜주옵소서. 저희로 생명의 돌보미가 되게 하시고, 온 세상에 생명의 복음을 전하는 생명의 전파자가 되게 하옵소서. 예수님의 이름 으로 기도합니다. 아멘.

새 하늘과 새 땅의 비전

송준인

생각하건대 현재의 고난은 장차 우리에게 나타날 영광과 비교할 수 없
도다. 피조물이 고대하는 바는 하나님의 아들들이 나타나는 것이니, 피
조물이 허무한 데 굴복하는 것은 자기 뜻이 아니요, 오직 굴복하게 하시
는 이로 말미암음이라. 그 바라는 것은 피조물도 썩어짐의 종노릇한 데
서 해방되어, 하나님의 자녀들의 영광의 자유에 이르는 것이니라. 피조
물이 다 이제까지 함께 탄식하며 함께 고통을 겪고 있는 것을 우리가 아
느니라(롬 8:18-22).

1. 탄식하는 창조세계

하나님은 이 세상을 매우 아름답고 조화롭게 지으신 후 창조세계가
"보기에 심히 좋다"고 말씀하셨다. 그리고 하나님의 형상으로 지음
받은 인간에게 그 좋은 피조물들을 모두 돌보라고 맡기셨다. 그러나
인간은 하나님의 말씀에 불순종하여 스스로 죄와 사탄의 노예가 되

고 말았고, 그 결과 모든 피조물이 허무한 데 굴복하게 되었다. 허무하다는 것은 허망함을 말하는 것이며 본래의 목적과 의도에서 벗어나 다른 길로 가고 있음을 뜻한다. 하나님이 보시기에 심히 좋았던 창조세계가 인간의 타락으로 함께 더럽혀진 것이다. 인간의 죄로 말미암아 이 세상의 창조 질서가 깨지고 무질서와 혼란이 지배하게 되었다. 이제 그 피조물들이 회복을 소망하면서 주님이 재림하실 때 회복된 모습으로 하나님의 자녀들이 나타날 것을 간절히 기다리고 있다. 그날에 피조물들도 더 이상 썩어짐의 종노릇 하던 것을 멈추고 가장 영광스러운 모습으로 회복될 것이기 때문이다. 모든 모순과 혼란이 청산되고 하나님이 지으신 그 원형을 회복할 때까지 피조물은 다 탄식하며 기다릴 것이다. 예언자 이사야는 그렇게 회복될 새 하늘과 새 땅을 잘 묘사해주고 있다. 이사야 11:6의 말씀을 보라. "그때 이리가 어린 양과 함께 살며, 표범이 어린 염소와 함께 누우며 송아지와 어린 사자와 살진 짐승이 함께 있어 어린아이에게 끌리며." 그날에는 곰이 암소와 함께 풀을 뜯으며 사자가 소처럼 풀을 먹는다. 젖 먹는 아이가 독사의 구멍에 손을 넣어도 해를 당하지 않는다. 그 거룩한 산과 영광스러운 새 하늘, 새 땅에는 누군가를 해롭게 하거나 내가 해를 입는 일이 없다. 우리는 영원토록 주님을 모시고 평화와 자유를 누리며 영광 중에 살게 될 것이다. 어린이 찬송 중에는 히브리 가락에 이 이사야서 말씀을 가사로 붙여 즐겨 불리는 곡이 있다.

　　사막에 샘이 넘쳐 흐르리라 사막에 꽃이 피어 향내 내리라

주님이 다스리는 그 나라가 되면은 사막이 꽃동산 되리

사자들이 어린 양과 뛰놀고 어린이도 함께 뒹구는

참으로 사랑과 기쁨의 그 나라가 이제 속히 오리라

사막에 숲이 우거지리라 사막에 예쁜 새들 노래하리라

주님이 다스리는 그 나라가 되면은 사막이 낙원 되리라

독사 굴에 어린이가 손 넣고 장난쳐도 물지 않는

참 사랑과 기쁨의 그 나라가 이제 속히 오리라

언제 이런 일이 일어날까? 바로 주님이 재림하시는 날에 이 모든 일이 일어날 것이다. 모든 피조물도 그것을 알고 있기 때문에 탄식하면서 그날을 기다리는 것이다.

2. 기독교의 구원은 총체적이다

창세기 1:28 말씀을 가리켜 문화 명령이라고 한다. "하나님이 그들에게 복을 주시며 하나님이 그들에게 이르시되 '생육하고 번성하여 땅에 충만하라. 땅을 정복하라. 바다의 물고기와 하늘의 새와 땅에 움직이는 모든 생물을 다스리라.'" 이 문화 명령에서 중요한 두 가지가 "땅을 정복하라"는 말씀과 "모든 생물을 다스리라"는 지시다. 정복하고 다스리는 것이 바로 하나님께서 인간에게 주신 청지기적 사명이다. 이 문화 명령을 바르게 이해하려면 또 하나의 중요한 구절에 주목해야 한다. 그것은 바로 창세기 2:15이다. "여호와 하나님이 그 사람을 이끌어 에덴동산에 두어 그것을 경작하며 지키게 하시고." 이 구절에서 우리가 주목할 것은 바로 "경작하다"와 "지키다"라는 단어다. 이 구절을 창세기 1:28과 비교해 보면 땅을 정복하라는 것은 경작하라는 뜻이고, 모든 생물을 다스리라는 것은 잘 보살피고 지키라는 말씀임을 알 수 있다. 죄로 인해 무질서해지고 혼란스러워진 피조물들이 새 하늘과 새 땅에서 새롭게 변화되어 회복될 날을 기다리고 있다는 말은 구원 개념의 확대를 요구한다. 하나님의 구원은 우리 영혼의 구원만을 말하는 것이 아니라 창조세계 전체가 회복되고 치유되는 것을 뜻한다. 이를 가리켜 총체적인 구원이라고 한다. 하나님께서 우리를 독생자 예수 그리스도의 십자가 대속 사역을 통해 구원해 주신 것은 바로 이런 총체적인 구원 사역을 맡기시기 위해 먼저 청지기로 부르신 것이다.

3. 심각한 지구 환경

오늘날 우리가 사는 지구 환경은 예전 같지 않다. 지구는 지금 심각한 질병에 걸린 중환자와 같다. 그 질병 중 하나는 인구 문제다. 지금 지구의 인구는 1970년에 비해 두 배가 되었다. 불과 50년 만에 두 배가 된 것이다. 이런 증가 추세로 볼 때 2050년이면 지구 인구는 지금의 두 배가 될 것으로 보인다. 그리고 아프리카와 같은 저개발 국가들이나 개발 도상국들에서 인구 증가의 양상이 두드러진다. 이런 인구 증가는 환경 파괴와 자원 고갈의 거대한 동인으로 작용해왔다. 지구의 두 번째 심각한 문제는 굶주림 문제다. 오늘날 굶주리는 사람들이 어깨를 나란히 하고 선다면 그 줄이 얼마나 길까? 서울에서 뉴욕까지? 지구 한 바퀴? 적도를 따라 지구를 열세 번 돌만큼? 놀랍게도 정답은 지구를 열세 번 돌만큼이다. 지구 둘레는 약 4만 km이기 때문에 13바퀴 돌면 52만 km가 된다. 지구의 인구 중 약 8억 5천만 명 이상이 굶주리고 있으며, 한 사람의 어깨 폭을 60cm로 가정할 때 그 길이가 약 52만 km가 된다는 것이다. 지구의 세 번째 심각한 문제는 안전한 식수 문제다. 전 세계 인구의 약 50% 이상이 제대로 된 물을 먹지 못하고 산다. 전 세계 5세 이하의 어린이 6,000명가량이 매일 설사와 관련된 질병으로 죽어가고 있다. 시간당 250명, 분당 4명, 15초당 1명꼴이다. 지구의 네 번째 심각한 문제는 쓰레기 문제다. 미국 한 나라에서 매년 배출되는 고형 쓰레기를 청소차에 실어 일렬로 세운다면 어느 정도 길이가 될까? 뉴욕에서 LA까지? 한국에서 미국까지? 적도를 따라 지구를 네 번 도는 길이? 정답은 마지막이다. 미국에서 소비되는 일회용 기저귀 쓰레기를 한 줄로 늘어놓으면 얼마나 될까? 지구를 한 바퀴 돌 정도? 아니다. 지구에서 달까지 일곱 번 왕복할 수 있는 거리다. 지구에서 달까지는 약 38만 4천 km에 달하니까 그 기저귀 줄의 총 거리는 537만 6천 km가 된다. 미국에서 1년 동안 버려지는 타이어를 한 줄로 세우면 지구를 세 번 정도 돌 수 있다. 문제는 이런 어마어마한 고형 쓰레기가 전체 쓰레기의 1.5%밖에 되지 않는다는 데 있다. 이 세계는 쓰레기 처리에만 해도 천문학적 비용을 들이고 있는 것이다. 다섯 번째로 심각한 문제는 에너지 문제다. 미국은 지구 전체 석유 소비량의 24%인 하루당 2,100만 bbl을 사용한다. 1bbl은 160L 쯤 된다. 그러므로 하루에 미국 한 나라가 소비하는 석유의 양은 33억 6,000만 L다. 우리나라는 하루에 약 220만 bbl을 사용하는데 이것은 약 3억 5,200만 L에 해당한다. 전체적으로 지난 반세기 동안 지구의 에너지 수요는 약 5배 늘었다. 에너지의 주요 원천은 바로 석유나 석탄과 같은 화석 연료다. 2030년이 되면 전 세계 에너지 소비량이 약 50% 증가할 것으로 예상된다. 그러면 지구 온난화는 더욱 가속화되어 해수면이 상승할 것이고 현재 섬나라인 곳의 많은 부분이 물에 잠길 것이다. 폭발적인 인구 증가, 심각한 기아 문제, 물의 부족, 늘어나는 쓰레기, 에너지 소비의 증가, 지구의 온난화는 바로 오늘날 우리가 살고 있는 지구가 쏟아놓는 탄식의 긴 목록이다. 이처럼 창조세계가 신음하고 탄식하는 까닭은 바로 인간의 탐욕 때문이다.

4. 소비와 생태학적 위기

현대인은 생태학적 위기 속에서 살고 있다. 인간의 유일한 삶의 공간인 지구의 환경이 훼손되어 인간 생존의 필수 요건인 공기, 물, 땅이 오염되고 있고 유한한 자원이 개발로 인해 고갈되고 있기 때문이다. 각종 배기가스로 인해 대기권에 온실 효과가 발생한 결과 해수면이 상승하고 개발 도상국들이 사막화되며 기후의 이상 현상들이 일어났다. 폭발적인 인구 증가, 자원 고갈, 핵무기의 공포 등 인간의 생존을 위협하는 일들이 헤아릴 수 없을 정도로 많다. 이렇듯 인류의 최대 관심사로 등장한 환경 문제에 대해 기독교도 적극적으로 대처해야 한다.

현재까지 인류가 만들어 놓은 핵무기는 인류를 수십 번 죽이고도 남는다. 그러나 핵무기가 아니더라도 인류는 환경 오염으로 인해 종말을 볼 수밖에 없을 것 같다. 성층권의 오존층이 파괴되어 지난 10여 년 동안 남극 상공의 절반이, 칠레 상공의 오존층 1/4이 사라졌으며 북반구의 오존층도 평균 3% 정도 얇아졌다. 또한 북극 상공에 분포된 오존층에도 구멍이 뚫릴 가능성이 크다. 그 이유는 냉장고나 에어컨에 냉매로 쓰이고 분무 추진제로 쓰이는 염화불화탄소들이 오존층을 파괴하고 있기 때문이다. 우리가 석유와 석탄을 때면서 배출하는 이산화탄소가 공기 중에 현저하게 증가하여 지구의 기후에 변화를 초래하고 있다. 그리고 지구에 매장되어 있는 석탄과 석유를 다 사용하면 대기 중의 이산화탄소는 지금보다 5배 더 늘어날 전망이다. 그렇게 되면 지구의 빙하는 다 녹고 해수면이 60m 올라가게 되어 세계 대부분의 농경지와 주거지가 물에 잠기게 된다. 이런 추세와 예측에도 불구하고 우리의 에너지 소비는 계속 증가하고 있다.

그뿐만이 아니다. 산성비로 인해 삼림과 호수가 죽어가고 있고 1년이면 남한 면적만큼이, 30년이면 인도 대륙에 버금가는 크기의 땅이 울창한 삼림에서 완전한 사막으로 변할 것이다. 지금은 전 육지의 거의 1/3이 사막화 되었고 지구 곳곳의 동식물들이 놀라운 속도로 멸종이 되어가고 있다. 이대로 가면 지구는 종말을 맞을 수밖에 없다. 스위스에 본부를 둔 국제 자연 보전 연맹(IUCN)은 「2002년 멸종 위기 동식물 목록」을 내놓은 적이 있는데, 이는 무려 20년 전에 작성된 보고서다. 이 목록은 총 11,167종의 동식물이 위기에 놓였다고 발표했는데, 영양(사슴)의 일종인 아시아의 사이가(saga)와 야생 쌍봉낙타, 이베리아의 스라소니가 심각한 멸종 위기 동물로 자리하는 슬픈 영광을 안았다. 중앙아시아의 반 건조한 초원과 사막에서 서식하는 영양인 사이가는 1993년에 백만 마리 정도가 서식했던 것으로 알려졌는데, 식용 고기와 약용 뿔을 수출하기 위한 마구잡이 포획이 성행하면서 현재 개체수가 5만 마리도 남지 않은 것으로 추정된다. 아시아 코끼리는 수컷 중에서도 일부만 상아를 갖고 있는데, 수컷 코끼리의 상아에 대한 중국, 한국, 일본의 수요가 늘면서 암수 균형이 깨어져 멸종 위기에 처해 있다. 코뿔소는 그 뿔이 녹용보다도 좋다는 소문 때문에 멸종 위기에 처해 있다. 또한 티베트 고원 지대에 서식하는 영양에게서 뽑은 털로 샤투쉬라는 직물을 짜서 숄을 만드는데 다섯 마리를 잡아야 한 개의 숄을 만들 수 있다고 한다. 그런데 그 숄의 가격이 1,800만 원이라고 하니 그 영양이 남아날 수 있겠는가? 아니나 다를까 멸종 위기종이라고 한다. 바다에서는 소위 정력제라고 알려진 해구신 때문에 수컷 물개들이 떼죽음을 당하고 있다. 가죽과 뼈를 얻기 위해 호랑이를 밀렵하는 바람에 호랑이도 사라졌다. 호랑이 뼈가 신경통에 좋다고 알려져 있기 때문이라고 한다. 밍크 40마리가 사용된 밍크코트 한 벌에 1억 7천만 원이라고 하니 입이 딱 벌어질 뿐이다. 이것도 모자라 샥스핀(상어 지느러미)이라는 중국 요리 때문에 상어의 수가 급감하고 있다고 한다. 이런 현실을 보면 인간의 지나친 욕심과 과시욕 때문에 동식물이 멸종되었다고 결론내려도 무방할 것이다.

오늘날 생태 위기의 원인 중 하나는 무제한의 물질적 풍요로움을 추구하는 현대인의 소비 생활 양식이다. 소비의 증대와 더불어 제한된 자원에 대한 수요가 늘어나고 그에 비례해 오염 배출량이 늘어남으로써 환경 문제가 발생하게 된다. 말하자면 환경 위기는 풍요로운 소비 생활의 대가인 셈이다. 물론 소비 계층은 제한되어 있다. 하지만 세계 인구의 20%도 채 되지 않는 서구 산업 국가의 국민들이 지구 자원의 80% 이상을 소비하고 있다는 점을 고려하면 환경 위기의 책임 대부분이 이들 계층에서 비롯되었다고 볼 수 있다. 만약 세계의 모든 국민이 현재의 미국인이나 서유럽 국민 같은 소비 생활을 영위한다면 지구의 미래는 어떻게 되겠는가? 우리의 지구는 과연 어느 정도의 소비 수준을 지탱할 수 있을까? 지속 가능한 사회를 위한 윤리 원칙은 미래 세대의 요구를 충족시킬 능력을 손상하지 않는 범위 안에서 현재의 필요를 채우는 데 있다. 그렇다면 세계의 지속 가능한 발전을 위해서는 현재 지나치게 풍요롭게 사는 소비 계층의 생활 양식 변화가 필수적이다. 소비 계층의 에너지 사용 방식과 자원 사용, 상품 구매 등에 대한 태도가 근본적으로 바뀌어야만 한다. 물질적인 소비 수준을 한 단계 낮추면서도 삶의 행복을 찾을 수 있는 새로운 가치관이 필요하다. 기독교 생태 윤리는 무엇보다 각 개인을 윤리의 주체로 파악한다. 그러나 생태 문제는 사회, 정치, 경제, 국제 관계 등의 구조적인 문제이기도 하다. 따라서 쓰레기를 분리수거하고 장바구니를 들고 다니는 것만으로는 충분하지 않다. 그렇기 때문에 생태 문제를 해결하기 위해서는 각 개인의 의식과 삶의 방식을 변화시키는 것에서부터 출발하지 않으면 안 된다는 개인 윤리적 입장의 중요성을 더욱 강조해야 한다. 생태 윤리를 실천하는 한 가지 방법이 있다면 그것은 덜 쓰고 더 나누는 것(less consumption and more sharing)이다.

5. 지구 온난화와 생태학적 위기

작금의 생태계 위기 가운데 대표적인 것 하나는 바로 지구 온난화 문제다. 지구 온난화로 인해 기후가 변화하여 예상치 못했던 환경 재앙을 경험하고 있다. 쓰나미, 태풍, 지진, 해일, 가뭄, 폭우 등으로 매년 수많은 사람이 죽어가고 있다. 지구 온난화란 한마디로 사람들이 너무 많은 화석 연료를 쓰고 있기 때문에 지구가 뜨거워지고 있다는 뜻이다. 문명이 발달하면서 인간들은 각종 에너지를 얻기 위해 화석 연료를 소비하였으며, 늘어나는 인구를 부양하기 위해 필요한 식량과 주거를 마련하려고 삼림을 훼손하였다. 매년 목재 및 농경지, 목축지 확보에 밀려 없어지는 삼림이 20억㎡(서울시의 세 배, 제주도의 면적)에 이르고 있다. 이처럼 인간의 산업과 농업 활동으로 대기 중에 방출되는 이산화탄소량은 연간 약 70억 t에 이르며, 이 양의 대략 반 정도가 해양이나 식물 및 토양에 의해 흡수되고 나머지는 대기에 그대로 축적된다. 물론 향후 대기 중에 방출되는 이산화탄소의 양은 대체 에너지 개발이나 삼림 훼손 방지를 통해 줄일 수 있을 것이다. 그러나 현재 대기 중에 한 번 방출된 이산화탄소를 제거할 수 있는 기술이 없다는 데 문제의 심각성이 있다. 이산화탄소는 태양 에너지를 받아 뜨거워진 지표로부터 방출되는 적외선을 공기 중에 붙잡아둠으로써 지구를 뜨거워지게 만든다. 그렇게 해서 최근 100년 사이에 지구 평균 기온이 약 0.5도 상승했다고 한다. 그 결과 해수면은 30-40cm나 상승했다. 지구 온도가 1도 상승하면 생물종의 10%가 멸종한다는 보고가 있다. 지구의 기온 상승으로 인해 적도 지방에서는 사막이 확장될 것이다. 해수면이 상승하고 기온이 오르면 북극이나 남극에 있는 빙하가 녹게 된다. 대부분이 물에 떠 있는 북극 빙하는 녹더라도 해수면 상승에 별 영향을 주지 못하지만, 남극은 대륙 빙하이기 때문에 3도 정도 기온이 상승한다면 해수면을 약 7m 정도 높이는 결과를 불러올 것으로 예측된다. 그럴 경우 각 대륙의 해안가를 따라 실제로 물속에 잠길 면적은 약 3%에 불과하지만, 전 세계의 대도시 대부분이 해안가에 발달해 있고 인류의 약 1/3이 해안 지역에 거주하는 점을 감안하면 그 재앙은 엄청날 것이다. 이처럼 기후 변화로 환경 재앙이 다가오는데도 우리는 여전히 하던 일을 멈추지 않고 있다. 가정의 전기 사용량이 증가하는 것은 물론 먹거리가 오염되고 음식 쓰레기의 양이 계속 늘고 있다. 포장지 등 사무용지의 사용량도 지속적으로 늘고 있다. 자동차도 늘어나 배기가스로 인한 대기 오염이 심각하다. 지구는 열병을 앓고 있는데 온실가스를 줄이려는 인류의 노력은 인색하다.

2021년 1월 25일 오마이뉴스에 실린 기사를 참고해보자. 지구 온난화라고 하면 우리는 대개 화석 연료 공장들과 자동차 배기가스를 우선 문제 삼는다. 사람들은 대체로 그런 요소들이 지구 온난화의 주범이라고 규정한다. 그런데 정말로 그런지 제대로 한번 따져보자고 제안하는 다큐멘터리가 있다. 요컨대 화석 연료나 자동차 배기가스보다 더 심각한 문제가 존재한다는 것이다. 그렇다고 그런 책임을 면제하자는 건 아니다. 기후 위기를 전반적으로 다시 진지하게 성찰하면서 더 신속하고 효과적인 대책을 세우자고 환기하는 다큐멘터리다. 작품의 제목은 "카우스피라시: 지속 가능성의 비밀"(Cowspiracy: The Sustainability Secret)이고, 2016년 킵 앤더슨과 키건 쿤이 감독했으며 상영 시간은 1시간 30분이다. "카우스피라시"는 여러 논문 및 환경 보고서들이 정말로 사실을 이야기하고 있는지 살핀다. 일례로 2009년 월드 워치 보고서에는 지구 온난화의 주범(온실가스를 가장 많이 내뿜는 것)이 축산업(51%)이라는 통계가 나온다. 반면 교통으로 인한 배출량은 13%로 보고됐다. UN 보고서도 수치에는 조금 차이가 있지만 지구 온난화 주범을 축산업으로 제시한다는 점에서는 동일하다. 축산업이 지구 온난화의 주범으로 직접 지목되는 이유 중 하나는 식용 가축들이 소화 과정에서 배출하는 메탄가스 때문이다. 식용 가축의 개체 수가 많아질수록 메탄가스는 더 많이 배출된다. 그린피스(Green Peace)처럼 영향력 있는 큰 환경 단체들이 거론을 자제하는 와중에도 이 다큐멘터리 감독은 축산업계를 개인적으로 파헤친다. 결국 그는 지구인 중 육식 인구만을 위해 운영 중인 공장식 축산업은 물론이거니와 목장식 축산업도 비판할 수밖에 없음을 알게 되었다. 넓고 평평한 목초지를 필요로 하는 목장을 만들려면 산을 깎고 숲을 밀어야 한다. 지구 온난화 속도를 늦춰주고 있는 숨통 격인 원시림이 사라지는 주된 원인은 가축의 적정한 사육 공간과 그들의 식량 공급지(경작지) 확보 때문이다. 소 한 마리는 하루에 63-68kg의 풀을 먹고(우리 시대 한국인 1인당 1년 치 쌀 소비량 무게에 맞먹음) 130L의 물을 마신다. 소 한 마리가 아니라 소 떼를 기르는 소 목장을 운영하려면 당연히 거대 규모의 목초지가 필요하다. 막대한 용량의 물도 확보하고 있어야 한다. 대기 오염과 수질 오염(배설물)을 감수해야 한다. 영화 말미에 감독은 채식의 가능성을 여러 방향으로 모색한다. 인간이 생존을 위해 동물성 단백질을 반드시 섭취해야만 하는 것은 아니다. 반대로 지구 온난화로 지구가 훼손되면 인간은 더 이상 생존할 수 없다. 이제 인류는 지구 온난화를 멈추기 위해 제대로 된 행동을 해야 한다. 방향과 우선순위를 잘 잡아야 한다. 시간이 별로 없다.

6. 패스트패션과 생태학적 위기

패스트패션이란 패스트푸드를 먹듯이 옷도 일회용품처럼 쉽게 사고 버리는 요즘 풍조를 일컫는 말이다. 입고 있는 옷을 자세히 보라. 브랜드뿐 아니라 소재, 세탁법까지 자세히 적혀 있다. 그런데 한 가지, 우리가 입는 옷을 만들기 위해 얼마나 많은 물을 써야 하는지는 알려주지 않는다. 또한 옷을 많이 만들수록 지구 곳곳이 사막으로 변하고 있다는 사실 역시 절대 언급하지 않는다. 내가 산 옷이 사막을 만든다. 세상에서 가장 예쁘고 파괴적인 흉기는 놀랍게도 우리가 날마다 입고 다니는 옷이다. 패스트패션이 유행하면서 전 세계 옷 소비량도 빠르게 늘고 있다. 소비자들이 질 좋고 오래 입을 수 있는 옷보다 싸면서 유행에 빠르게 대응할 수 있는 옷을 원하기 때문이다. 글로벌 컨설팅 업체인 맥킨지&컴퍼니가 2016년 발표한 보고서에 따르면, 2000년에서 2014년 사이에 전 세계 의류 생산량이 두 배로 늘었다. 1년에 만들어지는 옷은 1,000억 벌이 넘는다. 소비자들이 매년 사는 옷도 평균 60% 증가했다. 이렇게 많은 옷을 만들려면 그만큼 많은 면이 필요하다. 그러려면 목화(면화)를 더 많이 키워야 한다. 문제는 목화를 재배하려면 쌀, 밀 같은 작물보다 훨씬 많은 양의 물이 필요하다는 것이다. 500mm(강수량 기준)의 물을 먹어야 하얀 목화솜을 피울 수 있다고 한다. 면을 가공하고 염색하는 등 옷을 만드는 과정에서도 엄청나게 많은 물이 쓰인다. 농약 같은 화학 제품을 많이 쓰기 때문에 수질을 오염시키기도 한다. 세계 자연 기금(WWF)에 따르면, 1kg의 면을 생산할 때 욕조 40개를 가득 채울 수 있는 물(8,500L)이 필요하다. 면 1kg는 청바지 한 벌을 만들 수 있을 정도의 양밖에 안 되는데도 말이다. 면 티셔츠 한 장을 만들기 위해서도 2,700L의 물을 써야 한다. 이 정도면 한 사람이 3년 동안 식수로 사용하기에 충분한 양이다. 그래서 세계 곳곳에서는 목화(면화)를 키우느라 사막화가 일어난다. 목화밭에 물을 대기 위해 강제로 물줄기를 돌리다 보니 강 하류 지역이 메마르게 되는 것이다. 대표적인 곳이 아랄해다. 아랄해는 중앙아시아의 카자흐스탄과 우즈베키스탄 사이에 있는 함수호(鹹水湖, 염분이 많아 물맛이 짠 호수)다. 그리스어로 "섬들의 바다"라는 뜻인데 50년 전만 해도 면적이 남한의 절반을 넘는, 세계에서 네 번째로 큰 호수였다. 그런데 1960년대부터 아랄해가 점점 마르기 시작했다. 면화 재배를 위해 아랄해로 들어오던 두 개의 강(아무 다랴, 시를 다랴)을 다른 곳으로 돌렸기 때문이다. 덕분에 우즈베키스탄은 세계적인 면화 생산국이 됐지만, 아랄해는 이전의 1/10 정도로 쪼그라들었다. 미국 항공우주국(NASA)이 찍은 인공위성 사진을 보면 아랄해가 점점 말라붙어가는 모습을 한눈에 볼 수 있다. 호수가 사막화되면서 염분이 증가했고 아랄해는 "죽은 바다"로 변해갔다. 주변 경작지에서 들어온 비료와 농약이 호수를 더 오염시키면서 아랄해에 살던 물고기들이 거의 전멸했다. 바람이 불면 말라붙은 호수 바닥의 소금과 모래가 섞인 "소금 먼지"가 날리면서 주민의 건강을 위협할 정도가 됐다. 2021년 3월에는 위성 사진에 찍힐 정도의 대규모 모래 폭풍이 아랄해 일대를 휩쓸었다. 요즘 들어 아랄해를 복원하려는 노력이 진행되고 있지만 예전의 모습을 되찾기란 쉽지 않아 보인다. "지구 최악의 환경 재앙"이라 불리는 아랄해는 되살아날 수 있을까? 이렇게 의류 생산 과정에서 발생하는 환경 문제로 인해 착한 옷 소비에 대한 관심도 커지고 있다. 옷을 안 입고 살 수는 없기 때문에 환경의 영향을 최소화할 수 있는 대안을 찾아보자는 것이다. 홀가먼트 의류도 그중 하나다. 홀가먼트는 실 한 가닥으로 옷 한 벌을 통으로 직조하는 기법을 말한다. 마치 3D 프린팅 기술처럼 하나의 실로 옷 한 벌을 완성하기 때문에 실과 섬유 원단의 낭비를 막을 수 있다는 장점이 있다. 버려지는 소재 혹은 옷감을 활용해 디자인적으로 재해석한 다시 입는 옷도 주목받고 있다. 버려진 옷을 재활용하는 것을 넘어 옷에 새로운 가치를 부여하는 업사이클링(up-cycling) 브랜드도 생겨나고 있다. 이 밖에 형제자매 간에 안 입는 옷을 주거나 학교에서 후배들에게 교복을 물려주는 것도 착한 옷 소비의 한 방법이다. 작아지거나 큰 옷을 수선해서 다시 입을 수도 있다. 지구가 점점 사막화·황폐화 되는 것을 막기 위해서라도 옷 소비에 대해 다시 한번 생각해보는 건 어떨까? 꼭 새 옷을 입지 않더라도 "패피"(패션 피플)가 될 방법은 얼마든지 있다.

7. 코로나19와 생태학적 위기

바이러스(virus)라는 단어는 "독"(poison)을 뜻하는 라틴어 비루스(virus)에서 유래한다. 바이러스는 세균보다 크기가 훨씬 작아 보통의 광학 현미경으로는 볼 수 없다. 또한 완전한 세포 구조를 이루지 않고 핵산과 그것을 둘러싼 단백질 껍질의 형태로 존재하기 때문에 세균과 달리 스스로 물질대사를 할 수 없어 반드시 숙주 세포 안으로 침입하여 기생할 수밖에 없다. 그러나 바이러스가 모든 종류의 세포에 숙주로 침입하지는 않으며, 바이러스에 따라 숙주 세포의 종류가 서로 다르다. 바이러스는 숙주 세포에 따라 동물 바이러스, 식물 바이러스, 세균 바이러스로 구분한다. 바이러스에 의한 질병으로는 독감(influenza), 중증 급성 호흡기 증후군(SARS), 중동 호흡기 증후군(MERS), 홍역, 후천성 면역 결핍 증후군(AIDS), 간염, 요즘 유행하는 코로나 바이러스 감염증 등이 있다. 코로나라는 말은 라틴어로 왕관을 뜻하는데, 바이러스의 돌기가 왕관처럼 생겼다고 해서 붙여진 이름이다.

바이러스가 숙주 세포를 감염시키고 증식하는 과정은 종류와 상관없이 대부분의 바이러스에서 유사하게 나타난다. 바이러스의 단백질이 숙주 세포 표면에 있는 특정한 수용체에 결합한 후, 숙주 세포 안으로 이동하여 자신의 핵산과 껍질을 구성하는 단백질을 대량으로 합성한다. 이렇게 만들어진 핵산과 단백질 껍질이 서로 결합하여 새로운 바이러스가 증식하게 된다. 새로 만들어진 바이러스는 숙주 세포 밖으로 방출되고 근처의 다른 숙주 세포를 감염시키면서 더 많은 바이러스를 생산한다. 숙주가 바이러스에 감염되면 기능에 이상이 생기거나 심지어 죽을 수도 있다. 바이러스 감염에 의해 나타나는 숙주 세포의 이런 변화는 결과적으로 감염된 사람에게서 질병으로 나타난다. 에이즈의 경우 인간 면역 결핍 바이러스(HIV, human immunodeficiency virus)가 인간의 면역 세포를 감염시켜 면역 세포의 기능을 방해하거나 죽이기 때문에 면역 결핍증으로 나타나는 것이고, 독감의 경우에는 해당 바이러스가 호흡기 세포를 감염시켜 호흡기의 기능을 약화시킨다. 이번에 유행하는 코로나19 바이러스는 특히 인간의 폐에 감염되어 폐의 기능을 망가뜨린다. 바이러스에 의한 전염은 감염된 사람의 호흡 분비물, 소화 분비물, 혈액 및 상처 등을 통해 바이러스가 숙주의 몸 밖으로 배출되면서 일어난다. 감염된 사람이 접한 음식물에 접촉했거나 바이러스가 묻은 물건을 만진 손이 입이나 코와 눈에 닿았을 때, 감염된 사람과 직접적인 접촉이 있을 때, 감염된 사람으로부터 배출된 바이러스가 직접 다른 사람에게 들어가 전염되면서 새로 증식할 수 있다. 사람의 피부 표피 세포는 바이러스에 감염되는 것을 막을 수 있지만, 피부에 상처가 생기거나 주사기를 잘못 사용하면 감염될 수 있다. 따라서 손을 깨끗이 씻고 음식을 끓여 먹음으로써 바이러스의 전염을 막을 수 있다. 바이러스는 주로 사람 사이에서 전염되지만 사람과 동물 사이에서 전염되는 경우도 있다. 광견병, HIV, 사스, 메르스, 코로나19 바이러스 등은 동물에서 사람으로 전염된 예다.

바이러스는 반드시 살아 있는 세포 내에서 기생할 때만 증식할 수 있다. 따라서 바이러스를 직접 죽일 수 있는 약은 거의 없다. 바이러스가 숙주 세포 안에 들어가서 살고 있기 때문에 약을 만들어 바이러스를 죽이려면 세포 안에서 바이러스를 처치하는 과정이 필요한데 이때 숙주 세포도 함께 피해를 당하기 때문이다. 이는 많은 바이러스성 질병에 대항하는 효과적인 항바이러스제의 개발이 미흡한 원인이기도 하다. 또한 바이러스는 돌연변이가 자주 발생해서 하나의 백신을 개발한다 하더라도 변이된 바이러스에 유효한 작용을 하지 못한다. 이런 신종 바이러스가 지속적으로 출현하는 까닭은 대규모의 가축 사육, 환경 파괴, 야생 동물의 살육이나 매매로 인한 인간과 야생 동물 간의 접촉이 일상화되면서 인수 공통 전염병이 급증했기 때문이다. 야생 동물 서식지를 파괴하는 벌목, 도로 건설, 도시 확장과 같은 인간의 활동으로 서식지를 잃어버린 동물들이 인간의 거주지와 가까워진 것 역시 원인이 된다. 또한 먹지 말아야 할 것들을 먹는 괴팍한 식생활도 또 다른 원인이 될 수 있다. 박쥐-침팬지-사람으로 전파된 에볼라, 박쥐-사향고양이-사람으로 전파된 사스, 박쥐-낙타-

사람으로 전파된 메르스까지, 인간과의 접촉이 뜸했던 바이러스들도 인간이 환경을 파괴하며 접근해오는 과정에서 접촉 기회가 늘었고 그에 따라 인간에게 전파 가능한 형태로 변이를 일으키면서 전파된 것이다. 오늘날 인류가 맞이하고 있는 이런 환경 재앙들은 하나님의 경고다. 이스라엘 백성을 해방시키기 위해 이집트를 악질(가축 전염병)과 독종(인수 공통 전염병)으로 치셨던 하나님께서 오늘날 우리에게 이런 변종 바이러스로 경고하고 계신 것이다. 하나님의 뜻을 저버리고 세상을 사랑했던 죄, 하나님의 구속의 목적을 저버리고 세상의 부와 향락을 좇았던 죄, 편리라는 미명하에 환경을 파괴하고 욕심과 정욕에 이끌려 살았던 죄, 물질 만능주의에 사로잡혀 생명을 경시하고 탐욕의 종노릇하며 살았던 죄, 하나님의 종이 아니라 사람들의 종으로 살았던 죄에 대한 하나님의 심판이다. 오늘 우리는 인류를 멸망으로 이끌어 갈 수 있지만 눈에 보이지 않는 작은 바이러스에 대한 공포를 다른 어느 때보다도 심각하게 경험하면서 살아가고 있다. 그러나 너무 염려할 필요는 없다. 하나님께 기도하면 이 재앙을 거두어가실 것이다. 예루살렘 성전을 건축해 놓고 솔로몬이 드렸던 기도가 생각난다. 역대하 7:13-14 말씀이다. "혹 내가 하늘을 닫고 비를 내리지 아니하거나, 혹 메뚜기들에게 토산을 먹게 하거나, 혹 전염병이 내 백성 가운데에 유행하게 할 때에, 내 이름으로 일컫는 내 백성이 그들의 악한 길에서 떠나 스스로 낮추고 기도하여 내 얼굴을 찾으면, 내가 하늘에서 듣고 그들의 죄를 사하고 그들의 땅을 고칠지라." 아멘.

8. 시대를 분별하라

누가복음 12:54-57을 보면 예수의 이런 말씀이 나온다. "또 무리에게 이르시되 '너희가 구름이 서쪽에서 이는 것을 보면 곧 말하기를 소나기가 오리라 하나니 과연 그러하고, 남풍이 부는 것을 보면 말하기를 심히 더우리라 하나니 과연 그러하니라. 외식하는 자여, 너희가 천지의 기상은 분간할 줄 알면서 어찌 이 시대는 분간하지 못하느냐? 또 어찌하여 옳은 것을 스스로 판단하지 아니하느냐?'" 이 말씀에서 예수님은 군중과 종교 지도자들을 향해 자연 현상에 따른 일기 변화는 분별할 줄 알면서도 왜 시대의 징조는 분별할 줄 모르느냐고 책망하신다. 당시 군중이나 종교 지도자들은 대개 그 지역의 일기 변화에 대해서는 잘 알고 있었지만, 당대의 종교적·정치적·경제적 모순 속에서 그 시대를 통한 하나님의 뜻을 찾는 데는 무관심했다. 어쩌면 우리도 시대의 징조를 외면하면서 살고 있는지 모른다. 여름에 온도가 높을 것이라는 예보가 나오면 기업가들은 여름 상품을 만들어 돈을 버는 데만 열을 올리고, 가정에서는 무리해서라도 에어컨을 비롯한 가전제품을 미리 사는 데 열중한다. 기후 변화로 인한 환경재앙에 대해서는 무관심하다. 이 지경에 이르게 한 우리의 삶의 방식, 소비 지상주의, 물질 만능주의, 개발과 성장 위주의 생활 방식의 문제점을 고치려고 하지 않는다. 어떻게 하면 이 시대를 분별하여 다음 세대에 아름다운 초록 별 지구를 물려줄 수 있을지에 대해서도 별로 마음을 쓰지 않는다. 마치 노아가 살던 시대와 같다. 오늘 주님께서는 이 시대를 질타하신다. 환경 오염과 자원 낭비로 인한 환경 재앙으로부터 지구 생태계를 살리고 자녀들에게 건강한 사회, 건강한 지구를 물려주어야 한다는 것이다. 우리는 알게 모르게 지구 생태계에 폭력을 행사하며 살고 있다. 그러므로 회개하고 절제하며 소박하고 단순한 삶을 통해 하나님의 창조 질서를 보전하는 일에 최선을 다해야 한다. 가정이나 교회에서 종이 한 장을 쓸 때도 아껴 쓴다면 숲을 보호하게 되고 그렇게 보존된 숲이 광합성 작용을 함으로써 공기 중에 있는 이산화탄소를 많이 흡수하게 될 것이다. 적극적으로 나무 심기를 실천한다면 전 지구적으로 진행되는 사막화와 황사 현상을 줄일 수 있을 것이다. 전기를 아껴 쓰고 승용차 대신 대중교통을 이용하거나 걸어 다닌다면 그만큼 이산화탄소의 배출량을 줄일 수 있다. 지구의 생태계는 하나님의 것이며 미래 세대의 것이다. 미래 세대의 자원까지 다 고갈시킨다면 그것은 죄악이다.

대표적 화석 연료인 석유의 수명이 얼마 남지 않게 되자 세계는 바이오 연료에 관심을 두기 시작했다. 예컨대 사탕수수, 옥수수, 콩 등으로 바이오 연료인 에탄올을 만들어 석유 대신 사용하게 된 것이다. 그런데 또 다른 문제가 생겼다. 232kg의 옥수수로 50L의 자동차 연료 탱크를 채울 것인가, 아니면 어린이 한 명을 1년 동안 먹여 살릴 것인가 하는 문제다. 그리고 바이오 연료의 수요 급증으로 인한 가격 상승으로 절대 빈곤층의 생계가 더욱 어려워졌다. 우리의 편리 추구가 이웃의 생명을 위협하는 수단이 되지 않도록 우리 삶의 방식을 변화시켜야 한다. 이 속도로 기온이 오르면 킬리만자로의 만년설은

2040년이면 자취를 감출 것으로 예상되며 알프스의 빙하는 2050년이면 92%가 사라질 것으로 예측된다. 그렇게 되면 해마다 그 빙하가 녹은 물로 먹고 살던 사람들이 물이 없어 죽게 될 것이다. 편리함을 추구하려는 우리의 일상적인 행동이 결국 수많은 사람의 목숨을 담보로 한 것임을 깨달아야 한다. 그리하여 조금 불편하더라도 환경 친화적인 긴 안목을 가지고 절약하며 아껴 쓰는 단순하고 소박한 삶을 살아야 한다.

9. 그리스도인의 책임

이 땅이 인간의 욕심과 죄악으로 인해 멸망의 길을 가는 것을 보는 건 참으로 안타까운 일이다. 그런데도 우리가 할 수 있는 일은 지극히 작은 일밖에 없다. 그 작은 일들이 이 땅과 인류를 살리는 데 무슨 힘이 될 수 있을까? 하지만 작은 일에 충성할 때 그 작은 힘들이 모여 큰일을 할 수 있게 된다. 그래서 우리는 에너지와 자원을 아껴 쓰는 일에 힘을 모아야 한다. 가능한 한 모든 자원을 재활용하고 쓰레기를 줄여야 한다. 그리고 오존층을 파괴하는 냉매를 함부로 버리지 말고 분무약품의 사용도 삼가야 한다. 중금속이 든 건전지나 농약 같은 화학 약품을 함부로 버려서는 안 된다. 수질 오염을 일으키는 것들을 사용하거나 싱크대나 하수구에 함부로 흘러버려서도 안 된다. 이런 작은 일에 동참할 때 비로소 지구를 살릴 수 있게 된다. 이 일은 절대 쉽지 않으며 이 일을 한다고 해서 생태 문제가 해결되는 것도 아니다. 그렇더라도 우리에게는 이 일을 하지 않을 권리가 없다. 우리에게는 비록 전망이 비관적이라도 피할 수 없는 의무만이 있다. 우리는 하나님의 청지기들이기 때문이다.

예언자 예레미야는 유다 왕국이 바벨론에 의해 멸망할 것을 알고 있었다. 그럼에도 불구하고 회개를 외쳤다. 우리도 지구가 생태계 위기로 인해 멸망으로 치닫고 있다는 사실을 인지하고 있다. 또한 우리의 작은 노력이 지구의 멸망을 막기에 역부족이라는 것도 잘 알고 있다. 그럼에도 불구하고 우리는 예언자적인 입장에서 회개를 외쳐야하며 현재의 삶의 방식을 바꾸도록 부르짖어야 한다. 이것이 바로 결과가 비관적이라고 할지라도 끝까지 바른 진리를 외쳐야 할 예언자적 사명이다. 또한 우리는 하나님 나라가 이 땅에 이루어지도록 해야 할 하나님의 사람들이며, 창조세계 보전을 위해 부름 받은 창조의 청지기들이다. 우리가 살아가는 방식은 하나님 나라의 방식이 되어야 한다. 세상이 오염된 물로 가득 차 있어 우리의 깨끗한 물 한 바가지가 아무런 영향을 미치지 못한다고 해도, 여전히 우리에게는 더러운 물을 퍼부을 권리가 없다. 우리에게는 결과와 상관없이 깨끗한 물을 퍼부어야 하는 거룩한 의무만이 있다. 복음 안에 있는 자들은 완성될 하나님 나라에 대한 비전을 품고 사람과 창조세계를 구원하는 복음 전도자이자 창조세계의 신실한 청지기들이다.

기독교 환경 운동 연대의 어떤 목사님은 평소 화장실에서 두루마리 휴지를 세 칸 이상 사용하지 않는다고 한다. 어떤 교수는 지금까지 샴푸를 한 번도 쓰지 않고 비누로만 머리를 감았다고 한다. 어떤 주부는 일주일 동안 가장 작은 쓰레기봉투 하나만 배출한다고 한다. 어떤 음식점 주인은 폐식용유를 모아 가성 소다 0.152kg : 물 0.28L : 폐식용유 1L의 비율로 비누를 만들어 쓴다고 한다. 어떤 단체에서는 생명 밥상 운동을 전개하고 있다. 이 운동은 건강한 먹거리로 생명을 밥상을 차려 공손히 먹은 뒤 음식을 남기지 않음으로써 내 몸과 마음과 하나님의 창조세계를 살리는 운동이다. 우리도 이런 운동에 적극적으로 동참하여 환경 청지기의 사명을 감당해야 한다.

10. 서약

우리는 새 하늘과 새 땅을 완성해야 할 사명을 부여받은 청지기들로서 이 사명을 다하기 위해 다음과 같이 결단해야 한다.

첫째, 우리는 인간의 생명뿐 아니라 모든 생명체에 관심을 두고 존중하는 가치관을 지닌다.

둘째, 검소하고 나눠 쓰는 생활 방식을 귀한 믿음의 덕목으로 여기고 이를 널리 확장해나가는 운동을 펼친다.

셋째, 일회용식 편의주의적 삶의 문화에서 벗어나 장기적 안목으로 환경을 재창조하고 보전하는 일에 투자한다.

넷째, 오염된 물과 공기와 땅을 회복시키는 생활 지침을 정해 신앙 실천으로 지킨다.

다섯째, 하나님의 창조세계가 아름답게 회복되어 온 생명이 기쁜 날(희년)을 맞이한다는 말을 간직하고 환경 보전 운동에 참여한다.

11. 결단의 기도

창조주 하나님, 생명의 푸르름이 더해가는 계절에 아름다운 이 세계를 창조하신 주님을 찬양합니다. 주님이 만드신 뭇 생명들이 한데 어우러져 한껏 뽐내며 꽃을 피우는 가운데 나무에선 연두색 잎들이 자라고 있습니다. 이 생명들이 숨을 유지하고 자랄 수 있도록 각각에 맞는 적절한 먹거리를 허락해주심에 감사드립니다. 생명의 떡이 되신 주님, 우리는 하나님께서 은혜로 주시는 음식을 소홀히 대할 때가 많습니다. 식사를 하면서 밥이 상에 올라올 수 있도록 수고한 손길들을 기억하고 특별히 농부의 수고와 곡물이 자라도록 터를 내어준 땅과 성장에 꼭 필요한 햇빛, 비, 바람, 공기를 주신 하나님의 은혜를 잊지 않게 하옵소서. 슬프게도 습관처럼 남긴 음식이 쓰레기가 되어 환경을 해치고 있습니다. 그것은 이웃의 밥을 버리는 꼴입니다. 지구 곳곳에, 그리고 우리와 국경을 맞댄 바로 위 북쪽 땅에는 먹을 밥이 없어 굶어 죽어가고 있는 사람이 허다합니다. 그들에게 생명과도 같은 음식을 쓰레기로 버리는 것은 나눠 먹어야 할 이웃의 밥을 빼앗는 것과 같음을 깨닫게 하여주옵소서. 주님, 우리가 음식을 대할 때 하나님의 은혜와 우리 이웃의 아픔을 기억하게 하옵소서. 그리하여 음식을 남기지 않게 차리고 여분의 음식을 기아에 허덕이는 이웃과 나눌 수 있는 사랑의 마음을 허락하여주옵소서. 그리할 때 우리의 삶이 더 풍성해짐을 깨닫게 하옵소서. 생명의 은총으로 우리의 삶을 이끄시고 하나님 나라로 초대해주심을 감사드리며 하나님 나라를 위해 더욱 힘

쓰는 그리스도인이 되게 하옵소서.

창조주 하나님, 하나님의 사랑이 하늘에 두루 미치며 주의 신실하심이 끝이 없으니 세세에 영광을 받으시옵소서. 하나님은 이전 세대들과 피조물들에게 주신 언약을 지키시는 분이시며, 그들을 위해 독생자를 보내기까지 하신 분입니다. 우리가 그 위대하신 사랑을 깨달아 알게 하시옵고 우리의 눈을 밝히사 이 세상 만물을 향한 오묘하신 사랑의 은총을 알게 하옵소서. 우리는 이 세상이 하나님께 속해 있음을 확신하고, 창조세계가 하나님의 선물이며 생명의 약속임을 믿습니다. 주여, 이제는 하나님이 아름답게 만드신 창조세계를 보전하는 일이 오늘날 우리에게 주어진 지상 명령임을 고백합니다. 또한 우리와 더불어 살아가는 고통 받는 이웃에 대해 적극적으로 사랑을 나누지 않는다면 자연을 보호할 수 없음을 고백합니다. 그러므로 주여, 우리가 고통 받는 이웃과 피조물들을 사랑하게 하시고, 이 땅에 있는 생명을 파괴하는 모든 세력을 거부하며 살게 하옵소서.

예수님의 이름으로 기도합니다. 아멘.

저자 소개(가나다순)

김오성

감리교신학대학교 신학대학원을 졸업하고, 샬렘 영성 훈련원(Shalem Institute for Spiritual Formation, Washington D.C.)에서 영성 훈련을 받았고, 한국 샬렘 영성 훈련원에서 침묵 기도(Contemplative Prayer) 및 영성 심화(Spiritual Formation) 과정을 인도하며 프로그램 디렉터로 활동하고 있다. 개교회와 단체에서 요청하는 성숙한 신앙을 위한 다양한 영성 훈련과 그룹 모임 프로그램을 진행하였으며, 개인 및 그룹 영성 지도를 10여 년간 인도하고 있다. 2020년부터 기독교환경교육센터 살림과 함께 생태 영성 훈련 동역자 모임을 진행하고 있다.

김신영

장로회신학대학교(Th.B./M.Div.)에서 신학을 공부하고, 서울대학교 환경대학원(M.CP./Ph.D.) 환경 계획학과에서 환경 정책, 환경 운동을 공부하였다. 기독교환경교육센터 살림과 환경 사회학회에서 활동하고 있으며 에너지 정의 및 탈핵, 숙의민주주의와 연관된 연구를 진행하였다. 현재 미국 드루 대학교에서 생태 신학을 공부하고 있다.

김정욱

서울대학교 토목 공학과(B.S.) 졸업. 로드아일랜드 대학교(M.S.)와 텍사스 대학교(Ph.D.)에서 환경 공학을 전공하고 서울대학교 환경대학원 교수와 원장을 역임한 후 지금은 명예 교수로 있으면서 녹색 성장 위원회 위원장, 환경 협력 대사 등의 공직을 맡고 있다. 『나는 반대한다』, 『에너지 혁명』 등의 주요 저서 외에 많은 저서와 논문을 발표했다.

박성철

총신대학교 신학과(B.A.)와 신학대학원, 경희대학교 NGO대학원(Master of NGO Studies), 독일 본 대학교(Mag. Theol./Dr. Phil.)에서 신학과 시민 사회학, 종교 철학을 공부하였고, 지금은 정치신학연구소 교회와 사회 대표로 재직하고 있다. 저서로 『종교 중독과 기독교 파시즘』(2020)과 공저로『칭의와 정의』(2017), 『성폭력, 성경, 한국교회』(2019), 『혐오를 부르는 이름, 차별』(2020), 『생태 위기와 기독교』(2021) 등이 있다.

박일준

감리교신학대학교 종교 철학과(B.A.)와 신학대학원(M.Div.), 보스턴 대학교 신학부(S.T.M.)와 드류 대학교(Ph.D.)에서 신학과 철학, 종교와 과학 분야를 가로지르는 다중 학문적 탐구를 시도해왔으며, 현재 감리교신학대학교 객원 교수와 원광대학교 한중 관계 연구원 동북 아시아 인문 사회 연구소 HK 연구 교수로 재직 중이다. 저서로는 『정의의 신학: 둘(the Two)의 신학』(2017), 『인공지능시대, 인간을 묻다』(2018)가 있으며, 캐서린 켈러의『길 위의 신학』(2018)을 포함한 다수의 번역서와 공저 및 논문을 출판하였다.

백영기

장로회대전신학대학과 장로회 신학대학원, 기독교 아시아 연구원을 마친 후 1992년에 영성, 자연, 문화를 강조하는 쌍샘 자연 교회를 개척하여 목회를 맡고 있다. 예장 생태 정의 위원회 활동에 참여했고 예장 녹색교회 협의회 실무위원장으로 일하고 있다. 마을의 생태 자연 도서관 "봄눈"의 관장과 산촌 교육 마을 단비의 사회적 협동조합의 이사로 활동 중이다.

송준인

서울대학교(B.A.)와 총신대학교 신학대학원(M.Div., Th.M.)을 졸업하고 남아프리카 공화국 스텔렌보쉬 대학교(Th.D.)에서 조직 신학과 기독교윤리를 공부하였다. 현재 총신대학교 신학과 교수로서 평생 교육원에서 생태 신학 등을 강의하면서 청량 교회 담임 목사로 재임하고 있다. 박사 학위 논문은 *A Theological-ethical Study of the Relationship between Eco-justice and Economic Growth*이며, 저서 『개혁주의 생태신학』과 논문 「생태계 위기와 그리스도인의 책임」을 비롯해 다수의 저서와 논문이 있다.

유미호

기독교환경교육센터 살림 센터장으로, 연세대학교 신학과와 연합신학대학원에서 기독교윤리를 공부하고 기독교 환경 (교육) 운동을 펼치고 있다. 한국기독교 교회협의회 생명 문화 위원, 대한예수교장로회 총회 기후 위기 위원을 맡고 있으면서 서울시 에너지 정책 위원 등의 거버넌스 활동을 하고 있다. 『생명을 살리는 교회 환경 교육』, 『80가지 환경 살림 이야기』 등을 펴냈다.

윤순진

서울대학교 사회학과(B.A.), 미국 델라웨어 대학교에서 도시 문제와 공공 정책(M.A.), 환경 · 에너지 정책(Ph.D.)을 공부하고, 지금은 서울대학교 환경대학원에서 교수로 재임하면서 2050 탄소 중립 위원회에 민간 공동 위원장으로 활동 중이다. 약 200편에 가까운 국내외 학술 논문을 발표했으며 65권의 국내외 단행본을 공저하고 3권의 번역서 작업에 참여하였다.

이박행

전남대학교(B.A.), 총신대학교 신학대학원(Diploma.)에서 독문학과 신학을 전공하고, 천봉산 희년 교회 담임, 복내 전인 치유 선교 센터 원장, 한국교회 생명 신학 포럼 총무, 기독교환경교육센터 살림 이사, 한국 복음주의 교회 연합 생태분과장으로 생명 생태 운동을 전개하였고, 복내 마을 영농 조합법인 대표 이사, 요셉의 창고 사회적 협동조합 상임 이사, 한국 마을 목회 종합 지원 센터 이사, 총회 교회 자립 개발원 이중직 지원위 총무, 광신대학교 농어촌 선교 연구소 상임 이사 등으로서 목회자 이중직과 마을 목회 운동을 지원하고 있다. 주요 저서로는『전인치유 목회 이야기』,『복내마을 이야기』등이 있고, 생명 생태 관련 다수의 공저가 있다.

이정배

감리교신학대학교와 동 대학원, 스위스 바젤 대학교 신학부(조직 신학 전공, Dr. Theol.)를 졸업했다. 그 후 감리교신학대학교 교수, 한국조직신학회 회장, 문화신학회 회장, 기독자교수협의회 회장, KCRP 종교 간 대화 위원장, 기독교환경연구소 소장을 역임했고, 현재 국제 생태 시민 종교 네트워크(ICE) 상임 대표를 맡고 있다. 생태와 관련한 주요 논문으로「생태학과 신학」,「한국적 생명신학」,「시학의 생명화, 신학의 실학화」등이 있고, 최근『코로나 바이러스 사람에게 묻다』를 출간했다.

정원범

장로회 신학대학교(Th.B., M.Div., Th.M., Th.D.)에서 신학과 기독교윤리를 공부했고, 미국 Columbia Theological Seminary, Union Theological Seminary(AMBS)에서 연구 교수를 역임했으며, 현재 대전신학대학교 교수로 재직하고 있다. 한국기독교윤리학회 학회장과 기독교통합신학회 회장을 역임했고, 현재 교회와 사회 연구소 소장과 사단법인 샬롬회복 이사장을 맡고 있다. 주요 저서인『기독교윤리와 현실』,『신학적 윤리와 현실』,『자끄 엘륄의 윤리 사상』,『세상 속 하나님나라 공동체』를 비롯한 다수의 저서와『생명 운동과 생명 목회』를 비롯한 다수의 편저 및 공저가 있으며, 곧『기후 위기와 지구 윤리』를 출간할 예정이다.

조영호

안양대학교(B.A.), 안양대학교 신학대학원(M.Div.), 협성대학교 신학대학원(Th.M.), 독일 부퍼탈/베텔 신학대학교(Dr.theol)에서 조직 신학을 공부하였으며, 현재 안양대학교 겸임 교수로 있다.『기후 위기와 기독교』외 다수의 저서와 논문을 저술했다.

한기채

서울신학대학교(B.A.)를 졸업한 이후 연세대학교 연합신학대학원(Th.M.)과 미국 벤더빌트 대학교(M.A., Ph.D.)에서 기독교윤리학과 사회윤리학을 공부하고, 서울신학대학교 교수, 기독교윤리실천운동 이사, 한국기독교윤리학회 회장, 기독교대한성결교회 총회장을 역임했다. 현재 중앙성결교회 담임 목사를 맡고 있으며 네팔코리아국제대학 총장으로 재임하고 있다. 주요 저서로 『성서 이야기 윤리』, 『기독교 이야기 윤리』, 『하나님의 위대한 질문』, 『예수님의 위대한 질문』, 『요한복음, 삶으로 읽다』, 『산상수훈, 삶으로 읽다』, 『한국교회 7가지 죄』 등 다수의 저서가 있다.

책임 편집자 소개

고재백

총신대학교 학사(B.A.), 서울대학교 서양 사학과 석사(M.A.), 동 대학원 박사 과정을 수료했다. 독일 지겐 대학교에서 서양사와 기독교 역사를 공부하고(Dr. phil.), 현재 국민대학교 교양 대학에 조교수로 재직하면서 기독인문학연구원과 이음사회문화연구원의 공동 대표로 활동하고 있다. 서양사와 기독교 역사를 다룬 저서와 논문 다수를 발표했다.

유미호

기독교환경교육센터 살림 센터장으로, 연세대학교 신학과와 연합신학대학원에서 기독교윤리를 공부하고 기독교 환경 (교육) 운동을 펼치고 있다. 한국기독교교회협의회 생명 문화 위원, 대한예수교장로회 총회 기후 위기 위원을 맡고 있으면서 서울시 에너지 정책 위원 등의 거버넌스 활동을 하고 있다. 『생명을 살리는 교회 환경 교육』, 『80가지 환경 살림 이야기』 등을 펴냈다.

조영호

안양대학교(B.A.), 안양대학교 신학대학원(M.Div.), 협성대학교 신학대학원(Th. M.), 독일 부퍼탈/베텔 신학대학교(Dr. theol.)에서 조직 신학을 공부하고, 현재 안양대학교 겸임 교수로 있다. 『기후 위기와 기독교』외 다수의 저서와 논문을 저술했다.

기후 위기 시대의 도전과 교회의 응답

Copyright ⓒ 이음사회문화연구원 · 기독교환경교육센터 살림 **2022**

1쇄 발행 2022년 2월 28일

지은이 고재백 김오성 김신영 김정욱 박성철 박일준 백영기 송준인
          유미호 윤순진 이박행 이정배 정원범 조영호 한기채
펴낸이 김요한
펴낸곳 새물결플러스

편 집 왕희광 정인철 노재현 한바울 정혜인
          이형일 나유영 노동래 최호연
디자인 박인미 황진주 김은경
마케팅 박성민 이원혁
총 무 김명화 이성순
영 상 최정호 곽상원
아카데미 차상희

홈페이지 www.holywaveplus.com
이메일 hwpbooks@hwpbooks.com
출판등록 2008년 8월 21일 제2008-24호
주 소 (우) 04118 서울시 마포구 마포대로19길 33
전 화 02) 2652-3161
팩 스 02) 2652-3191

ISBN 979-11-6129-231-1 93230

책값은 뒤표지에 있습니다.